中国当代文艺学话语建构丛书（第二辑）

吴子林 主编

中国神话诗学

从《山海经》到《红楼梦》

·

王怀义 著

浙江工商大学出版社
ZHEJIANG GONGSHANG UNIVERSITY PRESS

·杭州·

图书在版编目(CIP)数据

中国神话诗学：从《山海经》到《红楼梦》/ 王怀义著. — 杭州：浙江工商大学出版社，2023.9
（中国当代文艺学话语建构丛书 / 吴子林主编. 第二辑）

ISBN 978-7-5178-5661-0

Ⅰ. ①中… Ⅱ. ①王… Ⅲ. ①神话－研究－中国 Ⅳ. ①B932.2

中国国家版本馆 CIP 数据核字(2023)第 156368 号

中国神话诗学——从《山海经》到《红楼梦》
ZHONGGUO SHENHUA SHIXUE——CONG SHANHAIJING DAO HONGLOUMENG
王怀义 著

出 品 人	郑英龙
策划编辑	任晓燕
责任编辑	刘志远　金芳萍
责任校对	李远东
封面设计	朱嘉怡
责任印制	包建辉
出版发行	浙江工商大学出版社
	（杭州市教工路 198 号　邮政编码 310012）
	（E-mail:zjgsupress@163.com）
	（网址:http://www.zjgsupress.com）
	电话:0571-88904980,88831806(传真)
排　　版	杭州朝曦图文设计有限公司
印　　刷	杭州宏雅印刷有限公司
开　　本	710mm×1000mm　1/16
印　　张	21.75
字　　数	299 千
版 印 次	2023 年 9 月第 1 版　2023 年 9 月第 1 次印刷
书　　号	ISBN 978-7-5178-5661-0
定　　价	108.00 元

总　序

2023 年 6 月,习近平总书记到中国国家版本馆和中国历史研究院考察调研、出席"文化传承发展座谈会"并发表重要讲话,从党和国家事业发展全局的战略高度,对中华文化传承发展的一系列重大理论和现实问题做出全面系统深入阐述,发出振奋人心的号召:"对历史最好的继承就是创造新的历史,对人类文明最大的礼敬就是创造人类文明新形态。希望大家担当使命、奋发有为,共同努力创造属于我们这个时代的新文化,建设中华民族现代文明!"①

历史表明,社会大变革的时代一定是哲学社会科学大发展的时代。当前,世界处于"百年未有之大变局",我们正经历着历史上最为宏大而深刻的社会变革与实践创新。这种前无古人的伟大实践,给理论创造提供了强大动力和广阔空间。这是一个需要理论且一定能够产生理论的时代,这是一个需要思想且一定能够产生思想的时代。

改革开放之初,当代中国文化曾有一种"文学主义",文学在整体文化中居于主导地位,深度参与到文化之中,激动人心,滋润人心,维系人心;文学

---

① 习近平:《在文化传承发展座谈会上的讲话》,《求是》2023 年第 17 期。

研究随之呈现出锐意进取、多元拓展的局面,取得了丰厚的学术积累与探索成果。进入 21 世纪,资本逻辑、技术理性、权力规则使人遁无可遁,一切被纳入一种千篇一律的"统一形式"之中,格式化、程序化的现实几乎冻结了应有的精神探索和想象力,既定的文化结构令人备感无奈甚或无为。当从"文学的时代"进入"文化的时代"后,文学在文化中的权重不断下降。在当代知识竞争格局中,文学研究囿于学科话语而一度处于被动状态,丧失了最基本的理论态度和批判意识。

当代著名作家铁凝说得好:"文学是灯,或许它的光亮并不耀眼,但即使灯光如豆,若能照亮人心,照亮思想的表情,它就永远具备着打不倒的价值。而人心的诸多幽暗之处,是需要文学去点亮的。"①奔走在劳碌流离的命途,一切纷至沓来,千回百折,纠缠一生;顿挫、婉转、拖延、弥漫,刻画出一条浓酽的、悲欣交集的人生曲线。屏息凝听时代的脉动,真正的作家有本领把现实溶解为话语和熠熠生辉的形象,传达出一个民族最有活力的一面,表现出一个时代最本质的情绪;他们讲述人性中最生动的东西,打开曾经沉默的生活,显现这个世界内在的根本秩序———一种不可触犯事物的存在。

在当代中国文学研究领域里,文艺学一直居于领军的地位,具备"预言"的功能与使命,直面现实并指向未来,深刻影响并引领着中国文学研究不断突破既有的格局。"追问乃思之虔诚。"(海德格尔语)与作家一样,当代文艺学研究者抓住文学的核心价值(追求"更高的心理现实",即"知人心"),并力图用蕴含着深刻的历史逻辑、理论逻辑和实践逻辑的话语释放这一核心价值,用美的规律修正人们全部的生活方式,引导人们"知善恶""明是非""辨美丑",帮助人们消除"鄙吝之心",向往一种高远之境。

21 世纪以降,文学创作、文学批评、文学传播乃至整个文学活动方式持续地发生广泛而深刻的嬗变;与之相应地,审美经验、媒介生态、理论思维、

---

① 　铁凝:《代序:文学是灯——东西文学经典与我的文学经历》,《隐匿的大师》,译林出版社 2021 年版,第 5—6 页。

知识增量等交相迭变,人文学术思想形态发生裂变、重组,各学科既有的话语藩篱不断被拆除。"察势者明,趋势者智。"人们深刻体认到:中国作为一个拥有长期连续历史的巨大文化存在,其问题意识、思维方式、语言经验、话语模式需要重新发现与阐释,并且必须重新生成一种独立的、完整的、崭新的思想理论及其话语体系。这种话语体系是思想理论体系和知识体系的外在表现形式,与文化环境、传统习惯及社会制度等密切相关,具有深厚的历史积淀与现实根基。

进入新时代,文艺学研究者扎根中华大地,勇立时代潮头,与时代同行,发时代先声,积极回应当代知识生产的新要求,通过跨学科领域的研究致力于新文科观念与实践,重构当前各个知识领域的学科意识与现实眼光,有效参与对人类命运共同体的思考,孜孜于文艺学的学科体系、学术体系和话语体系的探索与创建,呈现中国特色、中国风格、中国气派的学术贡献与话语表达,为国家的现代化建设提供强大精神动力和智力支持。

理论的生命力在于创新。新领域的开辟,新学科的建立,新话语的生成,需要不同见解、彼此争议的砥砺。章太炎先生当年就慨叹孙诒让的学术之所以未能彰显于世,是因为没有人反对:"自孙诒让以后,经典大衰。像他这样大有成就的古文学家,因为没有卓异的今文学家和他对抗,竟因此经典一落千丈,这是可叹的。我们更可知学术的进步是靠着争辩,双方反对愈激烈,收效方愈增大。"①本着真理出于争辩及促进学科发展的愿望与责任,遵循问题共享、方法共享、思想共享的学术原则,浙江工商大学出版社邀请本人编选、推出"中国当代文艺学话语建构丛书"。本丛书拟分人分批结集出版相关的代表性研究成果,收录各人具有典范性的、在学界产生较大影响的佳作,以凸显"一家之言"的戛戛独造,为中国当代文艺学话语体系的建构尽绵薄之力。

"中国当代文艺学话语建构丛书"第一辑推出了当代文艺学研究界中坚

---

① 　章太炎:《国学概论》,中华书局 2003 年版,第 33 页。

代学者陈定家、赵勇、张永清、刘方喜、吴子林、周兴陆的 6 部著作,备受学界同人关注。第二辑推出的是当代文艺学研究界青年才俊的 6 部著作:王怀义《中国神话诗学——从〈山海经〉到〈红楼梦〉》、王嘉军《他异与间距——西方文论与中国视野》、李圣传《人物、史案与思潮——比较视野中的 20 世纪中国美学》、王琦《当代西方书写思想之环视——以让-吕克·南希的研究为中心》、汪尧翀《居间美学——当代美学转型的另一种可能》和冯庆《诗与哲学之间——思想史视域中的文学理论》。这些青年才俊生于 20 世纪 80 年代,师出名门,大都精通外语,受过良好的西学训练,又有强烈的中国问题意识,而努力在中西思想的碰撞、交流、对话中,通过跨学科领域的研究,致力于新文科观念与实践,自觉构建崭新的文学理论、文艺美学理论话语体系。他们的学术思想比较前卫、先锋,6 部著作都是穷数年之功潜心撰写而成的,它们融思想与学术于一体,具有健全的历史和时间意识,并由此返归当下,呈现了崭新的理论话语、价值体系、思维方式和文化逻辑,而汇入了 21 世纪的理论创造之巨流。

行文至此,不知何故,我突然想起了柏格森及其生命哲学——

1884 年暮春的一个黄昏,25 岁的柏格森散步到克莱蒙费朗城郊。这是法兰西腹地的高原地带,漫山遍野生长着各种高大的树木。晚霞在万里长空向东边铺洒开来,远处卢瓦尔河的支流潺潺流动。柏格森站在高处,目睹河水奔流、树木摇曳、晚霞飘逝,突然对时光之逝产生了一种非常震惊的感觉。

在与尘世隔绝的静谧与冥思苦想中,意识之流携带着一切感觉、经验,连续不断地奔涌;在那些棱角分明的结晶体内部,也就是那些凝固的知觉表面的内部,也有一股连续不断的流:“只有当我通过了它们并且回顾其痕迹时,才能说它们构成了多样的状态。当我体验到它们时,它们的组织是如此坚实,它们具有的共同生命力是如此旺盛,以至我不能说它们之中某一种状态终于何处,另一种状态始于何处。其实,它们之中没有哪一种有开始或终结,它们全都彼此伸延。"①

时间无边无际、缄默不语、永不静止,它匆匆流逝、奔腾而去、迅疾宁静,宛若那包容一切的大海的潮汐,而我们和整个世界则如同飘忽其上的薄雾。时间之流的感觉驱动柏格森在克莱蒙费朗任教期间,潜心思考时间问题,写出了他的第一部著作《时间与自由意志》。从这部著作开始,柏格森发展了一套以"绵延"为核心概念的庞大的直觉主义生命哲学体系。1927 年,为表彰其"丰富而生机勃勃的思想及其卓越的表现技巧",诺贝尔奖委员会将诺贝尔文学奖授予柏格森,并在"授奖辞"里写道:

> 柏格森已经为我们完成了一项重要的任务:他独自勇敢地穿过唯理主义的泥沼,开辟出了一条通道;由此通道,他打开了意识内在的大门,解放了功效无比的创造的推动力。从这一大门可以走向"活时间"的海洋,进入某种新的氛围。在这种氛围中,人类精神可以重新发现自己的自主性,并看到自己的再生。②

吴子林

2023 年 6 月 9 日于北京

---

① 柏格森:《形而上学导言》,刘放桐译,商务印书馆 1963 年版,第 5 页。
② 柏格森:《生命与记忆——柏格森书信选》,陈圣生译,经济日报出版社 2012 年版,第 204 页。

自序:建构中国神话研究的基本范式

　　中国神话研究自 1903 年蒋观云首次将"神话"一词引入中国以来就一直比较兴盛,中间虽有间歇,但总体上呈现出不断前进和发展的趋势,研究成果十分丰富。但通过神话研究华夏先民的审美意识问题,系统的研究成果却相对较少。研究神话与审美之间的关系,从王国维和鲁迅时代即已开始,20 世纪八九十年代也兴盛过一段时间,但随后又逐渐消歇了。而且,对神话进行美学研究,神话思维是一个必须面对和解决的问题。这就需要选择一个合适的角度切入这一论题。

　　神话是各门学科的根,中国古代神话对华夏美学的贡献现在理应得到系统的整理与研究。可惜,囿于各种原因,这方面工作一直未受重视。王国维 1906 年发表在《教育世界》第 23 期总第 139 号上的《屈子文学之精神》和鲁迅 1908 年发表在日本东京《河南》月刊第 8 期上的《破恶声论》,应该被看作中国神话美学研究的先声。王国维在论述神话想象力的问题时,将想象力在文学创作过程中的位置提高到情感之上,是对中国传统的"诗缘情"观念的反拨和补充,值得注意;鲁迅在论述神话的超越性和形上价值的同时,提出了他的"神思说",是从神话的角度对刘勰《文心雕龙·神思》的补充和发展,亦值得重视。尤其是鲁迅对神思的论述具有更尖锐的理论锋芒和批判精神,在研究方法上也具有范导性意义,启发了闻一多等人对相关问题的研究。

20世纪八九十年代兴起过对神话与美学之间关系研究的热潮,这应该是对鲁迅、闻一多等开创的神话研究传统的接续。新中国成立后,神话被看作封建的东西而加以批判,因而这方面的研究有些停滞,袁珂先生晚年还回忆过这段艰难的经历。新时期以来的神话研究领域,神话思维是大家研究的重点,一些学者(如武世珍、萧兵、叶舒宪、杨文虎、邓启耀、刘文英、方克强等)对神话和审美关系的研究也主要是从神话思维与审美的思维方式之间的相似性角度入手的。我觉得,20世纪80年代兴起神话美学研究与当时的时代环境有关。有以下三个方面因素值得注意:一是形象思维讨论。毛泽东在1965年给陈毅谈诗的一封信中提出了"形象思维"的概念,这封信在1977年底发表后立即引起学界关于形象思维的讨论,神话思维作为形象思维的类型之一被广泛讨论。二是文化人类学的重兴。文化人类学在20世纪初由周作人、黄石、林惠祥等引入中国后兴盛过一段时间,但后来由于各种原因又逐渐消歇了。继1975年神话—原型批评被中国台湾学者徐进夫引入后,黑格尔的《美学》(1979)、列维-布留尔的《原始思维》(1981)、列维-斯特劳斯的《野性的思维》(1987)、弗雷泽的《金枝》(1987)、叶舒宪编选的《神话—原型批评》(1987)、博厄斯的《原始艺术》(1989)以及卡西尔的《神话思维》(1992)等一系列著作被相继引入学界,在这些著作影响下,神话思维再次成为大家讨论的重点问题。三是当时兴起的"美学热"和"方法论热"。当时各种美学研究层出不穷,无限泛化,各种"方法"被运用到各个领域,神话研究领域也受到了这方面的影响。从总体上看,在论述神话思维基本特征的时候,大家一般将其置于原始思维和形象思维的范围中进行讨论,所依托的思想资源多为国外著作,因而不同程度地带有以西例中的倾向。

目前,经过几十年的讨论,对神话思维的特征,大家已基本达成共识,即神话思维是原始人类以主客浑融为基础、以形象为核心、以情感为特质、以集体性和整体性为表征的原型心理的体现或反映,是一种原逻辑或前逻辑的思维形态。从这个概括可以看出,前辈学者的界定在力求揭示神话思维的普遍性结构特征,并且认为这些特征不仅适用于中国神话,而且适用于世界各个民族、地区和国家的神话。但从大家使用较多的概念如隐喻、集体无意识、原型心理、原逻辑等看,上述对神话思维特征的概括比较适合印欧神话,这与中国神话的思维方式虽有联结但总觉稍有隔膜。将神话思维研究纳入神话美学研究的范围,原因在于神话思维与审美的思维方式之间的相似性、统一性或同质性。神话思维的混沌性、具象性、情感性和以主体为中心等特征都与审美思维方式极为相似,是人类审美思维得以形成的重要基础。需要说明的是,神话思维与审美思维方式尽管十分相像,但仍不能等同。神话思维在其发展演变过程中,有向认知思维、经验思维、逻辑思维等方向发展的可能性,当然也有向审美思维发展的可能性。只不过,在这些思维形式中,神话思维与审美思维之间的距离最近。

需要指出的是,以往学者过多强调神话思维与审美思维之间的一致性而忽视了两者之间的差异性,这种思路需要改变。我们应从强调两者之间的趋同性向突出两者之间的差异性方向转变,重点研究文艺审美思维对神话思维的改造和再创造等问题,这样可以拓展神话思维的研究维度。此外,以往人们多将神话思维作为一个整体进行研究,这种研究的好处是有利于从宏观上概括神话思维的特征,缺点在于有静止化和封闭化倾向,不利于研究神话思维本身的发展问题,也不利于揭示各民族神话思维之间的不同点等问题。我主张在整体性的基础上从动态发展的角度对神话思维进行分段研究,考察神话思维本身发展演进的过程和规律及其对神话意象体系的制约和影响。在这方面,袁珂、方克强、魏善浩、邓启耀等前辈已做过一些工作,但还需要进一步深入。

回归中国神话本身的特点,还其以本来面目,是客观研究中国神话的基础和关键。即使如此,国外神话学理论也不能被排除在中国神话美学研究之外,而且卡西尔的《人论》《语言与神话》等经典著作对我们研究神话与审美之间的关系还是很有启发性的,应该借鉴过来为我所用。问题在于,我们如何在尊重中国神话本身的基础上将两者融会贯通,这也应该是中国神话美学研究的题中应有之义。

国外神话研究历史悠久,无论是研究方法还是理论思想都值得我们消化、吸收和借鉴,并结合中国神话的实际加以更新、转换和创造。要有效实现两者之间的融会贯通,还有很长的路要走。卡西尔的系列著作,在对神话审美价值进行研究的论著中比较突出;他从现象学角度对神话进行的阐释深刻独到,尤其值得我们吸收和借鉴。此外,布鲁门伯格的《神话研究》等著作对神话所进行的存在论阐释也很重要。由于受到特定历史时代的影响,中国神话研究一开始就有被工具化的倾向。直到 20 世纪末,才有一批学者努力摆脱西方神话学理论的束缚,从中国神话本身的特点出发进行研究,取得了一些成果。就国外的情况来看,神话概念的内涵也是随着时代的发展不断变动的。受当下正在进行的现象学运动的影响,存在论和生存论思想正逐步渗入神话概念。有些学者开始将存在主义和现象学思想引入对神话概念的讨论,将神话看作人类生存的精神家园,开启了神话研究的存在论转向,这方面英、美、德等国的学者做得较多。国内已有学者(如户晓辉、谢国先、张文安、王倩等)对这方面的研究历史和进展情况进行过评述。

在研究过程中,我们还应注意美国学者盖雷的神话分类法。他明确将"审美性神话"作为神话的两大基本类型之一,我觉得这种划分在神话分类研究方面具有新意。盖雷主要是从人类生存的角度对神话进行分类的。盖雷认为,神话是人类社会发展到一定阶段的产物,因而必然体现、蕴含着人类的生存经验;人类的生存经验,是神话得以存在的现实基础。盖雷认为,认知欲望和娱乐欲望是人类生存的两种基础诉求,因而他将神话分为知解性(explanatory)神话和审美性(aesthetic)神话两大类型。第一类神话通常被人们称为解释性神话。此外,他还认为:"审美性神话源于人类普遍的娱乐欲望,那是因为人的心灵厌恶单调乏味的现实生活。这类神话提供的可能是一些并非实在但令人愉悦的信息。它们会引发情绪——同情、眼泪和笑声——因为神话中的人物和事件都远离我们的日常经验,而贴近对事物的感受,所以使我们感到亲切、有意味、有吸引力。"①应该说这两种神话均具有丰富的想象力和宗教信仰等内容,是人类各种情感积淀的结果。与其他学者将神话作为一种纯客观的研究对象而对之进行分类的机械做法不同,盖雷的分法显然更能贴近神话的本原特性,也更能彰显神话的审美价值,因为神话本就是人类生存经验和生命体验的结晶,它并不外在于人类的精神世界。

需要指出的是,盖雷的思路与卡西尔有接近之处,可惜在这本书中,他没有对这一思路进行更多的学理阐述。他的兴趣是研究具体文学艺术作品与古典神话之间的关系问题,因此我们还须对这一思路进行细化。对神话进行美学研究,还要充分重视这样两个条件:一是神话的综合性。神话是史前社会宗教、政治和审美等信息的统一体,因而我们可以充分发掘神话所包蕴的丰富的审美价值。这是对神话进行美学研究的现实基础。二是神话的思维方式。以主客浑融为基本特质的神话思维,与主客一体、天人合一、虚静自然的审美思维方式在形成过程、本质属性和主客关系等方面均具有同质性。这是对神话进行美学研究的思维基础。离开这两个条件,神话的美学研究无从谈起。还有两个问题需要搞清楚:一是将神话作为审美对象进行研究;二是将神话作为审美活动的结晶进行研究。第一个问题研究的是主体与神话之间的关系问题,讨论神话所蕴含的审美内容对后世文艺审美活动所具有的审美价值。这时,神话是作为与主体组成审美关系的客体的面貌出现的,神话往往会受到主体情感意志的影响或改造,后世文学艺术家以神话为基础进行的再创造大多属于这种情况。这时候,神话的审美价值被高度发扬,这是神话美学研究的重要内容之一。第二个问题研究的是神话所反映的神话产生时代人类审美活动的情况,与之相关的是神话本身所

---

① 盖雷:《英美文学和艺术中的古典神话》,北塔译,上海人民出版社 2005 年版,第 542 页。

蕴含的当时人类的审美趣味、审美理想等内容。这两个问题侧重点不同,属于一个问题的两个方面,不能分开研究,我们可以根据研究的需要有所侧重,但不能有所偏废。

　　将神话与人类的生存经验和生命体验结合起来讨论神话的审美属性是一条可以尝试的路径,而且人类最早的生存经验和生命体验也是以神话的方式保存与流传下来的,这是神话美学研究的逻辑起点。针对中国古代神话和华夏民族审美传统之间的关系,这些内容还应进一步细化,比如两者在思维方式之间的融合度及其对中国神话表现形式的影响等问题。这个问题须具体研究,而且要找准切入点。中国神话的美学研究有其独特性,应结合中国神话产生的具体历史情境和中华民族本身特有的思维方式来看。脱离了这些具体情境,中国神话将不再是中国神话,而是某些神话概念或理论的注脚。中华民族的思维方式是一种注重整体性、感悟性和具象性的诗性思维,"观物取象"的尚象思维传统至今仍是中国人思维方式的主要形式。中国神话既孕育了这种思维方式,又在这种思维方式的影响下被孕育着,两者之间是一种我中有你、你中有我,彼此融合而互为因果的缘构性关系。在这个层面上,我们说,意象性是中国神话的根本属性,"意象化存在"是中国神话的根本存在方式。比如:在存在方式上,中国神话保持着较为朴拙的原始面貌,以片段性方式见载于各种典籍和图像资料中,这些神话片段多是对神话核心情节的简短概述;在表现形式上,中国神话多与巫术祭祀活动结合在一起,自然意象在神话意象体系中占主导地位,神性压倒人性;在记述方式上,中国神话多是对神灵和神物的特征与功能等进行描述,神话意象在神话叙事中占核心位置,神话情节占次要地位;等等。中国神话的片段性、非情节性、原始性、现实性以及与之相关的礼仪性、仪式化等特点无不与此有关。形成中国神话这些特征的原因是多样的,这与中国神话的记述方式、汉字的形态特点、礼仪制度的影响以及尚象思维传统等都有密切关系。鉴于以上原因,我觉得应该以中国古代尚象的思维传统为视点,充分尊重中国神话的意象化存在方式,以神话意象为核心,研究中国神话与华夏民族审美传统之间的关系。

但是，有些学者反对用意象思想研究中国神话，原因是这一概念最早出现于东汉王充的文章中，后来被刘勰加以改造，将之作为文艺审美活动中的"心象"，"意象"开始具有审美意义，后经过魏晋隋唐时期的漫长发展，"意象"才开始成为真正意义上文学批评和审美鉴赏中的专门词汇，因而使用这样一个晚出的概念来讨论神话问题是不可行的。实际上，这种看法是不妥当的。就像中国本无"美学"一词但后来学者却可以撰写《中国美学史》一样，王充以前虽没有"意象"一词但不代表古人对意象没有讨论或不加关注。《周易》提出的"观物取象""制器尚象"等思想就是对意象创构过程的精要概括，而《周易》这一思想的形成也是基于原始先民对自然万象观察、认识、体验的实践活动的，两者之间并不矛盾。种种迹象表明，中华民族的尚象思维传统不是凭空产生的，而是有其深厚的史前文化基础的。作为史前文化重要组成部分的神话，与中华民族的尚象思维传统之间具有一种互为因果的关系，两者之间相互促进，最终形成了这种思维方式。

我们应从中国神话产生的历史情境角度看待中国神话。我反对用西方神话的标准对中国神话用"缺点"或"优点"之类的词进行评价。中国神话就是中国神话，不是其他国家、民族或地区的神话，它有自己的特点。出于历史原因，有些学者对中国神话的某些特点误解比较严重，这需要澄清。经过一个多世纪的研究，人们一般认为，中国神话比较零散、情节性不强、缺乏系统性、历史化现象严重等，以至于有些西方学者和日本学者认为中国根本不存在神话，同时也不存在以神话为基础的英雄史诗等。在研究过程中，我遇到不少文学博士、教授，他们现在仍认为中国神话零散、不成系统，研究价值不大，等等。可见这种误解影响之深。这些特征有些是存在的，有些是不存在的，不能笼统地将其作为缺陷来看待，而应具体分析。中国神话的零散固然有历史化等因素的影响，但也不全是如此。世界上所有民族、国家和地区的神话在最初阶段都是以零散、片段的面貌出现的，都不具有曲折的故事情节，而只是对神灵形貌和事迹的简短描述。只有那些经过后人删改、整理的神话才具有严密的系统性、情节的完整性和丰富性。这是后世人为神话的典型特征。中国神话的零散和不系统,说明它尚未经过人为加工,因而比较原始质朴。这是中国神话的特点,但多年来一直被人看作缺点而加以批评。再如,中国神话的历史化问题。神话历史化在中国确实开始较早,因而历史化的程度也较深,但被历史化的神话只是中国神话的一部分而不是全部。凡事都有两面性。正因为中国神话历史化开始时间较早,而那些没有被历史化的神话只能以其他途径流传下来,因而也很少受到主流意识形态的改造。这些神话主要集中在《山海经》等著作中。刘秀①在《上〈山海经〉表》中称自己献《山海经》是"昧死谨上",这体现出正统阶层对这些神话的排斥,同时也说明这些神话很少受到官方意识形态的改造,在一定程度上保留了原貌。

从意象角度研究中国神话有悠久的历史传统。在当代学者中,叶舒宪的《神话意象》和汪裕雄的《意象探源》等著作曾就这方面问题进行过系统探索。如果从美学角度来看,对神话意象审美价值的发掘工作还应进一步加强。前辈学者的神话意象研究为我们的进一步研究奠定了基础。汪裕雄的神话意象研究注重从历史演变的角度,探讨神话意象向审美意象演变、转化的历史过程;叶舒宪的神话意象研究具有更鲜明的现代色彩。他在后现代的批判性视野之下,力求将中国传统美学意象观与神话图像文本相结合,讨论神话意象在当代神话研究乃至文化研究中的重要作用和角色转换,从而实现神话研究的跨学科性。此外,王锺陵提出的神话意象图式理论也值得我们注意。从迄今所发表的有关中国神话意象的八九十篇研究论文和相关著作来看,对于经典的、有代表性的神话意象个案的研究成为主流趋势,而对神话意象进行理论上的探索和建构的论著相对较少。如何在以往研究的基础上,从学理上对中国神话意象的基本类型、构象方式、演变过程和基本特点等问题进行系统提炼与理论归纳,是我们今后要做的一项工作。

---

①　刘秀,即刘歆,非光武帝刘秀。为避汉哀帝名讳,刘歆更名刘秀。

应该对神话意象的审美价值进行充分发掘。中国神话中令人目不暇接的诸神形象形成了庞大的神话意象群,体现出华夏先民崇尚怪诞、野性和简约、原始的生命精神,以及崇爱崇高、天真和朴拙的审美趣味,具有极强的生命活力。因此,在我看来,神话时代天然是审美时代,神话世界就是意象世界。这个世界是主客浑然、心物一体的精神世界。在这个世界里,自然万物对于主体来说都是新鲜、新奇的,都会引发人们对之进行凝神观照。因而,在这种情况下应运而生的神话意象,同时也是独立而纯净的精神世界。这个世界既包括主体对客观世界的认识、理解和体验,也是主体精神、意志和情感等得以凝聚的产物。在神话的创造和接受过程中,主客是浑然一体的有机整体。神话的真正魅力即在于接受者在与神话进行交流时所产生的独一无二的精神氛围。这种氛围对于各种人群来说,其本质是相同的。在此基础上,我反对以机械进化论思想对中国神话进行研究,倡导破除本质主义神话观,真正重视神话的包容性和开放性,从体验论的角度来考察中国神话的审美价值。神话应是主体在与之进行情感和想象双重交流过程中能够引起主体精神无限自由的叙述空间。在这个意义上,神话学应是关于主体生存和精神自由的科学,而不是关于预先设定思维方式的实证科学。这意味着神话学是并且如它所述的是关于神话的科学。

神话研究需要借助图像学的方法,因为图像是神话最早、最为稳固的传承方式之一。就像叶舒宪所倡导的那样,神话研究不仅要破除狭隘的神话观念、打破学科之间的森严壁垒,而且还应充分重视考古出土的图像资料的价值和作用。这对神话诗学研究是极为重要的。抛开现代性批判因素不谈,图像在神话传承方面的重要作用是不言而喻的。这是因为在早期阶段,由于文字还不成熟,许多神话只能通过口耳相传和图像的方式进行传承。其中,图像所传承的神话稳定性更高,值得我们珍视。在早期阶段,依靠图像进行保存、流传,是神话基本的存在方式。而且,就中国的情况来看,即使进入文明时代后,神话这种依靠图像进行传承的方式也是一直存在的。这种情况在先秦诸子和《史记》《汉书》等文献的记述中可经常看到,近年来大量出土的史前文化遗址也证明了这些记载的可靠性。这方面,闻一多、常任侠、萧兵、叶舒宪、陆思贤、马昌仪、朱存明等前辈学者都做出了很多卓有成效的工作,值得我们学习、吸收和借鉴。就世界神话学的发展历程来看,卡彭特、伍德福德、金芭塔丝、包华石和巫鸿等在这方面的研究成果比较成熟,其理论性和体系性建构值得我们学习与借鉴。相对于西方学者利用图像资料研究神话的历史,中国学者在这方面的历史虽然要晚一百多年,但也积累了丰厚的研究成果,现在到了对这些成果进行总结的时候,建立一门图像神话学的时机也基本成熟了。

从神话美学研究的角度来看,图像资料以其形象性、直观性和直接性更易使主体在与其交流过程中通达自我精神领域的最深层。在这个世界里,世界和自我实现了完美的结合与张扬。作为叙述方式和思考方式,神话图像本身可以构成一个完整自足而丰富多样的意义和情感空间,是形象与主体之间真正的圆融和统一。因此,利用图像对神话进行美学研究,应从传承方式和主体接受的角度讨论图像传承对神话的影响,从审美心理的角度探讨主体在与图像建立完整的主客关系后直击神灵图像时所获得的心灵感受,以此揭示神话意象对我们的生存所具有的独特精神价值。

同时,我们还要对从史前到两汉时期的中国神话意象演进过程进行系统研究,因为这个过程同时是华夏民族的形成过程,也是中国古代文明和文化体系的形成过程,同样是华夏民族审美传统的形成过程。这是探求中国神话与华夏美学之间关系的关键。

目　录

| 第一章 |

中国神话诗学的基本问题

　　从 1892 年俄国学者格奥尔吉耶夫斯基首次使用"中国神话"这一术语算起,中国神话研究的历史已有 131 年,取得了很多成果,形成了比较系统的中国神话研究方法。其中,中国神话的美学研究,虽历史悠久——从王国维、鲁迅等人就已开始,有一些专题论文,但尚不够系统。在中国神话研究走过百年历程时,有许多学者对之进行了回顾并写下相关论文,但对中国神话美学研究历程进行梳理和总结的文章尚显零星。有学者说:"神话美学研究虽然取得了一些成绩,但目前还缺乏有影响的专著,有待学者们在这一领域取得更大进展。"①这一评述符合中国神话美学研究的实际情况。这说明,对中国神话美学研究的历史进行总结并将之向前推进,应是学界的一项紧迫任务。百余年来,中国神话诗学研究的内容主要集中在以下四个方面:第一是从神话起源的角度入手,阐述想象力对神话的本质属性。这方面以王国维和鲁迅为代表。第二是对神话思维与审美思维方式之间的关系进行论述。这方面成果最为丰富,也是神话美学研究的重点所在,以王锺陵等为代表。第三是对中国神话与审美意识和审美范畴之间的关系进行研究。这方面的研究成果尚显零星。第四是神话意象研究。这方面以闻一多的神话个

---

①　黄震云、孙娟:《汉代神话史》,长春出版社 2010 年版,第 15 页。

案研究为代表,当代以来,汪裕雄和叶舒宪等人取得的成果亦引人注目。这些研究为彰显中国神话的世界性价值、建构具有中国民族性特点的神话学理论奠定了基础。

第一节　神话的想象力特质

想象力在审美活动中占有重要地位,同时也是神话的本质规定性,因而探讨想象力与神话的关系问题,是神话美学研究的重要内容之一。自晚清神话研究兴起以来,对神话的想象力特质进行礼赞的首推王国维;与王国维相比,鲁迅对神话的想象力和超越功能的论述更详备。王国维在论述神话想象力的问题时,将想象力在文学创作过程中的位置提高到情感之上,是对中国传统的"诗缘情"观念的反拨和补充,值得注意。鲁迅在论述神话的超越性和形上价值的同时,提出了他的"神思说",是从神话的角度对刘勰《文心雕龙·神思》的补充和发展,亦值得重视。

王国维对甲骨文和殷商历史的考证对中国神话研究具有重要意义。同时,他也十分强调神话想象力对文学艺术创作的重要性。王国维在《屈子文学之精神》(1906)一文中,从神话与文学的关系角度入手,考察了想象力和情感与文学的关系,并将神话中所蕴含的丰富想象力看作文学艺术创作的首要心理动力。他认为,在文学创作中情感与想象都很重要,但比较来说,想象则更为重要。他在该文中提出"大诗歌"的概念,指出以《诗经》为代表的北方文学以情感胜,以《楚辞》为代表的南方文学以想象胜,认为"南人想象力之伟大丰富,胜于北人远甚。彼等巧于比类,而善于滑稽。故言大则有若北溟之鱼,语小则有若蜗角之国,语久则大椿冥灵,语短则蟪蛄朝菌。至于襄城之野,七圣皆迷,汾水之阳,四子独往。此种想象,决不能于北方文学中发见之"[1]。王国维所举的例子多为神话资料。他对神话叙述中所蕴含的

---

[1] 王国维:《屈子文学之精神》,马昌仪主编《中国神话学文论选萃》(上册),中国广播电视出版社1994年版,第30页。

想象力是至为推崇的,并认为文学与神话之所以具有密切的联系,是因为两者均需要丰富的想象。王国维所谓"大诗歌"是"北方人之情感与南方人之想象合二为一"的产物,但如果要在情感与想象之间分出轻重,王国维认为想象要重于情感:"南人之富于想象,亦自然之势也。此南方文学中之诗歌的特质之优于北方文学者也。"①王国维凸显想象力在文学艺术创作活动中的地位的看法,是对两千多年来"诗缘情"观点的补充和发展,在中国神话研究史上第一次提高了神话的美学价值。应该说,在晚清以降的神话研究中,王国维对神话中所蕴含的想象力、神话与文学之关系等问题的重视,是梁启超、蒋观云和夏曾佑等人所不具备的,在中国神话研究史上具有首创之功。

鲁迅论神话的文章有多篇,如《摩罗诗力说》《人之历史》,以及《中国小说史略》第二篇"神话与传说"和后来的通信等。从神话与审美的角度看,鲁迅《破恶声论》的理论价值和现实价值相对更高一些,但研究者历来鲜有论及。与鲁迅在其他论著中从神话与文学之关系的角度论述不同,在这篇文章里,鲁迅重点论述了神话对愉悦人类精神世界所具有的重要的审美价值和形上价值,并提出关于神话的"神思"观点,突出了想象力对于神话的本体性价值及其对文艺创作的重要性。

首先,鲁迅从起源论的角度,第一次突出强调了神话对原始先民所具有的精神超越功能。鲁迅对当时西学初入中国时,人们利用掌握的零散的科学知识对包括神话在内的宗教信仰进行嗤之以鼻的嘲讽的现象进行了批评。他认为神话与原始宗教都是原始时代的,那些能够从自我心灵出发对物质世界进行追问进而超越物质世界而走向心灵世界的人——鲁迅称之为"向上之民"——主动创造的成果:"夫人在两间,若知识混沌,思虑简陋,斯无论已;倘其不安物质之生活,则自必有形上之需求……而吾则谓此乃向上之民,欲离是有限相对之现世,以趣无限绝对之至上者也。人心必有所冯依,非信无以立,宗教之作,不可已矣……宗教由来,本向上之民所自建,纵

---

① 王国维:《屈子文学之精神》,马昌仪主编《中国神话学文论选萃》(上册),第30页。

对象有多一虚实之别,而足充人心向上之需要则同然。"①鲁迅从人的精神需求的角度阐述了神话与原始宗教的起源问题,在此基础上论述了神话所具有的审美超越功能。鲁迅认为,神话与原始宗教是人们对有限相对之现世的超越,是一种本能性的需求。这样,主体就从宗教信仰走向了心灵审美,宗教祭祀活动同时也就转变为主体的审美活动。在此基础上,以诗歌为代表的文学艺术逐渐形成。鲁迅说:"顾瞻百昌,审谛万物,若无不有灵觉妙义焉,此即诗歌也,即美妙也,今世冥通神闶之士之所归也,而中国已于四千载前有之矣……"②鲁迅从人类精神需求的角度讨论神话的起源及其与文艺审美活动的关系,具有导夫先路的意义。

其次,鲁迅从起源论的角度,在对神话想象力特质进行论述的基础上提出了他的"神思说"。在《破恶声论》一文中,鲁迅使用"神思"一词达五次之多,可见他对这一思想的重视。鲁迅首先从想象力("神思")的角度论述了神话的起源问题:"夫神话之作,本于古民,睹天物之奇觚,则逞神思而施以人化,想出古异,诳诡可观……"③鲁迅这里所说的"神思"就是主体的想象力。原始先民们对天地万物的好奇心理、超越时空限制的神奇想象以及充沛充实的激情,是神话产生的基础条件。其中,将各种外在条件和心理因素统合在一起,进行创造性加工的核心是想象力的统合作用。鲁迅认为,原始先民们的神奇想象力所营构的神话意象,体现了人们心中永恒的精神理想和生命情感诉求。因此,鲁迅认为神话想象古朴神异,后人不必对之怀疑和批评,它们是原始先民思想观念和思维方式的结晶("神思如是"),是后世文学艺术和学术思想的根本,这一点是中西皆同的。这个思想指导了鲁迅《中国小说史略》的理论研究和《故事新编》的创作实践。这方面的研究成果较多,这里就不赘言了。

---

① 鲁迅:《破恶声论》,《鲁迅全集》第八卷,人民文学出版社 2005 年版,第 29—30 页。
② 鲁迅:《破恶声论》,《鲁迅全集》第八卷,第 30 页。
③ 鲁迅:《破恶声论》,《鲁迅全集》第八卷,第 32 页。

最后，鲁迅高度赞扬了原始先民以神思（想象力）为核心的创造精神，并对当时社会缺乏创造精神而乞灵于希腊、印、欧等神话的浮躁做法做出了尖锐批评，具有强烈的现实针对性。鲁迅所面临的是这样一种社会环境：当时，所谓科学被引进中国，一些人以动物学、生理学来否定中国的龙、凤等神话意象，认为龙、凤的生理特征在现实中是不存在的，并认为中国神话缺乏想象力，不能与希腊等国家的神话相比。鲁迅对这种说法提出了批评。鲁迅认为，以龙为主要代表的中国神话意象是原始先民的神奇想象力创造的结晶，不能拿所谓动物学等对之进行现实化解释。鲁迅认为这样做是有愧于古人的。另外，有些人认为中国的龙不是本土所有的，而是受到埃及、印度等国家神话的影响而产生的。鲁迅认为这种看法是"拾外人之余唾"，其背后原因则是当时中国国势之衰败。鲁迅对这种看法感到痛心，认为这种情况也反映了当时国人想象力的贫乏。鲁迅认为中华民族"神思美富，益可自扬"，不必因为国势衰败而对外国的东西极力推崇、对中国古老的东西一概否定。

综上，王国维和鲁迅对神话与想象力关系的论述具有敏锐深刻的洞察力，不仅准确抓住了神话的本质与核心，还突出了神话的精神意蕴和审美价值。而且鲁迅还指出了神话对原始先民所具有的精神超越功能和形上价值，他对神思的论述具有更尖锐的理论锋芒和批判精神，在研究方法上也具有范导性意义，直接启发了闻一多等人的研究。王国维和鲁迅对神话所蕴含的丰富想象力的推崇，是中国神话美学研究的开端。

第二节　神话思维与审美思维方式的差异

学界之所以将神话思维研究纳入神话美学研究的范围之内，原因在于神话思维与审美思维方式之间的统一性或同质性。神话思维的混沌性、具象性、情感性和以主体为中心等特征都与审美思维方式极为相似，是人类审美思维得以形成的重要基础。当然，神话思维方式与审美思维方式尽管十分相像,但仍不能等同。神话思维在其发展演变过程中,有向认知思维、经验思维、逻辑思维等方向发展的可能性,当然也有向审美思维发展的可能性。只不过在这些思维形式中,神话思维与审美思维之间的距离最近。总体上来看,中国学界关于神话思维的研究虽自民国时期即有讨论,但相对较少,成绩有限。进入新时期,神话思维成为中国神话学界讨论最多的问题之一。这与当时的社会环境有关。一方面,毛泽东在1965年给陈毅谈诗的一封信中提出了"形象思维"的概念,这封信在1977年底发表之后,立即引起学界关于形象思维的讨论,神话思维作为形象思维的典型类型之一得以广泛讨论。另一方面,继1975年神话—原型批评被中国台湾学者徐进夫引入中国后,黑格尔的《美学》(1979)、列维-布留尔的《原始思维》(1981)、列维-斯特劳斯的《野性的思维》(1987)、弗雷泽的《金枝》(1987),以及卡西尔的《神话思维》(1992)等一系列著作相继被引入中国。在受这些著作影响而兴起的对原始思维等问题的讨论中,神话和神话思维再次成为讨论的重点。这个讨论一直持续到21世纪,关于神话思维的各方面问题在学界已基本形成一致观点:神话思维的研究趋势暂缓下来。从总体上来看,学界关于神话思维的讨论,主要集中在以下三个方面:首先是神话思维的基本特征问题,其次是神话思维与审美思维方式之间的关系问题,最后是神话思维的发展过程问题。

在论述神话思维基本特征的时候,人们一般将之置于原始思维和形象思维的范围中进行讨论,学者们所依托的思想资源大多为国外著作。经过几十年的讨论,对于神话思维的基本特征,学界已基本达成共识,即神话思维是原始人类以主客浑融为基础、以形象(或象)为核心、以情感为特质、以集体性和整体性为表征的原型心理的体现或反映,是一种原逻辑思维(或称"前逻辑思维")形态。从这些概括可以看出,中国学界对神话思维的讨论是力求揭示神话思维的普遍性结构特征的,这些结构特征不仅对于中国神话,而且对于世界各个民族、地区和国家的神话在理论上都是适用的。但在实践中,从大家所使用较多的概念(如隐喻、集体无意识、原型心理、原逻辑、思维结构等)来看,上述对于神话思维特征的概括对以希腊神话为代表的印欧神话来说应是比较适合的,与中国神话的思维特征虽有联结处,但总觉稍有隔膜。比如,有学者在讨论神话思维的象征性特征时,所借助的思想资源是黑格尔的理念艺术论。在此基础上,作者用形象和意义之间的互动关系来阐述神话思维的意象结构图式,并将之扩展到神话意象演变的普遍性规律上。[①] 黑格尔对神话形象与意义之关系的讨论,是其理念论在神话问题上的反映,不仅指神话演变,还指人类艺术发展的整个过程,用这种思想来解释中国神话(尤其是史前神话)的发展问题是不合适的。在《山海经》中,那些神异怪诞的神话意象还不具有形象与意义二分的结构关系,"见则天下安宁""见则天下大水"等记述,说明神话意象与它所代表的社会事象之间仅是一种偶然性联系,人们又将这种偶然性当作必然性来看待。也就是说,人们还没有有意识地将明确的思想观念或抽象意义灌注到神话意象中。这样看来,未来对神话思维的讨论,似应更多地对中国神话资料进行提炼、概括,以探索神话思维研究的新路径。

　　讨论神话思维与艺术审美思维之间的关系,是神话思维研究的另一重要问题。这个问题之所以被广泛讨论,与以下两个问题有关:一是神话思维所赖以生成的主客关系与审美活动中的主客关系之间具有一致性。一方面,在神话思维和审美艺术思维中,主体和客体之间的关系均不像认知、实践等活动中的主客关系那样处于对立状态,而是在物我同质的基础上,实现主体与客体之间的双向交流;另一方面,神话思维和艺术审美的思维方式一样,都是以形象和情感为其生成的基础条件,并成为二者共有的本质性特征。这两种情况的存在,往往使人们将神话思维看作艺术审美思维的一种典型形式,并将之引入审美领域进行讨论。二是神话演变的总体趋势是向文学艺术发展的,并成为文学的基本形式之一。总体上来看,原始自然神话走向后世人为神话,进而演变为民间传说,有些神话还被文学艺术家用作艺

---

① 　王锺陵:《论神话思维的特征》,《中国社会科学》1992 年第 2 期。

术创作的素材,创作出新的神话色彩浓厚的作品(如鲁迅的《故事新编》)等。这些情况说明神话思维逐渐摆脱其综合性走向单一的文艺思维是其发展的主要方向。这也是有些学者将神话与史诗、传说等共同作为民间文学基本形式进行研究的原因所在。但是,神话思维作为史前社会人类思维方式的主要形式,与文艺审美思维还是有一定区别的,因而随着研究的深入,人们逐渐从强调两者之间的趋同性向突出两者之间的差异性方向转变,重点研究文艺审美思维对神话思维的改造和再创造等问题,这就拓宽了神话思维的研究路径。

如果说前两种研究是一种静态研究的话,那么研究神话思维的发展过程以及每个过程中神话思维的不同表现形式,则是一种动态历史的研究思路,对于考察神话思维与神话发展问题具有重要意义。因为神话思维的发展问题,不仅牵涉到审美意识与神话之间的变动关系,还牵涉到神话的基本类型和神话意象发展演变的基本规律等问题。新时期以来,在中国神话学界影响巨大的由袁珂提出的"广义神话学",其思想基础就是对神话思维发展阶段的研究。他将泰勒所提出的"万物有灵论"思想之前的人类的思维称为"前万物有灵论"思维,即活物论思维,将在这一阶段产生的神话称为活物论神话。① 袁珂将神话思维的发展过程以万物有灵论思维为界划分为三个阶段,即活物论思维阶段、万物有灵论思维阶段和后万物有灵论思维阶段。在这种划分基础上,袁珂撰写了《中国神话史》,将中国神话的发展历史从史前时代一直延伸到明清时期。袁珂对神话思维这三个阶段的划分是对此前一般认为神话只能产生于原始氏族社会观点的反拨,在神话思维研究乃至

---

① 袁珂在编选《中国神话传说词典》的过程中逐渐形成了"广义神话学"的观点。1984年,袁珂《再论广义神话》一文发表在《民间文学论坛》该年第 3 期上。此后,袁珂又陆续发表《前万物有灵论时期的神话》(《民间文学论坛》1985 年第 4 期)、《原始思维与活物论神话》(《云南社会科学》1989 年第 2 期)等论文,并在这一思想的指导下编撰了中国第一部神话史。尽管"广义神话学"自提出后就引起了争议,但这一观点的提出,无疑扩大了中国神话的研究范围,具有重要的学理价值和实践价值。

整个神话学研究领域至今仍在产生影响。方克强也将神话思维放置于人类思维发展的整体过程中进行讨论,阐述了神话思维向神话—经验思维、经验—理性思维和理性—神话思维发展演进的总体趋势,突出了神话思维在当代社会的返归现象和艺术价值。① 这种划分亦可突出神话思维在人类思维中的阶段性和连续性。

　　从人类思想形成和发展的角度来看,还应对史前时期神话思维的发展阶段进行划分。从人类思维发展的整体角度对神话思维的发展阶段进行研究,无疑有其价值,但从神话产生和发展的高峰阶段,即从人类形成到氏族社会和奴隶社会的早期阶段来看,仍可将这一时期神话思维的发展分为三个不同的历史阶段。最开始的神话反映的是人类与自然万物之间的直观性关系,人类只是对自然界中的动植物进行直观描述,因而"萌芽时期的神话思维,它的主要特性表现在灵性观念"②。随着人类自身生理条件的不断进化和生产实践活动的不断发展,人类的文化心理结构开始慢慢形成,人类对自我的本质力量的认识也逐渐形成,灵魂观念产生,原始神话思维从灵性观走向了神性观,这时产生的神话意象虽仍以自然物形象和半人半兽的形象居多,但神性在其中占据了主导地位。当人性逐渐形成并战胜神性之后,神话思维走上第三个阶段,即人性思维阶段。这时氏族社会形成,慢慢形成了城邦和部落,国家形态处于雏形阶段,反映在神话上,就是产生了许多有关天地万物和人类、氏族起源的神话,祖先崇拜和英雄崇拜成为神话内容的主体。因此,神话思维在史前社会的发展可以归纳为这样三个阶段:灵性思维阶段、神性思维阶段和人性思维阶段。这种对神话思维发展阶段的划分与前人相比更为细致,且具有重要价值。

　　关于神话思维研究,王锺陵的论著十分重要,需要专门评介。20 世纪

---

① 方克强:《文学人类学批评》,上海社会科学院出版社 1992 年版,第 115—128 页。
② 魏善浩:《论神话的灵性思维及向人性思维与神性思维的分化》,《中国文学研究》1995 年第 4 期。

90 年代,王锺陵在《中国社会科学》《文学评论》和《学术月刊》等刊物上发表了大量有分量和深度的关于中国神话思维与神话意象的研究论文。王锺陵将神话思维研究作为其理论建构的核心问题。王锺陵对神话思维的研究有以下三个特点:首先是建立神话思维研究的基础。王锺陵在展开神话思维研究之前做了两项工作:一是从马克思的实践观出发,对黑格尔、卡西尔等人的神话思维研究进行了批判性吸收;二是对神话产生的历史上限进行研究,将神话的产生与消亡界定为与氏族社会发展相始终的过程。其次是将神话思维与神话意象结合起来讨论,通过对神话思维形成和发展的研究,来讨论神话意象及其意义逐渐深刻化和丰富化的历史过程,提出了神话意象图式理论,是对以往神话意象研究只重外在形态的粗线条梳理的有益补充和深化,值得借鉴和发展。最后是廓清了神话思维向审美思维转化的过程。在这方面,王锺陵在批评李泽厚积淀说的基础上,利用大量岩画、陶器和青铜器等纹饰材料,对神话意象向艺术创作的转变进行了细致分析,并从中国神话故事性弱和表现性强的特点论证了中国神话对中国叙事文学与诗歌文学的重要影响,突出了神话思维的历史延续和转化特征。王锺陵将史前实物与神话思维和神话意象结合在一起,讨论了中国艺术形成、发展和特征等问题,实现了理论研究和实证研究的统一、历史和逻辑的统一,不仅具有说服力,还具有方法论意义。

综上,神话思维研究在新时期以来成果众多,神话思维的基本特征、发展过程及其与艺术审美思维之间的关系等问题均得到深入论述,这是对此前研究的重大突破。由于关于神话思维的讨论是随着国外相关著作的引进而展开的,而且神话思维这一命题也牵涉到神话具有的普遍性问题,因而这些研究在追求普适性的同时,不同程度地带有国外神话学理论的痕迹。随着研究的深入,大家已开始逐步努力摆脱一些理论框架的束缚,从神话本身尤其是中国神话本身的角度展开神话思维的研究,取得了一些成果。这表明中国学者的神话思维研究正向纵深方向发展,这些研究在凸显中国神话的民族性特点、丰富神话学理论建设等方面将起到积极作用。

第三节　神话与审美意识的生成

　　首先要明确审美意识的基本内涵,以及神话与审美意识之间的关系等问题。审美意识是指主体心灵在审美活动中所表现出来的自觉或不自觉的审美心态,是被物化的审美经验,是在人类现实的实践过程和审美活动中逐步产生、发展起来的,包括主体的审美趣味、审美能力、审美观念和审美理想等内容,主要通过各种器物、艺术作品、风俗习惯等保存下来。其中,神话是审美意识的重要载体之一。史前时代是神话思想弥漫的时代,神话思维和思想渗透到石器、陶器、玉器、青铜器等器物和岩画、壁画等早期画作中,原始先民的审美意识也随之得以形成、提炼、物化和保存。所以有学者说:"原始人类在最初的工艺(且不说是艺术)实践中,众多的可能性和广泛的叠合性都是引发审美意识的线头。"[①]从这个角度来看,从审美意识的角度讨论神话,或者通过神话发掘原始先民的审美意识,应是神话美学研究的题中之义。学界对中国神话与华夏民族审美意识之关系的研究主要集中在以下三个问题上:一是从发生学的角度,讨论神话与中国古代审美意识发生之间的关系问题;二是从审美风格的角度,讨论中国神话的审美形态或审美特征问题;三是讨论神话与哲学美学观念和审美范畴之间的关系问题。这三个问题是一个问题的三个方面。人们的审美心理、审美理想会体现为一定的审美风格,审美范畴是审美意识的凝缩和提炼,它们通过神话意象得以体现,可以囊括在神话审美意识研究范围之内。

　　首先,神话与中国古代审美意识发生之间的关系问题。从神话的角度探讨审美意识的发生,其基础是神话作为一种综合性意识形态的性质。神话是人类文化生存的基础,同时也是人类文化形成的基础,审美意识作为人类文化的组成部分与神话有着密切的甚至必然的联系。从神话产生和发展

---

① 邓启耀:《中国神话的思维结构》,重庆出版社 2004 年版,第 74 页。

的历史过程看,从山顶洞人所举行的简单的巫术礼仪开始,到母系社会行将崩溃、父系社会兴起,神话在史前时代已经历了漫长的历史时期,它既是远古人类实践经验和知识的结晶,又反过来指导人类的物质实践和精神实践活动,因而宗教、政治、艺术、伦理等人类文化形式的形成和发展无不与神话有着密切联系,神话在这些活动中形成,又是这些活动的母题。有学者这样认为:"神话是一个民族的记忆,汇聚着一个民族悠远而深长的历史,它与历史相比,具有更大的生存空间和时间跨度。商周神话所反映的不仅是商周社会的史实,实际上也是整个上古社会人们审美观念和社会发展的历史。"[1]中国神话对华夏审美观念形成的影响是多方面的。毛宣国指出,中国创世神话稀少,始祖神话突出,这在某种程度上使"中国文化、艺术很早就具有一种现世务实精神和关心社会人伦的倾向",形成一种"尊古贱今、'报本返始'的民族心理意识和倾向";而《山海经》等所记载的神话十分强调生殖和生命存在的意义,这与中国美学"以生为大""以生为美"的生命美学倾向也是有着密切联系的。中国神话人化程度低、叙述因素弱等特点也在某种程度上规范了中国古代艺术偏向于象征和表现的特点,并深刻影响到中国古代叙事文学风格的形成。[2] 此外,还有些学者对中国上古神话所反映的对形式美的忽略、见物不见情和封闭性等审美意识特点进行了论析。[3]

　　其次,中国神话的审美形态或审美特征问题。从审美风格和审美形态的角度讨论中国神话的审美特征,最好的办法就是将中国神话与希腊神话进行比较,这样更容易发现中国神话审美风格的独特性。有些学者就是从这个角度进行研究的,其中比较有代表性的是杨乃乔。杨乃乔从人类生存和死亡的张力关系入手,讨论了希腊神话与华夏神话在审美形态和风格方面的差异。两者的差异主要体现在:首先,希腊神话是古典型艺术理念与形

① 毛宣国:《中国美学诗学研究》,湖南师范大学出版社 2003 年版,第 28 页,注〔1〕。
② 毛宣国:《中国美学诗学研究》,第 30—42 页。
③ 周腊生:《中国上古神话审美意识的三个特点》,《江汉论坛》1986 年第 5 期。

式的完满与合一,是理念的感性显现,"显现出审美的完善、和谐、统一、均衡、庄严、凝重与静穆";而华夏神话则只能被看作"艺术前的艺术",被"归置于古朴、抽象、朦胧、隐喻的东方象征型艺术"。与此相关,希腊诸神在神明的庄严典礼中展览的是人的肉体造型的完美,原始自律理性完全觉醒,并"使希腊原始初民按照人之自我形象塑造的希腊诸神的人格化造神原型被凝固的希腊雕塑群体永恒地表象着、复制着、回忆着";而在中国神话中,"人首与兽身嫁接所显现的视觉变形造形符号偏离了人之理念感性显现的审美和谐,走向了抽象的审美意味","凝固为古昆仑造神原型的典型心理经验作为文化惯性,使华夏后代无数艺术大师在创作的激情中永恒地体验着、回忆着、重复着同一种抽象的变形的视觉造形艺术符号","显现了稚拙的抽象美",而它们正与几千年后西方现代派艺术家企图超越理念之感性显现的古典艺术的和谐,刻意追求的有意味的抽象变形艺术异曲同工。① 杨乃乔的论述逻辑参照的是黑格尔论艺术发展的三段论思想,对于我们理解中希神话在审美形态和审美风格上的差异无疑具有重要价值,同时也体现出一定的封闭性。此外,还有学者从整体上比较了中希神话在审美风格上的差异:希腊神话活泼明朗,而中国神话庄严沉郁;希腊神话典雅优美,而中国神话怪诞狞厉;希腊神话自由奔放,而中国神话谨慎含蓄;希腊神话哀婉悲柔,而中国神话磅礴悲壮。② 这些概括大体上还是准确的。需要指出的是,这种概括是就大概而论的,几种审美风格之间仅具有相对性的区别或对立,希腊神话也含有磅礴悲壮,中国神话也不乏活泼明朗,不一而足。

最后,还有些学者讨论了神话与哲学美学观念和审美范畴之间的关系问题,但这方面的成果相对比较薄弱。由于审美范畴是人们将审美意识进行凝缩和提炼的结果,因而讨论神话与审美范畴之间的关系,是对神话与审

① 杨乃乔:《神话的本体反思——关于希腊神话和华夏神话审美形态悖立的比较研究》,《社会科学战线》1994 年第 5 期。
② 吴童:《中希神话审美特征寻异》,《重庆师院学报》(哲学社会科学版)1994 年第1 期。

美意识之关系研究的进一步推进和展开,所以我们也将之纳入这里进行概述。审美范畴是人们对审美意识的抽象化,具有高度的凝缩性。有些哲学概念和审美范畴虽然与神话具有密切联系,但因为前者经过人们有意识的高度凝缩和抽象,它们与神话之间的距离相对要远一些,这给研究带来一定难度。比如,老子所说的"道",就是上古学术传统中人们对水神信仰、生殖崇拜等一系列原始宗教信仰进行提炼的结果,有着深厚的神话背景。叶舒宪在《中国神话哲学》中,对中国哲学美学最高范畴"道"与神话发生之间的关系,曾做过详论。[①] 神话有时候还演变为一种神圣叙述方式,制约着人们对某些哲学问题的论述。这是神话叙述对哲学思维方式的影响,也说明中国传统哲学美学所讨论的阴阳、五行等问题均有特定的神话渊源。[②] 这些问题要说得很清楚还有一定难度,因为我们是从后来成熟的思想观念向神话中某种思想倾向进行推导,而神话本身又不是某种思想观念的结晶,具有综合性,这个矛盾是将神话与哲学美学观念和审美范畴进行比较研究必须面对的问题。这方面的研究虽很重要,但成果不多,有待进一步深入。

　　除上面所述外,还有些学者从神话与审美心理的角度讨论民族审美观的独特性,从而凸显不同民族神话的审美价值。[③] 与大多数学者侧重于研究古典神话与审美意识的关系不同,也有学者从当代神话的角度探讨科技神话、消费神话、英雄神话等新神话与现代人们审美意识之间的内在联系。[④] 这些成果对我们全面了解神话与审美意识的关系亦有参考价值。

---

① 叶舒宪:《中国神话哲学》,陕西人民出版社 2005 年版,第 116—143 页。

② 关于阴阳、五行与原始神话之间的关系,可参看李泽厚《中国古代思想史论》(生活·读书·新知三联书店 2009 年版)、敏泽《中国美学思想史》上卷(湖南教育出版社 2004 年版)、王小盾《中国早期思想与符号研究——关于四神的起源及其体系形式》(上海人民出版社 2008 年版)等。

③ 张佐邦:《神话对西南少数民族审美心理的影响》,《广西社会科学》2008 年第 2 期;郑海:《从云南少数民族图腾神话看人类早期的审美活动》,《思想战线》1982 年第 1 期;李璞:《羌族神话与审美观念》,《文史杂志》1996 年第 2 期。

④ 颜翔林:《当代神话及其审美意识》,《中国社会科学》2009 年第 3 期;李包靖:《反思审美神话》,《外国文学》2009 年第 2 期。

第四节　神话意象

　　中国古典美学是以意象为中心的美学。这一美学传统的形成经历了漫长的历史发展过程。从史前时代华夏先民所进行的大量创制器物、岩画等活动开始,这种对自然物象和人生社会事象进行关注的传统就已初露端倪,并最终形成中华民族尚"象"的思维传统。这一传统反映在美学上就是以意象为中心的美学思想体系。在这一美学传统形成的过程中,神话是至关重要的思想资源之一。从早期人类对大象的崇拜,到"白骨遗象说"的提出,再到《韩非子·解老》对"象"的阐释,这个过程基本上是华夏民族尚"象"传统从神话思维向审美思维转型的大致轮廓。因此,中国神话美学研究最终走向关于中国神话意象的研究乃势之必然。神话意象虽不是严格意义上的审美意象,但它对审美意象观的诞生具有基础性意义;而且,与其他资源相比,神话意象本身也具有向审美意象转化的深厚潜质。纵观百年中国神话学,对神话意象研究做出较大贡献的有三位学者:闻一多、汪裕雄和叶舒宪。他们的研究各具特色,都为推动中国神话意象研究做出了贡献。闻一多的神话意象研究已有学者做过系统研究[①],本书从略。这里主要介绍汪裕雄和叶舒宪的神话意象研究。

　　汪裕雄是将神话意象放在中国美学意象观整体的历史发展脉络中加以论述的,他将神话意象看作中国审美意象观得以形成的源头活水。汪裕雄的神话意象研究主要由三方面内容组成:首先,是从中国"言象互动"的思维结构出发,以万物有灵论为思想基础,结合郭璞在《山海经叙录》中提出的"象物以应怪"思想,论述了神话意象的构象法则和主要功能特征。汪裕雄认为,神话意象的主要目的是"在教化民众,使之明鉴万物之至赜,洞察万物

---

① 田兆元:《神话意象的系统联想与论证——评闻一多先生的神话学研究》,《文艺理论研究》2005 年第 2 期。

之幽情。但这种教化,不是靠抽象推理,也不靠伦理说教,而是靠择取物象"①,因此,神话意象是认知与价值的统一体。其次,汪裕雄提出了神话意象支配后世观照事物、进行想象和幻想的心理活动的三项原则,即泛灵论原则、泛生论原则和变形原则。② 这三项原则大体上符合中国神话意象形成和发展的基本事实。神话意象在其发展和演变的过程中,在不同的阶段,其思维原则是不同的,其中人的因素在神话意象中所占的地位也是不同的,因而这三项原则是否符合神话意象发展的不同阶段,还需要进一步研究。最后,汪裕雄从怪、神、帝等神话意象发展演变的角度,概括了神话意象从自然崇拜到图腾崇拜再到人格神(汪裕雄所说的"帝")崇拜的发展历程,并以女娲神话和黄帝神话的演变过程为例,提出了神话意象衍生的"纵聚合规律"。在此基础上,汪裕雄论证了神话意象向审美意象演进的基础条件和基本规律,那就是原始信仰的消解,"不自觉的虚构让位于自觉的虚构,普通人和俗世的英雄取代神话的英雄——神与半神"③。汪裕雄认为,就中国的情况来看,神话意象向审美意象的转变时间,大致在"礼乐"思想形成之际。汪裕雄提出的关于神话意象的"纵聚合规律",以及神话意象向审美意象转变的基本过程,对于研究神话意象发展、演变等问题具有指导意义。汪裕雄对神话意象向审美意象的演变,主要是从整体性角度进行概括的,大体上是符合中国神话意象发展的实际情况的,但这种单一性历史维度的研究尚有修正之必要。

　　叶舒宪的神话意象研究具有鲜明的当代意识。他的思想资源主要有三

---

①　汪裕雄:《意象探源》,安徽教育出版社 1996 年版,第 59 页。
②　汪裕雄:《从神话意象到审美意象》,《社会科学家》1991 年第 5 期。
③　汪裕雄:《神话意象的解体与审美意象的诞生》,《安徽大学学报》1992 年第 2 期。

个：一是中国传统美学意象观；二是受佛教东传影响而形成的"象教"传统①；三是当下正在进行的后现代主义对文字—文本—权利进行批判的图像学理论。叶舒宪认为，从知识传承方式的角度看，长期的国学传统形成了对文字书写文献无比推崇的学术传统，在这一传统的影响下，那些以雕塑、绘图等造型艺术形式和歌舞、民俗礼仪形式得以保存的资料就一直处于边缘化境地，得不到重视，"其所蕴含的人文研究方法论价值和潜在的'探索—发现'之意义，也从来没有获得系统的和普遍的认识"②。古今中外的这两种思想资源相互启发借鉴，叶舒宪开辟了神话意象研究的崭新路径。除了近年来发表的一系列以图像学为视点对中国神话意象进行探析的论文外，《神话意象》是叶舒宪这方面研究的代表性著作。总体上来看，叶舒宪的神话意象研究具有三个特点：一是鲜明的当代意识和现实精神，即将神话意象的精神意蕴与现代社会人们的精神需求进行接轨，探讨神话意象的当代价值；二是本土性与开放性并重，即充分重视中国神话意象本身的特点和属性，将之与世界各个民族、国家和地区相关的神话意象进行比较论证，发现其异同，探索中国神话意象已经隐退的精神意蕴，使之重新彰显；三是宏观论证与细部研究相结合，即将中国乃至世界的神话意象看作一个具有整体性、互补性的统一系统，在此前提下进行互补论证，实现合理推想与实证研究的统一。这些方法值得进一步讨论、继承和深化。

除了上述三家在神话意象研究方面具有代表性的论著之外，还有一些比较好的研究成果值得借鉴，这里就不一一评述了。从迄今所发表的 80 余篇有关神话意象的研究论文和相关著作来看，对于经典的、有代表性的神话

① 叶舒宪所说的"象教"传统主要是指佛教东来之后"刻木为佛，以形象教人"的宗教传统。实际上，在佛教传入中国以前，中国有自己的"象教"传统，国人以"图教"称之。"图教"传统的神话起源就是"河图洛书"说，与《左传·宣公三年》中"铸鼎象物""使民知神奸"的记载是一脉相承的。"图教"传统的历史要早于"象教"传统，延续时间和影响范围也比"象教"传统更为深远。

② 叶舒宪：《神话意象·自序》，北京大学出版社 2007 年版，第 6 页。

意象个案的研究成为主流趋势。而对神话意象进行理论上的探索和建构，除了汪裕雄和王锺陵等学者的几篇论文偶有涉及外，其他相对较少。展望未来，在以往研究的基础上，从学理上对神话意象的基本类型、构象方式、演变过程和基本特点等问题进行系统提炼与归纳，是一项紧迫任务。

　　纵观中国神话美学研究的百年历史，可以发现，前辈学者对神话与美学之间关系的各方面问题均有不同程度的论述，其中对神话的想象力特质、神话思维与艺术审美思维、神话与审美意识以及神话意象等问题的讨论，构成了中国神话美学研究的主要内容，为此后学者对这些问题进行研究奠定了坚实的理论与实践基础。同时，中国神话美学研究的百年历史，也在某种程度上反映了中国神话学发展的曲折历程。中国神话学在风雨飘摇、社会动荡的晚清时期起步，从满蕴着民族情绪的民族主义神话学到充满疑古精神的古史神话层累观，从对神话的文艺美学价值进行充分发掘的文艺学神话观到将中国神话看作华夏文明起源的文化学神话观，等等，中国神话研究逐渐摆脱了外在社会环境的制约和影响，进而回归中国神话本身的属性和特点，在此基础上探讨中国神话对整个国家和民族文化发展所具有的重大影响，说明中国神话研究(包括中国神话美学研究)正在以往研究的基础上向更高更深的层次发展。相信不久的将来，具有中华民族特点和理论特质的中国神话学理论体系将逐渐形成，中国神话的世界性价值也将发扬光大。

| 第二章 |

中国神话:意象性审美特征

　　神话是常论常新的话题,中国神话尤其如此。中国神话学已走过 130
多年的历程,这时讨论中国神话的艺术特征问题似乎有些过时了,但正是这
个基本问题,一直以来云遮雾罩,难见真实面貌。由于中国神话学是在西方
神话学的影响下发展起来的,因此,从一开始,中国学者就不免以西方神话
的标准来概括中国神话的艺术特征。这些概括扭曲了中国神话的本来面
目,以至于有些学者认为中国神话是"第三种神话"[①]。这个名称的情感色彩
不言而喻。新时期以来,中国学者(如袁珂、萧兵、叶舒宪、陈建宪、吕微等)
开始摆脱成见对中国神话的艺术特征进行研究,力求还原中国神话。我们
认为,应将中国神话置于中国古代独特的文化历史情境中,结合华夏民族的
思维方式、审美传统和文化体系等因素对其艺术特征进行归纳与概括。具
体而言,就是结合华夏民族尚"象"的思维传统和以意象为核心的审美艺术
传统,概括和提炼中国神话的艺术特征。

第一节　意象性:中国神话的艺术特征

　　对中国神话艺术特征的概括和提炼,应避免既定的理论前见和历史成

[①]　白川静:《中国神话》,王孝廉译,长安出版社 1983 年版,第 2 页。

见,将其置于华夏民族本身特有的思维方式和文化传统中,从中国神话本身出发。从华夏民族尚"象"的思维传统和以意象为中心的审美艺术传统的角度来看,中国神话在表现形式、意象体系和记述方式等方面有以神怪形象(神话意象)为核心的基本特点,是意象化的存在方式。中国神话的片段性、非系统性和原始性浓厚、叙事性弱化等特点均与此相关。中国神话这一特点的形成与华夏先民以"象"为核心的思维方式有关。"象"观与神话思维相互交织、叠合,形成了彼此构成的缘构性关系,对中国神话意象化艺术特征和存在方式的形成影响深远。

一、意象性的基本内涵

经过一个多世纪的研究,人们一般认为,中国神话存在内容零散、情节性不强、系统性缺乏、历史化现象严重等问题,以至于有些西方学者和日本学者认为中国根本不存在神话,同时也不存在以神话为基础的英雄史诗等。[①] 这些问题有些是存在的,有些是不存在的,不能笼统地将其作为缺陷来看,而应具体分析。中国神话的零散固然有历史化等因素的影响,但也不全是如此。世界上所有民族、国家和地区的神话在最初阶段都是以零散、片段的面貌出现的,都不具有曲折的故事情节,而只是对神灵形貌和事迹的简短描述。只有那些经过后人删改、整理的神话才具有严密的系统和完整、丰富的情节,这是后世人为加工神话的典型特征。中国神话的零散和不系统,说明它尚未经过人为加工,因而比较原始质朴。这是中国神话的特点,但多年来一直被人看作缺点而加以批评。再如,中国神话的历史化问题。神话历史化在中国确实开始较早,因而历史化的程度也较深,但被历史化的神话只是中国神话的一部分而非全部。凡事都有两面性。正因为中国神话历史化开始时间较早,而那些没有被历史化的神话只能以其他途径流传下来,因而也很少受到主流意识形态的改造。这些神话主要集中在《山海经》等著作

---

① 王孝廉:《岭云关雪——民族神话学论集》,学苑出版社 2002 年版,第 8 页。

中。刘秀在《上〈山海经〉表》中称自己进献《山海经》是"昧死谨上",这体现出正统阶层对这些神话的排斥,同时也说明这些神话很少受到官方意识形态的改造,在一定程度上保持了原貌。

相比于印欧等国家和地区的神话,《山海经》等早期著作和考古发掘出的史前时期的墓葬、器物等所保存的神话资料,在表现形式、所蕴含的思想观念和生命意识等方面均很少受到后世哲学观念、价值体系的渗透和影响,体现出原初古始的面貌。正是在这个意义上,袁珂称中国神话是"原汁原味的神话"。有不少学者认为《山海经》成书于战国至秦汉之际,其中所保存的神话已受到神仙思想、谶纬思想和阴阳五行思想等思想观念的渗透与改造,不再是原始神话。这种情况是存在的,但就其主体来看,其中人部分神话还保持着原始形态。袁珂说:"《山海经》虽然成书于战国到汉代初年,但是,我们都知道,神话记录的时代,并不等于神话产生的时代,事实上《山海经》所记录的许多神话的片段,其性质都很接近于原始,其大部分应当就是原始时代的产物,不过直到《山海经》成书的时期,才把从古以来民间口耳相传的神话正式用文字记录出来罢了。"①中国神话这种特点有缺点也有优点,缺点是叙事性和情节性不强,优点是意象性特征鲜明,比较接近神话的本来面貌,能够真实反映出史前时期华夏先民独特的生命意识、宗教信仰和审美观念等。

中国神话中的神灵、神物形象丰富多样,形成了独特的意象体系。《山海经》《左传》《国语》《神异经》和《博物志》等早期文献记载了大量的神怪形象,仅《山海经》中所记载的就超过 500 种。中国神话中的怪异奇特的动植物形象和神人形象总共有以下几类:第一类是奇怪的神物。据统计,这些神物共有 320 种,其中鸟类 92 种,兽类 149 种,鳞介类 79 种。② 第二类是奇特的国民。据统计,《山海经》中所记述的奇特国民多达 112 种,而且这些国民

---

① 袁珂:《神话论文集》,上海古籍出版社 1982 年版,第 27 页。
② 李满意:《〈山海经〉之形象研究》,中国人民大学哲学院 2009 年博士学位论文,第 4 页。

形象均具有不同程度的怪异之处,有些国民的怪异之处甚至超出了人们的想象,如柔利国、交胫国等。他们多是天帝的后裔,也被华夏先民当作神灵加以崇拜,成为中国神话意象的重要组成部分。第三类是帝族和神族。据统计,《山海经》中的帝族国有 26 个,神人有 99 种,他们是各部落方国崇拜的祖神或神物。这些奇特的神话意象既是中国神话意象的重要组成部分,也体现出中国神话的意象性特征。进入文明时代后,人们多用"怪""物"等静态性和形象性的字来表述它,亦缺乏对神话情节的叙述。这与其意象性特征也是符合的。

综上,片段性、非系统性、原始性浓厚,叙事性弱化等特点,说明中国神话是原汁原味的史前神话,保持着自然形态,神灵形象多样丰富,可将其称为"意象性特征":①在存在方式上,中国神话保持着较为朴拙的原始面貌,以片段性方式见载于各种典籍和图像资料中,这些神话片段多是对神话核心情节的简短概述;②在表现形式上,中国神话多与巫术祭祀活动结合在一起,自然意象在神话意象体系中占主导地位,神性压倒人性;③在记述方式上,中国神话多是对神灵和神物的特征及功能等进行描述,神话意象在神话叙事中占核心位置,神话情节占次要地位。

二、意象性的表现方式

中国神话的意象性特征主要通过其片段性体现出来。人们通常认为,中国神话是以片段性的方式存在的。这个观点是没有问题的。神话产生的早期阶段,本身就是以片段性的方式存在的,每个氏族和部落都可以创造自己族群的神灵加以祭祀与崇拜;部落与部落之间的交流活动没有充分展开,他们的信仰体系还处于各自独立的状态,他们所崇拜的神灵和祭祀的方式有各自独立的适用范围,神灵所管辖的范围也有严格的限制,很少发生横向性、系统性联系。而且,原始先民保存这些神话的方式也有自己的特点。进入文明时代后,这些神话仍以比较零散的状态被记录下来。因此,《山海经》和先秦诸子等文献中保存的中国神话具有片段性特征是正常的。

　　一般认为,中国神话以片段性方式存在是因为许多史前神话被历史化、伦理化,神话人物被转化为历史人物,中国神话由此被肢解了,变得零散,因而体现出片段性的特征。这种观点只看到了问题的一面。中国神话片段性特征的形成还有一个重要原因,那就是礼仪制度的影响。当原始神话及其祭祀仪式在早期中国逐渐转化为维系社会族群和个体之间的秩序关系的礼仪系统时,礼仪活动的行动性和空间化结构肢解了其背后的神话根源及其连续性的情节结构,其结果是人们只关注那些与礼仪活动本身相关的片段性的神话仪式内容。浦安迪在《中国叙事学》中认为,中国神话"非叙述、重图案"的特征,是受到了先秦时期将"神话素材空间化"的重礼倾向的影响,并认为"中国神话与其说是在讲述一个事件,还不如说是在罗列一个事件"①。这个看法注意到了中国神话在表现形式上的特点及其形成的内在深层次原因,同时作者也隐约感觉到中国神话受空间性因素(如图像传承、礼仪化的行为传承等)影响而形成的不同于希腊神话叙述性较强的特点。

　　中国神话片段性特征的形成还与其特定的记录方式和中国文字的繁难有关。从记述史前神话的文字系统角度看,文字产生后,知识阶层使用文字记述神话。在初期阶段,由于书写工具以刻刀为主,书写材料以兽骨、龟甲为主,而书写的权力、工具和技巧又仅掌握在极少数人手中,因此人们只能对原始神话进行简约而片段的记录,而很少对之进行个体化、私人化的改造和加工。这些条件限制了史前神话的记载规模。加以中国文字书写的繁难和不易辨认,普通民众能够读到这些文献的机会少之又少;即使有偶然的机会见到但也不知具体内容,因而也减少了对史前神话进行再度加工、创作的可能性。另外,在早期阶段,神话与宗教祀典是结合在一起的,具有神圣性,个体没有权力对其内容进行随意改动或增删。这在某种程度上保存了中国神话的原貌。

　　从传承方式角度看,图像传承也对中国神话片段性特征的形成具有重

————————————

① 　浦安迪:《中国叙事学》,北京大学出版社 1995 年版,第 42 页。

要影响。中国神话图文并存的传承方式一直持续到两汉时期。除了大量的画像石和画像砖等直接的图像资料外,文献资料如《山海经》《天问》等与图像资料亦联系密切。这一点,《山海经》文本与郭璞等人的注解都曾提到过。袁珂说:"当用作祈禳(主要恐怕是用作为病者招魂)的此书(按指《山海经》)的原始图画悬挂在壁间,由巫师在法堂上对着图画举行法事时,人们一看图画便已知道平时所熟悉的神话故事的大要,用不着文字更作详尽无遗的说明,故《山海经》记录的神话多疏略且随图画的变换而自成片断。"①图像传承的优点是神怪形象比较鲜明,易于为大众所接受;图像中的神话内容比较固定,不易受到修改,可以比较完整地保存神话的原始内涵。其缺点是图像只能对神话进行片段性讲述,虽然有些图像联系在一起可组成情节相对完整的神话故事,但因工作量大、工作难度高,古人在刻绘这些神话内容的时候,往往只选取其中最为核心的部分加以表现,其他背景性内容则被忽略掉,后来的文字记载也只是对这些片段场景的记录,由此也形成了中国神话的片段性特征。虽然历代统治阶级在建造宫殿祖庙时都要动用大量人力、物力在这些建筑的墙壁、石柱上刻绘原始神话内容,但通过这种方式所保存下来的神话内容仍以神怪形象居多,政治教化功能是其核心,记录神话故事的情节内容尚在其次。因此,虽中国神话以片段性的形式记载下来,但诸神形象却都十分鲜明,就与图像传承有关。

　　综上,中国神话与礼仪活动的结合,使中国神话在传承过程中获得了静止性和空间性特征;中国文字的独特记述方式,也着重于记述神话的核心情节或场景;中国神话的图像传承保留了鲜明的原始诸神形象,使神话事件的核心场景得以保留。这些传承方式均具有定型化或固定化倾向,联合抵制着外在人为因素对史前神话进行随意修改,从而使其保持着较为古朴的面貌,其片段性(意象性特征)也随之增强了。

---

① 袁珂:《中国神话通论》,巴蜀书社 1991 年版,第 39 页。

三、意象性与原始性

中国神话的意象性特征还通过其原始性特征体现出来，两者之间具有辩证的、相互依存的关系。中国神话中的神灵形象多是动物形象，或者是人兽合体的形象。从神话意象产生的规律来看，神灵形象最初一般是现实性的动物形象，然后是幻想性的动物形象，之后是人兽合体的形象，再之后才完全是人形化的形象。在最后阶段，动物神依附于人形神，它们演变为人形神的坐骑等，为人形神服务。因此，有学者指出："神形问题是神话发展处于何种阶段的直接的同时也是主要的标志。抓住了神形问题，便抓住了特定民族神话的本质。"[1]中国神话中虽然也有一些人形神高于兽形或人兽结合的神灵形象，如后羿能够战胜化为白龙的河伯等，但这类神灵形象的数量较少。《山海经》等文献对史前神灵的记载，不仅在种类上繁杂多样，而且对同一神灵形象的描述也各不相同，它们大多处于动物或人兽结合的神灵形象阶段，如《山海经》对西王母的三种不同记载、对青丘狐的不同记载等，它们尚未完全转化为人格神。即使是那些进入古史系统、被历史化的神灵形象如黄帝、少皞、舜、禹等被改造为历史人物，获得了人形，但他们仍然保留了比较鲜明的动物神崇拜的痕迹。这是因为"零散的、孤立的比较原始的神话传说，基本上属于对个别事物之间的因果关系作出的神话式解答"[2]。同时，各方神灵均有自己的管辖范围，享受不同的祭祀典礼，相互之间处于松散的关系状态，以某一主神为主导的严密的诸神谱系还尚未形成。这与那些体系严谨、对宇宙现象和社会生活现象进行系统解释的文明时代的神话具有本质区别。

这些动物性因素较强的神灵形象说明华夏先民的自我意识还处于缓慢发展的早期阶段，神性凌驾于人性之上，人性绝对臣服于神性，宗教因素在

---

[1]　王锺陵：《论中国神话特征》，《中国文学研究》1992 年第 3 期。
[2]　谢选骏：《神话与民族精神——几个文化圈的比较》，山东文艺出版社 1986 年版，第16 页。

神话意象中占据主导地位。这也制约着神话情节的展开,因而以行动为主体的神话事象在中国神话中占据重要地位。这是中国神话意象性特征的又一典型体现。而在经过系统化和人为改造的神话系统中,人性凌驾于神性之上,神性只是个体意志、情感和理念的形象化身,神性消失,人性彰显,几乎看不出神话的原始面貌。有学者说:"中国神话的原始性,反映在最初的神话的简单、纯朴、天真与幼稚,反映在由最初的人神(鬼)不分,到以神为主、神统治人。"①在中国的人类起源神话中,女娲并不按照自己的形象造人,因为她是人首蛇身的天神,人类属于她的子民,因而也不能和她拥有同样的形象。这与《圣经·创世记》中"神就照着自己的形象造人"的情况完全不同。在《圣经》中,神与人具有相同的形象,神性与人性是一致的,神与人之间的亲近关系不言而喻。不仅如此,在中国神话中,包括女娲在内的各始祖神(如伏羲、黄帝、少皞等)都不是完整的人类形象。在这些神话意象中,神性是凌驾于人性之上的,人性尚未从自然性、动物性和神性中挣脱出来而获得独立。当然,中国神话中也有反映个体意识萌芽的内容,如刑天舞干戚、夸父逐日、精卫填海等,但这类神话在中国神话中只占一小部分,且未在民众心理上占据主导位置,像陶渊明所说的"精卫衔微木,将以填沧海。刑天舞干戚,猛志固常在"的励志精神不是主流。在中国神话伦理化和历史化之后,这些神话含蕴的人性觉醒价值在政权和神权的光辉下被掩盖了。

与此相关,中国神话多与原始巫术和祭祀活动结合在一起,神话意象在这些活动中占据核心位置。《山海经》等文献和其他图像资料所保存的神话尚处在与巫术祭祀活动联系在一起的原始状态,神话没有成为单独的表现对象。神话与巫术虽然在价值取向和精神意蕴上具有本质区别,但无可否认,由于在思维方式和思想基础等方面具有一致性,原始社会中的神话与巫术往往结合在一起流传,不能简单将二者分开。因此,在原始宗教与神话分离前,人们对神灵的祭祀活动往往也具有巫术活动的性质。从《山海经》"五

---

① 王松:《论神话及其他》,云南民族出版社 2006 年版,第 33 页。

藏山经"部分的记述来看,作者每述一方之山,均以一山为主山,对主山山神的祭祀,其规模完整宏大,仪式相对繁多;而且这些山神均有自己的管辖范围,彼此之间互不干涉。这也是鲁迅、程憬、袁珂等人将《山海经》看作"古之巫书"的原因所在。因此,"神话与巫术浑融未分,神话寄居于巫书之中,使中国神话保持原始秘术的实用状态……这与希腊神话脱离具体的巫术仪式,在比较纯粹的形式中张扬想象,形象完整的故事形式,是存在着不同生成和发展机制的"①。将巫术活动与神灵祭祀和神话故事结合在一起的记述方式,凸显了神灵和神物形象在神话结构中的重要作用。总之,中国神话的意象性特征与其原始性特征有密切关系,我们应充分重视神话原始性特征对中国神话基本特征、表现形态和存在方式的影响。

四、意象性与尚象思维

华夏民族主导的思维方式是尚象思维,它与中国神话的存在方式是互为因果的关系,这也影响了中国神话意象性特征的形成。在人类有了自我意识、将自我与自然相区别后,关于天地的形成、自身的起源以及灵魂、梦境的形成等问题成为人类意识活动的主要内容。在史前时代,这些追问的成果只能以口耳相传和图像记录的方式流传下来。此外,人们还对天地万物形成之前的时代进行了思考,这些思考都是结合"象"进行的。"象"已超出了纯粹的生物学意义,具有较为浓厚的文化意义,影响着华夏民族思维方式的形成,并逐渐渗透到政治、宗教、艺术乃至科技等社会生活的各个领域。从用于祭祀的宗教用具到文字、雕刻、纹饰等艺术形式甚至日常生活用品,它们的制作都要受到尚"象"思维的支配。尚"象"思维成为华夏先民体验、认识和解释世界的主导性思维方式。尚"象"思维传统培养了华夏先民对意象创构的浓厚兴趣,反映在神话上,就是多样、多元的神话意象成为中国神话的典型特征。

---

① 杨义:《〈山海经〉的神话思维》,《中山大学学报》(社会科学版)2003 年第 3 期。

　　在华夏先民的生产实践活动中,作为动物的大象曾占据重要位置,并逐渐脱离其生物学意义,成为华夏文明中具有浓厚象征意义的文化符号之一。在上古时代,象不仅可以帮助人们进行生产劳动、提高军队的作战能力,而且人们也将象作为崇拜的神物,将其形象抽象、概括后铸造于各种器物上,甚至还将之作为氏族的名号。这样,"象"逐渐摆脱了生物学意义而具有了丰厚的文化内涵,影响了华夏先民思维方式的形成。汪裕雄曾从"王以象祀""王以象名""氏以象名"和"器以象名"等四个方面论证了殷人将大象作为神圣动物崇拜的事实:"殷人的象崇拜,固然还有待于考古学特别是甲骨考古学进一步证实,但象既为神圣动物,这就为'象'这个字从自然含义引申到文化意义,即从动物之象到文化之象的过渡,准备了条件。"①战国时期,象群南迁,在黄河流域人们已很难见到活象,而只能时常看到大象的遗骨,于是人们根据这些白骨想象大象的样子:"人希见生象也,而得死象之骨,案其图以想其生也,故诸人之所以意想者皆谓之象也。"②可见,"象"是主体根据大象遗骨进行想象的结果。这样,作为动物的"象"就转化为作为思维方式的"象",主体的创造想象性是其核心推动力量。后来,人们将"象"与"气""质"等联系起来,对天地形成前、后的时代进行划分:"象"成为人们思考世界万物和自身起源的主要方式,具有本体意义。

　　总体上来看,以"象"为基本载体和媒介的思维方式在华夏民族的文化心理中一直占据核心位置,在华夏民族的形成和发展过程中一直承续了下来而没有出现断裂。这一点对中国神话意象性特征的形成影响很大。首先,神话思维与尚象思维主要以形象为连接点。神话思维是以直观、具体的形象为基础来设计和建构意象世界的:"形象在原始人的认知中具有极为重要的地位,先民们是在形象世界中去悟解一个内心的意义世界的,因此,神

---

① 汪裕雄:《意象探源》,第 36—37 页。
② 王先慎:《韩非子集解》,《诸子集成》第五册,中华书局 2006 年版,第 108 页。

话思维首先是一种形象思维。"①这一点与尚象思维具有共同性。两者都以自然万象为基础,然后对之进行再创造,形成系统的形象体系。尚象思维在早期阶段与神话思维一样,都是主体从自我情绪感受本身出发来看待自然对象,表达自我的认知和体验,反映了先民们对自然及其物象的敬畏和尊重。其次,神话思维强调主客之间相与为一的关系,并通过"象"达成自然万物和主体之间互相渗透转化的关系,构成水乳交融的思想情境和意义空间。自上古始,华夏先民的政治、宗教、艺术和日常生活等活动都反映出尚"象"思维的重要性,以主体之情思拟象万物之情态,达到主客之间的一致和融合。早在黄帝时代,黄帝就"始去皮服,为上衣以象天,为下裳以象地"②;神话思维与象观的互相渗透不仅影响着人们的日常生活观念,而且在宗教信仰、政治制度和社会体制等方面也起着重要作用。太皞、黄帝、大禹等都曾铸鼎象物,其思想基础即与此相关。在刑法方面,舜曾"象以典刑,流宥五刑"③;所谓"象以典刑",是指舜让咎繇把人们常犯的五种罪行及其所应受到的惩罚以鲜明的图像表现出来,昭告天下,以示警诫。此外,象观还渗透到衡权、货币制度等方面。最后,受神话思维互渗观念的影响,上古时期的"象"观认为,图像与其原型之间具有同一性,描绘诸神形象的图像由此也具有与诸神本身同样的神圣性。在这种观念的指导下,人们不去区分想象与现实之间的区别,进而打破了物质与精神之间不可逾越的界限,具有虚实相生、心物合一的混沌感和一体感的艺术审美特性。这样,神灵和神物图像的本体性精神价值得以凸显,影响深远。

综上所述,中国早期神话意象性艺术特征主要是指:在存在方式上,中国神话保持着较为朴拙的原始面貌,以片段性方式见载于各种典籍和图像资料中;在表现形式上,中国神话多与巫术祭祀活动结合在一起,神性压倒

---

① 王锺陵:《中国前期文化—心理研究》,上海古籍出版社 2006 年版,第 98 页。
② 钱保塘:《帝王世纪续补》,齐鲁书社 2010 年版,第 71 页。
③ 司马迁:《史记》,中华书局 1982 年版,第 24 页。

人性;在记述方式上,中国神话多是对神话意象的特征和功能等进行描述,神话意象在神话叙事中占核心位置。这些特征反映出华夏民族特有的诗性智慧和精神传统。与礼仪活动的结合、中国文字的独特记述方式、中国神话的图像传承和华夏民族尚"象"的思维传统等,既孕育着中国神话意象性艺术特征的形成,也在中国神话的影响下被孕育着,两者之间形成了互动发展、互为因果和共同生成的一体性缘构关系。

第二节　事象与意象:中国神话的呈现方式

神话的呈现方式与神话的表现形式和叙事方式相关。不同民族的神话具有不同的呈现方式。中国神话在呈现方式方面存在以意象和事象为主体的倾向,应对其进行分类研究。神话呈现方式的分类属于神话类型学研究内容之一,现在这方面研究相对较少。在以往研究中,有些学者用"神话内容"代替"神话意象"①。这种做法是不妥当的。就指称的范围来看,神话的内容相对固定、完整,而构成神话内容的事象和意象则是多样的、独立存在的。神话所记述的永远是"已经发生过了"的事情,这决定了神话呈现方式类型学研究的基础,因而只能对其进行外在化分类研究。

一、自然意象和人生意象

神话思维是形成神话意象的基础。神话思维有三个不同阶段,由此形成三种不同的神话意象。这三个阶段不仅存在前后相继的承续关系,而且在后期还存在共存关系。由此可将神话意象分为自然意象和人生意象。自然意象来自原始先民对自然界中动植物的崇拜,人生意象是由神奇、多样的动植物合体的形象逐渐转变为完全人形之后所形成的神灵形象。就处于同一神话系统的自然意象和人生意象来看,在两者之间还存在一种过渡形态,那就是自然意象和人生意象某些特征相互结合的意象形态,可称"自然—人

---

① 王世芸:《神话意象与分类》,《上海师范大学学报》(哲学社会科学版)1994 年第 2 期。

生"意象。《山海经》所记述的人面蛇身、鸟身人面等神灵形象是这种过渡形态的代表,其中所蕴含的自然性和神性因素相当浓厚,它们和自然意象一同构成了原始神话意象的主体。人生意象多由自然意象发展而来,但原始色彩逐渐隐退、减少,人性因素多于神性因素,因而称为"人生意象"。严格说来,所有神话意象都是原始先民的认识、情感和意志外化的结果,因而都是人格化的,都具有一定的人生意义,这里只是根据神话意象不同的形式所做的划分,是相对的。这三种意象类型之间并不仅仅处于前后相继的发展链条中,有时也会出现自然意象向人生意象越界或人生意象向自然意象越界等情况。这种情况仅涉及个别细节,不能决定神话意象本身所处的类型范围。

自然意象的出现,多处于神话发展的初级阶段。自然意象在形成之初,相互之间的关系相对比较松散,缺乏内在统一性;神灵的形貌多是自然界中的动植物形象,以"异体同构"的动物形象为主体;而且,这些自然意象多与巫术仪式等祭祀活动结合在一起,关于所祭祀的神灵的、具有具体情节的神话事件尚未形成,自然意象所起的作用与原始宗教比较类似。

人生意象有一部分由自然意象转化而来,但大部分是远古部落首领和文化英雄,他们具有人神相兼的身份。后者多体现在发明创造神话中,对此,《世本》多有记述。人生意象多表现为诸神的事迹和行动;就中国神话来说,人生意象更多地与神灵们的创造发明、造福百姓的伟大功绩等联系在一起,受到尚德思想的影响和支配。人们对那些在人类社会的发展过程中起到重大作用的人往往以其所做贡献来称呼他们,如"有巢氏""神农氏""燧人氏""庖牺氏"等。因此,主体以德行为核心的创造精神是中国神话中人生意象得以形成的主要思想基础。在人生意象中,神灵的形象被完全人化了,他们有些是从自然意象演变而来,有些是由远古时期有作为的部落首领演变而成,人的形象成为神话意象的主要表现对象,具有了神圣性,人变成了神,原始神话意象至此出现了重大转折。人生意象的大量出现既标志着原始神话意象的发展已达到兴盛阶段,同时也标志着原始神话意象开始走向终结。

　　在人生意象中,帝王神话中所蕴含的执着精神和关注现实的人文精神传统,对中华民族精神的形成具有巨大影响。黄帝战胜炎帝而睥睨天下后,华夏文明进一步发展,神话中的人生意象大量涌现,这些情况反映在一系列关于当时人们的生产文化状况的发明创造神话中。那些对人类文明发展做出重要贡献的人物由此进入神话系统,成为神话人物。《世本·作篇》中就有如羲和占日、常仪占月、仓颉作书、始皇作图、伯余作衣裳、胡曹作冕、雍父作杵臼、相土作乘马、巫咸作医、伯夷作五刑等记载,这些记载说明此时的华夏文明已高度发达,社会分工开始形成,与人类社会生活密切相关的各行各业均出现了极大发展。他们后来也被作为行业神继续加以崇拜,成为民间信仰的组成部分。另外,从这些记载也可看出,人类社会的物质生产活动和日常生活中的方方面面,因其与人类生活关系重大,因而人们在记述时均将其功劳归在远古时期的圣人、神人身上。在此基础上,人们认为对文明礼乐等各方面内容的制作,均须由圣人完成,普通人等则不能进行发明创作的活动。朱熹注"述而不作"云:"述,传旧而已;作,则创始也。故作非圣人不能,而述则贤者可及。"[1]显然,孔子对"述而不作"传统的尊奉和推崇自有其神话背景,因为礼乐文明之所造就,皆是古代在位有德的圣者所为,并非凡夫俗子所能为。这种将发明创造之事神圣化的文化学术传统,对中华民族尊重个性、表现自我和注重创造精神能力的形成与发展具有抑制作用。

　　就产生顺序来看,自然意象的产生一般早于人生意象,但这不代表所有自然意象都在人生意象之前产生;在神话发展过程中,自然意象随时可以产生,进而形成自然意象与人生意象之间相互交织的关系。丁山说:"'自然崇拜',是宗教的发轫,任何原始民族都有此共同的俗尚。按照宗教发展过程说,崇拜自然界的动植物是比较原始的,由'地母'崇拜到'天父',到祖先的鬼魂也成为神灵之时,宗教的思想便告完全。"[2]人类对自然界中动植物的崇

①　朱熹:《四书章句集注》,岳麓书社 1985 年版,第 120 页。
②　丁山:《中国古代宗教与神话考》,上海书店 2011 年版,第 3 页。

拜一般产生自然意象,从地母、天父到祖先神灵等,人类的生活经验慢慢渗透到神灵身上,这改变了自然神崇拜中的神灵形象,使之成为人生意象。人的形象在神话意象中占据主导地位,自然界中的动植物形象降到次要地位,自然物的神秘性和神圣性也随之逐渐降低了;反之,人的地位空前升高了。在人为神话中,那些自然特征鲜明的神灵精怪往往需要获得人的形象才能获得神性,否则只能被看作魑魅魍魉之类。人的形象具有神性,这种情况在早期神话意象中是不存在的。

在神话中,人生意象多从自然意象发展演变而来。自然意象向人生意象的演变,与人类社会和思维方式的发展及演变密切地联系在一起,具有必然性;自然意象中所蕴含的原初含义也随着新的人生意象的生成而逐渐减弱,新的象征含义随之附加上去。不过,即使这种转变已经完成,自然意象的象征意蕴仍可在人生意象中继续留存,其原初含义与后来新增的意义或意蕴在某种程度上仍具有内在关联。人生意象可看作变形了的自然意象。当然,这种演变的历史过程十分漫长,人生意象与其原型意象之间的承续关系往往会随之变得模糊不清而被后人遗忘。自然意象演变为人生意象后,在文化环境发生改变,尤其是在人们的思维方式和思想观念发生改变的情况下,还有复归自然意象的可能。这种情况的出现是理性思维发展的结果,也是宗教伦理观念对原始神话意象进行改造的结果。自然意象向人生意象的演变是神话意象演变的总体趋势,但人生意象在某种特定的文化思想环境之下,还有向自然意象复归的可能。当然,这时自然意象的自然属性被凸显出来,成为自然现象和时令变化的表征,其原始的神话意蕴则以一种潜在的方式支撑着这些自然意象的神圣属性。

需要指出的是,人生意象虽是自然意象发展、演变的结果,但并不是所有的自然意象都要向人生意象的方向发展、演变。有些自然意象会始终保持其自然本性,因为自然本身永远都可以成为人类的崇拜对象。比如,人类对大地和上天的崇拜,除了对地母神和天神的崇拜之外,人类的大地情结始终如一地存在着。在文明时代,人们还设计出地坛和天坛,定期举行祭祀活动,这里所祭祀崇拜的,就是作为自然人格的大地和上天,它们仍具有自然属性。

二、主导意象和从属意象

不同的神话意象在特定的神话结构中所占的地位和所起的作用是不同的,为此我们可将神话意象分为主导意象和从属意象两种基本类型。所谓主导意象,是指这一意象所蕴含的精神意蕴及其所代表的神灵形象,在特定的神话系统中占据主导地位,统摄或支配着整个神话意蕴的形成和发展;围绕在主导意象周围的其他意象,就是这一神话中的从属意象,起到衬托、丰富主导意象和神话意蕴的作用。主导意象和从属意象的划分具有相对意义,因为随着时代文化和思想观念的变化,主导意象与从属意象之间的关系会发生变化。因此,流动性是主导意象与从属意象之间关系的本质属性。

"主导意象"这一术语来自文艺批评领域①。文艺作品中的主导意象是作家实现作品象征意蕴的主要途径和方式,他们对主导意象的选择和设计有着鲜明的自我主体意识,也具有较多的个性化色彩。文艺作品中的其他意象多在主导意象的支配下形成,用以刻画人物或烘托意境。这些意象多具有与主导意象大致相同或相近的意旨,并与主导意象一起构成文艺作品的意象世界。在神话中,主导意象也具有支配性作用,在某种程度上影响乃至决定着从属意象的形成,以及神话本身发展和演变的方向。与文艺作品中主导意象不同的是,神话中主导意象所含蕴的精神意旨不是个体性的,而是某一族群、某一时代集体精神的提炼、凝缩,是时代精神状况的结晶,因而具有比较集中、鲜明的集体性、民族性和时代性,更少具有个性化色彩。对于理解某个神话来说,抓住其中的主导意象进行深入体味、发掘、阐释,也就在某种程度上抓住了这一神话的精神实质,其中晦暗不明的象征意义和精神意蕴也会顿时豁然开朗。

与从属意象相比,主导意象具有强大的统摄力量。主导意象的统摄力

---

① 严云受、刘锋杰:《文学象征论》,安徽教育出版社 1995 年版,第 245 页。

量来自其本身所含蕴的丰厚的、具有民族集体精神需求的象征性意蕴,它是这些意义或意蕴的形象化和依托物。主导意象的精神意旨不是单一、静止的,而是不断发展、变动的。在神话意象的演变过程中,主导意象的精神意旨也会发生相应的变化,围绕主导意象的演变,丰富多样的象征意义均得以形成、衍生,从而形成一个多种意义相互交叉的网络结构。即使这样,主导意象在这一结构中的地位和作用仍不发生改变,是稳定性和变动性的统一。主导意象所蕴含的思想意蕴多在史前时代即已形成,不同时代的人们会根据自己的需要对之进行选择性发掘和丰富,使之具有时代色彩。比如,产生于旧石器时代早期的灵魂观念,在某种特定的时代情境之中,既能产生鬼魂崇拜,也能产生长生不死观念,还能形成人类对于梦境的初步认识和理解。在不同的时代,这些内容被人们重视的程度是不同的。它们是形成主导意象统摄力的思想基础。

随着时代精神需要和社会价值评判标准的变化,主导意象在神话中的地位也会随之发生改变。这种情况的出现具有必然性。如前所述,某一意象在特定的神话结构中成为主导意象,其根本原因在于这一意象所凝聚、承载的时代精神需求;随着社会的发展,各种条件发生改变,这种精神意旨不再为社会共同体所需要,或者说,这一时期有更为重要、更为紧迫的问题需要解决,那么这一意象就会从主导地位下降到从属地位。因此,所谓"主导地位"只是相对的。即使发生这种情况,这一主导意象中所蕴含的精神意旨只有少数会发生变异,大多数仍会在相应的民俗结构和信仰体系中保存下来。因为它所承载的精神意蕴和思想观念大多是与人类的基本生存活动密切关联的,无论何时何地,这些内容都是人们在生存活动中必须面对的问题,因而即使时代需求发生了变化,这些基础性的生存问题仍然存在。因此,在某些民俗结构和信仰体系中,这一意象的主导性地位仍会得以保存。

在中国神话中,主导意象多是由人生意象充当的。这与神话产生的时代和神话所要表达的内容密切相关。一方面,神话产生的时代虽可上溯至旧石器时代中期,但其大量产生则在旧石器时代晚期和新石器时代,这时候,部落、族群制皆已形成,甚至还出现了阶层分化和贫富差距,人的因素开始在社会结构中占据主导地位;另一方面,神话所要解决的多是人类的起源、天地的形成、文明的创制等重大问题,这些重大问题需要一些奇特乃至奇异的人物进行解决或解释,他们多被后人塑造为神灵。他们是人生意象的重要来源。当某位神灵或历史人物被人们塑造为人类文明的发明创造者,或者是人类的保护神及创造者,那他(她)在某种程度上就成为神话中的人生意象了。

　　总体上来看,随着社会历史情境的变化,受人们思想价值观念变化的影响,主导意象还会发生分裂,形成与之相关的两个或多个意象,这些意象在此后的神话体系中,多会以从属意象的面貌出现,与新的主导意象一起形成新的神话意象群。有的则会成为新神话中的主导意象,但其从属性亦随之增加。

　　另一种情况是,主导意象分裂后在新的神话体系中仍占据主导地位。从两位女神所处的方位看,太阳的母亲处于东方,月亮的母亲处于西方,这与日出东方和月生西方的自然现象有关,她们已初步具有了东母和西母的雏形。这一点,甲骨卜辞曾多次提到,已被一些学者所注意。有学者考证,东母和西母是地母神意象一分为二的结果,而且"卜辞中的分身地母不仅为后世的儒道两家思想提供了神话原型,而且作为二元对立的神话思维模式,对后世民俗文化提供了具有时空定位和价值意义的'元语言'。上古神话中两种截然不同的母神形象——女娲与西王母,便可视为东母西母的直传或变形"[1]。在此之后,与东母主管生育特征相对应的,是化为万物和抟土造人的女娲(之肠),而与东母和女娲所具有的化生功能处于对立面的,是西王母所具有的"主知灾厉五刑残杀之气"——西王母意象成为具有独立性、完整性的神话结构中的主导意象了。比较有趣的是,在现已出土的大量两汉时期的画像石等图像资料和同时期的文献记载中,又有一位东王公,作为与西

---

[1]　叶舒宪:《高唐神女与维纳斯——中西文化中的爱与美主题》,中国社会科学出版社1997年版,第71页。

王母相对应的配偶神,出现在人们的信仰体系中。在这种情况下,看似与东王公意象处于相当地位的西王母意象的主导地位出现了微妙变化:因为每逢七月半,西王母还要主动前往东方,在一只大鹏鸟的脊背上与东王公相会。① 上述过程大致可看作最为古老、原始,在上古神话体系中占有支配性地位的地母神意象发生裂变的过程。

在特定的神话系统中,从属意象的精神意旨与主导意象是相近乃至相同的。从属意象在神话系统中的作用虽不像主导意象那样具有支配性,但主导意象精神意旨和主导作用的实现必须要依靠从属意象,因而从属意象在某种程度上也决定了主导意象的存在。整体上来看,从属意象之间的精神意旨是比较接近乃至相同的,这些从属意象总是在提醒着神话的接受者注意整个神话的精神意蕴和象征含义,因而从属意象是我们接受、阐释和欣赏神话时须加以关注的对象。比如,在一些西王母神话的记述中,经常与之相伴出现的"石室"意象,就是我们理解西王母神话的一个重要视点。在这个意义上,从属意象的内在意蕴不仅是主导意象得以存在的土壤,而且还在某种程度上决定了主导意象的基本属性和存在方式。

在整个神话系统中,主导意象和从属意象之间存在相互交叉、转化的关系。这种情况的出现与不同的神话系统之间存在相互交叉的情况有关。比如,在夸父系统的神话中,夸父是主导意象,占据核心地位,具有统摄作用,与其相关的后土、应龙、蚩尤、黄帝等就属于从属意象,成为整个夸父神话的有机组成部分。相反,在黄帝神话中,黄帝是主导意象,占据核心位置,具有统摄作用,应龙、炎帝、蚩尤、夸父、虎豹熊罴等则是从属意象,是整个黄帝神话的有机组成部分。因此,主导意象与从属意象的区分是相对的,并随着神话系统的改变而发生相应的改变;只有在特定的神话结构中,对于主导意象和从属意象的分类才具有意义。如果脱离具体神话结构而将某一神话意象笼统地称为主导意象或从属意象,那么这一做法对于深化神话意象研究是

---

① 东方朔:《神异经·中荒经》,《汉魏六朝笔记小说大观》,第 57 页。

没有意义的。

综上，根据神话意象功能的不同，可将神话意象分为主导意象和从属意象。主导意象以其所含蕴的精神意蕴在特定神话系统中占据支配性地位，从属意象则从其他方面衬托、丰富主导意象，两者相互结合才能形成意蕴圆融的神话结构。主导意象和从属意象的划分具有相对性；随着时代情境和人类精神需求的改变，即使是同一神话结构中的主导意象和从属意象，其地位、作用仍有发生改变的可能。主导意象和从属意象两者地位与功能的不断变化使神话意象的流动性加强，进而也增强了不同神话意象之间的交流和融合。

三、神话事象和神话意象群

在神话体系中，神话意象并不单独出现，而是在特定的事件结构中生成的；离开了事件结构和特定情境，神话意象便不复存在。因此，神话意象除了上述的存在样态之外，还有一种组合形式，那就是"神话事象"。所谓神话事象，是指在神话意象的基础上所展开的诸神的行动或事件的整体，这一整体由不同的事象所组成。神话事象不等于神话情节。"情节"（plot）一词是西方神话学中的术语，用来表述一个完整的神话故事的各个阶段或组成部分，其内涵偏向于叙事。就中国神话的非情节性特征来看，中国神话虽也有叙事，但叙事性不强，因而叙事性不是其典型特征，很多神话只具有一定的"叙事性"，如"祝融作市"等。这类例子在中国神话中有很多，因而用叙事色彩显著的"情节"一词指称显得无关要旨。张光直曾看到中国神话与希腊等神话的不同，但仍以西方神话学对神话的规定（叙事）来界定研究范围，存在以西律中的情况。①

使用"事象"一词指称中国神话有两个思想来源。第一个思想来源是中国文字本身以象纪事的传统。在甲骨文中，有些字就是对物象的模拟，如

---

① 　张光直：《青铜挥麈》，上海文艺出版社 2000 年版，第 146 页。

水、日、山等,还有些字是在象形的基础上对事件的描述,这些字多是会意字。有学者将会意字的形成基础称为"事象":"甲骨文的基础是象形表意文字,其间体现出造字者的思维是通过物象进行表达心意的意象思维……会意字往往是由两个以上的形象组合在一起,其中有些表示人的某种动作行为。而这种动作行为因有目的性和时间长度,故而具有事的成分……这些由多个象形符号组合而成的表示行为的具有事因素的象,我们称为事象。"[①]甲骨文这种以物象为基础、将不同物象组合在一起组成具有行动性和时间长度的事象结构,与中国神话相似,两者间应有密切联系。第二个思想来源来自民俗学中的"民俗事象"及其指称功能。民俗事象一般是指人们在特定的习俗中所从事的祭拜、游戏、舞蹈、祈愿和禁忌等活动;既可以指民俗现象的总称,"亦可表示单一的民俗活动"[②]。这些活动虽具有叙事性,但叙事不是其重点或本质,民俗活动所承载的文化心理及其背后所隐含的情趣、理想或观念才是关键。这一点与中国神话重行动、轻情节的特点比较一致,因而我们亦借过来使用。已有学者开始以此描述中国神话。田兆元在《〈天问〉中动物异类相触事象考释》一文中,也曾用"事象"一词来指称《天问》所记述的"鸱龟曳衔""虺龙负熊""一蛇吞象"等现象[③]。总之,"神话事象"比"神话情节"或"神话事件"更符合中国神话的表现形式和存在方式,是中国神话独特的呈现方式。所有神话意象只有在组合成特定的神话事象时才能够获得自身的神话属性和意蕴空间,神话事象是神话意象的源头活水。

　　与神话事象密切相关的,是神话意象群。众多具有内在联系的神话意象可以组成神话事象,也可以组成神话意象群。单个的神话意象不能构成神话事象,一个神话事象至少含有两个或以上的神话意象,如"夸父逐日","夸父"和"太阳"是两个基本意象,行为动词"逐"将这两个意象组合在一起,

---

①　许建平:《意象叙事论——从甲骨文的意象思维谈起》,《文学理论的创新与文论教学学术研讨会论文集》,第224页。

②　张紫晨主编:《中外民俗学词典》,浙江人民出版社1991年版,第178页。

③　田兆元:《神话学与美学论集》,上海文艺出版社2007年版,第140页。

形成一个具有完整意蕴空间的神话事象结构。严格来说，在"夸父逐日"这一神话事象中，虽有比较多样的神话意象，但还不能称为"神话意象群"。在这则神话中，"夸父"是主导意象，其他意象则是从属意象，其结构比较完整，因而是神话事象，但不是神话意象群。如果将中国古代典籍、各个民族和地区的夸父神话做一个系统的收集、整理，其中所涉及的神话事象是多种多样的，与此相关的神话意象也是多种多样的，在这种情况下，我们将这些神话意象称为"神话意象群"是没有问题的。当然，这种情况也是相对的，并不是说一定要将某一神话进行全部的钩沉辑录，才能将之称为神话意象群。在某种程度上，我们将与某一神话相关的多个神话放在一起研究，发掘神话意象之间相互关联的内在意蕴，这样就可以将这些神话意象称为"神话意象群"。简言之，在原始神话中，以神话意象为基础，能组成多个具有内在联系的神话事象，这些神话意象就可以称为"神话意象群"。

在某些情况下，一个结构完整、事件丰富的神话事象中所包含的神话意象可能会多于相对简略的多个神话事象中所包含的神话意象，但前者不称为"神话意象群"，而后者称为"神话意象群"。这是因为前者所具有的神话意象是为一个神话事象服务的，它们处于同一个神话事象的序化结构，因而所蕴含的意义、意蕴等是相对统一的。与此不同，后者所有的神话意象是处于不同的神话事象的序化结构中的，神话意象所蕴含的意义、意蕴可能会出现较大差异，因而我们使用"群"这样一个相对松散的词对之进行概括。比如：现在仍在某些地区和民族流传的大型神话史诗，其中的神话意象数不胜数，我们只承认其中含有众多的神话意象，但不承认其是神话意象群；《山海经》中记述的某些神话片段，如西王母神话等，故事情节比较简单，事件较少，神话意象也极为有限，但将其放在一起进行研究，我们仍将这些神话意象称为"神话意象群"。因此，神话意象群的划分并不是仅按照神话意象的多寡进行的，还要按照组成神话事象的神话意象的内在逻辑结构进行划分。当然，我们将前者排除在"神话意象群"之外的另一个重要原因是，这些流传至今的民间传说和英雄史诗含有太多后世人为因素，其结构完整、情节丰富、意象多样,用"神话意象群"来指称这类对象,显得有些宽泛乃至空洞,对于研究神话意象向审美意象的转化问题意义不大。

综上,神话意象是构成神话内容的主体,也是构成神话事象的主体。由于中国神话主要以神话意象为主,诸神行为在神话中未占主要地位,因此我们借用注重仪式性、动作性和空间性的民俗学中的术语"民俗事象"来指称之,称为"神话事象"。神话事象的融合、发展,形成神话意象的交流和转化,进而在某种思想或意蕴的统领下形成大量神话意象的叠合,本书将之称为"神话意象群"。田野调查和文献记载表明,中国神话曾经过程度较深的历史化、哲学化和伦理化改造而大量遗失,其他部分则转化为民间信仰体系而与民俗活动结合在一起继续存在,因此我们用"神话事象"来表述中国神话是符合实际的。神话意象、神话事象和神话意象群的划分,可以深化我们对中国神话意象及其演变过程的研究。

第三节　神话意象的构象方式

原始先民对神话意象的创构有其特定的思维基础,并受神话意象所应承担的功能的影响,因此神话意象有其独特的构象法则和结构特征。这些内容构成了神话意象的构象方式问题。郭璞的《注山海经叙》对此有所提及:

世之览《山海经》者,皆以其闳诞迂夸,多奇怪俶傥之言,莫不疑焉。尝试论之曰,庄生有云:"人之所知,莫若其所不知。"吾于《山海经》见之矣。夫以宇宙之寥廓,群生之纷纭,阴阳之煦蒸,万殊之区分,精气浑淆,自相喷薄,游魂灵怪,触象而构,流形于山川,丽状于木石者,恶可胜言乎? 然则总其所以乖,鼓之于一响;成其所以变,混之于一象……是故圣皇原化以极变,象物以应怪,鉴无滞赜，曲尽幽情。神焉廋哉！神焉廋哉！①

　　郭璞此文的目的是反驳世人认为《山海经》所记诸物诸事皆为荒诞不经的错误观点，在此过程中涉及神话意象的构象方式问题："闳诞迂夸，多奇怪俶傥之言"，指神话意象的语言特征；"总其所以乖""成其所以变"，指神话意象的综合性，它们是原始先民对自然现象和社会事象的总结；"原化以极变，象物以应怪"，指原始先民创构神话意象的基本规则；"游魂灵怪，触象而构"，指神话意象创构的思想基础；"鉴无滞赜，曲尽幽情"，指神话意象具有的基本功能。总之，神话是原始先民在精神实践和物质实践的基础上所创造出的以神灵信仰与神物崇拜为主要内容的意象世界。

一、神话意象的基本功能

　　神话意象的创构除了泛生、转化等思想基础外，还受到神话意象所承担的功能的影响，虽然原始先民有时还不能意识到这种功能。从这个角度看，目的性对原始先民的神话意象创构活动亦具有决定性作用。所谓神话意象的目的性，就是郭璞对《山海经》中意象体系的描述："鉴无滞赜，曲尽幽情。""鉴无滞赜"指的是神话意象的认知功能，"曲尽幽情"则分两方面看："情"既可是愉悦自由之情，也可是敬畏恐惧之情。如是前者，则指神话意象的审美功能；如是后者，则指其宗教功能。就原始先民的生存状况和思想状况来看，神话意象的这三种功能是同时具备的，均根源于当时人类的生命活动。神话意象以宗教功能为主，同时发挥其认知功能和审美功能。当然，在最初阶段，神话意象的这三种功能是结合在一起的；后来，神话意象的其他功能（如政治功能、伦理功能等）也是在这三种功能的基础上逐渐产生的。神话意象所承担的独特功能在某种程度上影响了原始先民对神话意象的创构。

　　在史前时代，神话意象首先具有认知功能。原始先民的物质生产活动

①　袁珂：《山海经校注》（最终修订版），北京联合出版公司2014年版，第399—400页。

和精神活动是神话意象认知功能产生的实践基础。在史前时期,原始先民的生产工具极为简陋,生产力水平低下,人们在使用第一件自我创造的工具时便开始了与自然相互作用的历史进程,人类的自我意识逐渐形成,人类可以思索、感悟包括自我在内的一切生命活动。经过漫长的历史岁月,人类逐渐积累了一些物质生产知识和精神知识。受神话思维影响,这些知识最初大多保存在神话中。神农尝百草神话,所反映的就是原始先民的艰苦生活。神农氏以身犯险,"一日而七十毒",以此辨明哪些植物对人类是有益的,哪些是有害的。这些内容经过演变、过滤,慢慢变成神话,神农氏也成为重要的神人形象之一。大禹历经十三载的治水历程,所反映的也是这一时期人类所处的生存状况。在这一过程中产生的《山海经》,所记述的金玉矿石、神奇畏兽和神人形象是对此前人类知识系统的整理与总结,它们成为史前神话的重要组成部分。

因此,神话意象作为神话的核心组成部分,自然承担着传承知识的任务。《左传》所谓"铸鼎象物,百物而为之备,使民知神奸",指的就是神话意象对原始先民的生产生活所具有的指导作用。为了使各种活动顺利展开,人们往往会借助神话意象,祈求获得神奇力量的帮助。《淮南子·原道训》:

> 九疑之南,陆事寡而水事众,于是民人被发文身,以像鳞虫;短绻不绔,以便涉游;短袂攘卷,以便刺舟,因之也。

这里,"以像鳞虫"中的"鳞虫",就是指南越等地的人们所信仰的神灵形象。因为,南方多水事,人们在身上、船上刻上这些神物,使自然界中有害的动物不能伤害他们。高诱注云:"被,剪也;文身刻划其体,内默其中,为蛟龙之状以入水,蛟龙不能害也,故曰'以像鳞虫'。"[①]"刻划其体,内默其中",意指主体内心与神物形象进行精神交流,这样才可实现其功能。因此,这些神

---

① 刘安:《淮南子》,高诱注本,《诸子集成》第七册,第6页。

灵图像的首要功能是起到保护作用,具有明确的功利性和现实性,体现出神话意象的认知功能。而且,即使进入文明时代后,人们仍然利用神话意象进行知识的传播、道德的教化等活动,进而形成了历史悠久、影响深远的"图教传统"。人物画兴起后,人们又把历代明君圣王、古圣先贤绘制成图像,与神话意象一起发挥教化功能,是神话意象认知功能的变化和发展。

宗教功能是神话意象的核心功能。人类需要借助宗教实现对世界万物的认识和掌握,进而获得内心的安宁和精神上的归属感。在史前时代,泛灵思想弥漫,宗教气息浓厚,人类还臣服于强大而不可解释的自然力之下:那些狂风暴雨、霹雳闪电等都被人们视为神灵加以崇拜;那些能够给人类提供食物的动物和植物,都会让人产生敬畏和虔敬,成为人类崇拜的对象;那些能够带领整个族群增强自我的生存能力、扩大生产和活动范围的领袖人物,也被原始先民奉为神明;等等。这些内容都是史前神话的重要组成部分。从原始宗教的产生到人为宗教的形成,神话在这一过程中所起的重要作用是不容忽视的。应该说,史前时代的神话更多地是作为宗教内容而发挥其作用的。

神话意象宗教功能的形成有两个原因:一方面,在史前时代,人类的认知能力还不足以对自然和社会中的各种现象进行全面、彻底的认识和解释,于是创造出种种神话对这些不可思议之事进行尝试性解释,原始宗教随之产生。因此,神话意象具有宗教功能是题中应有之义。另一方面,神话对复杂多样的自然现象和社会现象的解释,其力度和适用范围是有限的,不能满足人类对未知世界进行不断探求的心理需要,而且史前时代人类的物质生产水平不高,人们整天都在为能够吃饱这一目标而辛苦劳动,疾病的折磨、野兽的侵袭、生命的无常等,都会引起人类心灵的振荡和思索,那些能够对这些问题进行不断思考的人,祈求以此挣脱有限现实的束缚,以达到对未知世界进行自在观照的精神境界。鲁迅将这些人称为"向上之民"。因而在这种"向上精神"鼓舞下所创生的神话内容自然也具有对现实世界进行超越的宗教功能。应该说,这两方面内容是同时进行的,并且不断发展演进,形成的宗教和神话内容丰富多样,远比我们现在看到得多。鲁迅说:"他若虽一卉木竹石,视之均函有神闷性灵,玄义在中,不同凡品,其所崇爱之溥博,世未见有其匹也。"①鲁迅认为原始先民所崇爱的对象"崇爱之溥博,世未见有其匹也"是有道理的。受神话思维的影响,当时几乎所有的知识内容均与神话有关,反映出宗教信仰内容在神话中的核心作用。神话意象的宗教功能或宗教的神圣性,对神话意象构象方式的形成具有支配作用。

神话意象的宗教功能还源自大地、树林、河流等自然现象和生死、病痛、喜怒等生命现象的不可知性。与人们日常生活紧密联系在一起的各种自然和人事现象都引起原始先民的无限遐想。树木的开花、结果,树叶由绿转黄、由黄转绿,等等,都超出了他们的认知范围。比如,对于河流,"事实上我们只看到每天从家门口流过的河水,但却从未看到过整条河流,也从未看到同样的河流。虽然在我们看来河流是非常熟悉的,但它却不在五官的把握之中,既不知道它的起源,也不知道它的终点"②。与河流一样,和我们(原始先民)亲近的大地、山岭等,亦同样如此。这些能够被人类接触和感知的现实事物如此不可究竟,更何况那些不能触摸得到的日月星辰、风雨雷电,以及那些真实可感却又无法捕捉的密林、深山、海景、梦境和幻想。这种不可理解的生命和自然现象时时催逼着原始先民进行思索、体验,因为它们就是那样活生生地存在于他们的生命活动中,成为原始先民神话创作的直接对象。神话意象的宗教功能,要求原始先民在创构神话意象时将怪诞、神异、不可理解和不可接近的因素渗透到神话意象中去,这样神话意象才能真正实现它的这一功能。因此,这种对不可知世界的好奇心理也在某种程度上影响着原始先民对神话意象的创构,体现出他们的审美情趣。

神话意象的审美功能与其宗教功能是联系在一起的,是神话意象宗教功能的深化和发展。这是因为,在史前时代,原始宗教活动和审美活动都是

---

① 鲁迅:《破恶声论》,《鲁迅全集》第八卷,第 30 页。
② 麦克斯·缪勒:《宗教的起源与发展》,金泽译,上海人民出版社 1989 年版,第 121 页。

以主体的情感为基础而展开的:①神话意象的宗教功能使主体在对神灵形象进行祭祀和崇拜的同时,产生一种依赖感和神往感,自我在现实尘世中被束缚和压抑的情感可以随之释放,从而使精神得以轻松、自我得以回归、心情获得愉悦和自在的享受,以重新坦然面对现实生活,这与审美活动带给主体的心理情感享受比较类似;②主体在对神灵形象进行膜拜以实现自我与神灵共通的同时,自我只能以卑微低下的方式力求接近神灵,但神灵却是不可接近和触碰的,因此,主体在情感、心理上能感觉到将自我交给神灵的快感却又不能在本性上接近神灵,这与审美活动中"不即不离"的主客体关系比较类似,只不过神灵与主体的接近而又疏离是源自神灵的不可接近和不可抗拒的神性,而审美活动中的主客之间却可以在本性上相互融通、交流,因而神话意象具有丰厚的审美潜质,神话思维解体后,神话世界中的主客关系很自然地向审美艺术创造活动中的主客关系转化,原因即在此;③主体在宗教活动中所进行的祭祀、祈祷等活动和信任、依赖等心理感受具有神往的性质,主客之间的神秘交流可意会而不可言传,其心理过程和感受极其类似于审美活动中的神思和妙悟,这也是神话意象千百年来令不同时代的人们着迷不已的原因所在。因此,神话意象审美功能的产生与神话意象的宗教功能是紧密联系在一起的,虽然这时审美功能在神话意象中还处于从属地位,但具有巨大的发展空间,也在某种程度上影响甚至支配着神话意象的演进和变迁。神话思维向审美艺术思维转化后,神话意象所承担的审美功能得到极大发展,为后世的文学艺术创作提供养分。

综上,史前神话意象具有认知、宗教和审美等多种功能。这些功能对神话意象的创构具有决定性作用,反映出他们对自我与世界之间关系的认识和理解。因此,在神话意象的创构过程中,人们也会受到这些目的的影响,创构出不同形象、繁杂多样的神话意象体系。其中,对现实生活中各种自然事物和社会现象的不可知、对怪诞崇高的神性的向往和追寻等心理也深深影响了原始先民的神话意象创构活动。而神话意象的审美功能,则在某种程度上影响着后人对神话意象的改造或再创造。对神话意象所承担的功能进行辨析,是认识神话意象构象方式的基础。

二、神话意象的构象法则

史前神话意象形式多样、奇异诡谲,让后来者感觉不可思议。那些通过图像进行表现的神灵形象鲜明逼真,至今仍震撼着人们的心灵,惹人遐想;而那些通过语言而得以表现的神话意象,其言辞之奇特、表述之怪异,往往也出人意表、不可方物,所以郭璞说《山海经》中的神话意象"闳诞迂夸",而表现这些神话意象的语言也"奇怪俶傥"。这触及神话意象的构象法则问题。总体上来看,原始先民的神话意象创构活动,不仅有其特定的思想基础和思维模式,而且还有一定的目的性。这些内容决定了神话意象的构象方式。简而言之,原始先民就是要通过神话意象来表现那些神圣、神秘,不可侵犯也不可接近的神灵和神物形象,即郭璞所说的"象物以应怪"。如何让神性在人类的生命活动和文化系统中显现出来,成为神话意象构象方式的根本法则? 神话意象的"言""象"互动结构是为此服务的。在早期阶段,这种目的性还处于自发状态。神话意象创构方式所追求的是神灵形象的怪诞、神异和不可理解,怪诞、神异、不可理解才能产生神性,就像人们常说的"一个被理解了的上帝绝不是上帝"一样,神话意象就是原始先民通过特定的构象法则而创构出的不可理解、难以把握,只可意会,不可言传的精神成果。

(一)异体合构

神话意象的神性(包括神异性、神秘性和神圣性),主要是主体在神奇想象的作用下,通过将各种不同物象的显著特点进行组合和改造而产生,体现出原始先民"由怪而神"的思想观念。在神话意象中,天地万物之间没有本质区别,人们对之进行各种组合,形成不同的神话意象,体现出华夏先民的创造精神和情感状态。因此,从某种意义上来说,结构组合在神话意象的形成过程中具有本体性作用。这里将之称为"异体合构"原则。杨义说:"致使《山海经》成为旷世奇书的,是那些人神禽兽鱼虫异类合体的稚拙而又神奇的想象。这种异体合构以不入规矩绳墨的怪异面目和野性气质,体现了一种惊天地、泣鬼神的原始激情。"①应该说,"异体合构"是神话意象基本的构象法则。

神话意象的"异体合构"原则有两种表现形式:一种是将不同的人、兽生理特征进行组合,形成怪诞奇异的神灵形象。这类神灵形象是原始先民"触象而构"思维方式的典型表征。自然万物之间相互喷薄、交流、融合,人类、其他动物、植物、神灵之间的严格限制被打破,进而结为一体形成意象。《五藏山经》所记述的那些享受着不同祭祀规格的神灵多属此类,那些"人面龙身""鱼身人面""人面蛇身""其为人长头,身生羽"和"兽身人目"的奇异形象,体现出异体合构的构象法则;《海内北经》所记述的"人面,手足,鱼身"的陵鱼,"见则风涛起",与列姑射山的神人同居,引人遐想。此类神话意象在《山海经》中不胜枚举。这些神灵形象是人性、兽性和神性的融合体,蕴含着原始先民们神奇的想象和充沛的情感,值得珍视。

异体合构的另外一种表现形式是不同神话意象之间的组合关系,这些组合往往也具有打破常规的思维潜质,出人意表,令人惊叹。比如《天问》中所描绘的"虬龙负熊""一蛇吞象"等异类动物相互结合的神奇构象方式。有学者将这种情况称为"动物异类相触事象"②。作者用"事象"一词来概括中国神话意象的这种情况是比较准确的。而且,不仅在《山海经》《天问》等著作中常见这种异类相触的神话事象,在考古出土的图像和实物资料中也常见这种构图方式。如《山海经》中的"巴蛇食象""鸟鼠同穴"等记载,屡见于河南、陕西等地的新石器时代的鱼鸟相衔图,楚帛画中的龙凤相斗图,汉画像中的龟蛇相交图,等等。除了这些动物与动物之间的异类相触外,还常见人类与其他动物之间的"异类相触",比如《山海经》中的"兽身人面,乘两龙"的祝融,楚帛画中的人物御龙图、周鼎上的饕餮吃人图等,也是神话意象异体合构形式的突出表现。

这些动物与动物、动物与人类之间的异类相触事象含蕴着丰富的内容,

---

① 杨义:《〈山海经〉的神话思维》,《中山大学学报》(社会科学版)2003 年第 3 期。
② 田兆元:《神话学与美学论集》,第 140 页。

其中既有历史的内容,也有想象的内容,因而很难对之进行一劳永逸的解释。古史辨派很多学者都曾从历史上部落之间相争战的角度对此类现象进行解释。这是解释的路径之一。从这种视角出发,有学者将《天问》中的"鸱龟曳衔"看成欢兜与共工部族友谊与联盟的象征;"一蛇吞象"乃是"禹攻击舜部历史的缩影";而"虬龙负熊"实际上是"虬龙负龟",反映的是收养禹的氏族与鲧氏族的联盟;等等①。这种解释有历史和文献依据,同时也存在一些问题。比如:作者在论述过程中,将"虬龙负熊"中的"龙"看成是禹部落的图腾,而在"一蛇吞象"中,又将禹部落的图腾看成蛇,但龙与蛇的差别是很大的;在作者的解释中,"象"同时被看成舜的弟弟,而不是舜部落的图腾。有学者通过考证认为舜部落的图腾是蛙②,"一蛇吞象"应为"一蛇吞蛙",等等。那么,"一蛇吞象"意象设计的真实情况到底是怎么回事呢? 这一意象结构在《山海经·海内南经》中也出现过:"巴蛇食象,三岁而出其骨,君子服之,无心腹之疾。"巴蛇或青黄赤黑,或赤身白首,在《山海经》中出现多次。《淮南子·本经训》亦云"羿断修蛇于洞庭"。据《江源记》所载,后羿所断之修蛇,"其骨若陵",这样大的蛇似可达到"食象"的程度。巴蛇为巴地人的图腾,而巴人为伏羲后裔。《山海经·海内经》:"西南有巴国。大暤生咸鸟,咸鸟生乘厘,乘厘生后照,后照是始为巴人。"巴人即为大暤伏羲氏后裔,而伏羲是"蛇首人身",这样,巴人以蛇为图腾乃自然之事。从史前时代的神怪思想来看,这些奇特难解的异类相触的意象结构,应该是原始先民精心设计的:象与蛇形象之间具有巨大反差,将两者放置在一起组成奇特的神话事象,无疑会引起人们的无限想象和猜测,从而使其获得神性,成为神话意象。"虬龙负龟"等亦与此类似,是原始先民"由怪而神"思想的反映。

(二)一体异形

在奇异产生神性思想的影响下,原始先民往往还对常见事物进行超出

---

①　田兆元:《神话学与美学论集》,第140—141页。

②　何星亮:《图腾与中国文化》,江苏人民出版社2008年版,第100页。

寻常的想象性改造,如增加或减少人体、动物的眼睛和肢体的数目等;或者对寻常事物进行极大或极小的夸张等以此使其获得神性,这里称为"一体异形"原则。它与异体合构是神话意象构象法则的两种主要表现形式。由这两种构象法则所形成的神话意象光怪陆离、变化万千,与西方现代派艺术家孜孜以求的那些抽象变形艺术画作相比,它们所含蕴的想象力更为丰富、奇特,形象表达也更为夸张、多样,精神意蕴更为丰厚、灵动,应该向世界推广。

神话意象"一体异形"的表现形式可分为以下三类:

首先是通过对神话所要表现的对象进行想象式夸张,或将之无限放大,或将之无限缩小,以突出其神异性。这种情况可分为神物和神人两类。《山海经》所记的若木、《淮南子》所记的寻木等,都是这类高大至能够通天的神物;《神异经·东荒经》所记述的"豫章树","主九州,其高千丈,围百尺,本上三百丈",也具有沟通天地、神人的神格;那些长寿至万年的大椿树等,也属此类。神人方面的代表当数《列子·汤问》记述的龙伯大人国:

> 帝恐流于西极,失群仙圣之居,乃命禺强使巨鳌十五举首而戴之。迭为三番,六万岁一交焉。五山始峙而不动。而龙伯之国有大人,举足不盈数步而暨五山之所,一钓而连六鳌,合负而趣,归其国,灼其骨以数焉。员峤二山流于北极,沉于大海,仙圣之播迁者巨亿计。①

---

① 《列子·汤问》是在记述殷汤和夏革之间的对话时,引述这则神话的。汤和革所讨论的是天地万物与时空之间的关系问题。汤问于夏革曰:"古初有物乎?"革曰:"古初无物,今恶得物? 后之人将谓今之无物,可乎?"汤曰:"然则物无先后乎?"革曰:"物之终始,初无极已。始或为终,终或为始,恶知其纪? 然自物之外,自事之先,朕所不知也。"汤曰:"然则上下八方有极尽乎?"革曰:"不知也。"汤固问。革曰:"无则无极,有则有尽;朕何以知之? 然无极之外复无无极,无尽之中复无无尽。无极复无无极,无尽复无无尽。朕以是知其无极无尽也,而不知其有极有尽也。"在这种背景下,革举了很多神话事例论证事物的巨细、修短和同一等问题,这则神话是革为说明天下事物之巨的问题时所举出的例子。这则神话有被神仙思想改造的痕迹,但其基本内容是极为原始的,其中提到的海神禺强、巨鳌举首戴山等,见载于《山海经》《楚辞》等早期文献。

通过这里的记述,我们可以想见龙伯大人神奇魁伟的形象。那些引起人们无限憧憬、崇敬和敬畏的神秘莫测而高不可攀的仙山圣地,在龙伯大人看来不过是弹丸一颗;那些飘逸潇洒而自在长生的神人,在龙伯大人面前也不过是凡人一个。那么,龙伯国人到底有多大呢?张湛注云:"以高下周围三万里山而一鳌头之所戴,而此六鳌复为一钩之所引,龙伯之人能并而负之,又钻其骨以卜计,此人之形当百余万里。"①这是通过对比和衬托塑造龙伯大人的形象。为了惩罚龙伯大人的鲁莽行为,天帝将他们的身体变小,到神农伏羲时,"其国人犹数十丈"。东方朔《神异经·东南荒经》所记述的"朴父"夫妇也均是"高千里"的神人。在天地初开之时,帝尧令他们去疏导百川,他们不愿意,遂被贬谪到东南方。《大荒北经》《海外北经》等所言的夸父国,《海外东经》《大荒东经》所言的"大人国""大人之国",《博物志》所云的"其人孕三十六年"的大人国等,都属于这种情况。可见,神话意象中的"大"是超出了一般的大,即使是寻常事物(包括人类),如果能够获得这种异乎寻常的形貌和性能,那也就具有了神性。第二种表现方式就是极小。这种极小的神物和神人同样具有超凡的神力,对人或有利或有害,不一而足,如《山海经》和《列子》都曾记载的"僬侥国",东北极地的长仅九寸的"诤人"等,都属于这种情况。这种极小的神人形象是大千世界之缩影,其神异性亦随之增加。唐传奇所记之鹅笼书生、《聊斋志异》所记之小人国等,都是这类神话意象的变体。能大能小,大到无限大,小到无限小,是转化思想在神话意象中的进一步发展,影响着神话意象的演变。这些神话意象对后世的文学艺术创作影响极为深远,值得重视和研究。

其次是运用想象和夸张对寻常动植物形象与人物形象进行再创造,破坏其本身的对称和谐原则,突出怪异性,以超越人类生活的现实原则,从而形成神话意象。这种原则常见的表现形式有以下两种:一是破坏对称原则,

---

① 张湛:《列子注》,《诸子集成》第三册,第53页。

彰显形象本身的神圣性质。这种方式常见的表现形式是对人类的眼睛、手臂等器官及肢体特征进行改造,如《山海经》中所记述的三身国、一臂国、三目国、一目国、三头人等,以及那些长着一只眼睛、三只眼睛、四只眼睛乃至六只眼睛的神奇动物等。杨义针对《山海经》所记述的那些神奇国民和神灵畏兽的奇特形貌说:"中国初民的神话思维是崇尚一种怪诞的、野性的、神秘的生命的,这和儒家温柔敦厚的诗教不相干,与古希腊雕刻从健美的人体比例中呼唤出神性,更是迥异其趣。他们是在打破人体的正常比例和正常结构中,追求一种怪异的、杂糅着人、神、兽形体本性的野性美、犷悍美,其审美趣味带有浓郁的非文明的原始气息,甚至在神经细腻的文明人眼中是一种审'丑'趣味。"①原始先民将人们常见的人兽肢体特征进行改造,破坏自然物本身和谐对称的生命形式而创造出极富想象力、夸张而怪诞的神灵形象。与此相关,"一体异形"还有另外一种表现,那就是由残缺而获得神性的神话意象,这方面的典型是形天:

> 形天与帝至此争神,帝断其首,葬之常羊之山,乃以乳为目,以脐为口,操干戚以舞。②

形天被断首后仍具有生命,成为"形残之尸";而且,他"以乳为目,以脐为口,操干戚以舞"的顽强生命精神,使他成为人们赞咏的对象。这种"由残而神"的构象方式,在《山海经》中还有一些,如《大荒西经》所载的"夏耕之尸"——"有人无首,操戈盾立,名曰夏耕之尸。故成汤伐夏桀于章山。克之,斩耕厥前。耕既立,无首,走厥咎,乃降于巫山"③,《大荒北经》所载的"戎宣王之尸"——"有赤兽,马状无首,名曰戎宣王尸"④,等等,都是这种方式的体现。

---

① 杨义:《〈山海经〉的神话思维》,《中山大学学报》(社会科学版)2003 年第 3 期。
② 袁珂:《山海经校注》,第 196 页。
③ 袁珂:《山海经校注》,第 347 页。
④ 袁珂:《山海经校注》,第 366 页。

除"夏耕之尸""戎宣王之尸"外,还有《海内北经》所载的"王子夜之尸"——"王子夜之尸,两手、两股、胸、首(齿)皆断异处",以及《海内经》所载的"相顾之尸"和《海外东经》所载的"奢比之尸""肝榆之尸"等。这些形残之神亦是原始先民"由残而怪,由怪而神"思想观念的体现,是神话意象构象方式的重要形式之一。这些肢体残缺的神人野性原始、彪悍狞厉,具有顽强的生命力,其形象给人神秘、怪诞而崇高、恐怖的感受。由此可见,在神话世界里,不仅不同生命形式之间的相互组合可以产生神性,而且同一生命形式发生分化和变异,亦可产生神性。

最后,"一体异形"还有一种特殊的表现形态,即"一体异秉"。人们常对形貌正常的动植物赋予神异的功能,从而使之具有神性,成为神话意象。这类神话意象虽不属于"异形"范围,但其本身的色泽、性能等却是超出常物、具有神性的,因而我们也将这类具有"异禀"的神物归入这一类。这种情况可分三类:第一类是人吃了可以获得神异效果的神物,如《山海经·西山经》所记"文茎":

> 又西八十里,曰符禺之山,其阳多铜,其阴多铁。其上有木焉,
> 名曰文茎,其实如枣,可以已聋。[1]

与"文茎"同处的还有一种如"婴儿舌"的草,"其状如葵,而赤华黄实","食之使人不惑"。其他如《西次三经》中"食之使人不溺"的沙棠,《南山经》中青丘山上"食者不蛊"的九尾狐,《北次二经》中"食之已腹痛"的夸父,等等,都属于这种情况。第二类是人们不需要食用而将其佩戴在身上就可获得神效的神物,如《西山经》中所记的"佩之可以已疠"的"薰草",《中次三经》中所记的"服之不畏雷,可以御兵"的"飞鱼",等等,都属于这种情况。第三类就是那些偶一出现便会给天下带来灾难或幸福的神异动物,如《西山经》

---

[1]　袁珂:《山海经校注》,第 21 页。

中所记的"见则天下大旱"的"肥遗",《东次四经》中所记的"见则天下大穰"的"当康",等等,都属于这种情况。它们有的形貌奇特怪异,有些却很平常,但因其具有非同寻常的神力,因而也被人们当作神物加以崇拜,进而被吸收到神话当中。这些具有异禀的神物是史前神话意象的重要组成部分。有些学者从现实原则出发,将这些神物排除在神话意象之外,这种做法是不符合中国神话的实际情况的。

神话意象"异体合构"和"一体异形"的构象法则,构成了它的丰富性和多样性。神话的意象系统是人类想象力的产物,其构象方式具有独特性。从思维方式角度来看,"触象而构"是其思维基础;从创作目的角度来看,"鉴无滞赜,曲尽幽情"是其创构目的,所以《淮南子·氾论训》云:"天下之怪物,圣人之所独见;利害之反复,知者之所独明达也;同异嫌疑者,世俗之所眩惑也。夫见不可布于海内,闻不可明于百姓,是故因鬼神禨祥而为之立禁,总形推类而为之变象。"①神话意象承载着圣人智者对天地的体察、对人事的认识,是当时人类生产实践和生命体验的总结。这些总结对普通人来说是难以明达的,因而需要智者圣人借鬼神之象以申其教,由此形成神话意象体系。当然,面对这个庞大而复杂的意象系统,每个人的态度是不一样的:有的人认为是奇谈怪闻,不足为信;有的人认为是禨祥神物,顶礼膜拜;只有少数人才能洞达其志,明白其中所蕴含的深刻道理。这种超出常情常理的意象结构方式,使神话意象的真实性不断引起后人质疑,并形成一种吊诡的文化心理:一方面,受求真心理的影响,人们对以《山海经》为代表的早期著作所记之神物形象,多以其闳诞迂夸而怀疑其真实性;另一方面,人们对奇异荒远的异域世界又心向往之,充满企羡之情。因此,在人类历史的发展过程中,人们对神话意象真实性的怀疑和想象性的爱羡,是神话意象接受史上的两翼。

通过"异体合构"和"一体异形"两种方式所形成的神话意象具有巨大的

---

① 刘安:《淮南子》,高诱注本,《诸子集成》第七册,第231页。

想象空间与阐释空间,从而形成神话意象的独特魅力。神话意象并不总是单独出现,在大多数时候,神话意象的每个构成要素之间还存在着内在意蕴关联。在神话时代,原始器物、雕刻和纹饰等以物质形态留存下来的艺术形式,其中大多数内容是对神话意象的组合,并由此形成独特的意象世界景观。在这个世界里,没有任何细节是多余的,哪怕是一条刻纹,其背后可能仍蕴含着极为丰富的人类精神信息。这一特点,一直延续到秦汉时期的各种绢帛绘画、砖石刻绘等艺术形式中。除了神话意象本身所具有的综合性特点外,意象与意象之间的组合有时也十分巧妙、耐人寻味,具有审美力度。

三、神话意象的基本结构

神话意象的结构主要指构成神话意象的"意"与"象"之间的关系问题,其本质是神话时代主客之间的关系问题。"象"指的是神话意象本身,"意"则是指神话意象的精神内核。"意"的内涵很丰富,在后世不断发生分化和演变。有人将之概括为"以意逆志"的接受向度、"得意忘言"的审美向度和"立象尽意"的意义创生向度,"意"的这些内涵在后世的文论、书论、画论和乐论等领域均被广泛使用。这一概括基本符合"意"范畴在后世发展演变的情况,但要用"意"来讨论神话意象的结构问题还需对之重新考察。神话意象中的"意"具有综合性,可以包括情感、意志、认知等内容。因此,神话意象承担着认知、宗教、审美等多重功能。在史前时代,由于人类思想还处于未分化状态,具有明确指向性、抽象性和系统性的意义、理念和象征等尚未形成,因此,我们倾向于用具有模糊性、整体性和精神性的"意蕴"来指称神话意象中"意"的内涵,而不用与思想观念比较接近的具有明确性、个别性和固定性的"意义"来表示。

(一)二元结构

神话意象上述特点的形成与原始先民的思维方式有关。原始先民在将自我生命情感投注到对象世界中去的同时,其思维方式中反观自身的能力尚未形成,不能将自我与对象世界分开,因而也就不能将自我与自我所创设的精神世界分开,从而将神话意象所代表的世界看成与自我生命联系在一起的真实世界,万物具有了生命,自我具有了对象,情感有了表现形式,生命有了存在根基。与之相关,在这一时期,原始先民对对象世界进行抽象和提炼的思维能力亦尚未形成,因而纯粹观念和逻辑概念在神话思维中微乎其微,神话思维虽具有一定的抽象性质,但它在整个思维活动中不占支配地位。在这种情况下,在原始先民所创造出的包括神话在内的文化形式中,意义范畴是不存在的,语言符号就等于语言符号所代表的事物本身,人类正是借助神话意象来为世界建立秩序并将自我的精神世界呈现出来。所以有学者说:"在神话意象中,除了那些具有可感可触的实在性的给定物,别无其它任何观念或意义。"①因此,在神话意象中并不存在意义和形象相互对立的二元结构,作为神话意象构成要素的"意""象"之间是融合无间、不分彼此的,"象"是"意"的载体,"意"是"象"的内核,体用不二,相与为一。有学者说:"最初的神话在所创造的形象和形象所象征的观念意义之间,还存在着联系不够紧密的问题。"②实际上,在最初的神话意象中,不是形象与意义之间"联系不够紧密",而是意义观念尚未形成,因而也不存在形象和意义观念之间联系是否紧密的问题。

当然,赋予神话意象某种明确的意义和观念的情况也是存在的,这种情况多存在于后世人为神话中。还有一种情况,就是在相关著述中,有时候作者所述的虽是史前神话,但对之进行了大胆改造,将某种特定的意义或观念渗透到神话意象中去,进而形成史前神话意象所蕴含的精神意蕴不断衍生、增殖的情况。在这种情况下,我们可以用"意义"和"形象"的结构关系来讨论神话意象的结构问题。比如在《庄子》中,作者为了表达某种理念和认识,往往借助神话意象。《庄子·天地》所述"象罔得珠"神话就是典型例子:

---

① 曲春景:《神话思维与艺术》,《文艺研究》1993 年第 4 期。
② 武世珍:《神话与审美》,《西北师大学报》(社会科学版)1982 年第 3 期。

黄帝游乎赤水之北,登乎昆仑之丘而南望,还归遗其玄珠。使知索之而不得,使离朱索之而不得,使喫诟索之而不得也。乃使象罔,象罔得之。黄帝曰:"异哉! 象罔乃可以得之乎!"①

在这段记述中,黄帝、玄珠、象罔等都来自史前神话,但庄子对之进行了改造。"玄珠"是道的象征,"知"是智慧、思虑的象征;"离朱"是黄帝时期视力最好的臣子,在这里象征视觉感官;"喫诟"是最擅长言辞的神人,象征语言与道的关系。他们三人经过努力,皆不能找到"玄珠"。这说明,在体道方面,思维、视觉和言辞等不具有优越性。"象罔"是《山海经·西次三经》所记之混沌神,名为帝江。② 庄子借助"象罔得珠"来说明形象与道之间的密切关系:就体现道而言,形象比言辞、思维和感官等更具优越性。在这里,构成神话意象的"意"与"象"是可以分开讨论的,两者之间的结构关系很清晰。这种情况在《庄子》和《淮南子》等著作中较为常见,如黄帝与广成子论道、凿破混沌等。这也是有些学者用"形象"和"意义"来讨论神话意象结构方式的原因所在。用这种方式讨论史前神话意象的结构是否合适,还需进一步研究。

下面我们通过对王锺陵研究实践的分析论述这个问题。王锺陵针对神话意象中"意义"和"形象"之间的二元结构关系提出了"意象图式"的概念,对黑格尔的象征说和维科的诗性说所具有的静态性特征进行修正,力求从整体性上对神话意象的运行机制进行动态考察。这种理论诉求有其价值。他的基本观点是:"意义和形象是同步生成的,意义是生长于形象之中的,而不是意义外在地寻求一个吻合它的形象……由于意义是在形象之中并和形象同步生成的,所以形象在原始人的认知中具有极为重要的地位,先民们是在形象世界中去悟解一个内在的意义世界的。因此,神话思维首先是一种

---

① 陈鼓应:《庄子今注今译》,第327—328 页。
② 《山海经·西次三经》:"又西三百五十里曰天山。多金、玉,有青、雄黄。英水出焉,而西南流注于汤谷。有神焉,其状如黄囊,赤如丹火,六足四翼,浑敦无面目,是识歌舞,实为帝江也。"

形象思维。"①作者强调神话意象的意义是生成于形象内部的,随着形象的生成而生成,因而意义并不外于形象。这个观点有可取之处,指出了神话意象中意义与形象之间不可分离的关系。而那种"意义对于形象的寻求的情况",则是"逻辑思维有了巨大发展,人类所建构的文化—意义世界相对丰博以后的事"②。这种概括是准确的。但不同时期的神话意象,意义与形象之间的结构是不同的,不能将后世人为神话的意象结构等同于史前神话的意象结构。原始先民在创造最初的神话意象时,其自发性占主导地位,因而也没有自觉地有意图地将明确的意义和抽象的观念与神话意象统一起来,神话意象中的形象就是形象本身;透过这些形象,我们可以感受到原始先民的情趣、理想和认知状况,但找不到抽象的意义或理念。

　　神话意象中朦胧的精神意蕴向明确的意义观念发展是其演进路径之一。随着人类文化心理的逐渐成熟,越来越多的意义观念不断从原始神话意象中分化出来,原有朦胧的精神意蕴进一步明确化、清晰化,后人的精神成果和生命体验也被不断地附加到神话意象上去,神话意象图式结构的内涵逐渐丰富多样。这就是王锺陵所说的那种"以意义寻求形象"的情况。这时候,我们用"意义"和"形象"的二元结构关系来讨论神话意象是可行的。但对于史前神话意象来说,这种做法存在诸多陷阱,需要提防。王锺陵过多强调神话意象中的"意义"和"意义增殖"情况,造成他对诸多神话意象的解释显得牵强。比如:他以上述思想为基础来讨论精卫填海神话时,结合炎帝氏族与其他氏族之间的征战情况,认为炎帝少女在东海"溺而不返",是表示炎帝氏族的一支在迁徙中覆灭了;将精卫鸟"常衔西山之木石,以填于东海"看作留存下来的人员"始终不忘复仇";他还将《述异记》中精卫鸟与海燕偶合生子的记述,看成炎帝族留存下来的人员与海燕氏族的联姻,以伺机报

①　王锺陵:《中国前期文化—心理研究》,第 97—98 页。
②　王锺陵:《中国前期文化—心理研究》,第 97 页。

仇。① 王锺陵之所以会得出这种不免牵强的结论,是因为他将黑格尔在《美学》中所采用的方法进行移植,以至于将原本未必含有的意义赋予到神话意象之上,因而有重新研究之必要。

(二)动态视野

研究史前神话意象的结构方式,应先明确史前时代神话思维的基本特点和发展过程。在以往研究中,人们往往将神话思维作为一个整体进行研究。这种研究是一种总体性研究,同时也是一种静态研究。思维方式与人类的物质生产方式、社会的发展过程是紧密结合在一起的,神话思维也是如此。在史前时代,社会生产方式经历了漫长的历史时期,从旧石器时代到新石器时代再到文明社会,是一个不断演进的历史过程,同时也是人类思维方式不断演进的过程。在此过程中,神话思维相应可分为三个阶段:自然性思维阶段、神性思维阶段和人性思维阶段。与这三种思维阶段相对应,史前神话意象可以分为三种不同的类型,因而也就存在三种不同的结构方式。因此,史前神话意象的结构方式不是固定不变的,它们处于不断的变化过程中,这种变化与史前时代神话思维的发展演变是结合在一起的。需要说明的是,神话思维的这三种方式不仅存在前后相继的发展演进关系,而且存在相互作用、相互补充的共时性关系。在第二种思维方式出现后,第一种思维方式仍有其存在的空间和价值;同理,第三种思维方式出现后,第一、第二种思维方式也并不立即消失,而仍潜在地发挥作用,由此形成这三种神话意象交相融合和影响的复杂情况。因而,我们以上述三种思维方式为基础对神话意象的结构方式进行分类研究时,要充分考虑到它们之间的相互关系及其对神话意象结构所形成的影响。

有学者根据现象学还原的方法,将神话空间分为三个世界(神界Ⅰ、神界Ⅱ和神界Ⅲ),以此为基础来讨论神话世界中不同的神灵形象。这实际上

---

① 王锺陵:《中国前期文化—心理研究》,第101页。

也是在讨论三种不同的神话意象问题。杨乃乔认为，第三个神话世界是"非人格神崇拜的神话世界"，是最为原始和古老的，其中的神灵形象是"原始初民完全按照动物(植物)的形象，借助动物肉体的强健和蛮力所塑造的兽形神。在这个神话空间中，原始自律理性还没有觉醒到超越生命的原始荒蛮，使原始初民能够部分地按照人之自我形象去塑造神"①。这类神灵形象类似于本书的"自然意象"。第二个神话世界是"准人格神崇拜的神话世界"，其中的神灵形象是"原始初民部分地按照人之自我形象，部分地按照动物的形象，乞助人的智慧和动物肉体的强健和蛮力所塑造的半人半兽形神。在这个神话空间中，原始自律理性已开始在生命原始荒蛮中觉醒，并力图使原始初民退出兽形神崇拜的神界Ⅲ，能够部分地按照人之自我形象去塑造神"②。这里所论述的神灵形象与本书的"自然—人生"意象比较类似。第一个神话世界是"人格神崇拜的神话世界"，在这个世界里，神灵形象是"原始初民完全按照人之自我形象和人的行为尺度所塑造的人形神。在这个神话空间中，原始自律理性已完全在生命的原始荒蛮中觉醒，并使原始初民退出兽形神崇拜的神界Ⅲ和半人半兽形神崇拜的神界Ⅱ，完全按照人之自我形象去塑造神"③。这里所说的神灵形象类似于本书的人生意象。这种划分，对于我们研究神话意象的结构方式具有启发价值。

需要指出的是，在上述论述中，杨乃乔忽略了神话思维在神话意象形成过程中的重要作用。此外，还有三个问题需要提出讨论。第一，杨乃乔对这三种神灵形象的划分，是以原始先民的自律理性为参照进行的。"自律理性"这个概念所包含的内容是否适用于讨论史前社会原始初民的思想观念

---

① 杨乃乔：《神话的本体反思——关于希腊神话和华夏神话审美形态悖立的比较研究》，《社会科学战线》1994年第5期。

② 杨乃乔：《神话的本体反思——关于希腊神话和华夏神话审美形态悖立的比较研究》，《社会科学战线》1994年第5期。

③ 杨乃乔：《神话的本体反思——关于希腊神话和华夏神话审美形态悖立的比较研究》，《社会科学战线》1994年第5期。

和思维方式,需要具体讨论。第二,这三种类型的神灵形象不仅存在一种先后承续、演进的历时性关系,而且存在相互交织、相互渗透的共时性关系,因此在论述三者之关系时,似应打破单线进化论的思维方式,讨论这三种类型之间的复杂关系。第三,由于杨乃乔将上述三种类型的神灵形象作为前后相继的意象形态对待,因而对中国神话世界中的神灵形象的描述还缺乏一定的准确性。比如,杨乃乔认为,"在华夏神话空间中,华夏百神大多是栖息在神界Ⅱ的准人格神。人首与兽身的奇异嫁接,使华夏百神在表象的变形中显现出古昆仑造神原型的朴野、古老和原始的求生力量"①。总体上来看,这种概括是比较准确的,也符合中国神话的原始性特征。但在中国神话中:一方面,人生意象仍占据十分重要的位置,很多神话系统(如以女娲、伏羲、帝俊、黄帝等为核心的神话系统)都是以人格神为核心而得以形成、展开的;另一方面,与这种情况相关,在中国神话世界中,上述三种意象类型之间的交织状况比较突出,因而很难将三者的意象结构分开论述。

(三)结构类型

为此,本书试图在整体性和变动性视野基础上,从神话思维发展的三个阶段入手,讨论史前神话意象的结构方式及其变动轨迹。

首先是自然意象的结构方式问题。自然意象产生时间较早,多在狩猎和采集时代产生。这一时期,与人类关系最紧密的是各种动物和植物,它们是人类的衣食之源、生存之本。《列子·黄帝》:"太古神圣之人,备知万物情态,悉解异类音声,会而聚之,训而受之,同于人民。"②这里说太古时期,人类"备知万物情态,悉解异类音声",指的是原始先民与自然万物之间的亲缘同一性关系:人尚未将自己与自然界中的动植物分离开;两者之间相亲相依,共同生存。《淮南子·览冥训》说女娲之时,人们"卧倨倨,兴眄眄,一自以为

---

① 杨乃乔:《神话的本体反思——关于希腊神话和华夏神话审美形态悖立的比较研究》,《社会科学战线》1994 年第 5 期。

② 张湛:《列子注》,《诸子集成》第三册,第 27 页。

马,一自以为牛",说的也是这种情况。因此,这时期产生的神话意象多属于自然意象。在这类意象中,人们还没有将明确的自我意识投射到神话意象中去,特定抽象的意义和理念更未产生,因而主体之意与神话意象之间是一种同一性关系,神话意象与主体处于同一生命层面上,神话意象的主体是自然界中的动植物形象,它们与人类一起生活,是人类的同伴,因而也是早期先民创作神话的主要对象。袁珂说:"最早的一批神话,实在便是一批动物、植物故事,尤其是描述禽言兽语的动物故事是神话的核心。"①只不过,这类神话意象在现今仍留下来的汉族文献中极为少见,少数民族则相对丰富。《山海经》中所记述的光芒四射、食之不饥的祝余草等,是这类神话意象的典型代表。这类神话意象的结构可称为"意""象"同一型结构。

其次是自然—人生意象的结构方式。这类神话意象产生于神话思维发展的第二阶段,大致相当于旧石器时代晚期到新石器时代的早、中期阶段。在这类神话意象产生前,自然意象本身还经历了一个发展演变的过程。当人类从物我一体观思维向前发展,产生万物有灵思想之后,人们将山川草木等看成神物,自我与自然之间的平等关系便宣告破裂,这时所产生的自然意象与前一阶段所产生的自然意象便有很大差别了。在这类神话意象中,"意"与"象"不处于同一层面,主体通过对神话意象的顶礼膜拜而产生种种情感,同时实现神话意象的认知功能和宗教功能,这时,"意"与"象"之间处于合一状态,这种合一状态的实现需要特定的过程。在这种自然意象之后形成的是自然—人生意象,人的因素逐渐突破神秘自然的限制,开始在神话意象中占据一定位置,但自然性仍居于主导地位,决定着神话意象的本质属性。因而,这类神话意象的结构方式与第一类自然意象的结构方式类似,主客之间仍需特定的活动才能建立合二为一的结构关系。这类神话意象的结构可称为"意""象"合一型结构。

最后是人生意象的结构方式。人生意象的出现经历了漫长的历史发展

---

① 袁珂:《中国神话史》,上海文艺出版社 1988 年版,第 9 页。

过程,在新石器晚期和文明时代初期大量出现,处于史前神话意象发展的高峰位置,因而在整个史前神话意象体系中占据重要位置。由于人生意象产生相对较晚,因而与前两种神话意象相比,后世文献资料保存下来的较多。在人生意象中,自然界中的动植物形象所具有的神圣属性已处于从属地位,人自身的力量、智慧、情感等因素开始成为主体崇拜的对象,从而将人自身塑造成神,神话意象是主体对自身观照、思考的结果。在这类意象中,"意"与"象"之间的关系处于统一位置,可将其结构称为"意""象"统一型结构。在这类意象结构中,前文所述的"意义"和"形象"之间的结构关系开始逐渐形成,某种带有指向性的思想观念在神话意象中从自发转向自觉、从朦胧走向清晰,但那种确定、明晰的意义和抽象、具体的理念等,在神话意象中仍不占支配地位。

实际上,除了上述史前神话意象的三种结构方式之外,神话意象的基本结构还存在第四种方式,也就是意义和形象相互融合的情况。这种情况在古希腊等体系神话中是比较常见的。古希腊神话中有许多神就是某种抽象观念的形象化,如美神、爱神、智慧之神等。这种情况类似于黑格尔所说的"理念被赋予以形象"的情况。但是,受华夏民族特有的主客浑融的思维传统的影响,这种以"形象"与"意义"为基础的神话意象结构方式,即使是在后世人为神话中也仍只占少数,因而这里不做讨论。需要强调的是,由于史前神话意象中的"意"处于一种混合状态,可以包括认知、情感、伦理等各种内容,因而随着人类文化和心理的逐渐发展、成熟,这种综合性的"意"便慢慢出现分化,从而造成神话意象结构的不断变动,并与时代集体的精神需求相结合,形成新的神话意象。而且,随着社会族群之间交流和互相融合的加深,不同地位和氏族的神话意象也会相互影响、相互交流和融合,进而改变原有的神话意象。在这些情况之下,虽神话意象的基本结构方式仍不出以上三种,但神话意象发生变动的趋势却逐渐加快,形成神话意象不断流动的特点。

综上,从"意"与"象"的结构方式的角度来讨论史前神话意象的结构问题,需要对史前时期"意"的综合性内涵进行重新确定,在此基础上讨论史前神话意象的基本结构方式,进而深化我们对史前神话意象构象方式的理解。神话意象的结构方式深受神话思维的制约和影响,因而还需要在整体性的基础上引入历时性动态眼光,结合神话思维在史前时代的发展历程及其不同特点来讨论神话意象的基本结构,这样会有效防止那种以"意义"和"形象"为基础对史前神话意象结构进行静止性的划分和研究所带来的种种弊端。上述三种结构的划分具有相对性:它们既处于前后相继的演变序列中,同时也具有共时性关系并相互转化,促成神话意象的演进和发展。

中国神话:图像与意象

　　20世纪20年代,茅盾在《中国神话研究 ABC》一书的第二章"保存与修改"中指出口头传播和图像传承是神话传承的两个主要途径:"神话既创造之后,就依附着原始信仰的宗教仪式而保存下来,且时时有自然的修改和增饰。那时文字未兴,神话的传布全恃口诵,而祭神的巫祝当此重任。……神庙及皇帝陵墓的建筑家又在石壁上栋柱上雕刻了或绘画了神话的事迹。"①在现阶段,人们对史前神话的口头传承、文献记载及其与民间风俗之间的关系等问题已做了大量研究工作;关于图像与史前神话之间的关系问题也有一些研究成果。需要注意的是,在现代科技和文化的冲击下,口头传承作为神话的传承方式受到了挑战,而图像对于神话传承所起的作用正日益凸显。此外,当代各种新媒体在传承神话的过程中对原始神话的意蕴和内涵多进行置换与重组,原始神话面临着因意义转移而萎缩的危险。如何运用保存着完整原始性的史前神话图像对这种局面做出积极应对,是摆在当代神话学研究者面前的一个紧迫问题。

---

① 玄珠:《中国神话研究 ABC》,玄珠、谢六逸、林惠祥:《神话三家论》,上海文艺出版社1989年影印本,第34—35页。

第一节　神话图像与"铸鼎象物"传统

"铸鼎象物"说的历史根源可追溯到仰韶文化时代,是对史前时期中华民族政治宗教观念和审美观念的总结:首先,"在德不在鼎"的观点,反映了史前至战国时期神人关系的变动轨迹;其次,"远方图物""铸鼎象物"和"百物而为之备"等,是"物谓鬼神"思想观念的集中体现,反映了"铸鼎象物"说以原始神话和巫术为基础的思想背景;最后,"禹铸九鼎"是"铸鼎象物"说提出的神话学背景,这一事件有着极为复杂的社会历史原因,既是史前人类艺术审美观念的集中体现,也在某种程度上影响了中国神话的传承方式。对"铸鼎象物"说进行深入挖掘,具有重要的历史价值和艺术价值。

公元前 606 年,楚王发动了一场意在问鼎周王室的战役。为了解除战争的威胁,周定王派王孙满慰劳楚师。在王孙满与楚王的对话中,"铸鼎象物"说由王孙满所提出:"楚子伐陆浑之戎,遂至于洛,观兵于周疆。定王使王孙满劳楚子。楚子问鼎之大小轻重焉。对曰:'在德不在鼎。昔夏之方有德也,远方图物,贡金九牧,铸鼎象物,百物而为之备,使民知神奸。故民入川泽山林,不逢不若。螭魅罔两,莫能逢之,用能协于上下以承天休。'"(《左传·宣公三年》)这段资料经过历代学者,如杜预、傅斯年、李济、孙作云、张光直和巫鸿等的阐释,其意似已极为明了,但由于立足点和出发点的不同,其解释仍有未明之处。这里拟以"物""德""鼎"等字的神话学背景为视点,对之进行新的阐释。

一、在德不在鼎

王孙满"在德不在鼎"的说法,提出了神、德之间的关系问题,而这一问题正制约着后文对"物"和"鼎"的阐述,人们往往忽略这一问题对理解这段材料的重要意义。张光直的《中国青铜时代》在解释这段文献时,对其中的

"物"字进行了颇为详细的解释,认为"除了指动物以外,没有别的意义可解"①,但他没有对"德"的内涵进行解释。巫鸿在《九鼎传说与中国古代的"纪念碑性"》一文中也对这则神话做出多方面阐释,并认为鼎之轻重的"重","指的是器物在政治和精神意义上的重要性,而不是其物质的尺寸和重量"②,亦缺乏对"德"字内涵的阐释。就笔者所见的资料来看,唯有孙作云对这一问题较为重视。孙作云在《饕餮考》一文中曾指出"物""德"之关系对理解此段文献的重要性:"今欲审知此条文献之性质,非明'德'与'物'二字之意义不为功。德者何? 神力也;物者何? 图腾也。以德(virtue)为神力,法人葛兰言博士(Marcel Granet 1884～1940)已言之,闻一多先生亦言之,所谓'五德终始'即五种神力之循环也。所谓'物',即图腾,傅斯年先生已言之。……'德'与'物'之义既明,则《左传》此文可读矣。"③孙作云将"德"解释为"神力",主要依从于闻一多和葛兰言,而将"物"看作图腾则是依从于傅斯年,仍有未尽善之处。

从王孙满的叙述来看,神与德之间具有一种不断变动的张力关系;两者的此消彼长,反映出不同时代人们不同的思想状况,而不仅仅是"有德者才可以拥有九鼎"这么简单。德与鼎被联系在一起,其根本原因即在于刻绘于九鼎之上的神物形象,由此形成了德与神之间互为因果的关系:唯有德者可通神灵,唯崇信神灵者才可获得德行。这一点正是禹铸九鼎神话之深义所在。也正是在此意义上,王孙满说:"德之休明,(鼎)虽小,重也。其奸回混乱,(鼎)虽大,轻也。"可见德明则鼎重,德昏则鼎轻:德决定了鼎的轻重、大小,鼎本身变得不那么重要了。"在德不在鼎"显然是后起的观念,因为从九鼎的制作规模和所绘制的内容来看,九鼎所具有的体制和规模,绝不像王孙满所说的那样无足轻重。德与鼎的分离,说明神对德的限制作用渐次减少,

---

① 　张光直:《中国青铜时代》,生活·读书·新知三联书店1999年版,第434页。

② 　巫鸿:《中国古代艺术与建筑中的"纪念碑性"》,上海人民出版社2009年版,第8—9页。

③ 　孙作云:《孙作云文集第3卷　中国古代神话传说研究》,河南大学出版社2003年版,第314—315页。

《墨子》等文献中所强调的九鼎"不迁而行、不炊而烹"等神异功能退居到次要地位,并被德行所代替,但九鼎仍保持着其神秘性和神圣性,不能被人随意观看。

德与神之间的上述关系亦有语源学和语义学的证据。虽然"德"字的原初内涵及其演变,是个颇为复杂的难题,以至于让孙诒让、罗振玉、郭沫若等古文字学家也勉为其难,但其与"神"字之间在内涵上有着密切联系却毋庸置疑,其连接点即为"物"。郭沫若在《金文丛考》中曾提出"德"可分为"得之于外者"和"得之于内者",内指主体的道德、品德等,外则指"崇祀鬼神,帅型祖德",并认为"德大者配天,所谓大德者必在位也"[1]。这个观点隐约指出了神与德之间的内在关系。根据《左传》《国语》等文献,似可推定:在殷商及其以前,人们并没有认为德可以从自我内心获得,反而认为德来自神灵的启示。前者恰恰是人权思想兴起之后的产物,而后者则是通过对与神话观念联系密切的习俗和仪式的实践而获得。《左传·僖公五年》:"民不易物,惟德馨物。如是,则非德,民不知,神不享矣!神所冯依,将在德矣。"《左传·庄公三十二年》:"(内史)对曰:'国之将兴,明神降之,监其德也。将亡,神又降之,观其恶也。……虞夏商周皆有之。'王曰:'若之何?'对曰:'以其物享焉。其至之日,亦其物也。'"即明确指出了物、神和德三者之间的关系。《礼记·礼运》亦云:"斋戒神明之德,固已默通于鬼神矣。"由此可以看出后世所谓的静观默想以体道之境界,正与"古代宗教中的'降神'依稀仿佛"[2]。

陈来说:"德字在殷商文化中并不是一个重要的概念。"[3]陈来没有对这一论断进行解释,但从神德之间的关系来看,其原因应在于:在殷商时期,人还处于次要地位,还需要臣服于鬼神。《国语》甚至还提出了"神以明德"的说法。《国语·楚语下》:"于是乎有天地神民类物之官,是谓五官,各司其

---

① 郭沫若:《郭沫若全集·考古编》第五卷,科学出版社 2002 年版,第 75—80 页。

② 郑开:《德礼之间——前诸子时期的思想史》,生活·读书·新知三联书店 2009 年版,第 59 页。

③ 陈来:《古代宗教与伦理》,生活·读书·新知三联书店 2009 年版,第 316 页。

序,不相乱也。民是以能有忠信,神是以能有明德。"又说:"昔殷武丁能耸起德(聽),至于神明,以入于河,自河徂亳,于是乎三年默以思道。"郝懿行《山海经笺疏序》亦云:"美哉禹功,明德远矣;自非神圣,孰能修之?"因此"神以明德"是"在德不在鼎"的原初含义,也是九鼎所以能具有神圣性的原因所在:是鼎上的祖灵神物图像赋予九鼎以神圣性,九鼎的拥有者也正是通过对九鼎的占有来获得神的启示,从而达到"协于上下以承天休"的目的。

二、物谓鬼神:神与德之中介

上文已初步揭示"神""德"之间互为因果的关系。这种关系的形成,有其特定的思想基础,即"物可通神"。针对这段话中"远方图物""铸鼎象物""百物而为之备"三句话,杜预分别予以解释:"远方图物",即指各方国部落"图画山川奇异之物";"铸鼎象物"指"象所图物,铸之于鼎";"百物而为之备"指"图鬼神百物之形,使民逆备之"。[①] 可见,"德"与"神"之间同质性关系的形成中,"物"至为关键。准确理解"物"字内涵,是准确理解这段话的前提。

"物"字的内涵很丰富,所包含的内容亦多种多样。据王国维考证,在甲骨卜辞中,"物"字是做牛名使用的,后引申为万物之意。许慎《说文解字》亦云:"物,万物也。牛大为物。天地之数起于牵牛,故从牛勿声。"王国维以甲骨卜辞为根据,认为"物亦牛名",同时王国维还指出了"物"字的本义和引申义:"古者谓杂帛为物,盖由物本杂色牛之名。……由杂色牛之名,因之以名杂帛,更因以名万有不齐之庶物,斯文字引申之通例矣。"[②]章炳麟则根据《左传》等文献,指出了"物"与原始神物之间的关系。《太炎文录初编·说物》:"诸谲诡异状者通曰'物':'夏之方有德也,铸鼎象物。'物者,冈两离彪。"这些"物"是传说中的神异畏兽、鬼怪精灵和天地诸神的总称。《周礼·春官·神仕》:"以夏至日,致地示、物彪。"郑玄注云:"百物之神曰彪。"从许慎和王

---

① 左丘明:《左传》,《十三经》,上海书店 1997 年影印本,第 1015 页。
② 王国维:《释"物"》,《观堂集林》,中华书局 1959 年版,第 287 页。

国维的解释来看,"物谓鬼神"的义项被忽略了。由此,章炳麟对许慎的说法提出了批评:"引而伸之,说'物'为类万物者,犹言万类矣。若以是为造文之本,说以牵牛大物,斯迂也。"①可见,章炳麟对"物"字内涵的概括和解释较许慎与王国维更为全面、准确。

就"物"所指称的"神物"义项来看,其包含的内容也是多种多样的。从自然神到图腾神和始祖神,从天地正神到害人的邪神,从祭神用的牺牲到神灵的图像,皆可以"物"称之,几乎囊括了原始社会和远古时期的各种神灵、神物。《国语·楚语下》:"有左史倚相,能道《训典》,以叙百物,以朝夕献善败于寡君,使寡君无忘先王之业;又能上下说于鬼神,顺道其欲恶,使神无有怨痛于楚国。"又云:"明王圣人能议百物以辅相国家。"《国语·郑语》:"伯夷能礼于神以佐尧者也,伯益能议百物以佐舜者也。"因此,《周礼》等书中所谓"祭四方百物"(《大宗伯》)、"凡祭百物之神"(《鼓人》)等,所谓"百物","便不是指物品,而是指百物之精,即怪物、精物、神物、灵物等"②。《左传·定公十年》亦云:"叔孙氏之甲有物,吾未敢以出。"考古学家李济说:"甲上有物的'物'所指的,显然是织在甲上或镶嵌在甲胸前的一种图像式的标识,如今日中国戏台上所见:武将的披甲之前胸的老虎或类似的凶狠兽面;这一凶狠兽面,总是居这一武装勇士装束上最夺目的部位。"③张光直也说:"从古器物学上看,甲上的物像只有是动物纹样的可能。"④相对于李济和张光直对"物"字的解释,傅斯年说得更为准确:"物者,可谓为国色之奇象,后世以五色配五帝德,盖其所由来者远矣。"(前引跋语)这里所说的"奇象"即指"图腾标识",

---

①　章炳麟:《说"物"》,《太炎文录初编》,上海书店民国丛书第三编第 83 册,第 21 页。傅斯年也对许慎、王国维等人将"物"字引申、抽象化的做法提出过批评:"若用后来以'物'训事之抽象意释之,直同废话耳。"傅斯年为陈槃《〈春秋〉"公矢鱼于棠"说》一文所作的跋语,国立中央研究院《历史语言研究所辑刊》(第七本第二册),商务印书馆 1936 年版,第 196 页。

②　朱存明:《"铸鼎象物"与汉画像渊源》,《民族艺术》2002 年第 4 期。

③　李济:《殷墟青铜器研究》,上海人民出版社 2008 年版,第 330 页。

④　张光直:《中国青铜时代》,第 435 页。

亦即神物或其形象。此外,人们也常将鬼和精怪称为"物"。《史记·扁鹊仓公列传》:长桑君"乃出其怀中药予扁鹊",曰:"饮是以上池之水,三十日当知物矣。"司马贞《史记索引》:"服之三十日,当见鬼物。"《史记·孝武本纪》载,李少君"年七十,能使物、却老"。《史记集解》引吾淳语云:"物,鬼物也。"《史记·留侯世家》:"学者多言无鬼神,然言有物。"《史记集解》注"物"云:"物谓精怪及药物也。"《汉书·高五王传》颜师古注云:"物谓鬼神。"应劭《风俗通义·怪神》:"汝南有许季山者,素善卜卦,言家当有老青狗物。"王利器《风俗通义校注》云:"古书多谓鬼魅为物。"①王充《论衡·订鬼篇》:"鬼者,老物之精也。物之老者,其精为人。"又云:"鬼者,物也,与人无异。天地之间,有鬼之物,常在四边之外,时往来中国,与人杂则凶恶之类也;故人病且死者乃见之。……或谓之鬼,或谓之凶,或谓之魅,或谓之魖。"②所以钱锺书说:"是则浑言之,'鬼'非特与'神'通用,亦与'物'通用耳。"③

从与人类之间利害关系的角度,古人还将"物"所包含的神物,分为对人类有益者和对人类有害者两大类;对人类有益的神物,往往被各方国部落奉为祖神崇拜。由此可知,夏禹会盟时,各部落首领都是带着本部落所崇奉的神物图像来参加的,夏禹就用九州牧所贡之金铸成九鼎,并将这些神物图像绘制在九鼎之上,使"民无灾害""上下和而受天佑"。这里所说的"物"即指各种神物。所以傅斯年说:"盖物者,社会组织、宗教信仰之所系,故如此重言之。"(傅斯年《跋》)另外,古人往往将危害人类生存的精怪、动物通称"物",这类"物"主要有四类:"一是现实生活中吃人的动物,二是想象中吃人的鬼魅精怪,三是远方异族之人,四是巫师。"④宋孙副枢《〈青琐高议〉序》:

① 王利器:《风俗通义校注》,中华书局1981年版,第424页。
② 除上述"物谓鬼神"的典型例证外,尚有《易·系辞上》:"精气为物。"孙诒让《周礼正义》注《周礼·春官·簜章》"以息老物"云:"物即万物之神。"颜师古注《汉书·武帝纪》"辑江淮物"云"物犹神也",注《汉书·郊祀志上》"有物曰:蛇,白帝子"云"物谓鬼神也"。等等。余不一一列举。
③ 钱锺书:《管锥编》,生活·读书·新知三联书店2007年版,第471页。
④ 赵世超:《铸鼎象物说》,《社会科学战线》2004年第4期。

"人鬼异物,相杂乎洲渚间,圣人作鼎象其形,使人不逢;又驱其异物于四海之外,俾人不见。"这里所说的"异物",就是指对人类有害的神灵鬼怪。圣人"铸鼎象物",其目的就是要将这些"异物"驱逐到八荒四海之外,不至于危害到人们的生产和生活。

可见,"物"有万物意,有神灵意,一切自然现象、神灵鬼怪均可纳入其中。有时人们还将这些含义交织、黏着在一起使用,不易剥离、分开。《说苑·辨物篇》就将自然人事、灾异祸福和神灵信仰等内容均涵盖在"物"的范围之内,而《孔子家语·辨物篇》则记载了季桓子穿井得羊、禹诛防风氏、肃慎氏之矢、少昊氏以鸟名官等神话故事,以及哀公问政、宰我问鬼神、孔子相鲁等政治宗教事件。春秋战国时所立"五物之官"即是掌管天、地、神、民、物类的官职,由此可见"物"所代指内容之繁杂。但受其产生的特定思想传统的影响,后来人们仍将鬼神精怪等以"物"称之。在人类早期阶段,人们并没有关于纯粹的物的观念,万物皆有灵,灵与物是统一在一起、不能分开的。因此,人们说"百物""万物"也就在某种程度上指"百物之神"和"万物之神"。《山海经》所著录的奇异的植物、动物、神灵,有有益者,有有害者,都被囊括在"物"的范围之内,反映出时人的思想观念和思维方式。因此,"物谓鬼神"观是"铸鼎象物"说提出的思想背景。

三、神人以和:"铸鼎象物"之目的

从王孙满的话可以看出,禹铸九鼎神话是"铸鼎象物"说提出的社会历史背景。九鼎神话最早见诸文献记载的是《逸周书·克殷解》:"(武王)乃命南宫百达、史佚迁九鼎于三巫。"潘振注云:"九鼎,夏禹铸,王者所传宝。"此后关于九鼎神话的记载屡见于《左传》《史记》《汉书》《帝王世纪》和《拾遗记》等文献中。根据二里头文化遗址、仰韶文化遗址、红山文化遗址、新干大洋洲文化遗址等地的考古发现,可知夏代已具有高超的铜器铸造技术。《墨子·耕柱篇》有"昔者夏后开,使蜚廉折金于山川,而陶铸之于昆吾"从而"九鼎既成,迁于三国"的记载,而"昆吾"正是著名的产铜冶炼之地。《山海经·

中山经》:"昆吾之山,其上多赤铜。"郭璞注云:"此山出名铜,色赤如火,以之作刃,切玉如割泥也。"《山海经·大荒南经》:"又有白水山,白水出焉,而生白渊,昆吾之师所浴也。"郭璞注"昆吾"云:"昆吾,古王者号。《音义》曰:'昆吾,山名,溪水内出善金。'"《逸周书·大聚解》:"乃召昆吾冶而铭之金版,藏府而朔之。"孔晁注云:"昆吾,古之利冶。"至夏代时,昆吾氏即成为冶人之职务的代称,并一直延续到周代,所以顾颉刚说:"盖其地产金,故冶人之事以昆吾氏掌之,在周官则谓之'职金'。"(《顾颉刚读书笔记》第八卷)这些记载说明昆吾乃出善金之地,是史前时代的冶炼重镇,为此,"昆吾"之地名也演变为执掌冶炼的官职名称。李学勤说:"这充分表明,当时的人们能够制造出更大更复杂的青铜器,可能蕴藏在迄今尚未找到的大墓里面。"[1]因此,禹铸九鼎神话逐渐被认为是可信的。

从内容上来看,九鼎所绘制的神物图像及其祭祀仪式,是史前时期诸神信仰的总结。这一点从"远方图物""铸鼎象物"和"百物而为之备"等记述可以看出。这里所说的"物",即是前文所论述的各种神物,正是这些神物赋予了九鼎以神奇力量。关于九鼎之上绘制的神物到底有哪些内容,至今还没有发现直接资料,但夏鼎迁至殷商再至周而为周鼎,有人看到过周鼎上的神物形象,《吕氏春秋》对之曾多次描述。《先识览》"周鼎著饕餮,有首无身,食人未咽,害及其身",《离俗览》"周鼎有窃曲,状甚长,上下皆曲",《恃君览》"周鼎著鼠,令马履之,为其不阳也",等等。可见周鼎上所铸的多为神物形象,所反映的是人神之间的关系,以至于在钟鼎等器物之上绘制神物图像,成为一个独特的文化传统而流传下来。九鼎上所铸之神怪图像,其目的是实现神与人之间的沟通和交流。除神物之外,九鼎上还应有山川道里、物质产出及其状况等内容。杨慎《山海经后序》云:"收九牧之金以铸鼎,鼎象物,则取远方之图,山之奇,水之奇,草之奇,木之奇,禽之奇,兽之奇。说其形,著其生,别其性,分其类。"一个"备"字正可见九鼎绘制内容之丰富,几可网

---

[1]　李学勤:《走出疑古时代》,辽宁大学出版社1997年版,第25页。

罗万物。当然九鼎所铸图像，或真或假，或见或闻，并不一定全为实有，很大一部分是出自想象。因此，后世学者如郭璞、杨慎、纪昀等，多认为九鼎上所铸之神物图像就是传说中的《山海图》，《山海经》所记载的神怪及其祭祀仪式均出自此，在某种程度上形成了中国史前神话以图像进行传承的特点。①从他们的论述中可以看出，禹鼎所铸祖灵神怪形象与中国史前神话联系密切。九鼎所铸之神物图像，既有日月草木等自然神形象，也有动物或半人半兽的神怪形象，是中国原始神话和远古神话意象的汇总，并随着九鼎的铸成而在全国范围内传播。嗣后，各方国部落又根据本部落的具体情况对其他部落的神物形象进行吸收、借鉴和改造，形成了错综复杂的神话意象系统。

这一事实表明：九鼎所具有的神奇作用和重要象征意义并不在于九鼎本身，而在于九鼎之上所绘制的诸神形象，这些神圣形象使九鼎成为德之所在、心之所向、权之所系，因此它才可"尽万物之情，足以启迪聪明，鉴照古今"（李昉《〈太平广记〉表》），从而使"民入川泽山林，不逢不若。螭魅罔两，莫能逢之"，并最终实现"协于上下以承天休"之目的。所以傅斯年也说："至于物之于治民，尤有关系。"（前引《跋》）从民众日常生活的角度看，人们在巫师的帮助下，可以通过对九鼎上神物的崇信、学习和识别，安全地进行生产和生活，并最终实现神人关系的和谐融洽。这里所说的"协于上下"即指神祇与人类之间的和谐关系。可见，禹鼎上的神物形象是这一时期知识信仰体系的总汇集，几乎涵盖了宗教、政治、艺术和生产等领域的所有信息，是华夏先民的知识图典。

此外，禹"铸鼎象物"还有更为深刻的政治目的。在禹代替黄帝氏族而

---

① 郭璞曾将《山海经》所依之图追溯到"九鼎"。他在注释《北次二经》"有兽焉，名曰狍鸮，是食人"一句时，说："为物贪惏，食人未尽，还害其身，像在夏鼎，《左传》所谓饕餮是也。"明代杨慎《山海经后序》："九鼎之图其传固出于终古、孔甲之流也，谓之山海图，其文则谓之《山海经》。至秦而九鼎亡，独图与经存。"纪昀《四库全书总目提要》评《山海经广注》："旧本载图五卷，分为五类，曰灵祇，曰异域，曰兽族，曰羽禽，曰鳞介。"毕沅《山海经新校正篇目考》："《山海经》有古图，有汉所传图，有梁张僧繇等图。十三篇中，海外、海内经所说之图，当是禹鼎也。"

统一天下的初期,各氏族并非完全臣服,夏禹的统治权威随时会受到各部落方国的挑战。这一点可从"禹诛防风氏"神话中看出。《国语·鲁语下》:"昔禹致群神于会稽之山,防风氏后至,禹杀而戮之,其骨节专车。"《路史》卷二十二:"防风氏后至,戮之以徇于诸侯,伐屈骜,攻曹魏,而万国定。"《史记·孔子世家》《孔子家语·辨物篇》等亦记载了此事。此后,防风氏族人在禹巡视时仍伺机报仇,差一点将禹射杀。《艺文类聚》卷九十六引《括地图》:"禹诛防风氏。夏后德盛,二龙降之。禹使范氏御之以行,经南方,防风神见禹,怒射之。有迅雷,二龙升去。神惧,以刃自贯其胸而死。禹哀之,瘗以不死草,皆生,是名穿胸国。"禹以防风氏迟到为由,将之杀害,显然具有警示诸侯的意图,即"戮之以徇于诸侯"。因为防风氏在会盟时迟到,也不能排除有轻视夏禹之嫌。由此可见禹刚统治天下时,政治环境还是相当恶劣的,这也是禹铸九鼎的政治背景。禹在会稽会盟诸侯、令九州牧贡献祖灵神物以及献金铸鼎,其目的就是借此机会统一思想、神化其权:"禹意识到'人神'之庙的尊威,采用黄帝铸'人神'之鼎建'祖庙'的神圣礼制,把九牧氏族的祖庙集中建在禹都附近,铸九个'人神'之鼎,各置一鼎于祖庙内,使九牧长及其亲属居住其中隆重祭祀,使九牧的盟主和盟民(小诸侯)分割,'鼎'便成为禹的统治新方式。"①因此"铸鼎象物"也就是政治宗教权力的集中化和形象化。后人说"九鼎既成,以观万国"(杨慎《山海经后序》),即指此意。

原始神怪形象所具有的巨大作用,使禹认识到神灵信仰与国家政治之间的密切关系,"以神道设教"的政治宗教传统由此形成,所以《周易·贲·彖》云:"圣人以神道设教,而天下服矣。"《礼记·礼运》亦云:"圣人参于天地,并于鬼神,以治政也。"由此神怪图像也在人们的思想观念中具有极为重要的地位。除钟鼎之外,玉器、铜器等礼器上均图铸神物形象,这些形象被抽象、提炼而成为各种动物纹样,绘制在器物、宗庙、崖壁和岩穴上,这些内容汇总在一起,就构成了中国史前神话意象的主体部分,并影响到社会的各

---

① 李京华:《再谈"一鼎三鼎和九鼎"》,《寻根》2004 年第 3 期。

个阶层。《吕氏春秋·有始览·谕大》引《商书》云："五世之庙,可以观怪。"高诱注云："庙者,鬼神之所在。五世久远,故于其所观,魅物之怪异也。"[1]"观怪"即指祖庙中所绘制的祖灵神物图像,"宗庙可以观怪者,正以其陈列礼器,器上多镂绘怪兽之属,象征宇宙某种大神"[2]。由此,引申出另一个颇为耐人寻味的问题:这些神灵图像本为人所创设,反过来又成为统治人的工具,主体必须向其臣服。

综上所述,"铸鼎象物"说的提出有着深刻复杂的社会历史原因,是史前时期华夏民族政治、宗教和艺术审美观念的集中体现,反映了史前时期至战国时期神人关系的变动轨迹,对后世的政治、宗教和艺术等各个领域均具有重要影响。华夏民族所崇尚的"观物取象""制器尚象""体物得神"等思想观念和思维方式,均与之有着极为密切的联系;在此观念影响下形成的"以神道设教"的政治统治观,以及在钟鼎、宗庙和墓葬等礼器与建筑上刻画神灵图像以传播宗教政治观念的形式,也深深影响了中国神话和艺术的传承方式。对之进行深入讨论,对于我们重新认识中国建筑、文学、绘画等艺术形式的形成和发展,无疑具有极为重要的历史参考价值。

第二节　中国史前神话的图像传承

从人类知识传播工具发展的角度来看,史前神话依靠图像流传具有必然性:在语言产生以前,人类主要依靠肢体语言以表情达意:"在昔原始之民,其居群中,盖惟以姿态声音,自达其情意而已。"[3]简单的人类语言形成后,人类传播信息和知识的能力也随之提高,人类的思维能力也随之得到大幅度的提升,关于自然现象和人类自身的形成等问题开始成为原始人类思考的主题,这些思考形成了原始神话。随着时间的推移,人们开始用简单的

---

[1]　吕不韦:《吕氏春秋》,《诸子集成》第六册,第135页。

[2]　饶宗颐:《〈畏兽画〉说》,《澄心论萃》,上海文艺出版社1996年版,第266页。

[3]　鲁迅:《汉文学史纲要》,《鲁迅全集》第九卷,第353页。

图像(包括某些符号)记录生产和生活中的认知经验,形成了相对稳定的知识系统:"图像……承载着早期社会中必不可少的神话知识。"①此外,这些图像(符号)还对"契刻在龟甲上的象形文字产生一定的影响"②,而甲骨卜辞中的"四方帝""天帝"和祖先崇拜等观念也具有原始神话的底蕴与背景。因此,在文字产生以前,原始神话的传承主要有两种途径:一种是原始先民的口头传承,另一种是依靠图像的记录而流传。在承传的过程中,这两种途径交织并行、互相补充,而图像传承开启了原始时代知识积累和传承的物质化时代。

中国史前神话依靠图像得以保留和传承,而刻绘图像需要具备物质和精神两方面的条件。所谓精神条件,就是指原始人类只有在具有了自我意识和具备了一定的抽象概括能力之后,才有可能把生产实践活动中积累的知识经验和精神成果通过图像的方式表现出来。旧石器时期的人类在生理和生产上都有较大改变:脑容量的增加提升了他们思考问题的能力;双手的解放并学会制造工具,扩大了他们的生产实践范围和认识领域。这两个条件的形成使他们具备了想象、思考和抽象的能力,为图像刻绘提供了精神条件和思维基础。刻绘图像所应具备的物质条件有两个:一是要具备合适的工具;二是要有相当娴熟的刻画技巧。这两个条件经过长期发展在殷商时代都已十分成熟、完备,其典型代表就是青铜器的制作和甲骨文的刻画。一方面,从刻绘工具的角度来看,锋利坚硬的尖状器具的使用对图像刻绘的作用至关重要。旧石器时代晚期弓箭开始出现,弓箭的箭头有的是削制而成,有的是打磨而成,已经能够穿透动物坚韧厚实的皮毛。另外,旧石器时代晚期,人们在选择合适的泥土或石块烧制陶器的过程中,发现铜矿石和孔雀石经过高温可以变成铜块,人类由此进入"金石并用"的时代,这为制作金属器

---

① 张建军:《神话、知识与人伦——中国早期图像的一种文化学考察》,《文艺研究》2005年第2期。

② 安东尼奥·阿马萨里:《中国古代文明》,刘儒庭等译,社会科学文献出版社1990年版,第7页。

械奠定了基础。另一方面,从刻绘技术的角度看,旧石器时代晚期开始的对锋利物品的使用,经过长期金石并用时代的发展,其用来刻制的技术到殷商时代已极为成熟、完备。甲骨文字刻画工整道劲,笔致细微精巧,"即吾人应用今日进步的钢制工具以从事,非有相当时间之熟练,亦不能臻此程度"①。可以设想,在人们用雕刻工具在甲骨等物上刻画文字以前,这种刻绘工具和技术便早已成为人们储备知识的必要手段,从旧石器时代晚期开始产生的原始神话,自然也得以部分保存。当然,这些图像创制的方法是多样的,并不都是刻制而成,有些还是人们用软质工具蘸上颜料直接涂抹、描绘而成的。

因此,以图像的方式记录和积累人类的知识体系具有可能性与现实性,而对自然万象进行观察和总结并以此积累知识、表达思想,在我国也有着古老而悠久的历史传统。《周易》所谓"古者庖羲氏之王天下也,仰则观象于天,俯则观法于地,观鸟兽之文与地之宜"而作八卦,即以图像体察万物,实现通神明德之功;禹铸九鼎,"百物而为之备","使民知神奸",也强调了原始图像对于向民众传承知识的重要性。这一点,我们还可以从刘节对《诗经·大雅·烝民》"天生烝民,有物有则。民之秉彝,好是懿德"中"物"与"则"的解释看出。刘节为梁启超的弟子,是五四时期新史学运动的倡导者之一,对诗句中的"物"与"则",他一反儒家注疏把"物"理解为一般的人类能力和关系,而根据禹铸九鼎把"物"理解为人类族群的图像,他又引证相关资料,认为"则"应为铭文和题写,而不是规律和准则②。而"根据这个解释,这首颂诗所表达的是一种远比孟子、毛亨和郑玄的思想更为古老的观念,即:当中国文明刚刚出现的时候,支持这种文明的并不是某种抽象的法则,而是铸刻着图像和文字的有形礼器;只有通过它们,人们才得以'懂得基本的道德'"③。

---

① 吕振羽:《殷周时代的中国社会》,《史前期中国社会研究(外一种)》河北教育出版社2000年版,第393页。
② 刘节:《古史考存》,人民出版社1958年版,第163—173页。
③ 巫鸿:《中国古代艺术与建筑中的"纪念碑性"》,第21页。

这样,图像(包含文字)变成了原始时代的知识图典,具有维系社会、益于礼制和教育民众的功能。

在上古时期,图像起到重大作用的领域主要集中在宗教祭祀、军事战争等活动中,怪神异兽、古贤圣人等形象是其核心。此外,现实世界与彼岸世界的观念形成并系统化以后,人们又在尺幅之内绘制上天神、地祇、人鬼等图像,达到三界之间的相互循环和转换,以实现自我生命在精神上的永久性存在。当然,史前时期遗留下来的图像资料的内容是多种多样的,并不仅限于神话内容。以史前岩画为例,其内容不仅有人面像、动物像和符号图形等,还有对当时人类日常生活中的狩猎、放牧、农业、战争、祭祀等生活状况和场景的描绘[①],但这些内容仍与本时期人们的思想观念有直接联系,体现出神话思维的特征。值得注意的是,软质书写工具出现,皮革、绢帛和纸张等成为书写载体后,人们对于把哪些内容绘制成图像有着严格的选择标准,以议论说理为主的论著均不配置图像。其中,图文并存的文献主要包括四类:"1. 有关天体宇宙起源及其神灵的探索思考;2. 有关山川地理特征及其神怪的敬畏祭祀;3. 有关图腾崇拜与祖先起源的回忆歌颂;4. 有关氏族部落狩猎、农作、战争、会盟、朝聘等的叙述庆祝。"[②]除此之外,在宫殿、祠堂和墓葬及其随葬物品中,也有很多刻绘图像并配有文字的文献资料。这些资料有个共同特点,即其内容均与神灵信仰、宗教祭祀等有关,为保存中国的史前神话做出了重要贡献。

如果以图像为参照对人类交流信息、传承知识的历史过程进行划分,则可以分为三个时代:首先是图像时代。在语言和文字产生以前,人们只能以简单的符号和刻绘来保存知识。肢体语言虽可以传递部分信息,但生产经验和知识的保存却受到很大限制。其次是图像与语言并存的时代。在口头

---

① 陈兆复:《中国岩画发现史》,上海人民出版社 2009 年版,第 204—322 页。

② 江林昌:《图与书:先秦两汉时期有关山川神怪类文献的分析——以〈山海经〉〈楚辞〉〈淮南子〉为例》,《文学遗产》2008 年第 6 期。

语言产生后、文字尚未产生前,口头语言成为人类交流的工具,"然而言者,犹风波也,激荡既已,余踪杳然,独恃口耳之传,殊不足以行远或垂后"①。而在一些重大场合(如祭祀和战争)中,人们还要借助某些图像来交流重要的思想观念和仪式程序,图像与语言一同起着传播、积累知识的作用。最后是图像与文字并存的时代。文字产生后,与图像一起记录、传播人类的知识,文字对图像起到说明的作用;但随着书写工具和书写技巧的改进,文字在记录和表达复杂的生产知识、思想观念等方面具有图像无可比拟的优越性,成为人们交流思想和记录知识的主要方式,而图像积累和传承知识的功能逐渐减弱,这导致记录远古时代人类生活状况的图像文献慢慢消失了。这三个阶段与神话的传承关系密切,尤其在前两个阶段中,图像几乎成为神话物质化传承的主要途径。

在我国,以图像保存原始神物有着悠久的传统,夏禹时就有过一次大规模的创制神像的活动。据《逸周书》《国语》和《左传·宣公三年》,禹曾在会稽会盟天下,各方国都把本国的贵重金属、奇禽异兽和宗教信息汇集过来,后又在昆吾之地铸造了九鼎,并在九鼎之上刻绘了各个部落的图腾神物,九鼎成为国家祭祀之重器。据《墨子·耕柱篇》,当时禹(或曰启)"使蜚廉折金于山川,而陶铸之于昆吾",并指出九鼎的神奇功能:"三足而方,不炊而自烹,不举而自藏,不迁而自行。"禹在铸鼎的过程中,"铸鼎象物,百物而为之备",其中"物"即指鬼神。在夏代以前,部落方国众多,至春秋时尚有"千二百国"(晋皇甫谧《帝王世纪》第十"历代垦田户口数")。禹和启把这些部落统一起来组成部落联盟制国家后,各个部落仍保有原来的社稷,祭祀着自己的祖先和神物。九鼎上的图像就是对各部落所崇拜的神物的汇集,而对这些神物及其性质的说明,就成了中国史前神话的主体内容,其中的一部分内容就保留在《山海经》中。欧阳修《读山海经》中就有"夏鼎象九州,《山经》有遗载"的诗句(《欧阳修全集·居士外集》第三卷《古诗》)。明代杨慎指出九

---

① 　鲁迅:《汉文学史纲要》,《鲁迅全集》第九卷,第 353 页。

鼎图即是山海图,对图像的说明就是《山海经》(杨慎《山海经后考》)。其他,如胡应麟、阮元等人也认为《山海经》中的诸多神物是对九鼎图的记录(见胡应麟《少室山房笔丛》、阮元《山海经笺疏序》)。需要注意的是,"禹所铸的'九鼎图'只是'山海图'中的一部分,而不是全部"①。九鼎在秦统一后即在泗水消失不见(《史记·封禅书》),以至于鼎上的神物形象只能留存在人们的记忆中。直到三国时张僧繇出现后,这位妙笔画家才根据经文重新绘制了这些图像,但不久后仍又亡佚。当然,《山海经》与图像分离、以文字形式流传下来,还与绘制图像本身的难度有关。因为书中的神物和神话可以口耳相传,而要绘制逼真、切近原本的图像就不仅需要识字,还需要高超的绘画技术,这就不是一般人可以做到的了。

　　保存中国史前神话较多的典籍,如《山海经》和《天问》等都有相关的图像基础,《淮南子·地形篇》对海外三十六国的记述也是依图而作②。袁珂说:"《山海经·海外》各经以下文字,意皆是因图以为文,先有图画,后有文字,文字仅乃图画之说明。"③晋郭璞在注《山海经》的时候屡次提到"画似仙人""画四面各乘云车"等语,陶渊明读《山海经》中的诗作时也有"流观《山海图》"之语。这说明在两晋时期,除文字记载外,《山海经》中的神话故事仍以图像的方式流传。明代胡文焕、蒋应镐等刻印的各种《山海经》版本都配有图像,清代萧云从所绘制的《离骚全图》也继承了图像传承的传统。此外,《天问》中的很多神话片段也来自图像记录。王逸《楚辞章句》中说屈原放逐,忧心愁悴,彷徨陵陆,在楚先王之庙及公卿祠堂下休息,看见上面所刻绘的天地山川神灵诸图,创作了《天问》。鲁迅说:"是知此种故事,当时不特流传人口,且用为庙堂文饰矣。其流风至汉不绝,今在墟墓间犹见有石刻神祇

---

① 江林昌:《图与书:先秦两汉时期有关神怪类文献的分析——以〈山海经〉〈楚辞〉〈淮南子〉为例》,《文学遗产》2008年第6期。

② 江林昌:《图与书:先秦两汉时期有关神怪类文献的分析——以〈山海经〉〈楚辞〉〈淮南子〉为例》,《文学遗产》2008年第6期。

③ 袁珂:《山海经校注》,第174页。

怪物圣哲士女之图。"①根据现已出土的战国时期楚国的帛画等文物资料，《山海经》《天问》等著作中的许多神话已得到证实。湖南长沙子弹库出土的楚国帛书上就绘有十二月神像，并有说明性的文字；马王堆出土的丝帛"太一神图书"也绘制了太一神、雨神、雷神等形象，其上的说明性文字与《楚辞》《山海经》和《淮南子》等著作中对相关诸神记载的文字惊人地相似。巫鸿把武梁祠的符瑞神像与《山海经》的文本进行比较研究，认为"它们为确定《山海经》的性质提供了重要证据"②；马昌仪也曾就传说中的畏兽画、已出土的战国时期帛书和帛画上的畏兽画以及战国时期的漆器、青铜器等器物上的畏兽图与史前神话之间的关系做过细致扎实的考证，得出了令人信服的结论③。

　　研究图像在传承中国史前神话过程中所起到的作用，还有两个方面需要特别注意：一方面，肇始于夏、成熟于商的天命观，以及周初的宗教改革使原始神话的神圣性降低，阻碍了此时知识阶层对史前神话的进一步加工和系统化，于是"原始神话在上层文化中的地位急剧下降，不断融入伦理化、政治化的古史传说系列。而未经融入的部分则终于退处在野地位，形成不了各个古代文明大都拥有的神话、宗教圣典"④。因此，神话在国家统治阶层的政治生活和精神生活中的地位降低，导致当时的知识分子对史前神话整理工作的忽视，但诸神的形象却在抽象、凝缩之后被刻绘在各种礼器之上。另一方面，虽然甲骨文产生以后，人们可以相对方便地记录社会生活中的重大事件，并对以往的文化知识进行系统整理，但当时文字书写的繁难也使人们很难对具有较强的叙事性因素的神话进行集中整理和系统化，而只能记录少许片段。这两方面因素影响了此后史前神话与图像之间的关系。而在民

---

①　鲁迅：《中国小说史略》，《鲁迅全集》第九卷，第 23 页。

②　巫鸿：《武梁祠：中国古代画像艺术的思想性》，生活·读书·新知三联书店 2006 年版，第 99 页。

③　马昌仪：《从战国图画中寻找失落了的山海经古图》，《民族艺术》2003 年第 4 期。

④　谢选骏：《空寂的神殿——中国文化之源》，四川人民出版社 1987 年版，第 209 页。

间社会,史前诸神信仰在民众的精神生活中仍扮演着极为重要的角色。在民间祭祀时,主持祭祀的神职人员不仅要吟唱神话内容,有一套与神话内容相适应的乐舞,而且诸神图像还在整个祭祀中占据着核心位置。因此,虽然天命观的发展影响了史前神话在社会生活中的地位和作用,但为了扩大统治范围,宣扬其统治的合理性和神圣性,统治阶层须神化他们的祖先,以建立政治统治与诸神信仰之间的亲缘关系。这样,自然神崇拜、图腾神崇拜和祖先神崇拜三者之间便组成了一个完整、严密的谱系结构。而统治者为了直观、有效地传达这种观念,绘制原始诸神、祖先神灵乃至历代圣贤的形象便成为首选的方式。这种传统源远流长。根据《史记》《汉书》和《三国志》等文献可知,黄帝就曾用绘有蚩尤形象的图像威慑天下,夏禹也把各部落的图腾神物收集、绘制下来以巩固统治,汉武帝也曾在甘泉宫和长乐宫的墙壁上绘制了以太一神为核心的诸神形象,甚至三国时期吴、魏等国的统治者也在其宫壁上绘制了各种神人畏兽、历代圣贤的图像。

　　古希腊神话在早期也经历过图像传承的阶段。从公元前 7 世纪开始,希腊人就"将这些神话故事描绘在神庙的装饰中,描绘在建筑物的壁画上(今多不存在),甚至在黄金首饰中,但大多数是在彩陶上"[①]。经过民间诗人加工整理之后,古希腊神话以稳定系统的情节结构流传到各地,不断滋养着文学、雕塑、绘画、建筑等艺术形式;而且,当时羊皮等已成为主要的书写载体,用文字记录原始神话与中国相比方便多了,这十分有利于原始神话的系统化。另外,古希腊的思维方式相对偏向于抽象思维,图像与其民族思维方式之间稍显隔膜,这也影响了图像在传承原始神话过程中的作用。在中国,史前神话以图像进行传承,与华夏民族"观物取象"的思维方式之间有着契合之处,体现出持久的影响力。

　　中国神话虽以零散的方式存在,但从石器时代即已形成的图像传承早

---

①　苏珊·伍德福德:《古代艺术品中的神话形象》,贾磊译,山东画报出版社 2006 年版,第 11 页。

已成为整个民族的集体情结,在政治、宗教、艺术等各个领域影响着人们的思维方式和情感取向,形成了中国古代"睹图受教"的文化传统。同时,受殷商时代宗教改革的影响,中国史前神话的叙事性因素被弱化,宗教性和政治性因素增多,神话成为政治教化的工具,由此形成了"以鬼神制义"(《史记·五帝本纪》)的政治传统和宗教传统。这些内容首先反映在甲骨卜辞中,并在《周礼》中得到完整系统的保存,深深地影响着华夏民族的行为准则和价值评判。从思维方式角度来看,这一时期的人们普遍认为图像与其原型之间具有同一性,诸神图像也具有神圣性,对民众有威慑力量;古圣贤的活动事迹由此也被绘制成像,起到化施天下的作用。这使"以图设教"的施行成为可能,史前神话亦借此流行。

首先,从功能上来看,中国神话图像具有宗教上和政治上的双重功能。上古时期,绘有神人畏兽形象的图像如岩画等,是人神之间建立交流关系的一种途径和方式,而为了保证这些图像的神圣性和神秘性,初民们多选择一些常人不易到的地方,冒着生命危险创制这些作品,"这似乎也说明了岩画的真正观者更主要的是作者心目中的神"[1]。这些绘有诸神内容的图像,有的在悬崖峭壁上,有的在岩洞深处,大多具有隐秘性和神圣性。而从王孙满对楚子的话中可知九鼎在当时也"被密藏在黑暗之处"[2],不为一般人可见;即使是一般的祭祀礼器,也"不一定是下层群众能轻易看到的"[3]。原始神话图像的这种神秘性是与其宗教和政治功能结合在一起的。从夏代开始,原始神话图像在其宗教功能的基础上又衍生出政治功能,开始成为一种施政手段。与禹在九鼎上绘制神物一样,后来的统治者在建铸离宫别馆、祭祀礼器时,也多刻绘神像,以威严其势、神化其权。其典型代表,在家族为祠堂,在国家为宫殿。前者以山东省嘉祥县南 15 里的武梁祠为代表。关于古宫

---

①　罗晓明、王良范:《山崖上的图像叙事》,贵州人民出版社 2007 年版,第 262—263 页。

②　巫鸿:《礼仪中的美术》,生活·读书·新知三联书店 2005 年版,第 54 页。

③　张光直:《中国青铜时代》,第 434 页。

殿的这一情况,前人多有述及。高步瀛《文选李注义疏》:"古宫殿每有图绘,如《汉书·杨恽传》云:'上观西阁上画人。'蔡质《汉官典职》曰:'明光殿省中皆以胡粉图殿,紫青界之,画古烈士,重行书赞。'"胡粉是西域之物,价格颇高,可做女子化妆品。由此可知,当时的宫殿不仅绘有图像,而且造价昂贵。刘向《说苑》:"齐起九重之台,国中有能画者则赐之钱。"可见统治者对宫殿绘画的重视。而且,古宫殿上所刻图像,其内容多与古神话有关。根据王延寿《鲁灵光殿赋》,古宫殿的墙壁上杂物奇怪、山神海灵,无所不有;而且还托之以丹青,随色相类,具有丰富的色彩变化。这样,比翼的飞龙、九首的人皇、人首蛇身的伏羲和女娲都焕炳可观,上古时代的洪荒质朴也粲然可见。统治者之所以如此看重宫殿绘画,就是因为这些上古神人图像可以增加王宫的威严气势,给宫殿营造一种神秘高贵的气氛,以此宣扬君权神授的思想观念。

其次,神话图像的宗教政治功能后来还扩张到伦理道德领域,成为成教化、助人伦的一种手段。这一点,在艺术(尤其是绘画艺术)从宗教独立出来之后,还影响到后代艺术家对绘画功能的看法。历代画论家在论述画之起源时,大都要上溯到原始神话图像时代,强调图像对主体精神人格的形成所起的重要作用。这一点在《古画品录》《历代名画记》和《宣和画谱》等文献中皆有述及。兴起于魏晋南北朝的画赞常以诫语的形式向观者表达所画内容的鉴戒意义。曹植《画赞序》:"观画者,见三皇五帝,莫不仰戴;见三季暴主,莫不悲惋;见篡臣贼嗣,莫不切齿;见高节妙士,莫不忘食;见忠节死难,莫不抗首;见放臣斥子,莫不叹息;见淫夫妒妇,莫不侧目;见令妃顺后,莫不嘉贵。是知存乎鉴戒者,图画也。"[①]曹植认为,欣赏人物画并非欣赏其艺术手法,而是欣赏画中的人物及其所体现出的思想观念和道德准则。这样一来,绘画便成为一种教化手段,成为与儒学经典同样的社会政治及伦理道德的生活准则。而且,与文字语言的说教相比,图像更为直观、形象和具体,更容

---

① 曹植:《画赞序》,李昉等辑录《太平广记》,中华书局1960年版,第3332页。

易对人们进行情感渗透。《孔子家语》卷三《观周》第十一云："孔子观夫明堂,睹四门墉有尧、舜之容,桀、纣之象,而各有善恶之状、兴废之诫也。又有周公相成王,报之负斧扆南面以朝诸侯之图焉。孔子徘徊而望之。"①由此可见,上古时期的先贤神人图像在教化民众上所承担的重要作用。晋张收《周公礼殿益州学馆记》云:"献帝兴平元年,陈留高朕为益州太守,更葺成都玉堂石室,东别创一石室,自为周公礼殿。其壁上图画上古盘古、李老等神,及历代帝王之像,梁上又画仲尼七十二弟子、三皇以来名臣。"②高朕此行为目的显明,就是要借上古神人、历代帝王及名儒贤臣之像来树立榜样,砥砺品格,此亦"图象古昔,以当箴规"(何晏《景福殿赋》)之义。明太祖朱元璋曾专令诸臣绘制《农业艰难图》《古孝行图》等教育皇子。这是因为四书五经所述之理,涉虚而难见,未易阐明,倒不如"图绘以象之,朝诵夕披,而观省备焉"(明焦竑《养正图解序》)。中国史前神话亦在这个过程中得以传承。

最后,与上述内容不同的是,受孔子"不语怪、力、乱、神"(《论语·述而》)思想和朴素唯物主义思想的影响,一些知识分子对上古诸神形象及其事迹,多以放荡迂阔、虚妄不羁视之。司马迁就说:"至《禹本纪》《山海经》所有怪物,余不敢言之。"(《史记·大宛传》)裴骃《史记集解》云:"亦谓《山海经》难可信耳。"③两汉时期巫风盛行,此观念却得到进一步强化,当时的唯物主义思想家王充是这一观念的典型代表。譬如,针对当时颇为流行的雷公等诸神画像,王充认为"如复原之,虚妄之象也"(《论衡·雷虚篇》)。这个观点既反映了王充对奇异怪诞之事的否定,也从侧面说明包括史前神话内容在内的神像在两汉时仍广为流传,无论是知识阶层还是平民百姓都深信不疑,"莫谓不然"。推而广之,读书士人也以跻身画像为荣:"凡有功德文学及义烈之足表颂者,往往为之图像。"④这一情况在汉宣帝时竟达到了"画图汉

---

① 《孔子家语》,《传世藏书·子库·诸子》第一册,第 611 页。
② 张收:《周公礼殿益州学馆记》,《四库全书》第 812 册,第 504—505 页。
③ 司马迁:《史记》,第 3179 页。
④ 郑午昌:《中国画学全史》,上海古籍出版社 2001 年版,第 32 页。

烈士,或不在于画上者,子孙耻之"①的境地。因此,王充不仅对神像持排斥态度,而且还极力反对人们的观像活动:"人好观图画上所画古之死人也。见死人之面,孰与视其言行? 古贤之遗文,竹帛之所载粲然,岂徒墙壁之画哉!"②(《论衡·别通篇》)在古之贤人的言行与画像之间,王充主张应以其载于竹帛的文字为准。但以当时社会的教育水平而言,能够通过文字来获得知识的人微乎其微。在有明一代,木刻版画与通俗文学相得益彰,其影响更为深远。

综上所述,中国史前神话图像源远流长,自夏代开始就在政治、宗教、伦理和艺术等领域产生重要影响。史前神话图像不仅与"以神道设教"的政治思想结合在一起,成为统治阶层施行统治、化育天下的一种补充和工具,而且还与华夏民族尚象的思维传统结合在一起,影响着人们思维方式、行为准则和价值判断的形成。中国的史前神话虽然受到了某些知识分子的批判,但其在民众间的影响力却并未减弱,反而随着经济社会的繁荣、世俗趣味的发展,以及消费文化的兴起而体现出活力和魅力。中国史前神话虽没有得到系统的整理和保存,只以相对零散的形式存在于甲骨卜辞、先秦诸子和秦汉典籍中,但现已出土的史前文化遗址中的各种器物及其表面丰富的纹饰,遍布全国各地的岩画,以及先秦至秦汉之际墓葬中的各种绢画和刻绘等,都保留着它们的踪迹,体现出原始先民朴素的宗教观念。这些图像不仅反映出史前时代华夏先民的生活状况和思想观念,还可以超越有限时空的限制,起到传播知识、教育民众的作用。在当代图像转向的背景下,对原始神话图像进行归纳、整理和系统研究,对于重建原始神话的审美意蕴可起到积极作用。当然,本书对图像与史前神话传承之间关系的研究仅侧重于宏观性论述,还有许多具体问题有待深入探讨。比如,政治、宗教和哲学等思想观念与神话图像变迁之间的关系,图像传承与民族传承意识之间的关系等问题,

① 王充:《论衡》,《诸子集成》第七册,第197页。
② 王充:《论衡》,《诸子集成》第七册,第132—133页。

都需要进一步研究。

第三节　作为研究方法的图像与意象

　　神话是原始先民实践经验和精神活动的结晶,蕴含着人类最初的审美心理体验。这些内容在神话思维的主导下渗透到岩画、壁画、器物等各种图像资料中。当原始先民开始展开这些活动时,其中所蕴含的审美心理体验就开始转变为审美意识而被保存下来。因此,人类最初的审美经验必然会凝聚在神话中成为审美意识而被保存下来,为民族审美传统和美学思想的形成奠定基础。因此,以图像与意象为视点、以神话与审美意识之间的关系为切入点展开研究,是神话美学研究的基本方法。

一、逻辑起点

　　神话作为一种综合性的意识形态,含有宗教、政治、伦理和风俗等多种内容,审美意识内容是其重要组成部分。人类的认知欲望、审美诉求和宗教情感均为神话的产生提供情感动力和心理支持。有观点认为神话只能是人类宗教情感的产物。这种看法不符合人类社会和精神情感发展的实际情况,因为人类的认知欲望、审美诉求和宗教情感的形成有共同的实践基础,三者之间存在相互转化和促进的关系。有学者说:"神话作为研究对象,是否需要在社会学、民俗学、文化学、宗教学之外,再加上美学的视角、美学的方法来研究它呢? 回答是肯定的。因为神话作为一种原始文化意识的载体,除了承载着原始宗教意识、社会意识、原始风习和社会心理积淀等之外,还承载着原始审美意识。"[1]神话并不仅仅是一种语言艺术,同时还与器物、岩画等其他文化艺术形式紧密联系在一起。而且,"随着时间的推移,审美意识会在一代又一代的传承中得以继续或渐或顿地丰富和发展变迁。这种发展变迁可能是由于某一创造性的具体审美实践对审美意识的丰富充实乃

---

[1]　江建文:《神话中的审美意识——古文化与审美(三)》,《阅读与写作》1994 年第 6 期。

至修正,也可能是社会历史的变迁所带来的人们审美价值观的改变"①。在这个过程中,审美意识的重要载体神话意象,也会被人们不断地重新创造,并被赋予新的审美意识,展现人们新的审美理想。与后世神话意象与审美意识之间的关系相比,神话意象中所蕴含的审美意识相对较为质朴、凝练,从而也更为本原、开放,是研究的重点所在,所以有学者说:"原始神话传说是那些积淀着原始审美意识的艺术中的一个门类,是以语言为载体的负载着原始审美意识的创造物。"②从这个角度来看,神话意象所蕴含的审美意识对华夏民族审美传统的形成具有重要作用。

对神话中的审美意识问题进行研究,涉及神话的起源与审美的起源问题。这两个问题有共同的现实基础,即人与自然之间的物质生产实践活动。当第一件工具被人类制作并用于生产劳动时,人类成为人类,同时世界也开启了属人世界的大门。当人类利用石器、骨器等生产工具进行生产时,人们对其形式、材质等逐渐形成心理情感反应。什么样的形式更容易进行生产,什么样的材质更持久耐用,等等,这些问题都会引起人们的思考并付诸实践,在此过程中人类的自我意识和精神构造能力逐渐产生并形成。人们在制作和使用这些工具的过程中,对自己的劳动产品产生喜悦、失望等情感反应,也有利于人类审美情感的滋生。这样,借助工具使自己的活动范围逐渐扩大到整个自然,人类的生产活动也就逐渐具有了社会性质,人类也就可以逐渐摆脱肉体的直接需要的限制,进行广泛的物质生产和精神生产,审美意识随之产生。

这个过程,同时也是神话产生的过程。在这个过程中,主体不仅加深了对自然现象和社会事象的认识与理解,他的情感体验也随之加深,精神建构能力随之形成,人与自然、主体与客体的关系亦逐渐形成了。主体逐渐将自

---

① 　朱志荣:《中国审美理论》,北京大学出版社 2005 年版,第 129 页。
② 　江建文:《民族创世神话的美学审视——兼论原始审美意识》,《民族艺术》1993 年第 4 期。

我的情感、情绪和认知等对象化,这是神话得以产生的精神基础和实践基础。自然界的风雨雷电,太阳和月亮的循环往复,无不引起人类的思考和想象,产生或恐惧或喜悦的情感体验。这些带有神秘、恐惧的情感体验是原始宗教(包括神话)得以产生的心理基础。因此,审美的起源和神话的起源应一样古老,而最简单最直接的审美感受的形成应早于神话的形成。因为神话能够产生,需要主体具有进行自我情感反思的能力,有相对成熟、系统的生产和生活经验等条件,这些条件需要人类体质和生活状况发展到一定程度与阶段之后才能出现。当人类的审美情感、心理和意识完成从自发阶段向自觉阶段的过渡之后,原始先民会将这些内容灌注到他们的生活和生产中去。作为史前人类最早的知识体系,神话自然承担起这一任务。

此外,审美意识与神话意象之间也存在一个相互促进的发展过程。在漫长的旧石器时代和人类文明发生突进的新石器时代,神话意象发生了翻天覆地的变化,其中所承载的审美意识也经历了从萌芽到发展再到成熟的发展过程。整体上来看,旧石器时代中、晚期产生的自然性神话意象,其中所包蕴的审美意识比较质朴,崇尚自然,神秘感浓厚,因而社会性特质薄弱;新石器时代产生的社会性神话意象,体现出人类的自我意识从自发到自觉的转变历程,这时审美意识中的社会性因素占据了主导地位,人类的人伦情感得以凸显。在这两者之间,是自然与人类相互结合的神话意象,体现出审美意识由崇尚自然向崇尚人事转变的过渡形态,人的主体价值逐渐变得重要起来①。无论处于哪一阶段的神话,都承载着丰富的人类的情感体验,具有深厚的审美价值,有人甚至这样认为:"作为一种语言艺术,神话的内蕴主要是审美的。其他的意识内容是以审美意识为内核凝聚起来的,也是通过

---

① 本处论述受到吴育林《论审美意识在中国原始神话中的发展》(《长沙水电师院社会科学学报》1996 年第 4 期)一文的启发,但对该文观点进行了修正。邓启耀《神话审美意识发生论》(《民族文学研究》1989 年第 4 期)一文也对神话与审美意识之间的关系进行过概述。

审美效应这个中介,向社会传播的。"①因此,神话意象承载审美意识与神话意象还承载其他社会意识内容的状况是不矛盾的,是和谐共存的。

二、主要内容

对神话进行美学研究,确定其主要内容,应结合美学的学科属性来讨论。一般认为美学是一门理论学科,"它并不属于形象思维,而是属于逻辑思维。它研究美学范畴,研究美学范畴之间的区别、联系和转化,研究美学范畴体系"②。如果按照这种标准,那么对神话进行美学研究,其主要问题就应该是探讨神话与中国美学范畴之间的关系问题。但是,美学不仅要研究审美范畴问题,而且还要研究美学思想和审美意识问题。将神话放置在中国美学传统中进行研究,不仅要注意神话与中国美学审美范畴之间的关系问题,还要注意到神话与审美意识之间的关系问题。这是由美学史内容的丰富性和多样性所决定的。因为中国美学史不仅是中国美学范畴史和中国美学思想史,还包括中国审美意识史。中国审美意识史研究的是中国人审美意识的发生、发展和变化的历史规律。神话对中国人审美意识的发生和发展意义重大,是华夏民族审美传统得以形成的内在动力。由于审美范畴是对审美意识和审美理想的凝缩、提炼,以概念和逻辑为主体,因而与神话之间的距离相对较远;而最初的审美意识与神话的产生和发展几乎是同步进行的,在实践基础、思想基础和思维方式等方面都比较接近,而且审美意识还要通过神话反映、体现出来,因而相对于审美范畴,审美意识与神话之间的关系要更紧密一些。因此,对神话进行美学研究,主要是讨论神话与审美意识之间的关系问题,同时兼顾神话与审美范畴之间的关系问题。

中国神话与世界其他民族或地区的神话之间有相似性,表现出神话本身所具有的普遍性特点,但中国神话在思维方式、表现形式和精神意蕴等方面还具有鲜明的民族特点。在思维方式上,中国神话是原始先民心物合一

---

① 　江建文:《神话中的审美意识——古文化审美(三)》,《阅读与写作》1994 年第 6 期。
② 　叶朗:《中国美学史大纲·绪论》,上海人民出版社 1985 年版,第 4 页。

思维的产物,在其发展演变的过程中,这种主客浑然一体的思维形态一直没有发生根本性变化,并与器物、岩画、壁画以及文学作品等各种艺术形式和审美形态保持高度一致,影响了华夏美学的思维方式、审美形态和审美范畴的形成与发展。在存在方式上,中国神话不像其他国家或民族的神话那样相对集中,而是以活泼、灵动和多样化的形式存在于各种典籍、器物中,其存在方式是多种多样的。在表现形式上,中国神话的系统性和完整性以一种相对潜在的方式存在着,这种表现形式本身与中华民族特有的诗性智慧有密切联系。有学者认为,在华夏审美意识形成的漫长历史过程中,"中国原始先民构想出后来记载在《山海经》中的种种半人半兽的怪异形象。认识这种半人半兽怪异形象产生的原因及其所展示的审美意趣,能够帮助我们进一步深刻地理解原始人类审美意识的特殊性是如何为当时人的生成的具体阶段性所决定的,从中我们还可以多少窥见一点神话中不可思议的想象所由构成的原因"[①]。为此,对中国神话进行美学研究,应以神话意象为核心,总结、概括中国神话的审美特征及其与华夏民族审美传统之间的关系。有以下问题讨论。

一方面,概括、归纳中国神话的审美特征,即以意象性为核心,原始性、现实性和非情节性相统一的特点。意象性思维是审美意识产生的思维基础,对神话的形成也具有基础性作用,其形象性、情感性、开放性等特征与神话的产生息息相关。中国神话包含了原始先民对人生、社会和宇宙之间关系的深沉思考,其中很多思考都是他们通过特定的、具体的意象体系表达他们对相关问题的本体性认识,对中国古代的哲学、美学、文学、绘画和音乐等都有很大的影响,同时也对中国美学的思维方式产生了深远影响。中国史前的神话意象中所蕴含的思维方式、时空观、宇宙观、生命意识等在某种程度上催生了华夏美学思想的形成和发展。作为一种综合的意识形态,神话

---

① 王锺陵:《人的生成与中国早期人类自然美意识的萌芽、成长》,《苏州大学学报》1990年第2期。

的思维方式与审美的思维方式之间具有天然的联系,其观察世界、解释世界和体验世界的观点、看法和思想都具有本体性价值,其中蕴含了华夏先民对宇宙、自然乃至自我生命的认识和思考。这一切都是通过其独特、奇异和多样的意象世界与形象体系所体现出来的,并成为后世历代文学艺术创作的土壤和源泉。

另一方面,通过对中国神话审美特征的总结和概括,探讨中国神话与华夏审美传统之间的内在关系,即以意象思维为核心、以超感性的体悟为基础的诗性智慧与中国神话之间的内在关系。虽然神话对于后世的文艺审美活动只具有基原性价值,我们不能将个体创造的文学艺术作品与神话等同,但"神话具有这样一种特性,即将一般的意象呈现于具体的、感性的形式,即所谓的形象性;而形象性正是为艺术所特有,在一定意义上说来,又是为艺术承袭于神话"[1]。对中国神话的艺术形式和审美特征进行研究,不仅有助于传承先民们积累的审美意识,探索审美意识发展、变迁的脉络,而且有助于我们探索中国美学的思想资源,使它们发扬光大,推动当代的审美创造和发展,为美学研究提供新的感性资源。中国神话中所蕴含的时空观、宇宙观和生命意识等与华夏民族的审美传统和美学思想之间有着血脉呼应的关系。中国神话意象独特的构象方式和表现形式也使中国美学的审美意象观特别发达,并成为中国美学的典型特征。

综上,中国神话具有丰富的审美价值,与之相关的原始岩画、石刻、卜辞、习俗和礼仪等都对中国后代的艺术与审美产生了深远的影响。其中,中国神话对中华民族的尚象思维传统、中和的审美趣味等审美传统的形成均具有重要意义,并成为后来诗歌、小说、绘画等历代文学和艺术创作的不竭源泉与动力,对这些问题进行讨论和概括,从神话意象及其所蕴含的审美意识的角度研究其对中国美学传统形成的影响,可为中国美学史研究提供一个新的视野,也将为中国神话研究提供新的视野。

---

[1]　梅列金斯基:《神话的诗学》,魏庆征译,商务印书馆 2009 年版,第 1 页。

三、研究方法

对神话进行美学研究,需要建立在两个基础上:一是神话的综合性。神话是史前社会宗教、政治和审美等信息的统一体,因而我们可以充分发掘神话所包蕴的丰富的审美价值。这是对神话进行美学研究的现实基础。二是神话的思维方式。以主客浑融为基本特质的神话思维,与主客一体、天人合一、虚静自然的审美思维方式,在形成过程、本质属性和主客关系等方面具有同质性。这是对神话进行美学研究的思维基础,这决定了中国神话美学研究的基本方法。

一方面,应充分重视图像资料在神话美学研究过程中的精神价值。这是由图像资料与神话的创作和传承之间的密切关系所决定的。有学者指出:"史前时期,没有文字。人类的交往主要依靠语言手势。比较重要的公共性场合,如氏族部落的祭祀集会等,还往往借助于一些象形图画。那是一个'图'与'话'相结合的时代。中国史前时期各氏族祖先们所交流的'话语',早已随着时代的变迁而消失了;而那时的'图画',则仍有许多保留至今。这就是考古发现所提供的史前时期大量的陶器、玉器、骨器上的刻绘图画符号以及场面较为宏大的岩画、地画等。"①纵观百年中国神话研究史,可以发现,利用考古出土的图像资料对中国神话进行比较研究,一直是基本的研究方法。神话图像所记载的内容在史前遗物中有着明显的变化轨迹。神话图像表现形式的流动性是史前人类思想观念的凝缩,从早商青铜器的线性饕餮纹到晚商青铜器的雕塑性兽面纹的发展,反映出神话传统向历史传统的转变。这些图像以其直观、具体的形象与先民们进行交流和沟通,图像就是其观念、思想和情感本身。对上古神话时代的图像世界进行本体性发掘,并非借助考古发掘的资料和文献记载去建立具有科学性与系统性的理论架构,而是在图像中与远古人类的精神和情感相遇,从而把人类主体当时

---

① 江林昌:《图与书:先秦两汉时期有关山川神怪类文献的分析——以〈山海经〉〈楚辞〉〈淮南子〉为例》,《文学遗产》2008 年第 6 期。

当地的图像化生存作为曾经的存在者来看,以发掘被遗忘和压抑的永恒记忆。

尽管运用图像资料对神话进行研究具有悠久的历史,形成了其内在的逻辑架构和操作方法,但仍有问题需要注意。首先,最突出的是考古发掘的图像资料的零散性问题。这些零散的材料很容易造成研究过程中的肆意推测或主观臆断。有些学者会从既定的视角出发,对这些图像资料进行剪裁和重组,对中国神话系统进行重新组合和条理化,这样得出的结论有些是不可靠的。如何避免研究过程中主观性太强的缺陷,是利用图像资料进行神话研究应加以避免的重要问题之一。其次,现在我们所面对的图像资料只能是通过摄影、照相等复制技术所保存下来的资料,这些资料是脱离了其具体环境的孤立的资料,但这些资料当初被使用时,却是在特定的时空之内实现其神话功能的,而这特定的场景、情感现在完全遗失了,我们只是按照自己的所思所想来推测这些神话图像所具有的可能性意义。再次,我们还会根据研究需要对这些图像进行剪裁和选择,进而区分出重要的或不重要的图像,但对于当时当境的人们来说,每一幅神像资料都是无比神圣的,不存在主次之分,它们是实现自我与族群和世界之间进行交流及融合的纽带。因此,这些图像在私人情感中所具有的公共性质在我们这里同样是不存在的。在此情况下,机械地比附研究、将主观猜测当作必然结论等情况,往往会出现在研究过程中。为此,在研究过程中,似乎不宜力求揭示神话图像的具体内容,而应从传承方式和主体接受的角度讨论图像传承对神话的影响,从审美心理的角度探讨主体在与图像建立完整的主客关系后直击神灵图像时所获得的心灵感受,以此揭示神话的图像传承对人类审美意识和审美精神的形成所具有的独特价值。因此,如何处理自我意识和图像本身思想意蕴之间的关系,是图像神话学必须加以关注的问题。

另一方面,由于中国美学是以意象为核心的思想体系,对神话进行美学研究也应结合这一传统进行,从意象的角度发掘中国神话的审美价值。所谓"意象",是主体在物质实践和精神实践活动中"以意会象"的结果,华夏先民们的图像创制活动同时就是神话意象创构的物质化阶段,他们所创制的那些神话图像自然可以称为"神话意象"。常任侠、闻一多等前辈学者利用图像资料对中国神话进行研究,也就是利用意象思想对中国神话进行研究。更为重要的是,华夏先民在与这些神话图像进行创构、礼拜的过程中,建立了一种极为特殊的结构关系,主体在与图像的交流过程中,将自我身心完全放空至空寂状态以与神灵进行互动交流,从而实现认知的真实、情感的释放进而获得心灵的安宁和生存的归宿感。这种关系类似于意象生成过程中的主客体之间的关系。这是将意象观引入神话研究领域的学理基础。

就中国神话本身来看,它在思维方式、存在方式和表现形式等方面与意象之间均具有内在关联。首先,从思维方式角度来看,中国美学意象论所强调的"天人合一""情景交融"等观念,与神话思维具有一致性,以至于有些学者直接将二者进行等同论述。其次,就中国神话的存在方式来看,大家一致认同的是,由于各种原因,中国神话多以零散、片段的方式散见于各种古书、类书和出土文物中,情节简单,事件单一,以至于有些人(包括一些中国学者)说中国"有'神'无'话'"。这是"以西律中"的结果。中国神话此种存在方式的形成,固然有特定的政治历史原因,但从某种程度上来说,也反映出中国神话的原貌。世界上各民族地区的神话在最早阶段均是以这样的面貌存在的,只有中国神话以这种方式存在至今,因而也更为原始和古朴。因此,中国神话虽以比较零散的状态存在,但史前时期各民族、部落所崇拜信仰的神灵形象仍以比较完整的面貌保存下来,因而中国神话中神灵形象的丰富性尤其引人注意。这种情况在《山海经》等文献中那些简短的神话记述给人的印象尤为深刻。我们在阅读这些文献时,各种各样的神灵形象、祭祀活动扑面而来,让人目不暇接。而且后世学者在用"物""怪"等字来指称、描述这些内容时,也多是针对神灵形象,这进一步凸显了中国神话的意象性存在方式。

研究神话意象问题,实际上就是研究其演变问题。变动性是神话意象的根本属性。这是由神话意象的独特性所决定的。无论在哪个时代,人们都会将自己所处时代的愿望、情感、思想、意志等内容,通过对神话意象的重述和重塑表达出来。历史证明,无论哪个领域、哪个阶层的人们,他们只有借助于神话意象,才能使自己的想法得到更有效的贯彻。因此,研究某一民族、国家或地区的神话意象的演变,实际上也就是研究这个民族、国家或地区的人类精神的发展演变史。神话意象的变动太过频繁,所承载的内容也过多,以至于有些学者对神话意象问题采取回避态度①。以意象为视点对中国神话进行美学研究,既应尊重中国神话本身的存在方式和基本属性,也应结合中国美学传统来进行。而且神话对"象"的重视在某种程度上也催生了华夏民族尚象思维传统的形成。同时,还应在翔实、细致的神话意象个案研究基础上,对神话意象的基本类型、根本属性、构象方式及其发展演变的规律等问题进行深入剖析,在此基础上归纳、概括神话意象所体现的审美风格及其所蕴含的原始先民的审美意识。

综上,对中国神话进行美学研究,应在尊重华夏美学传统的基础上,从中国神话本身的存在表述方式出发,概括中国神话的审美特征,揭示其与华夏民族审美传统之间的关系,凸显中国神话所蕴含的多样性的审美价值,初步形成以神话本体为核心、以神话的审美价值为基础、以多学科相互交叉为辅助的立体、动态和综合的神话美学研究方法,既回归中国神话本身,又为中国神话研究向纵深方向发展提供新的理路参照和方法论基础。同时,我们也希望通过将中国神话与华夏美学传统结合起来进行研究,为中国神话研究提供新的理论视野,扩大中国美学史的研究范围;这对探索神话意象的组合方式和嬗变规律,具有重要的理论价值和现实意义。

---

① 卡西尔在《人论》中将情感性概括为神话意象的根本属性。本书结合史前时期神话思维发展演变的基本过程及其与神话意象之间的关系,将变动性作为神话意象的根本属性。

第四章

中国神话：事件与诗学

神话世界是言说的世界，其言说对象是诸神的行动和事件，因此神圣事件是神话之所以成为神话的本质规定。人类与世界建立互动关系也需要通过事件和行动，人类的文化之形成同样具有神话的事件属性。在神话世界中，"真理"不是通过逻辑获得，而是通过作为感觉集合体的事件过程而获得。对于神话来说，其真理性始终与事件相关：真理通过诸神的行动过程而得以显现。在中国哲学和艺术领域，华夏先民言说真理的方式有自己的特点：他们较为注重从早期神话历史事件和人物出发，讨论"道"的生成、发展和呈现问题。这是一种诞生于神话思维的言说真理的方式，《淮南子》在这方面具有代表性。这一点也同样体现在中国古诗的创造方式中，汉诗"缘事而发"的创作机制于此也有鲜明体现。在中西文化尤其是道教和佛教思想的激荡互通后，神话的事件属性又对中国古典诗学意境论的形成和发展起到至关重要的作用，由此形成中国诗学"因事成境"的理论基质。

第一节　神话事件与道的言说
——《淮南子》"道论"之展开

《淮南子》以"言道"和"言事"并举的方式，阐述了早期中国的事件哲学思想。在作者看来，神、人、物均为事件形成之主体，神话—历史事件是作者言说"道"的重要载体。作者认为"事"是"道"的载体,"道"是"事"的根本。如果只言说"道"则不能使人真切感受到"道"的迫近和必要,因而需要借助"事"来说明"道"如何参与、支配万物之变化;如果仅仅着眼于"事",人们可能只关注眼前所见,而不能将之与"道"相联系,不能明白"事"与"道"共同运转的道理。作者着力强调消除人为因素在事件发展中的重要作用,强调"举事顺道",主体行动应消除欲念、功利之心的干扰而达到"无事之业"的境界,人由此转化为神。这种观念将人的纯净精神提升到至高地位,是一种主体性精神哲学。

一、神·人·物:"事"之产生

在《淮南子》中,"事"可作为动词和名词使用。作动词使用的"事",有从事、侍奉、行动之意,如"事其神者神去之"(《俶真训》)等。同时,"事"还是行动的结果,由主体行动而产生,即《氾论训》所说的"所为曰事"[①],"为"即行动。行动须有主体,"神""人""物"都可成为行动主体,因而有"神事""人事""物事"。神的行动创造世界,为世间万物之行动建立秩序、环境,为其提供根本法则,由此形成神话事件。人的行动构成社会历史事件,并对自我、他人和社会产生直接影响。随着年代的久远,这些历史事件逐渐与神话事件融合,成为"神话—历史事件",同样为后人的行动提供参照。同此,神话事件也会因为其无可稽考而逐渐失去力量,神之行动之价值也会逐渐弱化。"物"也是一种生命性存在,因而同样有其行动,一切自然现象和万物荣枯之变化,都是"物"之行动的体现;某种程度上"物"之行动还支配、决定"人"之行动,因为"物"没有私心,其行动更贴近"道",更能彰显"道"之本来面貌。

在三者中,人的行动以此在、直观的形式当下存在、永恒在场,因而论者对"人事"的讨论更多一些。《淮南子》的作者认为,所谓"人事"就是主体根据时事和自我意志而做出的举动、决策,有其原则("仪表")但并不是"道"本

---

① 陈广忠:《淮南子译注》,中华书局 2012 年版,第 726 页。

身："所谓人事者,庆赏信而刑罚必,动静时,举措疾。此世传之所以为仪表者,因也,然而非所以生。仪表者,因时而变化者也。"①作者认为并非所有人类行动都可称为"事",那些随意的举动、无聊的行为,不能称为"事";能够称为"事"的行为有其内在规定性,即"易为而难成",因而"事"的成功是有难度的,只有那些能够产生重要价值和影响的行动才能称为"事"——价值性是区分"事"与"非事"的标准。与此相关,人们把这类事件作为礼乐制作、文化创立、道理言说的基本载体。因而,在《淮南子》中,作者往往将"事"作为人类活动的统称,用"百事""万事"称之。因此,"事"不仅包括主体的行动,而且包括以"事"为基础形成的礼仪制度、文化体系等内容,前者是后者的基础,后者是前者的结果。

但"人"的"事"与"神"的"事"毕竟有差别。神的不死性和人的必死性,造成"神事"与"人事"的差别。叶秀山指出:"'神仙'中的'事',在冥冥之中固然有'必然性',但就做'事'的神而言,都是'自由'的,这就是说,都是它乐意做的,是它的'自由的选择'。……希腊神话中的神祇从不'学习',从不'积累经验',它们所具有的'技能'都是'天生'的;而在它们做任何'事'时,也从不'审情度势',而是'想干就干','成败利钝'在所不计。然而'人'就不是一个'绝对的'、'无限的''自由者'。首先,'人'是要死的,它必然要'审慎地'、'聪明地'度过自己的'一生'。"②因此,人在"行事"时就要充分考虑到时事、环境、自我能力等各种因素,力求"成事",但神则不需要。这一点在《淮南子》中有更详细的讨论。

除主体行动形成"事"外,生命性的"物"也会有自己的行动、表现、变化,由此形成"物"之"事"("物事")。古人并不将"物"看成纯粹物理的、外在于人的存在,而是与人一样,有生命、有行动、有始终,因而"物"的生长荣枯、生死更替、阴阳转化等,也是以行动的方式来展现自我的存在。因而在早期中

---

①　陈广忠:《淮南子译注》,第 890 页。

②　叶秀山:《叶秀山文集·哲学卷》,重庆出版社 2000 年版,第 703—704 页。

国人的观念中"物"也可以成为"事"的形成主体。就"物"本身来说,它的硬度、光泽、色彩、形状、变化等都是"物"之"事"的构成部分,尤其是"物"本身的生长、变动、衰老、死亡等,也是"物"之"事"的反映。在"物类相应""同气相动"思想的基础上,人们认为"物"与"物"之间有一种相互感应的关系,"物"与"物"看起来是各自独立的,但它们之间不是隔绝的,而是互动的,这种互动形成"物事"的多样性、复杂性和变动性。作者在"物类相应""同气相动"思想上将之作为必然性之关系加以认识和解释,进而过渡到对于"物事"对"人事"之影响的讨论。

作者认为:"人事"应与"物事"相协调,主体行动不能违背"物"本身的存在和运转规律,否则人的行动即会面临枯竭、灭亡;先王根本自然物的生长规律对人类活动进行了限制,体现出"人物一体"之思想,带有可持续发展的观念。而且,与人的行动相比,自然万物的变动往往具有更为重要的"事件意义":日出、风暴、骤雨、地震、洪水、雷霆、猛兽等,它们都是行动的主体,它们的行动对人的生产生活往往有更直接、重要的影响,因而也更可以称为"事件"。因此,"物事"和"人事"共同构成"事"的内涵。按照天人合一观,"物"与"人"之间具有同质同构关系,两者相互影响,因而"物事"和"人事"也可相互影响、印证,共同成为"道"存在的表现形式。因此,作为主体的"人"("圣人")应对"物"之变化("物事")有清醒认识,知晓"物"与"物"之间相互转化之关系,否则即难以知晓万物变化之规律,从而也无法知晓人事变化之规律。主体只有内心坚定、心智平和,又具备广博的见闻,才能洞晓万物的本原和规律,不被纷繁奇异的物象所迷惑,通达对"道"的认识和领悟。这是主体把握"物事"、建立和谐物我关系进而领悟"道"的关键。

在《淮南子》中,"气"是连接人与万物并使之结成一体的根本中介,"天地之合和,阴、阳之陶化万物,皆乘一气"[①],因而"人"与"物"并不具有对立关系,他们在本质上是一体的,甚至是没有区别的:"吾处于天下也,亦为一物

---

① 　陈广忠:《淮南子译注》,第 384 页。

也。"而且"物"与"物"之间还可相互引类,喻事象形,难分彼此。作者指出,在天地之间"人"也是"物","人"虽然有自己的独特性,但最终仍与"物"一起消泯于无形之中,从而彻底消泯"人"与"物"的区别。这在起源论和本体论层面解决了心、物之关系。在这种情况下,"物事"与"人事"仅具有形式上的差别。这种观点并非不承认"人"与"物"的不同,并非将"人"与"物"完全等同从而将"人""物"化;"人事"与"物事"毕竟还存在区别,主体应根据自己的需要展开对"物"的认识、理解、选择,安排自己的生命活动。

根据作者征引的事例,可以看到,《淮南子》借以"言道"的"事件"多是已经发生过的神话—历史事件(《要略》所谓"言往事"),而不是尚未发生的。正像有学者所指出的,"人是按照'人'的样子想象'神'的,但'神'并不是'现时'的'人'的'变形'。乃是过去的'人'的'变形',是远古的、原始的''人'的'变形'",而且"'神话'的'检验'标准在'过去'和'未来',而不在'现在'"[①],因而作者选择"往事"("神话—历史事件")作为"显道"之载体也是自然的。当然,并非所有"往事"都可进入作者的视野,作者选择的事件是被"道"验证过的事件,因而与"道"具有一致性。已经发生过的事件是固定的、可以整体观察的,因而是可以掌控、全面理解的,适宜用来论证"道"("理")。这样的事件一般是神话—历史事件。而尚未发生的事件不可预测,它对人类生产生活和自然的影响也是不可预测的,因而无法进行整体观照和理解,也不能将之与"道"("理")建立联系。但是,神话—历史事件既然已经发生,作者所使用的事件材料也就变成了片段的、偶然的材料,作者对这些事件的观照因而也是一种"先见";而且,神话—历史事件看起来是确定无疑的,但实际上反而留下了广阔的、不稳定的可供补充的空间,所谓"整体的观照"只是看起来如此的,实际上也不存在。作者从事件生发出的"理"("道")只是主观思想的产物,进一步验证了事件对真理("道")产生的重要性。

---

① 叶秀山:《叶秀山文集·哲学卷》,第 603、605 页。

二、事件之最高境界:"无事之业"

主体行动形成事件("事"),主体是"行动者""事者""决策者",而事件为主体之存在提供基本的场所,由此形成主体与事件之间的相互构成关系。但是,《淮南子》的作者并不主张"做事""成事"。因为"道"本身运转自如,无须外力干涉;"事"的产生更多是因为"道"本然的运转方式受到了损害,因而需要"神""人"展开行动以匡扶之、矫正之。作者认为,在最早的时期,人们"心与神处,性与形调,静而体德,动而理通,随自然之性",因而一切行动如本然之"道",在这种情况下"虽神无所施其德""虽贤无所立其功"——神不能将其高贵的德行施行于民间,贤人也无处施展自己的才华以建立功业。《淮南子》的作者称颂"无事之业",带有对人为性的事件的否定性评价。

但人生在世,毕竟要有些"事",事件是确立人生价值的根本手段。因此人们在行动("举事""行事")时要注意各种因素、条件,充分认识到自身的不足:首先应认识到事件有自己本身的规律,并受到时势("时")的制约;而"时"是变动不居的,因而主体之"从事"也应依循这个规律,做到"举事""进退不失时"。而且,"事"是不断变动的,不存在一成不变之"事"。作者指出:"事者应变而动,变生于时。故知时者无常行"①,"世异即事变,时移即俗易。故圣人论世而立法,随时而举事"②,圣人"论世而为之事,权事而为之谋"③。在作者看来,只有天道、人事、时势相互配合,才能取得事件之成功,其中"时"是主体行动能否成功的关键,所以主体行动时要"进退不失时""应变而动""随时举事"。这种观点内涵着变革的思想,带有一定的革命性,因为时代在变,"礼之不同""乐之不同"是自然而然,因而事件亦应随之而变。其次,人在"举事"时还应做到"平意神清",不可神智昏乱,否则即"坏事"。主体意念平正则万物也会呈现为平正的形态,这样主体行动才能符合万物之本性规律从而获

---

① 陈广忠《淮南子译注》,第658页。
② 陈广忠《淮南子译注》,第596页。
③ 陈广忠《淮南子译注》,第753页。

得成功,做到"事来而制,物来而应"。最后,作者提醒读者要认识到,人是行动的主体,是"事"产生的最终根源,但人毕竟是有局限的,因而人的行动也是有局限的。人的局限性是由人的生理条件决定的,因而是先天的。这一点对于"神人"来说也是如此。人需要不断向自然学习,弥补自身的不足或缺陷;根据自然本身的规律安排自我的行动,也能促进自我行动的成功。

按照作者的观点:"事"既是主体行动的产物,就不可避免带有人为的成分,这在某种程度上也就与自然本性相背离;那些想要获得权力、利益的人往往会违背自然本性而"事"与愿违、走向自己意图的反面,再一次强调了作者对"事"所持的否定态度。而且,日常生活中的"琐事""乱事"还会扰人心神,乱其本心,因此"真人""至人""圣人"是不"做事"的,"无事之业"才是最高的"事"的境界,也是最高的"德"("道")的境界:"古之真人,立于天地之本,中至优游,保德炀和,而万物杂累焉,孰肯解构人间之事、以物烦其性命乎?"①;"闭九窍,藏心志,弃聪明,反无识,芒然仿佯于尘埃之外,而消摇于无事之业,含阴吐阳,而万物和同者,德也"②;"所谓真人者,性合于道也。……芒然仿佯于尘垢之外,而消摇于无事之业"③。主体精神纯粹而毫无掩饰,心无所载而逍遥自在,这样功名利禄、言辞辩术、智慧美色都不能对其产生影响,主体精神寂然凝虑而容纳万有,遨游宇宙,出入江海而无所凝滞。这才是最高的"真人之道"。这种观点进一步取消了"事"的人为性特点。而且,在作者看来,万物运转都有自己本然的规律,人既不能改变它们的运转,也不能改变它们的本性,如果强力为之反而"事与愿违"——"万物固以自然,圣人又何事焉"。作者将人的生命看成"形""气""神"三位一体的结构,只要有一方受到外力干扰而失去合适位置,其他两方会同时受到伤害,这样主体的行动定然失败。

---

① 陈广忠:《淮南子译注》,第 64 页。
② 陈广忠:《淮南子译注》,第 78 页。
③ 陈广忠:《淮南子译注》,第 350 页。

由此，作者强调作为"人主"在施政时要少欲望，要"省事"不要"生事"，充分考虑到社会环境和百姓的需求，以自己的行动为模范实现政治清明。《淮南子》强调主体行事要追求积极效果和较高效率，而不能"劳而无功"、事倍功半。人主的行动带有示范性，具有模板作用，因而"人主""少欲""省事"对教化民众亦起到重要作用，作者由此强调"事"或"行事"的有效性。在《主术训》中，作者反复论述了"人主"行事的有效性原则，即"省事"。作者以神农之治天下为例，指出"人主"不能"多事""多求"，也不能"不事之本，而事之于末"，而应"处无为之事""谋无过事"。"事"不"省"则"事"不"成"，"事"的有效性成为主体行动能否成功的关键因素。同时，"事"的有效性须建立在对环境时势、自然规律的正确认识的基础上，它们是成事之"势"、道理之"数"。实现"事"的有效性必须遵循自然规律，谨守时势因果。实现"事"的有效性行事时就应"与时迁移，应物变化，立俗施事"，充分考虑到时机、根据行动各方的实际情况和所处地区的风俗人情等因素，这样才能"事少而功多"，实现行事之目的，达到"省事"之境界。因此，《淮南子》十分强调内在精神寂然宁虑之状态对"事"之成功的重要性。由于主体之"心"容易受到感官享受的影响而违背自然本性从而"失其所得"，"心乱"而"事废"，因此只有内心清净才能实现"心"对"事"的指导目的。人没有贪欲，内心通达、清净、充实，就可以"通于神明"从而"百事不废"。

三、神人之转化：个体行动与神明境界

按照神话世界观，行动的主体只能是"神"——"神"的行动建立了世界的秩序，创造了万物，世界才成为世界，因而"神"理所当然是行动的主体；"神"的力量通过行动展示给人看，因而与人相比，"神"通过自己的行动向人展示了自己的优越性。所以，一旦人可以在某些重大事件中承担某种责任并决定自己的行动，"他"就成为像"神"一样的主体，"他"获得了意志和决定的能力。因而"行动"（"事件"）实际上是"人"表达自我的一种方式："一旦一个人面临选择，无论解决方法如何，他一定是以施动者的姿态在内心策划，

也就是说,他作为责任主体和自主主体,通过无可厚非的行为进行自我表达。"①行动带来神性,自我行动是人获得神性的基本途径或方式。《淮南子》对"事件"的重视在某种程度上催生了神、人关系的转化。

这种自我选择的力量并非凭空产生,在将神之力量唯一性特点消解的同时,人们要寻找到能产生这种力量的源泉。经过长期的思考和经验累积,人们认为"德"可堪当此任。相比于孔子的"仁","德"具有更为强大而原始的力量,人们对它的认识和理解也更为深远。在最初阶段,人们认为仅有"神"拥有德行,人是没有德行的;人如果拥有德行,不是因为人本身就有,而是因为人通过某种特殊的途径分享了它,此即"得之于外"的方式。同时,"德"还可"得之于内":在"默想通神"思想的指导下,静观是主体与神交流的重要途径,而此种方式也能使主体获得神的德行。此即《淮南子·原道训》所谓"执玄德于心,而化驰若神""通于神明者,得其内者也"②。一旦后者脱离神的控制,"德"即成为内在于主体的一种能力或力量——"德"成为使凡人成为"圣人""真人"甚至"神人"的根本性力量。在《淮南子》中,主体及其德行的力量或地位得到大幅提升。在国家文化宗教生活中,对神灵的祭祀行为虽仍在继续,但一旦主体行为是出于"善"或"至德"之目的,则人们即可取消对神灵的祭祀,他们认为即使如此神灵也不会或不敢降灾祸于人类。人类的行动越来越不受"神"的节制,主体也无须考虑"神"对自我行动的影响,甚至"神"(神灵、神物)也会根据主体"德"之厚薄来选择其与主体的关系:一种外在于"神"的观念超越了"神"。

在《氾论训》中,作者甚至否定了鬼神的存在:圣人之所以"因鬼神机祥而为之立禁,总形推类而为之变象",原因在于圣人只不过是"托鬼神以申诫之",对于鬼神对人魂魄的伤害之类的传言,"圣人之所不口传也",根本上否

---

① 让-皮埃尔·韦尔南、皮埃尔·维达尔-纳凯:《古希腊神话与悲剧》,张苗、杨淑岚译,华东师范大学出版社 2016 年版,第 37 页。
② 陈广忠:《淮南子译注》,第 22、36 页。

定了鬼神对人生理或心理的影响作用。这也在某种程度上否定了"神"对人类行动的影响作用。作者认为主体内心对"善"或"德"的领悟、认可并在行动上反映出来,则其行动自然会成功。决定主体做出行动本身就显示出主体的意志和力量让人更清醒地认识了自己:"事实上,这个决定是源于内心挣扎,也是深思熟虑的结果,使最终的抉择深入人物的灵魂。"①这种"通过事件显示自我"的思想与作者引用《诗》"惟此文王,小心翼翼,昭事上帝,聿怀多福"的观念明显是冲突的。文王要小心谨慎地举行祭祀仪典,他的行动受到了"上帝"的节制;但在《淮南子》的作者心中这种观念已发生根本改变——主体内心的精神力量取代了"上帝"的位置。

为此,《淮南子》的作者以"德"为标准对"神"的产生进行了新的解释,认为万物都可以成为"神",只要它(他)对人类活动产生积极作用,这样人们"不忘其功"就会将之塑造为"神"加以崇拜——"神"由此成为人类创造的产物。在《淮南子》中,作者以事件为基础彻底置换了神与人的关系:神不再是高高在上、凌驾于人之上的神圣存在,人通过一定的途径也可以转变为神。作者认为每个人都有"精神""神明",达到"神明"之境界,就可以"成事"。《淮南子·主术训》:"汤之时,七年旱,以身祷于桑林之际,而四海之云凑,千里之雨至。抱质效诚,感动天地,神谕方外。……古圣王至精形于内,而好憎忘于外。"②在作者的论述中,汤以身祷献祭的巫术仪式色彩退却,是其真挚的情感和精神感动天神而降雨。外在礼仪的神圣性被内在的诚挚精神所替代,从而实现将外在于主体的神灵置换为主观的内在精神,神灵的造物化育功能也被主体的精神教化所替代("太上神化")。相反,凡人如果仅仅学习王子乔、赤松子等神人呼气通天之技巧而没有达到他们清虚宁静的心灵境界,也根本不能乘云升天而通达幽深玄妙之境。"神"转向内在并被主体本身置换,成为主体行动真理性力量获得的思想基础。

---

① 让-皮埃尔·韦尔南、皮埃尔·维达尔-纳凯:《古希腊神话与悲剧》,第38页。
② 陈广忠:《淮南子译注》,第431页。

　　同时,《淮南子》的各位作者在论述中经常使用庄子等著作中的"真人""圣人""至人"等名称,以指称那些德行高尚、心志专一的人,这样的"人"也是"神"。他们可以把"神"作为自己的朋友交往。这些人虽然是普通人,但由于他们的精神达到了很高境界,因此他们的能力和地位超越人进而转化为神。这种状态中的"人"其实已经不是具体的、生理的"人",而是抽象的、精神性的而又保留一定程度形象的、人格化的"精神":"居而无容,处而无所。其动无形,其静无体。存而若亡,生而若死。出入无间,役使鬼神。沦于不测,入于无间,以不同形相嬗也。终始若环,莫得其伦。"①就其本质来看,这种观念将人的精神提升到至高的地位,是一种主体性精神哲学。

　　个体精神的发展、成熟,改变了人与神之间的关系,最直接的体现是人不再需要通过仪式、祭典、供奉、牺牲等方式"致神",只要个体精神纯净中和、行为端正质朴,神就会降临主体之居所,给个体带来福佑。因此个体的精神和行动成为神明降临的依据与原因。《淮南子·道应训》:"啮缺问道于被衣,被衣曰:'正女形,壹女视,天和将至;摄女知,正女度,神将来舍,德将来附若美,而道将为女居。'"②这就是说主体形象端正、内心专一,"神"既可降临主体之居所,"道"和"德"自然内在其中。正因如此,《淮南子》的作者对当时贵族奢侈淫逸的生活方式进行了批判,对他们崇尚繁缛、绮丽的审美趣味进行了揭露,认为这是社会乱象产生的真正根源,而这样的生活方式让主体道德混乱、精神纷扰不安,"神"自然无由降临福佑,他们离"道"自然也就越来越远。这些声色珍怪以满足欲望为目的,都违背了"道"。所以作者倡议生活节俭、不事雕饰之文,"静洁足以享上帝"③,正是强调清净节俭的生活方式对主体精神的积极作用,认为这样即可实现与鬼神的沟通、交流,而无须使用外在繁缛的礼节、方物、贡品。这是神人关系的重大变革。在同一时

---

① 陈广忠:《淮南子译注》,第 351 页。
② 陈广忠:《淮南子译注》,第 638 页。
③ 陈广忠:《淮南子译注》,第 409 页。

期的图像资料中可以发现,人们的礼仪行为也存在一种简化的趋向:在空茫的原野上,供物简单,没有繁多的牺牲和宏大的仪仗,只有礼拜者虔诚的跪拜和祈祷,其身前的小香炉和其规整身姿说明这是一场严肃而虔诚的礼仪行为。这种趋向表明纯净的个体精神本身就具备神圣性,因而可以实现与神灵之交流——主体行动和礼仪事件变得单一而纯粹。仪式外在形式的简化正是以主体精神的充实圆满为基础的,主体的外在行动获得了内在精神的支持。

四、"事""道"之关系:"以事显道"和"神道互置"

按照叶秀山的观点,神话以事件的方式呈现人们对"必然性""逻各斯"或"道"的认识,虽然两者之间存在某种程度上的差异:"事""道"关系支撑了神话叙述的展开。只不过,单纯的神话事件体现出某种自由性,而依据逻各斯"编纂"而成的事件则受到前者的牵制、制约,有其严格的内在规定。《淮南子》"以事显道"的述说方式显然属于后者,所以这些神话—历史事件的选择和重述也受到了这种结构的制约。可以看到,《淮南子》的作者并不孤立追述往事,而是将对"事"的讲述与对"道"的认识和领悟并置,"以事显道"。当然,并非所有的"事"都可以显现"道",所以《淮南子》对"事"进行了区分,能够产生重大影响的事件作者称为"大事""大节",微不足道的事件作者称为"琐事""微事""苛事"等。"大事"更直接地显现"道"的存在与运作规律;"微事"则繁杂凌乱,让主体深陷其中而不自觉,因而不仅不能使"道"明白显现,而且还阻碍主体对"道"的领悟和掌握。在作者看来,"道"是内涵于"事"的,因而个别性的"事"可以产生普遍性的"道",关键在于"事"是否具有价值性。《氾论训》指出:"故圣人所由曰道,所为曰事。"[1]"所由"是最终的根据,是不变的;"所为"是行动的结果,是随时发生改变的。两者一静一动,互为表里,相互构成。"事"的展开必以"道"为根本,"事"的形成、运转本身就体现了"道":"举事而顺于道者,非道之所为也,道之所施也。"[2]因此,"道"与

---

[1] 陈广忠:《淮南子译注》,第726页。
[2] 陈广忠:《淮南子译注》,第69页。

"事"虽名为二而实不可离:"道"无"事"无以显象,"事"无"道"无以根据。这一点是全书的指导思想,"事""道"相协的思想贯穿始终,成为作者架构整部著作的基本思想。

作者指出,《谬称训》"略杂人间之事,总同乎神明之德",《齐俗训》"通古今之论,贯万物之理,财制礼义之宜,擘画人事之终始",《道应训》"揽掇遂事之踪,追观往古之迹,察祸福利害之反,考验乎老、庄之术",《诠言训》"譬类人事之指,解喻治乱之体",《说山训》《说林训》"所以窍窕穿凿百事之壅遏,而通行贯薄万物之窒塞",《人间训》"分别百事之微,敷陈存亡之机",《泰族训》"经古今之道,治伦理之序,总万方之指,而归之一本,以经纬治道,纪纲王事",等等①。在作者的论述中,万物事件之变化、吉凶祸福之转化、天理人事之互动、道德阴阳之显明,无不通过"事"与"道"的方式实现,它们之间形成一种环环相扣、无始无终的内在结构。这个循环结构正类似于"道"的运转轨迹,谁知晓、掌握了这种结构("道"),谁就能成为最优秀的统治者。作者指出:"言帝道而不言君事,则不知小大之衰;言君事而不为称喻,则不知动静之宜;以称喻而不言俗变,则不知合同大指;已言俗变而不言往事,则不知道德之应。……已知大略而不知譬喻,则无以推明事。……故著书二十篇,则天地之理究矣,人间之事接矣,帝王之道备矣。"②作者正是通过对事件的举例分析,言说习俗之变、动静之理,从而上究天理、下备人事,以求实现政治治理之成功。

根据作者的描述,《淮南子》所谓"道"是一种无形之存在,可以为人所领悟、分享,"体道者"即可获得"道"的属性而成为"神",其行动无不与"道"相合,由此说明"事"与"道"可以一体相融。与人向神的转化相关,在《淮南子》中,"神"也逐渐脱去其形象性、具体性特征而向"道"转化,"神"不仅指神人、神物、神灵等带有神性的存在,还指一种抽象而无所不在的"道"。《说山训》

---

① 陈广忠:《淮南子译注》,第 1249—1257 页。
② 陈广忠:《淮南子译注》,第 1259 页。

就是《淮南子》的"道论",因为"山为道本,仁者所处。说道之旨,委积若山,故曰'说山',因以题篇"①。《说山训》开篇就假借"魂""魄"对话,指出了"道""视之无形,听之无声"的特点②。《淮南子》中的"道"脱去《老子》中"道"的形象性、具体性而成为纯粹的抽象性存在:它反对任何形名形式,它甚至还反对自身;万物是它的显象,它是万物的根本。"道"脱去具体的形质,因而"上""下""高""深""平""直""员""方"等表示方位、形态的词都不能修饰、陈述它,因为它无方位形制,因而不能被描述,也不能被任何东西阻碍。"道"的这种性质不是"道"所专有,它是可以流溢、分享的,因而"得道""体道"之人亦可具有"道"之特点而转化为"神"——人具有了神的属性,神被人所取代。"体道者"超出了普通人,没有感情的波动,没有思虑之纷扰,外在世界的变化对他来说没有任何影响;他分享了神为万物命名、支配人事运转的能力。或者说,他本身就是神。作者将"神明"与"道"进行了置换,"神明"已不是传统意义上的神或神物,而等同于"道"。同时,"道"的神秘性、神圣性,使它无法脱离与"神"的关系,进而保留了神的某些特点。"道"是形象化、人格化的,因而"道"也会像人一样有自己的行动和事迹,这也在某种程度上说明了"道"和"事"本就是一体的。在书中,作者时常将"道"称为"大丈夫",天地是他的专车,而四时为他驾车;雨师风伯为他洒扫,风雨雷电也为他驱使——"道"完全是一位神人或帝王形象。因而"道"实际上就是万物众神之"王",万物众神由他主宰、受其节制。由此万物之变化同时也就成为"道"之"行动"("事")——"事"本身就是"道"运转的结果。"道"在事件中显现,事件在"道"的支配下运转,两者体用不二、相与为一,作者用"道应"二字来指称两者之间的关系,所以作者还利用"捶钩者"捶钩之事证明《老子》"从事于道者,同于道"③的道理,"事"与"道"不能须臾分离,或者说两者本就是一体的。

---

① 刘文典:《淮南鸿烈集解》,安徽大学出版社 1998 年版,第 531 页。
② 陈广忠:《淮南子译注》,第 912 页。
③ 陈广忠:《淮南子译注》,第 677 页。

　　由此,在《淮南子》的论述中,神话的表达方式发生了显著变化,神话意象的内涵也随之发生转折:作者不单纯记述某一神话,而是通过对神话的记述阐明至深的道理,由此形成"事"向"理"的转化——神话事件成为"道"的载体或说理的工具。在这种情况下,神话的原初内涵就会被作者所要阐明的"理"("道")掩盖,神话也被赋予了新的含义,神话意象在形象和内涵等方面均出现了较大改观。神话事件是往古遂初之事,这些事件在当下已不存在,人们只能通过记述或谈论的方式(语言、言语)对之重新表述。正像帕尔默所指出的那样,"言说"本身就是阐释的过程,也是意义生产的过程[①],"理"正是在这个过程中产生的。由此可以看出,"理"内含于"事","事"是"理"的永恒的存在场所,不管"事"消失与否,它对"理"的基始性、场所性的价值是永在的。作者有时还以预先之"理"为指导来重述神话—历史事件,体现以"理"叙"事"的方式。《道应篇》专门论述神话—历史事件与"道"之间的征应关系,体现"以事显道"之思想,故曰"道应"。刘文典释"道应"云:"道之所行,物动而应,考之祸福,以知验符也,故曰'道应'。曾国藩云:此篇杂征事实,而证之以老子道德之言。意以已验之事,皆与昔之言道者相应也,故题曰'道应'。"[②]在全书的总结性篇章《要略》中,作者说:"言道而不言事,则无以与世浮沉;言事而不言道,则无以与化游息。"[③]"纪纲道德,经纬人事"是作者创作的指导思想。作者认为只言说抽象的"道"不能使人们真切感受到"道"的迫近和必要,因而需要借助"事"来说明"道"如何参与、支配万物之变化;同样,如果仅仅着眼于"事",人们又可能会仅仅关注眼前所见,而不能将之与根本的"道"相联系,以至于心智混乱而不能明白"事"与"道"共同运转的道理。

　　总之,通过对神话—历史事件的重述以表达至高无上的"道",正是《淮南子》一书的意旨所在。在作者心中,"事"与"道"体用不分,是结合在一起

①　帕尔默:《诠释学》,潘德荣译,商务印书馆 2012 年版,第 28 页。
②　刘文典:《淮南鸿烈集解》,第 384 页。
③　陈广忠:《淮南子译注》,第 1240 页。

的,不能离开"事"讨论"道",也不能离开"道"讨论"事":"事"是"道"的基本载体,"事"的变化运转是"道"的显像,诉说着"道"的存在;"道"是"事"运行的基本规则,"道"使"事"获得意义和价值,而不至于零散、空洞。因此,处理"事""道"之关系,既是全书所要昌明的根本思想,又是作者创作的指导思想。

第二节　"缘事而发":神话与诗的思维机制
——以汉代诗歌创作为中心的考察

在中国古典诗歌中,除了"诗言志"和"诗缘情"两个传统外,是否还存在第三种传统? 郑毓瑜在《从病体到个体——"体气"与早期抒情说》一文中,从先秦文献和作品中归纳出一种处于两者之间的"抒情(志)属诗"的传统:"所谓'抒情(志)属诗'的说法,既不同于《诗大序》所谓'诗言志'强调的礼乐歌舞一体的教化意义,也明显不同于后来陆机提出与'赋体物'相对的'诗缘情'的说法。可以说这是比较早出现的'抒情'说,而且在并不明显牵涉题材、字句、风格、教化等效应的文体分类下的一种可能较为普遍的'表达'。这种表达的欲求,明显与身体某种不和谐、不安宁的如波沸动的讯息同步。"[1]可以看出,这种"抒情(志)属诗"的传统处于"诗言志"和"诗缘情"的过渡阶段,同时也是"诗缘情"的早期阶段,因而并不属于"中国古典诗歌的第三种传统"。真正的"第三种传统"与这种传统在强调身体的行动和表达方面有紧密的联系,它是由汉诗"缘事而发"特征所引发而成的"诗缘事"传统。

对于中国古典诗歌的"诗缘事"传统,此前亦有学者论及。曹胜高《论汉晋间"诗缘事"说的形成与消解》一文认为,"两汉'诗缘事'说的提出,政治根源是出于强调诗歌对现实政治的干预作用,艺术根源在于总结《诗经》、汉乐府对'哀乐之事'的反映。……可以说,'诗缘事'是两汉诗学最重要的结论

---

[1]　郑毓瑜:《从病体到个体——"体气"与早期抒情说》,柯庆明、萧驰编《中国抒情传统的再发现》,台大出版中心 2009 年版,第 79—80 页。

之一"①。但是,随着魏晋之际士人政治热情的消退,士人由崇尚"事功"转向"立言",将精力投入学术研究之中,关注现实的热情淡化、消失,"诗缘事"传统逐渐弱化,抒情作品大量出现。在这种情况下,"诗缘情"最终取代了"诗缘事"。作者由此得出结论说:"上古诗歌'缘事而发'的创作实践未能全面展开就被窒息,'诗缘事'的创作经验尚没有得到系统总结就被忽略,从而导致中国诗歌叙事意识的淡薄和叙事作品的缺乏","诗歌的叙事功能进一步被剥离出去,遂使抒情言志成为中国诗歌的内在追求"②。这个结论基本上是准确的,但有两点需要指出:其一,该论提出政治因素对于"诗缘事"传统形成的决定性作用,忽略了《汉书·艺文志》"感于哀乐,缘事而发"表述中的情感维度,进而忽略了"诗缘事"对"诗缘情"观念所具有的奠基作用;其二,该论所认为的中国诗歌的"诗缘事"传统自两晋以后则湮没无闻、被人遗忘并不完全准确。虽然"诗缘事"传统由于种种原因一直处于被遮蔽的状态,但其观念则持久存在,并影响了此后中国诗歌创作和诗学理论的发展,叶燮对诗歌意象"理""事""情"等问题的讨论是"诗缘事"传统的总结形态。殷学明的《诗缘事辨》则揭示了"诗缘事"传统的历史发展脉络:"中国诗缘事传统当滥觞于远古,萌发于汉代,发展于唐代,成熟于宋代",认为"诗缘事的讨论,实际是对历史文化记忆以及诗歌叙事、创作内在规律和基本机制的揭示"③。此论视野宏阔,既阐明"诗缘事"传统的发展历程,又彰显其当代价值,但对"诗缘事"传统何以隐而不彰等问题未做阐述,留下了进一步探讨的空间。

　　本节的目的就是要铲除笼罩在"诗缘事"传统上的层层障碍,将这一传统呈现出来,还它本来的面貌,凸显它对中国诗学传统的本体性价值。④ "诗

---

① 曹胜高:《论汉晋间"诗缘事"说的形成与消解》,《文史哲》2008 年第 1 期。

② 曹胜高:《论汉晋间"诗缘事"说的形成与消解》,《文史哲》2008 年第 1 期。

③ 殷学明:《诗缘事辨》,《北方论丛》2013 年第 5 期。

④ 孔颖达《毛诗正义》提出"诗缘政"的思想:"风、雅之诗,缘政而作,政既不同,诗亦异体","诗者缘政而作,风、雅系政广狭,故王爵虽尊,犹以正狭入风。"孔颖达:《毛诗正义》,北京大学出版社 1999 年版,第 12、251 页。

缘事"观念直承上古时期"事""史"合一的思想取向,并渗透到中国诗学传统之中,形成中国古人独特的思考问题的方式:作为主体及其行为构成的基础场所,事件及其情境以独一无二的真实显现自身——"事"本身就呈现在那里,无须论证,并以情境化的方式为万物提供和谐共存的场所,主体的身心活动以及在活动中形成的思想和情感("事""史""思""情")同样以其真实的面貌容纳于事件中并统一于诗境,从而像"事"一样实时而永恒地展示自身,而非仅限于固定、僵化的礼仪之"志"和狭隘、局促的一己之"情"。

一、"乐府诗":一个撮合而成的概念

总体上来看,"汉诗"及其"缘事而发"特征的被遮蔽,在某种程度上受到"乐府诗"概念的影响,而"乐府诗"概念所指何意现在仍众说纷纭。根据宇文所安的考证,可以看到,在鲍照(约 415—466)使用"乐府诗"一词之前,唯有挚虞(250—300)《文章流别论》将"乐府"和"诗"放在一起使用,用来指称歌谣一类的作品,"颂"之类的作品不包括在内;沈约(441—513)在《宋书·乐志》中则用"乐府"指称"某种仪式性的音乐"。而且,根据"五言者,乐府亦用之""六言者,乐府亦用之"的描述,人们并不能肯定这里的"乐府"是一种诗歌的体裁还是一种音乐机构[1]。鲍照第一次在他的一篇序言中使用"乐府诗",但人们也不明白这个词到底是鲍照个人对傅玄《松柏篇》的描述,还是指这个词是由傅玄本人使用。到公元 6 世纪时,"乐府"概念被广泛使用,"其含义几乎足以包括我们现在所说的所有早期乐府"[2]。在《隋书·经籍志》中,很多诗集都被标以"乐府";郭茂倩《乐府诗集》则可看作"乐府诗"概念使用的权威文本。这种情况进一步说明"乐府"和"乐府诗"都是歧义迭出的概念,包含内容广泛,不能用来指称汉诗。

各种证据表明,"乐府"和"诗"是两个虽有联系却相互抵触的概念,不能放在一起使用。宇文所安说:"当我们检视在七世纪和八世纪早期的类书和

---

① 宇文所安:《中国早期古典诗歌的生成》,第 355 页。
② 宇文所安:《中国早期古典诗歌的生成》,第 357 页。

批注中所引用的文字时,我们可以看到,乐府还不是一个稳定的文学体裁名称,不管是在把一组文本与诗歌区别开来的方面,还是在描述与音乐相关的文本的方面。"①这一判断说明"乐府"和"诗"本就不属于一个领域,性质也根本不同。因而"乐府诗"实际是撮合而成的概念。刘勰《文心雕龙》有"明诗""乐府"两篇,昭示出"乐府"与"诗"实际上分属于不同的源流,是不同的文学样式,职责与功能均有不同,所以他在《乐府篇》末尾说"昔子政品文,诗与歌别,故略具乐篇,以标区界"②,明确将二者区别开来。聂石樵《先秦两汉文学史稿》第七章第七节使用了"乐府与诗"的标题,也是将"乐府"和"诗"作为两种不同的文学样式对待的③。闻一多将"歌"与"诗"的本质进行区别,表达的也是这个意思:"上文我们说过'歌'的本质是抒情的,现在我们说'诗'的本质是纪事的。诗与歌根本不同之点,这样就完全明白了。再进一步揭露二者之间的壁垒性,我们还可以这样说:古代歌所据有的是后世所谓诗的范围,而古代诗所管领的乃是后世史的疆域。"④但更多的论著没有注意这个问题,而径直使用"乐府诗",可见其影响之大、之深。

　　在古代,最起码在《诗经》时代,"诗乐分离"的情况就已出现,但是,包括古代和现代在内的很多学者对此忽视不见,仍以"诗乐合一"为前提来讨论汉诗问题。"诗乐合一"观点发展的极致,就是以音乐取代诗歌,生发出"诗在声不在义"的观点。郑樵《通志·乐略·乐府总序》:"呜呼!诗在于声不在于义。犹今都邑有新声,巷陌竞歌之,岂为其辞义之美哉,直为其新声耳。"⑤这种"以声代义"的极端看法既是诗乐合一观发展的高峰,也是它的终结:"诗"被"乐"剥夺而失去存在之价值。这种情况根本不符合汉诗"采诗夜诵"的情况。这种观念为"乐府诗"概念的流行、接受和使用提供了思想支

---

①　宇文所安:《中国早期古典诗歌的生成》,第360页。

②　范文澜:《文心雕龙注》,第103页。

③　聂石樵:《先秦两汉文学史稿》,北京师范大学出版社1994年版,第205—211页。

④　闻一多:《神话与诗》,《闻一多全集》(第一卷),里仁书局2000年版,第187页。

⑤　郑樵:《通志》,中华书局1987年版,第626页(上)。

撑。鲍照、沈约、郭茂倩等之所以会把这两个分属领域不同的概念合成一个概念,主要是因为音乐与诗之间的复杂关系。《尚书·尧典》提出的"诗言志,歌永言,声以永,律和声"的观点成为诗乐合一观点的理论基础,但就其意图来看,这实际是在区分"诗""歌""声""律",它们分属不同领域,具有不同的职能和特点,四者虽有联系但不能等同。就起源来看,不仅诗、乐、歌、舞等是一体的,即使是政治、巫术、战争、生产等也几乎是一体的,不能成为诗乐合一观点的立论基础。这种合一是以人类早期文化的整体性特点为基础的,说"诗乐合一"是没有意义的,因为所有东西都是"合一"的。因此,讨论"乐府诗"的概念,在看到"诗乐合一"的同时更要看到诗乐分离的情况。

因而,"诗言志"传统本身就蕴含着"诗乐分离"的倾向,以建立"诗""礼"之间的关系。陈世骧通过对《诗经》中出现的三个"诗"字的使用语境的分析,认为这种情况"特为明示或暗示着一种实觉的意识,标出诗之为语言的特有品质,虽然照早已流行着的风尚,这些篇章照例是歌唱,但此时觉到了诗的要素在其语言性,有和歌唱的音乐性分开来说的可能与必要"[1]。此论正切中"诗乐分离"对"诗"之成为独立文体的重要性。可以看到,在"诗言志"传统中,"乐"实际处于"诗"的附属地位,即"以乐从诗","诗意"才是关键。顾炎武《日知录》卷五"乐章":"古人必先有诗,而后以乐和之。舜命夔教胄子,'诗言志,歌永言,声依永,律和声'。是以登歌在上,而堂上堂下之器应之,是之谓'以乐从诗'。"[2]汉乐府的创作同样是"以乐从诗"的模式,这种模式剥夺了"乐"的独立地位。这固然与乐教传统的衰落有关,同时也说明"诗"对"乐"的否定;"诗"对"乐"的运用是"得鱼忘筌":领略"诗意"("志")才是关键。而且,在东周列国时期,各国间来往时人们好"断章取义,赋诗言志",这时"时人引诗可以不唱,引而不唱,'诗'的乐舞含义渐熄,形于'言'之

---

① 陈世骧:《中国诗字之原始观念试论》,《陈世骧文存》,志文出版社 1972 年版,第 45 页。

② 陈垣:《日知录校注》,安徽大学出版社 2007 年版,第 265 页。

意渐强矣"①,"诗"与"乐"最终分离,成为纯粹的语言文本。同时,这一时期,"乐"逐渐从施政教化的工具转化为娱乐工具,因而不能更好辅助诗"言志",加速了"乐"与"诗"的分离。"诗"最终成为语言艺术,即使没有"乐",它也能很好地流传,被人们理解、接受。

刘勰注意到了诗乐分离的情况,因而他专门对二者"以标区界"。如前所述,刘勰将"乐府"和"诗"分别论述是因为二者本质上分属不同的领域,承担不同的职能;随着两者的发展,它们的距离愈来愈远。在《明诗》篇中,刘勰在接续《毛诗序》"诗言志"观念的同时又有所发展,从"志"发展到"性情":"诗者,持也,持人情性。"②他认为尧之《大唐》、舜之《南风》都是感物动情的结果,而两汉诗"直而不野,婉转附物,怊怅切情",是"五言之冠"③。他又对建安、两晋诗进行评价,得出了"铺观前代,而情变之数可见"的结论。在这里,刘勰以性情言诗,没有谈到音乐对诗歌发展的影响,但在《乐府》篇中有所涉及。在论述中,刘勰的观点混杂着相互矛盾的地方,或者说他的观点相当包容:他一方面强调"诗道性情"、诗歌的发展是"情之变",另一方面又强调"诗以言志",显然是要调和由陆机《文赋》"诗缘情而绮靡"造成的"诗言志"与"诗缘情"两种观点之间的对立。他认为"诗"与"乐"具有不同的职能:音乐对人心有感发的作用,而诗则具有建立伦理秩序的作用;又说,"诗为乐心,声为乐体。乐体在声,瞽师务调其器;乐心在诗,君子宜正其才"④,指出乐府歌辞创作与曲调创作之间的不同——它们是由不同人员分工完成的。刘勰对"乐府"与"诗"的论述强调了两者的区别,而未将两者撮合成一个整体。

在现代学者中,朱自清是较早注意到诗乐分离的人。朱自清《诗言志辨》不仅考察了诗乐合一的情况,而且还考察了诗乐分离的情况,从合一到分离,是诗、乐关系发展的基本过程。在这个过程中,"诗言志""诗缘情"等观念逐渐

---

① 陈世骧:《原兴:兼论中国文学特质》,《中国抒情传统的再发现》,第 39 页。
② 范文澜:《文心雕龙注》,第 65 页。
③ 范文澜:《文心雕龙注》,第 66 页。
④ 范文澜:《文心雕龙注》,第 102 页。

形成。他认为诗、乐分离的时间应在孔子生活的时代前后:"诗与乐分家是有一段历史的。孔子时雅乐就已败坏,诗与乐便在那时分了家。所以他说:'恶郑声之乱雅乐也'(《论语·阳货》)。又说:'兴于诗,立于礼,成于乐'(《泰伯》)。诗与礼乐在他虽还联系着,但已呈露鼎足三分的形势了。"[①]与朱自清有师友之谊的黄节在《汉魏乐府风笺》序中说:"汉世'声''诗'既判,'乐府'始与'诗'别行,'雅'亡而'颂'亦仅存,惟'风'为可歌耳。"[②]黄节既指出了汉代诗乐分离的情况("声诗既判"),也指出了《诗经》传统在汉代的存续情况。可以看出,汉诗与《诗经》传统之间既存在承续关系,也存在巨大差异;诗乐分离从孔子时代开始并延续到汉代,影响了汉诗的创作。因此,我们应重视这一情况对汉诗的影响,也应注意"汉诗"和"汉乐府"是两个完全不同的概念。

当然,"诗乐合一"的情况在某些领域仍在继续,《楚辞》中的大多数篇章就是如此,南北朝的民歌也是如此。汉代建立后,"好楚声"的刘邦多次聚众"歌楚声",在某种程度上重新促进了诗乐合一。汉代雅乐一直不被刘氏集团重视,但这不能否定诗乐分离的存在。在儒学和经学盛行的时代,诗学在整个知识阶层具有极重要的地位,"诗"虽然可以配乐歌唱,但其核心思想不能改变。而且,还要看到汉诗"缘事而发"的"事"对于汉诗的形成也极为重要。汉诗的来源主要有三方面:一是采集的民间诗歌;二是乐府官署专职人员的创作;三是各类诗人自己的创作。这些作品首先进入乐府官署,审查结束后再配乐歌唱和表演。这说明诗乐合一在汉诗形成之初是不存在的,而是后来人为加工形成的。这个加工过程就是考察、追溯"诗"背后的"事"以及"事"所含蕴的"意"的过程。这使汉诗与"诗言志"和"诗缘情"传统都有不同。

总之,"乐府诗"这个概念将"乐府"和"诗"两个分属不同领域的概念合而为一,是不妥当的,它所依据的是诗歌与音乐共同存在、发展的部分现象,而忽略了两者的本质差距。在下文可以看到,相对于"诗乐合一"的历史,

---

① 朱自清:《诗言志辨》,《朱自清古典文学论文集》,上海古籍出版社 2009 年版,第 211 页。
② 黄节:《汉魏乐府风笺》,《黄节注汉魏六朝诗六种》,人民文学出版社 2008 年版,第 5 页。

"诗事合一"的历史更为漫长,两者之间的同构更多,是真正的一体性关系。而且,诗乐合一不是汉诗独有的特征,这个特点在每个时代都存在,不能用这样一个一般性特点来界定汉诗。这样的界定是没有意义的。对于汉诗来说,应充分考察其形成的内在机制和创作过程,将"诗乐合一"和"诗乐分离"统一起来,重新揭示汉诗所属的诗歌传统。

二、汉诗"缘事而发"的内在机制

所谓"汉诗"就是指两汉诗歌,内容庞杂、多样,包括乐府诗、民间俗谚、歌谣以及文人自创的作品等。"汉诗"涵盖内容多样、创作思想一致,即"感于哀乐,缘事而发"的创作传统,而且不需要配乐而歌。因此,与"唐诗""宋诗"相比,"汉诗"的体裁和创作主体都是多样的,前者则相对单一,多是文人创作,只有较少诗作属于民间。它们或叙事抒情,或托物言志,与汉诗"缘事而发"的创作方式区别较大。现代学者孟瑶(又名"扬宗珍")在《中国文学史》中认为,汉代诗歌"继承了《诗经》和《楚辞》的遗产,又将我国诗的发展史大大地向前推进一步"①。汉诗接续《诗经》《楚辞》,将中国诗推进了一大步确是事实,但该论并未指出其独特处何在。因为《诗经》的风、雅、颂内容各异,差别很大,未非都影响了汉诗;同时,它又是"诗言志"传统依托的主要文本。汉诗与《诗经》传统的区别在上引黄节的著作中已有呈现。《楚辞》哀怨婉丽的情感特质确为汉诗所有,但汉诗的情感已非《楚辞》的情感,它们所感叹的对象和内容差别巨大。

要想深入把握某一事物的本质,首先要从它的起源入手。同样,要准确把握汉诗的本质,也要从汉诗"缘事而发"的特点开始。"缘事而发"的提法首先见于班固所撰《汉书·艺文志》:

　　　　自武帝立乐府而采歌谣,于是有代赵之讴、秦楚之风,皆感于

---

① 孟瑶:《中国文学史》,大中国图书公司 1974 年版,第 77 页。

哀乐,缘事而发,亦可以观风俗、知薄厚。①

汉武帝成立乐府官署,以李延年为协律都尉,既采录旧曲,亦创制新曲,"采诗夜诵",负责皇家祭祀、娱乐等工作,且其机构庞大、人员众多。据统计,汉哀帝下诏解散乐府官署时,机构人员共有 824 人,罢撤 451 人,保留 373 人。② 汉乐府官署采录的歌辞遍布全国,代、赵、秦、楚等地均十分兴盛民间俗乐,它们多是民众"感于哀乐,缘事而发"的结果。汉诗的来源主要有采录和创作两种途径,采录和创作完成后,由李延年等人配乐歌唱。我们现在所见到的汉诗多是这些作品。

　　所谓"缘事而发",是指汉诗不是作者本人的凭空创作,而是作者在某些事的触发之下创作而成。"事"既可是个人之事,也可是集体家国之事;就汉诗所反映的情况来看,能被作歌传唱的"事"一般是在某一个特定的社会团体中影响较大的事,并引起了民众的共鸣。其中,只有很少的作品是为一己之私情而作;诗中的"一己之情"应具有代表性和普遍性,能够引起多数人的共鸣和同情,因而有传唱的必要和可能,也才能流传开来,产生重大的影响,进而被官方采录。这说明汉诗的根本起源在于生活现实:"事"对于汉诗来说具有本体论的意义。"事"是人的生命活动的构成,是活生生的,不是僵死的,是情和理依附、展开的场所;"事"具有极强的包容性,人类的物质活动和精神追求都需要借助"事"展现出来,因而它可以引发人们的各种情感和思想。可以看到,汉代人对自己的生活和现实具有超乎寻常的敏感与热爱,在这种敏感和热爱中,他们感受到生命的真诚与可贵,所以刘邦在征战过程中路经沛县而歌《大风歌》时,仍不由得泣下沾襟,他似乎在这歌诗中感受到自己生命经历中别样的焦虑与痛苦。"缘事而发"的"发"是指情感,这样才能呼应上文"皆感于哀乐"的界定。由此可以发现,在汉诗的创作过程中,存在

---

① 　吉联抗:《春秋战国秦汉音乐史料译注》,源流出版社 1982 年版,194 页。
② 　吉联抗:《春秋战国秦汉音乐史料译注》,第 184 页。

着这样一个时间结构:"事"→"情"→"诗"。反之,读者要进入诗境就需要逆之而行,形成两种时间结构:"诗"→"情"→"事",或者"诗"→"事"→"情"。

在班固的另一处记述中,"发"还有另外的含义,因为仅有"情"还不能成为诗,诗中的"情"还含有理性评价的成分。从民间采录的诗歌需要经过慎重的选择才能配乐传唱,并非所有的"情"都可以传播,因而由"事"到"情"的过程必有其他环节以补充之。《汉书·礼乐志》:"至武帝定郊祀之礼,乃立乐府,采诗夜诵。有赵、代、秦、楚之讴。以李延年为协律都尉,多举司马相如等数十人,造为辞赋,略论律吕,以合八音之调,作《十九章》之歌。"①这条文献证明了汉诗"以乐从诗"的特点,后期的加工制作是关键环节。争议的焦点是"采诗夜诵"的"夜"字做何理解。聂石樵的《先秦两汉文学史稿》:"'夜诵'之'夜'字,有三种解释:其一,唐颜师古认为所采诗'其言辞或秘不可宣露,故于夜中歌诵也。'其二,清钱大昭认为'夜'同'掖',乃'诵于宫掖之中'。其三,清周寿昌认为'盖夜时清静,循诵易娴',因此'置官选诗合于雅乐者,夜静诵之。'然则此三种解释皆不可取,我们试从训诂方面求之。按:'夜'从'夕','夕'亦声。'夕'者绎也,即抽绎之意。'夜'在此用为动词,意为抽绎诗中之含义。'诵',为歌诵以合律吕。"②颜师古等三人的解释皆牵强扭捏,不合常理,聂石樵的解释颇合符契。之所以要"抽绎诗中之含义",是因为这些采自民间的诗歌非凭空所生,皆是人们生活事件的真实记录,人们通过诗歌的方式对这些事件进行情感性评价。这些评价代表了民众集体的认识,反映了他们的需要和心声。由于年代久远或本事淹没等,诗中情感并非一望可知,必须揣摩品味才能把握,才能实现"观风俗,知薄厚"的目的。这些环节既是统治阶层体察民情民意的过程,也是国家机构对民间诗歌的审查过程。因此,通过诗歌追溯诗歌的本事以及确认诗中"缘事而发"的"情"和"理"就变得至关重要。对于统治者来说,对诗歌中"理"的准确把握

---

① 吉联抗:《春秋战国秦汉音乐史料译注》,第 167 页。
② 聂石樵:《先秦两汉文学史稿》,第 211 页。

比对"情"的欣赏更加重要。

于是,汉诗"缘事而发"的创作机制与"采诗夜诵"的加工机制相互构成,形成自己独特的思想传统和学理机制:"理""情""事"通过"诗"而统一起来。前述三种结构由此变得更加丰富:"事"→"情"和"理"→"诗","诗"→"情"和"理"→"事"或"诗"→"事"→"情"和"理"。这三个结构是理解汉诗的关键。可以看出,"事"既是"情"和"理"的载体,又是"情"和"理"的起源,"情"和"理"也让"事"获得"意义",是一种"生命之存在",由此"事"成为"诗"的真正本体;"理""事""情"相互构成,统一于"诗"。按照这一思路,我们可将汉诗所依循和开创的传统称为"诗缘事"传统。

汉诗"感于哀乐,缘事而发"的创作机制既强调"事"对"诗"的基础性作用,也强调"情"对"诗"的本体性价值。"事"在"诗"完成后即退居幕后,读者首先面对的是"诗"本身,他需要进入诗境领悟诗中独特的"情"。读者如能知晓"诗"后之"事"则有利于他领略其中的"情";如不能知晓,"诗"中之"情"也已获得独立的存在价值,同样可以感染读者。只不过,这种进入诗歌境界的过程就从"事"→"情"或"理"→"诗"的顺序转变为"言"→"情"或"理"→"诗"。陈胤倩评《鸡鸣》曰:"当时必有为而作,其事不传,无录可知,但觉淋漓古雅。古雅,辞也;淋漓,情也。彼自有情,即事不传而情未尝不传。'鸡鸣'二句,太平景象如观;'黄金'以下,繁华之状写得曲象;'桃生'以下,比兴之旨,曲折入情。"[1]作者虽有否定汉诗本身重要性以强调"情"在诗中的独立性的倾向,但在这里可以发现两种接受过程的差异:前者即事达心,很容易进入诗境;后者须通过对言辞用语的玩味来再度重建诗境,但它所依循的本事却无从知晓,因而对诗境的体悟变得曲折。无论是创作还是接受,"事"的重要性都不言而喻。

因此,汉诗"缘事而发"的特征影响了汉诗的记录方式和读者的阅读方式。与唐宋诗的单纯记录诗作本身不同,人们在记述汉诗时一般要将与本

---

① 黄节:《汉魏乐府风笺》,第 21 页。

诗相关的本事一同记述,有些曲调歌辞的创作背景也被记述下来。虽然有些诗作的本事已湮没无闻,但记录者仍力求对之钩沉辑录,以恢复诗作创作时的具体情境。在这种情况下,知晓本事就成了读者理解汉诗的基础性条件。这里以《长歌行》其三"苕苕山上亭"为例,说明这一问题。诗云:

苕苕山上亭,皎皎云间星,远望使心思,游子恋所生。

驱车出北门,遥观洛阳城;凯风吹长棘,夭夭枝叶倾;

黄鸟飞相追,咬咬弄音声。伫立望西河,泣下沾罗缨。①

初读此诗,可以看到,主人公在春天思念家乡,出城门远望洛阳,看到春风生叶、黄鸟相飞的景象后不由得泪下沾襟。如果我们知道这首诗是一位勤劳王事而远离父母的游子所写,则能更好地理解诗中意象的含义。黄节《汉魏乐府诗风笺》指出"此诗盖劳于王事而不得养其父母者"②的主旨,诗歌意象和情感顿时明朗:作者登上高高的山上亭远望,见宇宙辽阔,瞬间唤醒了内心潜藏的思念父母的情思。于是,他驱车出了城门,遥观洛阳城,希望能看到来自家乡的信息:或许他期望可以看到年迈的父母从城中走来;但见枝叶在春风的吹拂、滋养之下郁郁葱葱,鸟儿相互追逐着,发出清脆的声音,好像母亲在和自己的孩子一起嬉戏、打闹一样。这让作者想到自己和父母在一起时的场景,不禁悲从中来。于是,我们看到,遥不可及的山上亭与城池,成为作者儿时生活的故园;春风吹叶、黄鸟相飞,也变成母亲抚养子女、和子女在一起嬉戏的欢乐场面。可见,对于本事的了解,成为读者准确理解诗歌意象中含义和情感的关键。

需要指出的是,汉诗"缘事而发"的特点与其叙事特点之间不具有因果联系,虽然"缘事而发"为叙事提供了更多可能性,反映在汉诗研究方面,人

---

① 黄节:《汉魏乐府风笺》,第 30 页。

② 黄节:《汉魏乐府风笺》,第 30 页。

们往往以汉诗中有一些叙事诗而赞扬其叙事性特点。游国恩在其所著的
《中国文学史》中这样概括汉诗(他用的是"汉乐府民歌"):"汉乐府民歌最大
的、最基本的艺术特色是它的叙事性。这一特色是由它的'缘事而发'的内
容所决定的。"①这个观点的逻辑矛盾是明显的,因为同样"缘事而发"的汉诗
不具备这种叙事性特点的作品在汉诗中占绝大多数。中国古人所说的"叙"
"事"或"叙事",带有更多的礼仪化色彩。西方所谓"叙事",与《周礼·春
官》、刘克庄《后村诗话》前集卷一、许学夷《诗源辨体》卷三所使用的讨论乐
府诗的"叙事"概念并不是一回事,因而用之解释中国文学传统会出现许多
不适应的情况。"叙"在《说文》中与"序"同,为"次第"之义,转移到文学领域
后则带有"呈现""表达"之义。王世贞《艺苑卮言》卷二:"《孔雀东南飞》质而
不俚,乱而能整,叙事如画,叙情若诉,长篇之圣也。"②"叙事"和"叙情"并列,
即为记述、呈现和表达的意思,与西方强调虚构性、情节性的"叙事"差距很
大。汉诗中虽有不少叙事诗或叙事成分,但其重点并不在所"叙"之"事",而
在所"发"之"情"。袁行霈《中国文学概论》:"'缘事而发'常被解释为叙事
性,这并不确切。'缘事而发'是指有感于现实生活中的某些事情发为吟咏,
是为情造文,而不是为文造情。'事'是触发诗情的契机,诗里可以把这事叙
述出来,也可以不把这事叙述出来。'缘事'与'叙事'并不是一回事。"③这个
区分同时暗含着一个重大问题,即"诗缘事""诗缘情"和"诗言志"三者之间
的复杂关系。这是后文要讨论的问题。

　　汉诗"感于哀乐,缘事而发"的观念蕴含两种诗歌生成观:"事"→"情"→
"诗"和"事"→"志(礼或理)"→"诗"。前者接近"诗缘情",后者接近"诗言
志"。就汉诗的整体情况来看,它更偏向于前者,带有以情抗礼的特点,也为
后来"诗缘情"观点的提出奠定了基础。在整个汉代,除了极少延续《诗经》

---

① 　游国恩:《中国文学史》,人民文学出版社 1983 年版,第 165 页。
② 　王世贞:《艺苑卮言》,丁福保《历代诗话续编》,中华书局 1983 年版,第 980 页。
③ 　袁行霈:《中国文学概论》,高等教育出版社 1990 年版,第 116 页。

"颂"的传统的作品外,大多数诗作都含有浓烈的抒情意味,其质朴、真实、深切、哀伤的情感氛围至今仍让人慨叹不已。汉诗"缘事而发"的特征含有自己的情感向度,"感于哀乐"成为诗歌生成的关键环节。根据"缘事而发"的内在机制可以看到,相比于"事","情"与"诗"的距离更近一些。同时,也并不是所有的"事"都可以成为"诗",只有那些能够唤醒主体内心潜藏的情感的"事"才能起到"缘事而发"的作用。因此,汉诗"缘事而发"一方面肯定了"事"对"诗"的本源价值,另一方面也肯定了"情"对"诗"的重要性。

　　这种情感生成向度说明:"事"内含着"情","情"依附于"事","事""情"之间的转换、互动形成"诗",其中介是主体的身心感受:主体的行动构成"事",主体"缘事而发"生成"情",然后通过语言的方式将之创作成"诗"。郑毓瑜通过对屈原《九章》"抽思""悲回风"的分析,发现在《楚辞》中存在一种"较早的抒情说":"首先,没有任何心情表达是完全内在的,屈原的忧愁总是伴随唏嘘涕泣、永夜不寐的身体动作展现出来;其次,忧愁也不完全展现在个体上,长夜漫漫、秋风动容,这是与身体交缠共作的处境;最后,所谓'忧''愁''苦'这些后世视为心情写照的字眼,因此需要从身体处境的角度重新阐释。换言之,这些心情字眼并不抽象,是由人身'体现'出来的可见可感的空间性气氛。"①这种细密的分析明显呈现出"事""身""心"之间的复杂结构,昭示出主体行动与情感抒发通过诗而再度凝结、呈现的过程。如果将主体从"我"转换为"物",则"事"的范围亦可扩大,万物的兴衰荣枯则是"物"之"事",同样可成为诗歌"缘事而发"的诱因或对象。叶燮《原诗》:"草木气断则立萎,理、事、情俱随之而尽,固也。虽然,气断则气无矣,而理、事、情依然在也。何也? 草木气断则立萎,是理也;萎则成枯木,其事也;枯木岂无形状? 向背、高低、上下,则其情也。由是言之,气有时而或离,理、事、情无之

_____

① 郑毓瑜:《从病体到个体——'体气'与早期抒情传统》,《中国抒情传统的再发现》,第78页。

而不在。"①叶燮以气统领万物,将万物的存在形态和变化过程概括为"理""事""情"三者的统一。这种思想视野更开阔,虽然其具体含义与汉诗"缘事而发"传统有不同之处,但仍可对照来看。

汉诗"缘事而发"的观念赋予诗以无限的生命力,"诗"的境界随着"事"的变化而不断变化,进而获得自己的生命。"事"是"诗"的源头活水,经过"诗"提炼、加工后的"事"也与那些散漫、琐屑的"事"区别开来,而成为"诗中的事",具有诗的质量;"事"是"诗"的基础,"诗"是"事"的升华。即便是像王国维所说的李煜、纳兰性德这样的"主观诗人",虽生活经验不多,但也不能否认生活事件对其诗作的基础性价值。那些少而刻骨铭心的事件,以及在这些事件经历中产生的独特情感,成就了他们的精致诗作。朱光潜说:"诗的境界是理想境界,是从时间与空间中执着一微点而加以永恒化与普遍化。"②诗必须从生活中产生("时间和空间"),又对这生活和人生进行剪裁与选择("执着一微点"),然后才能形成永恒新鲜的诗境("永恒化和普遍化")。总之,汉诗"缘事而发"的创作和抒情传统并非孤例,它实际上存在于中国古典诗歌的整个历史当中。

三、"诗缘事"的历史与传统

在中国古典诗歌史上,"诗言志"和"诗缘情"是相互对立又相互补充的两大诗学传统,后世诗论无论怎么发展,都无法跳出此范围。但事实并非如此。如前所述,在这两个传统之间还存在"诗缘事"的传统。只不过,这个传统由于各种原因被遮蔽罢了。无论是"诗言志"还是"诗缘情",都未在本体论层面解决诗歌的起源和本质问题:"诗"所言之"志"外在于诗,是社会习俗、制度、礼仪所赋予的,并不内在于诗,因而在这条路上,诗很容易沦为说教的工具;"诗"所缘之"情"是主体内心所固有,是外在人事与自然相互振荡、触发而产生,因而相比于"志"来说更贴近诗的本体,但"情"不能凭空产

---

① 叶燮:《原诗》,丁福保编《清诗话》,上海古籍出版社 2015 年版,第 591 页。

② 朱光潜:《诗论》,《朱光潜全集》第 3 卷,安徽教育出版社 1987 年版,第 50 页。

生,它需要在个体的生活经验中酝酿而成。刘勰《文心雕龙·明诗》所谓"人禀七情,应物斯感,感物吟志,莫非自然"①,似乎解释了"情"产生的缘由,但并不准确。根据上下文来看,他所谓的"自然""物"即通常所说的自然物象。秋叶悲风、春华秋实可以感发主体的情感,但主体的情感却并非从它们当中产生,并非每个人面对相同的自然景象都能产生同样的情感。主体的情感是主体生活经验的结晶,它一经形成就沉淀在主体的生命之中,在因缘际会之时迸发出来而成为诗。所谓"日久生情","日"就是指生活经验,是彼此共同经历的事件,有了这些东西,"情"才能逐渐产生。因此,"诗缘情"可以往前推进一步而达到"诗缘事"。

可以明确,"诗""事"结合是汉诗基本的创作方式和存在样式。郭茂倩《乐府诗集》收录了 148 首汉诗,有 65 首诗记载了本事,说明他已注意到汉诗的这一特点。其他虽未记载,但不代表没有本事。逯钦立《先秦汉魏晋南北朝诗》辑录汉诗 12 卷,是研究汉诗弥足珍贵的资料②。在编撰方式上,作者先引述诗人生平,后标诗名,再引文献注明此诗缘由、事件,然后再著录正文并随文注释,体现出汉诗"诗""事"合一的特点。这种编订顺序暗合了上文总结的汉诗的"事"→"情"和"理"→"诗"的基本结构。其实,若将逯钦立著作合看,可以发现,这种结构几乎贯穿了整部著作。这似可说明,汉诗"缘事而发"的特点并非孤例,它成为中国早期诗歌创作、传播的基本模式,因而称其为"传统"应是合适的。

进入唐代,诗歌创作的专门化和专业化水平提高,随机作诗的情况有所增多,但"缘事而发"的情况仍普遍存在。"诗""事"融合的现实情况促成了诗话的诞生。成于唐光启二年(886)的孟棨《本事诗》,以事记诗、以诗证事,用丰富的例证证明了这个传统的存在。书中所记"人面桃花""破镜重圆"和"灵隐续诗"等逸事,颇具人文情趣和诗歌意境,是诗歌与纪事完美结合的好

---

① 范文澜:《文心雕龙注》,第 65 页。
② 逯钦立:《先秦汉魏晋南北朝诗》,中华书局 1983 年版,第 87—344 页。

例子。孟棨提出的"触事兴咏,尤所钟情"①的观点与汉诗"缘事而发"的传统是一致的:两者均立足于个体的人生际遇和情感体验,情因事起,辞以情发。孟棨之后,晚唐处士范摅(?—约877)所撰、成书于唐僖宗年间的《云溪友议》,也延续了《本事诗》的写作方式,是这种传统的延续。南宋计有功的《唐诗纪事》进一步凸显了"诗""事"之间的一致性关联。明代学者孔天胤在《重刻唐诗纪事序》中明确而深刻地论述了"诗""事"之间的同一性关系,以及"事"对"诗"的基础性价值:

> 　　余览而嘉之,且善其纪事之意,叙曰:夫诗以道情,畴弗恒言之哉;然而必有事焉,则情之所缘起也,辞之所谓综也。故观于其诗者,得事则可以识情,得情则可以达辞。譬诸水木,事其源委本末乎,辞其津涉林丛乎,情其为流为邑者乎,是故可以观已。故君子曰:在事为诗。又曰:国史明乎得失之迹。夫谓诗为事,以史为诗,其义侊哉。然自性情之说拘,而狂简或遂略于事,则犹不穷水木,而徒迷骛乎津涉,蔽亏乎林丛,其于流邑,盖已疏矣。……唐俗尚诗,号专盛,至其摛藻命章,逐境纡翰,皆情感事而发抒,辞缘情而绮丽,即情事之合一,讵观览之可偏。②

在这段话里,孔天胤明确提出了诗、事、情、辞等四者之间的密切联系,提出了"在事为诗"、"得事则可以识情,得情则可以达辞"、唐诗"皆情感事而发抒"、"情事合一"等观点。这些观点是对中国诗歌创作"缘事而发"传统的接续和总结。厉锷《宋诗纪事》、邓之诚《清诗纪事初编》、钱仲联《清诗纪事》、钱锺书《宋诗纪事补正》等,都是这个传统的产物。

　　春秋时期人们"借诗言事""以事明诗"的诗歌使用方式,说明"诗""事"

---

① 　孟棨:《本事诗序》,《唐五代笔记小说大观》,上海古籍出版社1999年版,第1237页。
② 　孔天胤:《重刻唐诗纪事序》,《唐诗纪事·序二》,中华书局2007年版,第2页。

合一在那时就已普遍存在。在《左传》《论语》等著作中,"诗言志"的例子经常出现。此后,《墨子》《孟子》等也都承续了这个传统,《韩诗外传》则是典型的例子。《韩诗外传》为西汉学者韩婴所撰,其体例与《说苑》《列女传》等相似,都是先讲一个故事,然后引《诗》为证,实现了"诗"与"事"的统一。清代学者陈乔枞《韩诗遗说考序》论述《韩诗外传》:"今观《外传》之文,记夫子之绪论与春秋杂说,或引《诗》以证事,或引事以明《诗》,使'为法者章显,为戒者著明'。虽非专于解经之作,要其触类引申,断章取义,皆有合于圣门商赐言《诗》之义也。"①《韩诗外传》"引《诗》以证事""引事以明《诗》"写作方式背后的思想基础就是"诗""事"合一。

　　从创作角度来看,见载于《周礼》等书的"孔子赋诗"的材料,也说明"缘事而发"的创作方式在当时是普遍的。这些诗作都是因事而作,同时排遣郁结心中的情感。孔子六艺皆通,他在周游列国的过程中常感事而发,创作了不少诗篇,同时他还配乐歌之,这些诗篇是典型的"感于哀乐,缘事而发"的创作。这些作品虽属琴曲,在当时却也可归入诗歌的范围。在蔡邕集录的《琴操》中,《将归操》《陬操》《猗兰操》《龟山操》四篇为孔子作,每篇皆"缘事而发"。如《将归操》:"将归操者,孔子之所作也。赵简子循执玉帛以聘孔子,孔子将往。未至,渡狄水,闻赵杀其贤大夫窦鸣犊。喟然而叹之,曰:'夫赵之所以治者,鸣犊之力也。杀鸣犊而聘余,何丘之往也?夫燔林而田,则麒麟不至;覆巢破卵,则凤皇不翔。鸟兽尚恶伤类,而况君子哉!'于是援琴而鼓之。云:'狄之水兮风扬波,船楫颠倒更相加,归来归来胡为斯'。"②后孔子又因此事作《陬操》,自卫返鲁、隐居山谷时因"贤者不逢时"作《猗兰操》,因"鲁君闭门不听朝"作《龟山操》。这些作品都是"缘事而发"的结果。不仅孔子诸作如此,文王被拘而作《拘幽操》、周公得白雉而作《越裳操》、独沐子无妻而作《雉朝飞操》、牧子无子而作《别鹤操》等,无不是"缘事而发"的结果。因此,汉诗"缘

---

① 　陈乔枞:《韩诗遗说考序》,《续修四库全书》经部76册,第494页。

② 　逯钦立:《先秦汉魏晋南北朝诗》,第299—300页。

事而发"的创作方式非为独创，实是恢复了这个被"诗言志"遮蔽的古老传统。

我们还可以从社会形态与艺术创作之间关系的角度考察"诗"与"事"在起源上的一致性。陈世骧说："任何文类的萌芽和开花都有赖于它当时民生形态的荣养，也要看此一文类和该社会之间有无密切共存的可能性，此一文类必须要满足当时社会想象力的要求。"①原始先民几乎所有艺术都是模仿性的：在特定思维的基础上，通过模仿他们生活中所见的事与物来达到解释世界、理解世界并掌握世界的目的。他们所模仿的是已经发生或将要发生的"事"：神话、诗歌、舞蹈、巫术、岩画等，都在呈现这些事件。相对于虚幻性的"情"或"志"，对于他们来说，事件本身才最具有力量，"杀死野牛"这一事件本身就有意义，构成事件的人与物，以及人与物在事件中的状态，都明白无误地呈现在那里，无须论证，不要感悟，人们就可通过事件直接把握。这似乎可以解释最早的诗歌为何一般是叙事诗。在"断竹，续竹，飞土，逐肉"②这样简洁有力的叙事中，作者无须通过音乐的辅助或添加"兮""噫"之类的字词以延续、渲染情感，这些都是晚起的技巧。对于原始先民来说，事件本身才是最真实的，也是最神圣的，而真实的力量是无限的。就个体来说，主体对自我生命的认识与反思也应先从对自我生命历程中的事件的反思开始。在这些事件中，我们的生命经验一一呈现，"我才是我"，或者"我成为我"，我们的思想、情感、追求获得了存在；我们也需要用歌、用乐、用舞、用诗等将之保留下来。因此，无论是集体还是个体，事件的意义都是本源性的，"诗"必须"缘事而发"。

实际上，汉诗"缘事而发"的关节点在"发"的过程，"事"只有通过这个环节才能转变为"诗"，因而"发"是一个观察、发现、感触、抽绎、反思的过程，"发"既是"情"也是"思"。经过这个过程，"事""思"和"史"才能统一于"诗"。

---

① 陈世骧：《原兴：兼论中国文学的特质》，《中国抒情传统的再发现》，生活·读书·新知三联书店 2015 年版，第 37 页。
② 逯钦立：《先秦汉魏晋南北朝诗》，第 1 页。

这个过程类似于圣人伏羲"观物取象"作八卦的过程。《易传·系辞下》:"仰则观象于天,俯则观法于地,观鸟兽之文,与地之宜,近取诸身,远取诸物,于是始作八卦,以通神明之德,以类万物之情。"①天地万物以"象"的方式呈现自身及其法则("事"),伏羲对此"仰观俯察"("发")而作八卦("诗"),这是事件、行动和沉思三位一体的结构,"这是带来另一种形式的洞见,这洞见深入了行动与礼仪法典之间相互构成的关系"②。因此,不仅"诗"有"缘事而发"的传统,有着悠久历史的史学和经学传统也是"缘事而发"的结果,它们构成了"缘事而发"的一体两面。"事"在《说文》中有"史""职"二义,其重点在"行动""职责"。所以王国维认为"事"与"史"本为一字,"古之官名,多由史出。……古之六卿,《书·甘誓》谓之六事。司徒、司马、司空,《诗·小雅》谓之三事"③。在此基础上,"诗""事""史"获得了一致性。

与此相关,在经、史领域,人们经常讨论"本事"对历史书写和经义理解的重要性。所谓"闻其末而达其本,圣也"④,是说那些能够通过对具体细节的思考而领悟、通达其本质的人就是"圣人","事"具有本源性和本质性。桓谭《新论·正经》中评述"春秋三传":"《左氏传》遭战国寝废。后百余年,鲁人谷梁赤为《春秋》,残略,多有遗失。又有齐人公羊高,缘经文作传,弥离其

---

① 张文智等:《周易集解》,巴蜀书社 2004 年版,第 236—237 页。

② 卫德明(Hellmut Wilhelm)《〈易经〉中的天、地、人》(*Heaven, Earth, and Man in the Book of Changes*),郑毓瑜:《引譬连类》,联经出版事业股份有限公司 2012 年版,第 53 页。

③ 王国维:《释史》,《观堂集林》,第 269—270 页。

④ 韩婴《韩诗外传》卷五第七章。又作"闻其末而达其本"。原文:"孔子学鼓琴于师襄子而不进,师襄子曰:'夫子可以进矣。'孔子曰:'丘已得其曲矣,未得其数也。'有间,曰:'夫子可以进矣。'曰:'丘已得其数矣,未得其意也。'有间,复曰:'夫子可以进矣。'曰:'丘已得其意矣,未得其人也。'有间,复曰:'夫子可以进矣。'曰:'丘已得其人矣,未得其类也。'有间,曰:'邈然远望,洋洋乎,翼翼乎,必此乐也。黯然而黑,几然而长,以王天下,以朝诸侯者,其惟文王乎。'师襄子避席再拜曰:'善!师以为文王之操也。'故孔子持文王之声,知文王之为人。师襄子曰:'敢问何以知文王之操也?'孔子曰:'然。夫仁者好韦,和者好粉,智者好弹,有殷勤之意者好丽。丘是以知文王之操也。'传曰:闻其末而达其本者,圣也。"许维通:《韩诗外传集释》,中华书局 1980 年版,第 175—176 页。

本事矣。《左氏传》于经,犹衣之表里,相待而成。经而无传,使圣人闭门思之,十年不能知也。"①桓谭此论强调了"本事"对于解经的重要性:即使是圣人,如不知"本事"("经而无传")也很难明白"经"的意义何在。这实际是强调"事"对"礼(理)"的重要性,也说明"礼(理)"对"事"的依附。班固《汉书·艺文志》也表达了这个意思:"丘明恐弟子各安其意,以失其真,故论本事而作传,明夫子不以空言说经也。"②对于中国早期诗歌(包括汉诗)来说,这种情况同样存在:这些作品多为"缘事而作",如果不明白背后的"本事",读者同样不能知晓"诗意"。也正因此,"以事解诗"传统在中国诗歌发展过程中一直未断,上举《本事诗》《唐诗纪事》等著作都是这个传统的产物。在诗学领域,"本事批评"同样占据重要位置。在乐府传统中,后人在编订诗集时,一般均对早期流传下来的作品或篇名、曲调等进行本事解说。如果没有这些本事解说,"诗意"虽不能像桓谭所说那样"十年不知",但知晓本事对于领悟真正的诗意显然十分重要。例如,如果我们不知道杜牧在湖州"得垂髫者十余岁"的经历,我们也很难知道《怅诗》中"绿叶成阴子满枝"的感慨所"怅"为何③。这是孟棨收集各种资料创作《本事诗》的原因所在。他用"触事兴咏"概括这种"诗缘事"的传统,是很有见地的。

对于汉诗来说,"缘事而发"传统解决了诗的起源和本体问题,是一个独特、独立的诗学传统。叶燮《原诗》对这个传统做过精辟的总结和阐述,他直接将"事"作为诗歌的起源和本体:"原夫作诗者之肇端,而有事乎此也,必先有所触以兴起其意,而后措诸辞、属为句、敷之而成章。"④叶燮强调"事"对主体的感发作用("触"),及其对诗歌创作的基础性作用。他还举上古诗歌为例,认为原始先民在最开始时对一饭一食、一砖一瓦的制作都感到惊喜,因而可以发而为诗,后人的诗歌创作不过是对这些作品的铺陈、敷衍;只不过

---

① 桓谭:《新论》,上海人民出版社 1977 年版,第 36—37 页。
② 班固:《汉书》,第 1715 页。
③ 计有功:《唐诗纪事》,第 849 页。
④ 叶燮:《原诗》,《清诗话》,第 567 页。

年代久远,后来作品越发繁复、发达,反而忘记了诗最开始时"缘事而发"的简朴形态。在随后的论述中,叶燮将"理""事""情"概括为宇宙运行和万物存在的基本模式:"曰理、曰事、曰情三语,大而乾坤以之定位,日月以之运行,以至一草一木、一飞一走。三者缺一,则不成物。"①而且,最早的、最根本的诗实际上都是对这种结构的模仿。在此基础上,叶燮又论述了诗歌意象中的"理""事""情"的特殊性:"幽渺以为理,想象以为事,惝恍以为情,方为理至事至情至之语。"②叶燮的理论是对"诗缘事"传统的系统总结,将"诗缘事"与中国古代的气化哲学结合在一起,上升到宇宙本体的层面,解决了诗之所以为诗的根本问题。

四、"诗缘事"与"诗缘情""诗言志"

按照朱自清的分析,"诗言志"观点的提出,在某种程度上是诗乐分离的结果,背后是先秦礼乐思想的崩溃,以及与此相伴的社会结构和阶层的变化。此前,国家主要通过音乐的方式施行教化,即乐教传统;刘勰用"乐本心术……能情感七始,化动八风"概括之③,强调音乐对人心的教化作用。但是,自东周开始,各地诸侯肆意妄为,这些举动瓦解了乐教传统维系社会秩序的功能。在这种情况下,"诗"必然要与"乐"决裂,同时也须重新寻找合适的方式实现其功能,"志"由此成为它的选择对象,"诗言志"随之被提出。

众多文献表明,"志"的内涵极为丰富,既可指情感,也可指义理,同样也可包含礼仪的内容;但在《诗大序》将"性情"纳入"志"的范围之前,"志"的含义是固定而明确的,而且"性情"含义处于从属地位。有些学者力图从《礼记》"六志"谓之"六情"、孔颖达的《毛诗正义》"情、志一也"的角度以"情"统摄"志",并将之纳入预先设定的所谓"抒情传统"之中④,实际上却忽略了

---

① 叶燮:《原诗》,《清诗话》,第576页。
② 叶燮:《原诗》,《清诗话》,第587页。
③ 范文澜:《文心雕龙注》,第101页。
④ 陈世骧:《原兴:兼论中国文学特质》,《中国抒情传统的再发现》,第30页。

"志"的本源含义:"志"的核心含义在于"止"。闻一多的《歌与诗》:"志……从'止'下'一',象人足停止在地上,所以'止'本训停止。……'至'从止从'心',本义是停止在心上,停在心上亦可说是藏在心里。"①因此,"志"本义的着重点在"停止":将包括情感在内的心理内容"停止"在心里,而不能随心所欲、不加节制地宣泄出来——这样的宣泄会对稳定、和谐的社会规范和伦理秩序造成巨大冲击。由此反观孔子所说的"乐而不淫,哀而不伤",可以看出其中所蕴含的节制情感的思想:无论是喜悦还是哀伤都不能过度宣泄,而应该将之藏在自己的内心深处,"停在心上"。

因之,"作诗止心"自然成为"诗言志"的意旨所在,以节制主体流溢的情感。"作诗止心"的观念见载于《左传·昭公十二年》:

> 昔穆王欲肆其心,周行天下,将皆必有车辙马迹焉。祭公谋父作《祈招》之诗以止王心。王是以获没于祇宫。……其《诗》曰:"祈招之愔愔,式昭德音。思我王度,式如玉,式如金。形民之力,而无醉饱之心。"②

在《祈招》这首诗中,作者以金玉比穆王的高尚品德,劝他保全自己的百姓,而不要有"醉饱之心"。周穆王读到此诗后反思了自己,终止了"周行天下"的计划,最终在自己的离宫中寿终正寝,有了好归宿,体现出"诗以止心"的作用:诗以其所含蕴的贞正之义理节制主体内心狂放不羁的情感,从而实现主体身心的和谐;对于统治者来说,做到这一点还可以实现河清海晏、国泰民安。在这则故事的结尾,作者说道:"仲尼曰:'古也有志:克己复礼,仁也。'信善哉! 楚灵王若能如是,岂其辱于干溪?"③楚灵王有"干溪之辱",是

---

① 闻一多:《神话与诗》,第 185 页。
② 杨伯峻:《春秋左传注》,中华书局 1981 年版,第 1341 页。
③ 杨伯峻:《春秋左传注》,第 1341 页。

因为楚灵王作为当时的霸主意欲挟持周天子以王天下,群臣以为不可,楚国右尹臣子革却极力恭维,以满足楚灵王好大喜功之心。楚灵王在干溪听到谋父之诗后,闷闷不乐、茶饭不思,虽有所悔悟,但仍不能克服自己纵情声色的生活习惯,结果第二年其弟公子弃疾暴动,楚灵王在荒野自杀而死。这件事与周穆王的事一正一反,证明"以诗止心"对自我与国家的重要性。孔子所谓"古也有志"的"志"在此显示出它的本义:"克己复礼",以"礼"节制自我情感,从而实现身心与行动的和谐一致。因此,"诗言志"的传统是以"志"代"乐",其目的在于以"礼"维持自我身心和社会的伦理规范。

可以看出,"诗言志"传统与"诗缘事"传统存在着某种抵触;或者说,"诗缘事"是要修复"诗言志"所忽略、过滤掉的某些东西,凸显那些"止于心上"的、被"礼(理)"节制的"情"——两汉四百年间雅乐衰而民乐兴,就是这种情况的反映。因而,我们读汉诗很自然地感受到其中涌荡着的各种情感。这种情感更多表现为对生命和生活不能把握的哀伤情绪,以及在此基础上衍生的乐享当下、羽化登仙的享乐情绪,明显体现出诗由"言志"向"叙事"再向"抒情"转化的痕迹。在这个层面上,"诗缘事"成为"诗言志"和"诗缘情"之间的过渡形态,它既改变了诗歌的创作方式和表现内容,也催生了"诗缘情"观念的诞生。"诗缘事"向"诗缘情"的过渡和发展,同样在诗歌语言的变化上体现出来。刘熙载《艺概》卷二《诗概》:"五言上二字下三字,足当四言两句,如'终日不成章'之于'终日七襄,不成报章'是也。七言上四字下三字,足当五言两句,如'明月皎皎照我床'之于'明月何皎皎,照我罗床帷'是也。是则五言乃四言之约,七言乃五言之约矣。"①据刘熙载分析,四言诗向五言诗、五言诗向七言诗的发展,实际上是诗歌形式日益简化的过程。可以看到,这种简化有利于压缩诗的叙事成分,更有利于情感的表达。这也从一个侧面说明"诗缘事"向"诗缘情"转化乃诗歌本身发展的一种必然趋势。

这个转变的形成受到创作和理论两方面因素的推动。闻一多将这个转

---

① 刘熙载:《艺概》,袁津琥标注,中华书局 2009 年版,第 340 页。

变归因于"歌"与"诗"的结合,致使"情"在"诗"中的比例逐渐递增而最终成为诗的主体,而"事"在诗中的地位被逐渐弱化;即使有"事",也"是经过'情'的炮制然后再写出来的","'事'的色彩由显而隐,'情'的韵味由短而长。……再进一步,'情'的成分愈加膨胀,而'事'则暗淡到不合再称为'事',只可称为'境'"①。闻一多认为这个过程完成的标志是《古诗十九首》的出现。这个分析是准确的。同时,"诗缘事"向"诗缘情"的转变还有学理上的原因。可以看到,此时人们对文艺创作过程中审美感兴的认识也逐渐深入,这些认识又逐渐被系统化、理论化,刘勰的《文心雕龙》、钟嵘的《诗品》、陆机的《文赋》等都是体系严谨的理论著作,它们在理论上论证了审美感兴过程中"情"的特殊性,及其与"事"的对立。以钟嵘的《诗品》中的"直寻说"为例,他强调诗歌的创作是"吟咏情性,亦何贵于用事",断然否定了"事(典故)"在诗中的合法性位置:"'思君如流水',既是即目;'高台多悲风',亦惟所见;'清晨登垄首',羌无故实;'明月照积雪',讵出经史。观古今胜语,多非补假,皆由直寻。"②这种思路和观点强调审美感兴的瞬间性与情感的不可把握性及其对诗歌意象生成的本体价值,同时也加固了"诗缘情"的观念,使之成为中国诗学中一个重要的面向。后来,严羽、王世贞、王夫之等人的诗论多延续了这种思路。

　　因此,由"诗缘事"向"诗缘情"转化的过程实现得并不轻松,经过几代人小心而持久的努力才告完成。"诗言志"传统的强大力量束缚了人们的思维,没有人能够随意用"情"来取代"志"。"诗言志"传统在春秋时转为这样四种形式:"献诗陈志""赋诗言志""教诗明志"和"作诗言志"③。无论哪种"志"都指向集体共识,而不是个体的意志或情感;虽然"赋诗言志"某种程度上可以表达赋诗者独特的思想和认识,但仍以集体共识为基础。因此,当时的"诗意"是社会

_____

① 　闻一多:《神话与诗》,第 190 页。
② 　钟嵘:《诗品序》,《全上古三代秦汉三国六朝文》,中华书局 1958 年版,第 3277 页。
③ 　朱自清:《诗言志辨》,第 183—234 页。

共同体共同明确和遵守的礼仪准则的代表,因而才能做到"献诗"可以"陈志"、"赋诗"可以"言志"、"教诗"可以"明志"、"作诗"可以"言志",同时也才能起到"事君"、"事父"、积累知识的作用,"以意逆志"只有在这个层面上也才可能实现。因而"诗缘情"在当时没有可供存在的空间,虽然诗可以表现情感。

朱自清认为,从"诗言志"到"诗缘情"是"诗言志"经过两次引申而实现的,即"诗缘情"内涵于"诗言志",毕竟"情"对诗的本体性价值是客观存在的。第一次引申出现在诗乐分离的时刻,因为"诗乐不分家的时代只着重听歌的人;只有诗,无诗人,也无'诗缘情'的意念","诗乐分家以后,教诗明志,诗以读为主,以义为用;论诗的才渐渐意识到作诗人的存在。他们虽还不承认'诗缘情'的本身价值,却已发现了诗的这种作用,并且以为'王者'可由这种'缘情'的诗'观风俗,知得失,自考正'。那么,'缘情'作诗竟与'陈志'献诗殊途同归了"①。"诗言志"的第二次引申是"赋"和"楚辞"的创作。因为周礼崩溃,"诗言志"传统随之出现了松动,同时诗人的地位逐渐凸显,"诗"表现自我情感的功能进一步加强。《汉书·艺文志》:"春秋之后,周道寖坏。聘问歌咏不行于列国,学《诗》之士逸在布衣,而贤人失志之赋作矣。大儒孙卿及楚臣屈原,离谗忧国,皆作赋以风,咸有恻隐古诗之义。"②这时,"诗"既有古义又包含情感,以前狭义的"志"显然不能适应此时的创作需要,因而"不得不再加引申了"③,结果是《毛诗序》在论述中用"情动于中而形于言""吟咏性情"之类模糊的表述来讨论诗,"情"逐渐获得了在"诗意"中的存在地位。到东汉末和魏晋时期,诗歌在创作上渐趋成熟,"诗缘情"的观念自然提出。但"言志"传统事关重大,诗论家一般不敢抛弃之而仅言"缘情",并力图调和两者间的矛盾,这一点在刘勰《文心雕龙·明诗》中已很明显。

朱自清的分析准确、细致,但有两点需要补正:其一,在"诗言志"向"诗

---

① 朱自清:《诗言志辨》,第 216 页。
② 班固:《汉书》,第 1756 页。
③ 朱自清:《诗言志辨》,第 220 页。

缘情"发展的过程中,除了诗歌创作主体地位提升的因素外,汉代天人关系思想的发展影响了人们对自然物象的认识,此前被《月令》《夏小正》归纳出的典型物候现象与人事活动之间的多种关系,在屈原等人的创作中逐渐被审美化,"感物动情"思想逐渐形成,开拓了"诗缘情"中"物"的路向;其二,虽然诗人的地位得以变化,但诗人的创作往往是针对自我生命中或社会上有代表性的事件而发,由此形成汉诗"缘事而发"的创作传统,突出了"事"对情感生成和诗歌创作的重要性,开拓了"诗缘情"中"事"的路向。这一点两汉学者多有讨论,如韩婴《韩诗·伐木》云,"《伐木》废,朋友之道缺。劳者歌其事,诗人伐木,自苦其事"①,指出了"事""诗""情"之间的统一性关系。这些言论都在强调感事而发对诗歌创作的重要性。他们的立论基础仍根源于"事"本身的包容性和可延展性:"情"和"志"都需要依附于"事"而存在,而且被写入诗歌的"事"在情感基础上同时具有较强的再生能力,具有代表性和典型性,可以完整呈现诗人所感之事。因此,"感物动情"和"缘事而发"共同为"诗缘情"观念的形成奠定了基础。

五、"抒情传统"与"叙事传统"之争

可以看到,无论是"诗言志"还是"诗缘情",它们都来自"诗缘事","事"是"志"和"情"的共同母体,"诗言志"和"诗缘情"是"诗缘事"的两翼,是人们根据不同历史时期的需要而提出的有针对性地解决具体问题的诗学主张。因此,以"诗缘事"传统统摄"诗缘情"和"诗言志"应该是可行的。或问"诗缘事"不是"诗言志"到"诗缘情"的过渡阶段吗?怎么又成了两者的共同渊源了?其实并不矛盾。这仍根源于"事"的包容性和多样性特征,以及"事"对"志"和"情"的生成作用。如前所述,最早的诗歌都是"缘事"的诗歌,最早的艺术表现形式也都是对事件或行动的模仿,事件具有起源和本体的双重价值。因此,"诗缘事"虽在汉代提出,但其历史却可上溯到上古时代,因而可以统合

---

① 王先谦:《诗三家义集疏》,岳麓书社 2011 年版,第 593 页。

"诗言志"和"诗缘情"。这样可以让中国诗学中的诸多论争一目了然。

例如，在当下的学术论争中，"中国抒情传统"和"中国叙事传统"之间的论争与博弈即是一例。自陈世骧先生提出"中国抒情传统"后，有大量相关论著发表，形成了一个新的学术流派。随着这一流派的影响逐渐扩大，又有学者认为仅以抒情传统概括中国古代文学是不全面的，因为在抒情传统之外，还存在一个历史悠久的叙事传统。如果引入"诗缘事"传统，这种论争则是不必要的。

"中国抒情传统"的提法起源自陈世骧的一篇同题的文章①。在这篇短文中，陈世骧将西方以史诗和戏剧为主流的叙事传统与中国以《诗经》和《楚辞》为主流的抒情传统并列，认为这是中国文学不同于西方文学的地方："中国文学的道统是一种抒情的道统""中国古代对文学创作的批评和对美学的关注完全拿抒情诗为主要对象"。这种特点后来衍生至明清时期的小说和戏曲中②。《中国诗之原始观念诗论》《中国诗歌中的自然》《原兴：兼论中国文学特质》等论文，从不同方面阐述了这个思想。比如，他认为"诗和以足击地作韵律的节拍，此一运动有关系"，"所谓'抒情诗'……特指起源于配乐歌唱，发展为音乐性的语言，直抒情绪，或宜称为'乐诗'"③。这种看法获得许多学者的认同。例如，高友工在《中国文化史中的抒情传统》一文中这样界定"抒情传统"："抒情传统在本文中是专指中国有史以来以抒情诗为主所形成的一个传统。"④在他看来，中国抒情诗的"抒情精神"还渗透到书法、绘画、建筑等领域；他认为，这个传统的形成大致在先秦至六朝时期完成，其中音乐、楚辞、汉魏乐府和五言诗，是重要的推动力量，陆机"诗缘情"观点的提出则是其确立的标志⑤。高友工对"抒情传统"的界定与陈世骧是一致的，研究思路则有所拓展。与陈世骧借鉴中国传统学术方法不同，高友工多从美学理论尤其是美感

---

① 陈世骧：《中国的抒情传统》，《陈世骧文存》，第31—37页。
② 陈世骧：《中国的抒情传统》，《陈世骧文存》，第32、34、35、36页。
③ 陈世骧：《原兴：兼论中国文学特质》，《陈世骧文存》，第222页。
④ 高友工：《中国美典与文学研究论集》，台大出版中心2009年版，第105页。
⑤ 高友工：《中国美典与文学研究论集》，第122—130页。

经验论的角度探讨中国抒情传统形成的学理机制;同时,他用"抒情精神"将各种不同的艺术门类统合成一个整体,是对陈世骧观点的扩充和丰富。

这个传统在中国文学和艺术领域中是客观存在的。同时,这种看法不能将中国文学尤其是以史传文学为主流的叙事传统包括在内,虽然屈原、司马迁"发愤抒情"的写作方式使历史与抒情有合流的趋势,但"抒情精神"的说法在此显然不具有解释力度,因为任何艺术(包括叙事)都有抒情成分。于是,有些学者提出"中国叙事传统"以修补之。傅修延《先秦叙事研究:关于中国叙事传统的形成》通过对先秦时期甲骨卜辞、神话史传、先秦诸子的研究,认为在先秦时期,中国文化即已形成了一个独特的叙事传统[1]。从该书副标题"关于中国叙事传统的形成"即可看到,作者力图用"先秦叙事传统"来弥补"中国抒情传统"的不足。同此,董乃斌等编著的《中国文学叙事传统研究》首先从陈世骧等发起的"中国抒情传统"的讨论入手,认为中国文学的叙事传统不仅从先秦时期即已形成,而且贯穿了整个发展过程,并把叙事特征突出的乐府诗、抒情特征突出的史传和小说均纳入这一传统[2]。这种观点也是针对"中国抒情传统"的不足而发的。

其实,这两种观点背后的学理基础是不同的,都是从一个侧面来考察中国文学传统的形成与特点问题。陈世骧提出这一看法是为了和西方文学传统进行比较以发现中国文学的特质而进行的一项工作。他的研究方法是在中西比较的基础上借鉴中国传统的训诂、释义、考证等方法,以突出中国文学的独特性,但其思想根本则在西学:他对"抒情诗"的界定所因循的是英国批评家约翰·德林克瓦特(John Drinkwater)等人的抒情文学观,并把"诗"(Poetry)和"抒情诗"(Lyric)两个概念等同[3]。这显然不符合中国诗(尤其是早期诗)发展的实际情况,从而将诗的内涵和功能单一化;虽然陈世骧此论背

---

① 傅修延:《先秦叙事研究:关于中国叙事传统的形成》,东方出版社 1999 年版,第 322 页。

② 董乃斌等:《中国文学叙事传统研究》,中华书局 2012 年版。

③ 陈世骧:《中国的抒情传统》,《陈世骧文存》,第 37 页。

后有融合、抵制喧嚣时代中政治运动对文学精神强迫的意图,但在理论层面并未实现这一目的。清末学者廖平在《知圣篇》中提出"经学四教,以《诗》为宗"①的观点。在这个层面上,"诗"甚至成为中华文化的本质,"诗言志"与"诗缘情"都应成为"诗"的本质,而不是将二者截然分开;而且,春秋时期人们对《诗经》"赋诗言志""断章取义"的做法至今仍在许多重要场合被传承、使用。董乃斌等人的论述则立足于中国文学经验和历史的实际,抽绎出一个逻辑系统严密的叙事传统,他们对叙事的界定则依据于西方的叙事学(Narratology)思想,与中国古代所谓"叙事"根本不同。中国古人使用"叙事"更多是指行动,这些"行动"带有更多仪式的色彩,因而中国古代的叙事带有更多礼仪化、行动化和空间化等特征,可称为"礼仪化叙事"。这与西方依托史诗和戏剧所形成的"情节性叙事"根本不同:前者强调主体行动的约束性或神圣性,后者强调情节(Plot)的曲折性或多样性。虽然西方叙事传统的某些特征在后来中国文学中逐渐凸显,但仍不能将之作为中国叙事传统的特征加以使用。

　　如前所述,汉诗"缘事而发"的特征是汉代学者对此前和当时诗歌创作实践的总结,与当时哲学家对"事"与"道""史"之关系的理解一致:在他们眼中,单一的"事"固然失之浅薄,但宇宙万物之"道"却从中产生,与之同步、同息,"事"与"道""德"之间构成体用合一之关系。刘安《淮南子·要略》:

　　　　观天地之象,通古今之事。权事而立制,度形而施宜。原道之心,合三王之风,以储与扈冶。玄眇之中,精摇靡览,弃其唫嘪,斟其淑静,以统天下、理万物;应变化,通殊类;非循一迹之路,守一隅之指,拘系牵连之物,而不与世推移也。②

这种思想发展了前述《周易》所记伏羲"俯仰观察"而作八卦的思想,并

---

① 廖平:《知圣篇》,河北教育出版社 1996 年版,第 132 页。
② 何宁:《淮南子集释》,第 1462 页。

将之扩展、推演到人事制度的设立。在作者看来,自然物象和人事的变化演进之所以成为统治者设定政治文化制度的基础,是因为二者均处于永恒流动的过程;对这种变化进行观察、学习并施行到具体的治理活动,做到"与世推移",则可打破事物之间的界限和某些学说的固陋、偏见,实现政治和文化的不断更新、发展。可以看到,"事"的流转变动不仅成为文化制度创立之基石,同时还与天地变化同步,成为"道"的体现者。所以,作者又说"言道而不言事,则无以与世浮沉;言事而不言道,则无以与化游息"①,"言帝道而不言君事,则不知小大之衰;言君事而不为称喻,则不知动静之宜"②。因而"事"的兴衰变化可以成为"道"不断变化的体现者,"道"的流溢充实则成为"事"与天地大化同步变化的基础。"事"与"道"之间由此转换为"体""用""道""器"之间的合体关系,包括诗在内的人间一切文化制度的创立、制作都成为"缘事而发"的结果。

同此,当时所谓"抒情"之"情"并非仅指个体情感,同时还包含与主体情感相伴而生的认知与沉思,所以屈原、司马迁等人"发愤抒情"之作才具有历史的深度和批判性价值,以及较强的感染力,"情"更多的是指抒情主体对当时历史事件的"情势""情形""情态""情境"的体察和理解。刘安《淮南子·要略》:"夫通论至深,故多为之辞,以抒其情;万物至众,故博为之说,以通其意。"③这里所说"以抒其情"之"情"的内涵乃是"至深"之"通论",是对"至众"之"万物"的体察、认识与理解之后的产物。由此可以看出,此时所谓"抒情"与当时"缘事"的致思方式有着密切的深度关联。以此反观与《淮南子》几乎同时而略早出现的《毛诗序》中提出的诗歌"情事"观,则"抒情"一词的此种含义更为显豁:

国史明乎得失之迹,伤人伦之废,哀刑政之苛,吟咏情性,以讽

---

① 何宁:《淮南子集释》,第1439页。
② 何宁:《淮南子集释》,第1454页。
③ 何宁:《淮南子集释》,第1455页。

其上，达于事变而怀其旧俗者也。一国之事，系一人之本，谓之风；言天下之事，形四方之风，谓之雅。……颂者，美盛德之形容，以其成功告于神明者也。是谓四始，诗之至也。①

可见，作者将《诗经》中"风""雅"之作看作"一国之事"和"天下之事"的真实反映，"事"对"诗"的基础性作用所在斑斑；所谓"吟咏性情"，首先针对的是"国史得失""人伦之废""刑政之苛"的社会现实，是"缘事而发"而非主观抒情。因此，后文"情动于中而形于言""变风发乎情""吟咏性情"中的"情"的内涵与我们传统所谓"抒情"之情差距甚大，前者包含的内容更为丰富、多样：它不仅包含通常所谓之主体情感，同时还包含"至深"之"通论"、"宇宙"之"大道"。"达于事变而怀其旧俗"与《淮南子·要略》中"言俗变而不言往事，则不知道德之应"②的观点一致："诗""事""情"之间再次获得了同一性，它们同为"道德兴衰""国史得失"的体现物。

　　总之，无论从哪个角度来看，所谓"中国抒情传统""中国叙事传统"都不能涵盖上述内容，他们所谓的"抒情"和"叙事"与中国诗学传统本身都存在较大差距，是逻辑推演的产物，因而有重新界定和研究之必要。在比较视野下使用"抒情"或"叙事"等概念对中国文学或诗歌进行归类和总结固然可行，但同时还应充分重视中国文学或诗歌本身所处的话语系统和历史情境。总体上来看，"事""诗"共生的合体关系形成中国诗歌尤重"真实"的特点，因而在概念使用方面应该与西方诗歌研究有所区别。郑毓瑜结合相关论著总结说："对西方读者而言，诗是一个被创造出来的封闭符号系统，是虚构的；但对于杜诗的读者而言，诗不是虚构的，而是如其所述的真实，是在一个历史时刻的遭遇、经验，以及对世界的响应，亦即中国诗歌的读者，很自动地将许多甚至是相反的事物，都视作在一个相互关联的架构中彼此应和(the echo in correlative frames

---

① 张少康：《先秦两汉文论选》，人民文学出版社 1996 年版，第 344 页。
② 何宁：《淮南子集释》，第 1454 页。

of reference)。"^①作为宇宙和人事结构最终演化过程的总结与显现方式,"诗言志""诗缘情"均将诗的气象格局狭隘化,使之失去在人类文化体系中的核心地位和作用。因此,以重探汉诗"缘事而发"特征为契机,重倡中国古典诗歌的"诗缘事"传统,就是要重新显现"诗"作为天地人文之总结方式的崇高地位,将宇宙秩序和人事法则的运转过程统一于"事",强调中国古典诗歌传统在中华民族历史发展过程中所应承担或已经承担的重要使命。

第三节　因事成境

——神话事件向意境的转化

关于意境观研究的论著已经很多,论者多指出其受老庄哲学、玄学的影响而在佛学思想的推动下最终形成。^② 这种观点指出了意境观之形成的各种外在推动力量,并未深入其本质。总体上来看,意境观的形成过程是人们在诗歌讨论中有意压缩诗中"事"的成分、逐渐凸显"情"的成分最终达到对形上境界("境")领悟之目的的过程。这一过程受到创作实践和理论总结两方面力量的推动而最终在王昌龄生活之时代完成,刘勰、钟嵘等人则是中间起到过渡作用的助推力量。这种做法的根源则在于"诗"与"道"(哲学)的临近——人们借欣赏诗而"以诗悟道",同时在批评上则提倡"神合体道""大象无形",最终以"道"剥夺"诗"。但诗毕竟是诗,因而不能用"道"直接评论"诗"。在"诗"与"道"之间有广阔的空间——言("诗")→事→象→情→境("道")——以供缓冲,而不会让"道"直接剥夺"诗"。就其实质来看,这个过程就是逐渐压缩有形式的、时间性的"事"而凸显无形的、抽象的"情",进而通达抽象的、空间性的"境",最终实现"以诗悟道"。因而"意境"是个空间性

---

① 郑毓瑜:《引譬连类》,第 32 页。

② 据统计,仅 1978—2000 年,"约有 1452 位学者,发表了 1543 篇'意境'研究论文,平均每年约有 69 位学者……发表 73 篇论文"。古风:《意境探微》,百花洲文艺出版社 2001 年版,第 16 页。

概念,而非时间性概念——"事"被压缩就是压缩"事"的时间性因素,"情"被凸显就是凸显由"事"而生的"情"的独立性,"情"的独立性的获得使"境"的永恒性得以存在。因此,"境"有典型的将时间与空间剥离的倾向,这正与永恒不变的"道"相适应。李白"凤去台空江自流"之句,向我们说明事件、时间之流逝("凤去台空")正彰显空间之永恒("江自流"),前者形成的感伤性情感被后者的无情而永恒之存在消解,其"言外之意"(诗境)正在这种永恒存在的空间场所中生成。王维"雨中山果落,灯下草虫鸣"之境,本身已然独立,时间性对于这一境界之存在无关紧要;它在时间中发生,但此时间并非我们的日常时间,此时间是过去、现在还是未来,都不影响这种境界的存在。因而诗之"境"独立自足,无须通过时间获得意义;它只是一个空间场景,是"永恒存在之物",因而是超越时间的,或者说,它的时间性是从读者此时此刻的存在中吸纳而来的。而且,我们更应注意到,无论是《说文解字》传统,还是梵语传统,"境"("竟")之本义均指"空间""边境""界限"之义,"意境"之"境"与此虽有指称对象的区别,但其本义则正相同。正像黑格尔指出的,诗仅借助语言这一非物质性的材料来塑造形象为精神提供对象,并最终使绝对精神回复到它自己——"意境"概念的产生亦大致如此。

首先,从诗本身演进的过程来看,"事"在诗中所占的比例逐渐减少而最终被其所触发的"情"取代,这是"事隐"而"情显"的过程。这个过程通过诗的语言的变化最终成为现实,而后人认为"事"好像与"诗"并无多大关联:声律、节奏和情感的表达成为"诗"的本质属性。其一,认为"诗在声不在义",凸显声律和节奏而否定了"事"对诗的基础性价值。郑樵《通志·乐略·正声序论》:"呜呼!诗在于声不在于义。犹今都邑有新声,巷陌竞歌之,岂为辞义之美哉,直为其声新耳。"①这种"以声代义"的极端看法既是诗乐合一观发展的高峰,也是它的终结:"诗"被"乐"剥夺而失去存在之价值,诗的物质载体("语言")被更为虚化的声律所代替,诗从语言艺术转化为音乐艺术。

---

① 郑樵:《通志》,第626页。

其二,诗从四言向五言、七言发展的过程,就是逐渐压缩"事"而凸显"情"的过程。刘熙载《艺概》卷二《诗概》:"五言上二字下三字,足当四言两句,如'终日不成章'之于'终日七襄,不成报章'是也。七言上四字下三字,足当五言两句,如'明月皎皎照我床'之于'明月何皎皎,照我罗床帷'是也。是则五言乃四言之约,七言乃五言之约矣。"①据刘熙载的分析,四言诗向五言诗、五言诗向七言诗的发展,实际上是诗歌形式日益简化的过程,而这种简化的本质就是压缩诗"事"的成分,从而更有利于"情"的表达。按照叶维廉的分析,中国诗独特的语法使用所形成的"传意方式",也让诗境的空间因素增多,从而让实体性的"事"进一步虚化:"中国古典诗里,利用未定位、未定关系或关系模棱的词法语法,使读者获致一种自由观、感、解读的空间,在物象与物象之间作若即若离的指义活动。"②这个"自由观、感、解读的空间"就是"境"。无论这种趋势是诗本身发展之必然,还是人为因素使然,都在说明"事"被压缩而"情"被凸显——"诗"呈现的形迹逐渐由"有"向"无"转化进而被精神化、虚化,从而为主体欣赏诗开拓了更广阔的空间。③

因而诗歌"意境"之"境"正是在这个过程中逐渐产生的。正像闻一多所指出的,"诗的本质是记事的",但是汉魏诗歌创作的进一步发展逐渐使"事"

---

① 刘熙载:《艺概》,第 340 页。

② 叶维廉:《中国诗学》(增订版),黄山书社 2016 年版,第 18 页。

③ 实际上,汉儒在对《诗》进行经学化释义时,往往采用比附的形式,以至于他们所阐释的"诗义"根本不是"诗"本身所具有的,这引起纯文学观念者的批评和反对,继而反对这种解诗方法;但是"诗义"为何他们也不能确定,因而只能将对《诗》"义"的解释转移到对《诗》"情"的感受。例如,《文选》行世后,人们囿于传统解释方法,专门对文章中的"事"进行索解,以至于忘却了文章本身所言之义。这种做法受到了后来者的批评。《新唐书》卷一百二十七《李邕传》:"邕少知史。始善注《文选》,释事而忘意。书成以问邕,邕不敢对,善诘之,邕意欲有所更,善曰:'试为我补益之。'邕附事见义,善以其不可夺,故两书并行。"欧阳修、宋祁:《新唐书》,中华书局 2005 年版,第 4405 页。"释事忘意"强调"事"的决定性价值,但导致"事"对"意"的剥夺;"附事见义"强调"事"对"义"的补充、启发价值,较为辩证。从李善的态度来看,"释事忘意"是其有意为之,所以他没有采用儿子李邕的看法。但他同时也认同"附事见义",认为二者可以互相补充,故让"两书并行"。无论如何,这都说明在古人心目中,"事"对"意"("义")都具有重要作用。

从"诗"中脱离出去而转移到"情"。闻一多指出,这与"歌"对"诗"的侵占密切相关,而"歌"的本质是抒情的。早期诗作,很多是"歌"的对象,因而"兮""噫"等语气词使用较为频繁;当"诗"从"史"中分离而与"歌"结合,就诞生了《三百篇》(《诗经》),因而《诗经》中的作品"事""情"结合相当匹配,两者和谐共生,"事"变成了情感性的"事","情"也有了"事"的依托。但是,"情"一旦进入"诗"便大幅增长而逐渐压倒"事"在"诗"中的地位,"事隐"而"情显",到《古诗十九首》时,"事"消隐不见而被"境"取代。闻一多说:"诗与歌合流真是一件大事。它的结果是《三百篇》的诞生。……一种如《氓》《谷风》等,以一个故事为蓝本,叙述方法也多少保存着故事的时间连续性,可说是史传的手法;一种如《斯干》《小戎》《大田》《无羊》等,平面式的纪物,与《顾命》《考工记》《内则》等性质相近,这些都是'诗'从它老家(史)带来的贡献。然而很明显地上述各诗并非史传或史志,因为其中的'事'是经过'情'的泡制然后写下来的。这情的部分便是'歌'的贡献。由《击鼓》《绿衣》以至《兼葭》《月出》,是'事'的色彩由显而隐,'情'的韵味由短而长,那正象征着歌的成分在比例上的递增。再进一步,'情'的成分愈加膨胀,而'事'则黯淡到不合再称为'事',只可称为'境',那便到达《十九首》以后的阶段,而不足以代表《三百篇》了。"[①]闻一多对早期中国诗歌三个阶段的划分,其实质正指出了早期诗歌从"事"到"情"再到"境"的发展过程,论证了"意境"观与诗歌创作实践之间的大致关联。可以看到,在《古诗十九首》前后,诗歌批评发达,玄学盛行,佛学进入并与前者交融,几乎全部使用实字的格律诗,形成并有自己的内在标准,在批评上则出现了"意会""悠长""韵味""玄远之境"等概念和说法与之适应,并被此后的批评家继续使用。即使如此,也不代表"事"对"境"的生成没有价值,毋宁说它发生了转移:经过"情"和"言"的压缩,它以潜隐的方式影响着"境"的产生。可以发现,"情""言"所压缩的正是"事"的时间属性,"事"由此被空间化:"事"已不是物理时间上的"事",因而也不具有时间性,

---

① 闻一多:《神话与诗》,华东师范大学出版社 1997 年版,第 207—208 页。

而仅留下"事"发生时的基本场所、境遇构成等,这些因素正是"境"的基本构成要素。这个过程可以概括为"因事成境"的过程——"境"的生成为意境观念或概念的提出进一步奠定了基础。①

其次,汉魏文学创作发达、繁荣,各种文体内部都涌现了大量优秀作品,从而改变了此前诗歌一统天下的格局,这刺激了文学批评的繁荣,刘勰、钟嵘、曹丕等关于审美感兴和文艺思维的认识与前人相比深化很多,形成了系统的理论。这些理论的旨趣多在强调"情"对文学(诗)的重要性,而贬抑"事"对文学情感的基础性作用,"事"对文学创作,尤其是对诗歌创作的作用进一步弱化、消隐。这一时期的文学批评针对各种问题而展开,同时带有鲜明的理论化倾向,以刘勰《文心雕龙》、陆机《文赋》和钟嵘《诗品序》为代表,而这三者在讨论诗的时候,都带有否定"事"而凸显"情"的共同倾向。除了陆机《文赋》明确提出"诗缘情"的观点外,钟嵘《诗品序》也提出"直寻说",明确主张优秀的诗歌作品的创作与"事"无关:"'思君如流水',既是即目;'高台多悲风',亦唯所见;'清晨登垄首',羌无故实;'明月照积雪',讵出经史。观古今胜语,多非补假,皆由直寻。"②这一观念与陆机《文赋》"诗缘情而绮靡"的观念一表一里,在加固"诗缘情"观念的同时贬抑了"诗缘事"的诗歌传统,并使前者进一步流传。

此外,与"诗言道"的久远观念有关,人们一直有"借诗言道"的习惯,魏晋时期独特的思想环境重新激活了这个古老的观念,从而让诗与道的关系

---

① 闻一多认为将"事"从"诗"中排除,"诗言志"观念起到了很重要的推动作用,同时对钟嵘"直寻说"提出了批评:"《三百篇》时代的诗,依上文的分析,是志(情)并重的,所以定义必须是'于记事中言志'或'记事以言志'方才算得完整。看《庄子·天下篇》'《诗》以道志,《书》以道事'及《荀子·儒效篇》'《诗》言是其志也,《书》言是其事也',都把事完全排出诗外,可知他们所谓志确是与'事'脱了节的志。诗后来专在《十九首》式的'羌无故实'空空洞洞的抒情诗道上发展,而叙事诗几乎完全绝迹了,这定义恐怕不能不负一部分责任。"闻一多:《神话与诗》,第209页。当然,闻一多所使用的"抒情诗""叙事诗"等概念,是从西方诗论中借用的。

② 钟嵘《诗品序》。

更加亲近了。对于"意境",论者大多认为这个概念是古代学者综合老庄哲学和佛学而成,具有形上特质。[1]叶朗指出:"'境'是对于在时间和空间上有限的'象'的突破。'境'当然也是'象',但它是在时间和空间上都是趋向于无限的'象',也就是中国古代美学家常说的'象外之象''景外之景'。'境'是'象'和'象'外虚空的统一。……所谓'意境',实际上就是超越具体的、有限的物象、事件、场景,进入无限的时间和空间,即所谓'胸罗宇宙,思接千古',从而对整个人生、历史、宇宙获得一种哲理性的感受和领悟。这种带有哲理性的人生感、历史感、宇宙感,就是'意境'的意蕴。因此,'意境'可以说是'意象'中最富有形而上意味的一种类型,而'意境'给人的感兴则是一种形而上的慰藉。"[2]虽然有学者对叶朗划分的"意象"与"意境"的关系尚有不同意见[3],但其对"意境"形而上性质的界定是符合实际情况的,因而并无争议。就古人来说,"意境"的形上性质符合他们"以诗悟道"的需求。因此,意境论之产生,存在一个诗向哲学转化的过程,所解决的是"诗"与"道"的关系问题。无论中西,人们似乎都认为诗是最接近哲学的艺术,因而由诗通向哲学是自然而然的。在古代中国,诗人、学者、哲学家、艺术家,这些身份往往统一在一人身上。在对诗的品评方面,他们也不满足仅仅停留在对诗歌意象的玩味和情感的涵咏方面,他们更希望通过对诗作的批评、对诗境的领悟而通达对天地宇宙之"道"的领悟和认识。可以看到,后来学者一般将汉魏古诗作为中国诗歌境界最高的作品,严羽甚至认为这种境界浑然天成、非人力可致,因而不能成为学习的对象。究其原因,乃在于汉魏古诗尚处于诗与哲学尚未分化的时期,诗与哲学是一体的,因而读诗在某种程度上就是对"道"的领悟,后来"情"的成分逸入诗中,造成诗与哲学的分化,带有玄思趣味的哲人在读诗时不得不首先面对"情",然后才能超越"情"而通达"道"之

---

① 刘成纪:《重谈中国美学意境之诞生》,《求是学刊》2006 年第 5 期。

② 叶朗:《现代美学体系》,北京大学出版社 2002 年版,第 131—132 页。

③ 古风:《关于当前意境研究的几个问题——答王振复兼与叶朗、王文生商榷》,《复旦学报》(社会科学版)2004 年第 5 期。

境界。显然，"情"进入诗歌造成"诗"与"道"的分离，从而给读者由诗入道造成某种阻碍。但是，追寻玄理至境，乃神思者的本性，因而他们不断寻找各种思想资源重新弥补由"情"所造成的"诗"与"道"的分离。显然，强调此世实践的儒家思想不能满足"神思之士"（鲁迅语）的需求，他们转而寻求以论"道"著称的老、庄，将老庄哲学对"言""象""意""道"相关问题讨论的内容转移到对"诗"的讨论中，魏晋玄言诗的大量出现与这种思潮不无关系。正当他们致力于此的时候，带有更为强烈形上色彩的佛学进入中国，后者对"象"彻底否定的思想旨趣更加符合人们的思想需要，于是人们援佛入诗，借用佛家对"象""境"等问题讨论的思想资源进行诗歌批评，最终在王昌龄《诗格》中出现了"意境"概念。可以看到，"意境"概念诞生之过程也是原始儒家、老庄哲学和佛学衰落之过程，所以梁启超认为"隋唐之后无佛学"。"意境"概念的诞生，在某种程度上完成了人们对诗进行哲学化批评的任务，并在后世批评家的长期使用中成为中国诗学的核心概念之一。在这个过程中，有形迹的以事件为依托的人、物及其行动逐渐弱化，并以虚幻而不乏真实的"情"替代之，成为诗歌呈现的主要对象。这个过程正是一个逐渐超越物质性、形象性而向精神化、抽象化转化的过程。这个过程可以简化为"神话→事件→情感→意境（道）"的过程。而在早期文本的论述中，人们直接讨论"神话"向"道"转化的问题，其过程可简化为"神话→事件→道"。这也是神话意象在文学艺术作品（诗）中逐渐被情感化的原因所在。总之，诗歌意境观的产生就是压缩有形迹的事件、凸显无形迹的情感进而走向无所不在的"道境"的过程。

其实，"意境"或"境界"成为古代诗学的核心范畴而不是哲学的核心范畴，其原因在于诗歌意境向形上境界的过渡并不是过程之终止，而只是过程之一端：主体通达意境之后仍要回到诗的世界中，回到诗本身，这样对诗的欣赏、领悟、创造才是"诗"的，而不是"哲学"的——"诗"是这个过程的真正核心，诗歌意象由此成为整个思维过程的唯一载体。这个过程是由"事"到"境"的过程，即具体的、时间性的事件过程转化为抽象可感的空间化的过程。正像有些学者指出的那样，"中国美学为了强调审美境界同物理世界的区别，往往着重突出'象'中所蕴含的'道'或'境'的维度，常常用'意象''意境'来表示这种境界。……中国思想之所以不同于西方主客二分式的思维，就在于'象'不是'道''器'中间的一个过渡环节，最终因必定会被'道'或'器'所扬弃而缺乏独立价值。中国思想刚好相反，它遵循的是由两极的'道''器'向中间的'象'聚拢、拓深式的路径。'象'不仅具有独立的价值，而且具有最高的价值，是二分的'道''器'共同追求的目标"[①]。这种独特的思维运作方式也是诗歌意境生成的思维方式，其核心在"象"，依靠它、始终不脱离它而以它为根本。这也是由"事"到"境"的思维基础。从意境概念形成的历史来看，"诗乐分离"与"诗可以兴"对此作用巨大。"诗乐分离"是早期诗歌发展的一个阶段、过程，"诗可以兴"是诗的思维方式、功能，但两者均指向一点：在诗的创造与欣赏方面，对主体想象力的要求提高了。而这正是诗的本质："因为凡是意识所能想到的和在内心里构成形状的东西，只有语言才可以接受过来，表现出去，使它成为观念或想象的对象。所以就内容来说，诗是最丰富，最无拘碍的一种艺术。"[②]

在早期诗歌的发展过程中，从"诗乐一体"到"诗乐分离"是非常重要的现象：它不仅改变了诗的功能，而且也改变了人们对诗进行阅读、赏析、批评、交流的态度、观念，进而从根本上改变了人们对诗的看法和对诗的欣赏的方式。"诗乐一体"的本质是作为感官的听觉凌驾于作为思维之载体的语言之上，"诗乐分离"的本质则是作为思维之载体的语言摆脱作为感官的听觉的束缚而获得自己的独立性的过程。可以看到，无论是创作还是欣赏，诗与乐对主体精神的要求程度差别巨大：音乐以声音的方式传达自己，对于欣赏者来说，它带有明显的强制性——只要它处在演奏中，无论你听或是不听，它都对你的感官起作用，精神是否参与并不是先决的条件。实际上，一

① 彭锋：《诗可以兴》，安徽教育出版社 2003 年版，第 20 页。
② 黑格尔：《美学》第三卷（上），朱光潜译，商务印书馆 1979 年版，第 19 页。

切以感官接受为主的艺术都是如此。诗则不然。主体对于语言的使用和接受不是被动式的,而是主动式的;或者说,它只能以主动的方式展开,一旦主体不能将自我精神与语言协调,诗的创造和接受都无法完成。因而,诗在最初时借助听觉感官,一旦它形成自己的特性后则需要摆脱这个早期的拐杖而走向自己的路途。在古代,最起码在《诗经》时代,"诗乐分离"的现象即已出现,但是,包括古代和现代在内的很多学者对此视而不见,仍以"诗乐合一"为逻辑前提来讨论早期诗歌问题。"诗乐合一"观点发展的极致,就是以音乐取代诗歌,生发出"诗在于声不在于义"①的观点。这种"以声代义"的极端看法既是诗乐合一观发展的高峰,也是它的终结:"诗"被"乐"剥夺而失去存在之价值。这显然不符合早期诗歌发展的实际情况。闻一多和朱自清都曾对此进行过细致、准确的分析。闻一多甚至直接将这一过程看成诗歌意境产生的直接原因:"事"逐渐被压缩、被"情"炮制而以潜隐的方式存在诗中,因而只剩下"境"(见上文分析)。从"情"对"事"的影响角度阐述了"诗乐分离"对诗境产生的重要性。朱自清则根据社会历史之变动从乐教和礼教更替的角度,指出两者分离的根本原因在于春秋战国时期社会秩序的混乱致使"乐"无法继续行使其教化功能②,因而"诗"要与它决裂,寻找新的对象,重新实现以诗教化的传统,在这种情况下,"礼"成为选择对象,"诗言志"观念由此产生。这样诗便变得不合乐,因而也不能唱而只能读或颂了。所谓"诗者,志之所之也,在心为志,发言为诗",就说明诗从歌向读(言、颂、诵)的转化。朱自清说:"诗不合乐,人们便只能读,只能揣摩文辞,作诗人的名字倒有了出现的机会,作诗人的地位因此也渐渐显著。"③可以看到,这种情况

---

① 郑樵:《通志》,第 626 页(上)。

② 《周礼·大司乐》:"以乐语教国子:兴、道、讽、诵、言、语。"朱自清说:"这六种'乐语'的分别,现在还不能详知,似乎都以歌辞为主。'兴''道'似乎是合奏。'讽''诵'似乎是独奏;'言''语'是将歌辞应用在日常生活里。这些都用歌辞来表达情意,所以称为'乐语'。"《诗言志辨》,第 6 页。

③ 朱自清:《诗言志辨》,第 24 页。

的变化引起两种结果:其一,从创作角度来看,作诗人的地位提升,促进了诗人尤其是个体性的诗人的出现,这为"诗者,吟咏情性者也"的观念提供了基础;其二,从欣赏角度来看,诗由唱转向读,对音乐的抛弃,不仅是对"礼"的靠近或接近,更重要的是诗借以表达自己的载体发生变化:放弃声音而选择语言。虽然此前也使用语言(文辞),但直到此时,语言才成为诗的真正载体。其实,诗乐分离的过程也是诗本身独立的过程:作为一种语言艺术,诗必然要脱离音乐的限制。根据陈世骧的分析:在公元前8、9世纪,《诗经》中的三首《雅》诗使用了"诗"字,这正是诗努力获得自己独立性的反映;"诗"没有被大规模使用,说明这时诗的独立尚处于"挣扎中":"'诗'字当时特有的用意,在表示诗之为语言艺术之意识渐渐觉醒,它虽作来仍是歌的形式而可入乐,但已觉有超乎音乐的本身独立性。但还可以想象这时代距离音乐、舞蹈与诗三者为综合艺术,融而未明的时代不远,诗的独立意识犹在挣扎中渐求独立。"①当然,脱离的过程是复杂的、艰难的,以至于在很晚时期乃至于当下,人们仍将格律、押韵作为诗的本质特点之一而加以肯定和谈论。然而,脱离毕竟成功了,诗作为语言艺术的特征获得了独立,这促使人们变革对诗的欣赏和思考方式,即将语言作为思维及其运作的载体,对诗的欣赏和领悟必然融入更多思维与精神的内容,否则我们无法通过语言进入诗的内部,也无法领略诗中无可言说的"至境"。于是,人们欣赏诗的方式从感官转向内心,随之将在诗或歌中属于"观念性的""脱离具体内容的"抽象情感也转化为生活中的、具体性的情感;诗中虽有韵律、节奏等音乐要素,但它们已失去了独立价值。这种转换对主体读诗过程中的想象力的要求提高了——诗开始从外在于主体的声音性存在转向内在于主体的精神性存在。

此外,"兴"这个古老文字被用于对《诗》的讨论,助推了人们诗歌观念的改变。根据陈世骧的分析,可以看到:"兴"在两个方面对诗境之产生起到重

---

① 陈世骧:《中国诗之原始观念试论》,《中国文学的抒情传统》,生活·读书·新知三联书店2015年版,第88页。

要影响,而且它还是神话与诗建立联系的根本思维方式;或者说,在"兴"的基础上,神话与诗一同产生。其一,"兴"作为诗的技法可以在各种题材的诗作中使用,可以增强关联,建立联想,同时利用韵律营造"全诗的氛围":"'兴'的因素每一出现,辄负起它巩固诗型的任务,时而奠定韵律的基础,时而决定节奏的风味,甚至于全诗气氛的完成。'兴'以回覆和提示的方法达成这个任务,尤其更以'反覆回增法'来表现它特殊的功能。"①其二,从起源论角度来看,"兴"是最为原始淳朴的歌舞活动的综合,"是初民合群歌乐的基础",神话与诗歌在其过程中一同产生:"'兴'保存在《诗经》作品里,代表初民天地孕育出的淳朴美术,音乐和歌舞不分,相生并行,糅合为原始时期撼人灵魂的抒情诗歌"②,"所谓只可意会,不可言传,其实也就是诗所流露的精神或情绪的'感动',此物不可割离,分布于全诗;所以我们称之为'气氛',并以为我们已经体会到某种'诗情',一般《诗经》里的作品要达到这个境界都靠错综丰富而自然的音响布置,独特却不牵强的节奏,外加动人而新鲜如大自然万物初生时浑概的意象"③。这"只可意会,不可言传""不可分割"的"气氛"其实就是诗的"意境",是浑朴的情感和自然的声音综合而成的,因而可以很容易获得读者的共鸣。从"兴"的起源和起"兴"自然对象来看,自然而淳朴的物事,"新鲜原始世界的因素",最易于形成诗意,"在那种世界里,初民的敏感自然觉得他们'兴高采烈'的言语必定和音乐舞蹈不可分离,而且他们对现世万物的观察力灵捷异常,向活泼的思想和感受并行成长的方向辐射。当前的事物即融入一套和谐的韵律和适当的节奏,如此以表达他们圆觉的思想和感受"④。可见,"兴"是初民抒发情感、创造艺术的最为基础的活动和思维方式,神话事件与诗境之生成的关系,亦应从这里开始。

与"诗乐合一"伴随而生的是"诗乐分离",由此"兴"——这个在甲骨文

---

① 陈世骧《原兴:兼论中国文学特质》,《中国文学的抒情传统》,第112页。
② 陈世骧《原兴:兼论中国文学特质》,《中国文学的抒情传统》,第118页。
③ 陈世骧《原兴:兼论中国文学特质》,《中国文学的抒情传统》,第125页。
④ 陈世骧《原兴:兼论中国文学特质》,《中国文学的抒情传统》,第129页。

中即已出现的古老文字,作为一个十分重要的诗学概念重新登上历史舞台,并为人们重新理解、阐释诗提供了新的思路。就其本来目的看,"兴"之提出是为了解决诗中"物"与"人"之关系到底为何的问题:如此众多的鸟兽虫鱼的活动与人的情感活动之间到底具有怎样的关系? 人们注意到,诗将大量自然物与人事活动和情感结合在一起描写,以至于使人觉得诗的功能之一就在于记述它们("诗以记物")。陈世骧指出:"《毛传》所标示的'兴'句有一特色,即诗人藉以起兴的对象不外乎以下数类:大自然的日月山川,原野飞禽,草木虫鱼,或人为的器具如船舶、钓竿、农具;外加野外操作的活动如采拾野菜、砍伐柴薪、捕捉鸟兽,以及少数的制衣织布等。"[1]《诗经》中凡兴句之处,几乎皆以自然物象为兴起之句,扑面而来的是原野清风的淋漓酣畅。"[2]可见起"兴"之物事均与朴实的自然和人事现象有关,给人"浑朴而动人心魄之美"。实际上,这种现象源自人与自然本来就有的一体关系,诗只不过呈现了这个事实,战国至两汉的学者开始用"兴"来指称、讨论这种现象。然而在如郑玄、孔颖达之类儒家学者的注疏家眼中,"兴"的方式是以古喻今、以美刺丑,目的在于美刺、讽谏,其着眼点和立足点在"人事"。据陈世骧统计,"《毛传》在三百零五首诗里提出一百十六首注上'兴也',有时指句,有时指章,不一而足"[3]。从郑玄标注"兴也"的诗句来看,郑玄对"兴"的理解和使用是相当宽容的,在他笔下,"兴"既可以作为修辞手法使用,也可涵盖广泛的内容。孔颖达认为,郑玄将"兴"解释为"见今之美,嫌于媚谀,取善事以喻劝之"而将"比"解释为"见今之失,不敢斥言,去比类以言之",是将两者分裂,而它们的目的皆在美刺("其实美刺俱在比兴者也"),没有必要将二者区分[4]。孔颖达将比兴合一的思路有可取之处,但将比兴看成"美刺",显然失去了二者的原初含义,是强制阐释的结果。与孔颖达类似,朱熹在他重新

①　陈世骧《原兴:兼论中国文学特质》,《中国文学的抒情传统》,第 123 页。
②　傅道彬:《诗可以观》,中华书局 2010 年版,第 14 页。
③　陈世骧:《中国文学的抒情传统》,第 109 页。
④　郑玄:《毛诗注疏》,上海古籍出版社 2013 年版,第 13—14 页。

注释《诗经》的过程中"减少前人所注的'兴'句",无论这种做法是出于学术商榷的目的还是出于表达自己思想的需要,我们都可看到朱熹对"兴"的贬抑态度。在这一点上他远离了郑玄而更接近孔颖达——刘勰感慨的"兴义销亡"至此可以明确其原因了。陈世骧说:"兴义销亡正是因为后代释诗者太执着于讽刺之'道'了;这种执着可说是两周断章取义赋诗进退的习惯,加上汉人以'经'尊诗所演变下来的必然结果。"①

在现代学者的研究中,人们无一例外地将"兴"的含义追溯到原始巫术活动,进而将这种活动中人体上举的姿势与内在情感之升腾的状态类比,从而将"兴"情感化、艺术化和审美化。② 实际上,这种推原式解读反而忽略了人们当时使用这个词所指称的诗中简单而又常见的事实,而这正是诗境之产生的最终根源:"我们和外物的接触是一个'事件',是具体事物从整体现象中的涌现,是活动的,不是静止的,是一种'发生',在'发生'之'际',不是概念和意义可以包孕的。因为,在我们和外物接触之初,在接触之际,感知网绝对不是只有知性的活动,而应该同时包括了视觉的、听觉的、触觉的、味觉的、嗅觉的和无以名之的所谓超觉(或第六感)的活动,感而后思。……'思'固可以成为作品其中一个终点,但绝不是全部。要呈现的应该是接触时的实况,事件发生的全面感受。"③正像论者指出的,"我"与"物"之"接触"("兴")是一个"事件",而诗是记述整个事件的成果;这种"接触"带有整体性,五官感受和"思"都参与其中,都在确证这种"接触",单个感觉(如听觉)不能完整呈现它,我们也不能把这种"接触"单独让一种感觉来完成。在这种情况下,"在整体现象中涌现"的"诗"就是一个整体性、包容性的存在("境"),而如何拓展这种存在就成为欣赏者的任务,或者说,这种有多种感觉参与建构的、带有"思"成分的存在,正为诗的欣赏者参与、品味、悟解、重

---

① 陈世骧:《原兴:兼论中国文学特质》,《中国文学的抒情传统》,第 133 页。

② 彭锋:《诗可以兴》,第 62—67 页;陈世骧:《原兴:兼论中国文学特质》,第 101—140 页。

③ 叶维廉:《中国诗学》,第 21—22 页。

建诗境留下了空间。这一点立即为公元 5 世纪的批评家钟嵘注意到:他不仅只字不提风、雅、颂,甚至将它们排除诗的范围而仅留下赋、比、兴;而且他还对后三者进行重新排序,使之形成"兴、比、赋"的新的序列——"兴"被提到理解诗的首要位置。他甚至还更进一步将"兴"看成"文"之为"文"的根本方法,认为"文已尽而意有余,兴也"。实际上,钟嵘以"文已尽而意有余"界定"兴",就是充分认识到诗在利用"兴"将性质不同的物事与人事连接成一个整体的过程中形成了无限广阔的可供领悟、补充的空间——"兴"成为诗之为诗、文之为文的根本标志。显然,"兴"的包容性和联想性为"言外之意""象外之象"("境")的生成奠定了基础。

根据上述分析,笔者认为:关于中国古典诗学意境观念之形成,一方面应选择新的角度,从实际出发,在鲁迅、闻一多等前辈学者研究的基础上对神话与诗之关系这一古老问题进行新的分析;另一方面应从早期中国诗歌起源和发展的角度,分析早期中国"诗事合一""诗乐一体""诗乐分离"等现象的内在逻辑,凸显此过程中发生的重要变化,为意境论思想之形成提供新的阐释。

有以下五点暂时性结论:第一,作为实践活动和思维方式的"兴",是神话事件与诗歌意境之形成与连接的根本和基础,"兴"以独特的方式所营造的淳朴而新鲜的情感氛围是最初的神话,也是最初的诗境,行动与诗的本质关联于此奠定;第二,以《诗经》为代表的早期中国诗歌为学者论诗提供了最重要的文本基础,周秦两汉学者各取所需,对《诗经》文本进行了符合自己需要的解释,然后通过对早期诗歌起源和发展的分析,发现诗境之形成乃其原初之思维方式所致,"只可意会,不可言传"之情感氛围是诗境之基本特征;第三,诗乐分离之完成,诗从感官艺术转变为语言艺术,为想象力的参与和诗境之再生提供了更广阔的空间,与此同时,人们开始使用"兴"字讨论诗的基本问题,拓展了人们对诗的本质的理解向度,为情(意)进入诗提供了契机;第四,随着诗从四言诗向五言诗、七言诗的发展,诗歌语言的凝练逐渐压缩了事在诗中的位置,致使情和意在诗中的地位提升,适逢玄学和佛学对空无之境的推崇进入诗的讨论,推动了意境观的形成;第五,意境观蕴含着丰富的形上内容,因而它不是时间性概念,而是空间性概念,所指为永恒存在之空间场景,但又始终不脱离诗歌意象,对形上之境的追求仍以象为最终归宿,由此形成意境独特的诗性品格。总之,神话意象及其事件之演变发展与中国早期诗歌创作和诗学思想之发展有一种此消彼长之关系:意境观的形成最终将神话(事件与行动)从诗中排除而仅剩下些微的外在痕迹(如诗对神话意象和情节的借用等),刘勰所痛惜的"兴义销亡",究其实质是神话特质在诗中的销亡——神话与诗最终分道扬镳了。

| 第五章 |

"神明"概念与艺术观念的生成
——恽寿平的艺术创作与批评

　　"神明"概念由宗教概念和哲学概念转化而来,不断被人们使用到对诗歌、音乐、绘画等艺术形式的讨论中,最终成为一个艺术批评术语而被广泛使用,尤其在绘画批评领域,这一概念在保持其基始性含义的同时不断发生变化,由此而成为一个独特的绘画批评术语。恽寿平对"神明"一词的使用具有代表性。在恽寿平的批评实践中,"神明"一词使用较多,其内涵是多重的。这一概念来自宗教术语,恽寿平在使用时首先指宗教信仰中的神灵。但他所谓的神灵不是纯粹宗教意义上的,他往往将神灵(尤其是神仙境界与神仙人物)艺术化、审美化,从而将艺术境界宗教化和神圣化。恽寿平所谓"神明"还指隐藏在自然造化中的最高的隐秘境界,画家通过自己的作品对这种境界进行呈现,以与自然造化相呼应,故而恽寿平常用"焕然神明"来指称画作所能达到的这种境界。恽寿平还结合绘画技法问题,讨论了师法古人技法("拟议神明")与自我创作之间的辩证关系。恽寿平以"神明"为核心,形成了较为独特、严密的批评话语体系。

第一节　从宗教到艺术:"神明"概念内涵的转化

　　中国古代绘画美学体系庞杂,思想多样、深刻,拥有众多的批评术语,人们把这些术语的内涵归纳、提炼后成为古代绘画美学和艺术理论的概念或范畴加以使用,葛路《中国绘画美学范畴体系》是这方面较有代表性的成果之一。作者指出:"中国绘画美学中的许多重要范畴,有民族的特色,是西方的艺术理论所没有的。……中国绘画美学体系,正是由许多闪烁着民族色彩的网结——范畴所织成的。"①作者的提炼、概括,是准确的,也是开创性的。同时,由于其乃开创之功,因而他对相关范畴、概念的提炼、分析,尚存在需要补充之处,魏晋时期即被顾恺之、王微等人使用的"神明"概念没有被作者纳入考察的范围,而这一概念或范畴从魏晋到清代,常见于古代艺术理论家的著作,且其内涵、外延均具有诸多内在联系,反映出中国古代绘画等艺术思想的形成和转化过程,因而可以作为一个独立的概念或范畴纳入中国古代绘画美学的体系之中。

一、由外向内:"神明"概念内涵的转化

总体上来看,在早期中国的文献中,人们使用"神明"一词,主要是指神灵,它是神的又一种称呼。在这一时期,人们还没有使用这个词来专门讨论绘画、音乐等艺术问题。而且,根据相关描述,可以看到,"神明"和艺术之间还处于外在的关系阶段,人们可以通过一定的物质和精神手段实现与"神明"的沟通,但"神明"不内在于这种手段之中。最有代表性的论述是《周易·系辞》对伏羲作八卦神话的描述:庖羲氏"仰则观象于天,俯则观法于地,观鸟兽之文与地之宜,近取诸身,远取诸物,于是始作八卦,以通神明之德,以类万物之情"②。作者认为,伏羲"始作"之"八卦"可以"通神明之德",即通过八卦将"神明"之德显现出来,用以指导人们的活动。这里,"八卦"可以指人类创制的文化形式的统称,各种艺术门类亦涵盖其中。人类的文化形式(包括艺术)是人"通神"之手段,其目的在于更好地展开人类活动,这就将艺术的起源论、功能论和本质论合而为一了。如果根据许慎《说文解字》和张

---

① 葛路:《中国绘画美学范畴体系》,北京大学出版社 2009 年版,第 1 页。
② 阮元校刻:《十三经注疏·周易正义》(清嘉庆刊本),中华书局 2009 年版,第 179 页。

彦远《历代名画记》的解释,伏羲所作之"八卦"正是最早的文字和图画,那么,我们也可以将上述关系转换为文字和图画与"神明之德"的关系。事实上,许慎和张彦远等人将文字和绘画与八卦建立联系的论述思路,是后来艺术家尤其是画家和理论家普遍遵循的逻辑:他们均将绘画的产生与八卦的创制建立联系,认为伏羲"仰观俯察"之结果就是最早的绘画和文字作品,这样就在绘画与"神明"之间建立了联系,提高了绘画在人类文化体系中的地位和作用。当然,在绘画艺术与"神明"之间建立联系,是很晚之后的事情。古代中国的文献,更多的是将"神明"作为宗教概念加以使用的。

在《左传》《庄子》《国语》《淮南子》等文献中,"神明"一词有时也作"明神",其中"神"指神灵,"明"是修饰语,是指神灵所具有的洞彻、纯洁、澄明之精神特质。"明"有时也指神灵,如《庄子·天下》中"神何由降,明何由出","神""明"同义,均指"神明"。有时,人们也将两者区分使用,认为"明"不如"神","炫耀明智的人"不如"神全自然的人"。如《庄子·列御寇》:"明者唯为之使,神者征之。夫明之不胜神久矣也。"[①]《国语·楚语下》将两者合一,用以指称神灵,较有代表性,后来人们也多使用这个词:

> 古者民神不杂。民之精爽不携贰者,而又能齐肃衷正,其智能上下比义,其圣能光远宣朗,其明能光照之,其聪能听彻之,如是则明神降之,在男曰觋,在女曰巫。[②]

观射父对明神降临条件的描述,侧重点在"民"的精神素质:"精爽不携贰"者,是指他(她)的精神状态极端纯净专一,对神灵具有虔诚的心态,这样"明神"就会降临在他(她)的身上,而他(她)也会成为神明的代言人。可以看到,"明神"之"明"专指一种较为纯粹、衷正、严谨的精神品质,而这种品质是

---

① 陈鼓应:《庄子今注今译》,第 976 页。

② 陈桐生:《国语译注》,中华书局 2013 年版,第 621 页。

"神"和"民"共同具备的,因而二者可以实现合一。在《淮南子》等著作的论述中,"明"或"神明"还是主体所具有的精神境界之一:主体只有在满足一定生理和心理条件的基础上,才能让自己达到"明"的境界,从而实现与神的交流:"敦志胜而行之不僻,则精神盛而气不散矣。精神盛而气不散则理,理则均,均则通,通则神,神则以视无不见,以听无不闻也,以为无不成也。"①"声色五味,远国珍怪,瑰异奇物,足以变心易志,摇荡精神,感动血气者,不可胜计也。"②这些论述说明,主体要在生理、心理均极为健康的状态下,清心寡欲,气盛理智,才能实现与神的交流,主体的精神状态成为能否通神的关键,故曰:"通于神明者,得其内者也。"③早期哲学家关于主体通神之精神状态的论述,后来转变为艺术理论家关于艺术创作和审美心胸等问题的讨论。例如,《老子》中的"涤除玄鉴"《庄子》中的"解衣般礴"等,都是如此。实际上,"神明"概念的类似内涵,在恽寿平的批评中同样存在,我们依稀可以看到它们之间的联系。

与此相关,"神明"同时也被早期哲学家作为主体的一种精神境界加以论述,认为达到某种境界的人其实也就可以转化为神。《淮南子·道应训》:

> 罔两问于景曰:"照照者,神明也?"景曰:"非也。"罔两曰:"子何以知之?"景曰:"扶桑受谢,日照宇宙;炤炤之光,辉烛四海。阖户塞牖,则无由入矣。若神明,四通并流,无所不极,上际于天,下蟠于地,化育万物而不可为象,俯仰之间而抚四海之外,照照何足以明之?"④

在这段虚设的"罔两"(影子)与"景"(光)的对话中,"神明"一词,具有了与此

---

① 陈广忠:《淮南子译注》,第 341 页。
② 陈广忠:《淮南子译注》,第 410 页。
③ 陈广忠:《淮南子译注》,第 36 页。
④ 陈广忠:《淮南子译注》,第 695 页。

前专指的神灵不同的含义:它既成为"道"的化身,又是一种博涯无碍之境界的象征。在作为影子的"罔两"的眼中,日光("照照者")就是神明,因而它向景表达了自己的见解。但是,景否定了它的看法,你所说的日光,东起扶桑,照耀四海,看起来很光明,但是,人们只要关上窗户,便能把它挡在外面,因而它并不能称为"神明"。真正的神明,应该"无所不极""化育万物而不可为象",不会受到其他外物的遮挡、干扰,这是日光不能相比的。这时,"神明"已不是那种客体化的实体性存在,而是一种抽象化的存在,无所不在而又不能被具体的形象所代表,它既是"道",又是主体之精神。

　　从以上论述可以看出,"神明"概念内涵之变化存在一个由外向内转化的过程:人们首先将"神明"看作外在于主体的实体化存在,人们只有具备某种素质、通过某种手段,具备了"神明"的性质,才能实现与它的交流,"神人合一"。此后,论述的重点开始发生转化:人们将实现与"神明"合一的主体条件进一步强化,这就将主体的生理、心理素质条件凸显出来,这其实也就是将人神化的过程,一旦人具有了这些条件,他也就在某种条件上成为神明——外在化的"神明"被进一步精神化。李泽厚指出:"巫舞促使上天降雨、消灾、赐福。在这里,人的主动性极为突出。在这里,不是某种被动的请求、祈愿,而是充满主动精神(从行为动作到心理意识)的活动成了关键。在巫术礼仪中,内外、主客、人神浑然一体,不可区辨。特别重要的是,它是身心一体而非灵肉两分,它重活动过程而非重客观对象。因为'神明'只出现在这不可言说不可限定的身心并举的狂热的巫术活动本身中,而非孤立、静止地独立存在于某处。神不是某种脱开人的巫术活动的对象性的存在。相反,人的活动倒成了'神明'出现的前提。'神'的存在与人的活动不可分,'神'没有独立自足的超越或超验性质。"①这种关系,其实也就是后来人们所强调的艺术创作过程中的主客体之间的关系,刘勰《文心雕龙·神思》的论述,遵循的也是这种思路。这些对神明问题和主体身心关系的论述,带有丰

_____

① 李泽厚:《说巫史传统》,上海译文出版社 2012 年版,第 16 页。

厚的审美潜质,为后人讨论艺术及其创作等问题奠定了坚实的哲学基础。

二、音乐与诗:"神明"转向艺术领域

就各门艺术形式来看,人们使用"神明"一词来讨论的,最早的应是音乐和诗歌,然后才逐渐扩展到绘画领域。汉代文字学发达,人们也用之来讨论文字方面的问题。而用"神""神明"等词汇讨论绘画问题,则要晚很多,直到六朝时期才逐渐形成系统性的思想。之所以出现这种情况,原因很简单:乐教传统和诗教传统,是早期中国十分重要的两种意识形态,是国家文化制度的主要依托,因而它们才有可能被首先讨论到。当然,由于礼教传统的极端重要性,《周礼》《礼记》等文献也认为"礼"是"民"能通神的又一重要手段。《礼记·祭义》:"荐其荐俎,序其礼乐,备其百官,奉承而进之,于是谕其志意,以其慌惚以与神明交,庶或飨之。庶或飨之,孝子之志也。孝子之祭也,尽其悫而悫焉,尽其信而信焉,尽其敬而敬焉,尽其礼而不过失焉。进退必敬,如亲听命,则或使之也。"[1]可以看到,孝子祭祀祖先神灵,首先要态度恭敬严肃,进退有宜,符合特定的礼制。在这里,"神明"仍然是指外在于主体的神灵。实际上,"礼"也正是从巫觋的活动转化而来,只不过它不是后来我们所谓的艺术形式,因而这里先不讨论,而从音乐和诗歌开始。

首先是关于音乐与"神明"之关系的讨论。在这些讨论中,人们往往使用"神明"(或与之相关的"神""灵""圣"等)一词来讨论音乐的功能问题。在先秦文献中,人们讨论最多的艺术是音乐,尤其是先秦时期,音乐在维系国家稳定的社会秩序方面作用巨大,形成了乐教传统,因而人们对音乐的讨论是很多的。这些讨论后来被集中在司马迁《史记·乐书》和班固《汉书·礼乐志》中。这两篇文献是对此前音乐观念的集中、提炼,具有代表性。司马迁一方面将音乐的起源与人受外物感动而产生情感结合起来论述;另一方面又延续了先秦思想家将音乐神化和伦理化的思路,认为"明则有礼乐,幽

---

[1] 王文锦:《礼记译解》,中华书局 2016 年版,第 611 页。

则有鬼神"①,"乐者敦和,率神而从天;礼者辨宜,居鬼而从地。故圣人作乐以应天,作礼以配地"②,"礼乐顺天地之诚,达神明之德,降兴上下之神,而凝是精粗之体,领父子君臣之节"③。作为礼乐制度的一部分,音乐可以实现神人交流,让天地万物和谐共存,父子君臣之人伦序而不乱。唐张守节《史记正义》注"达神明之德"云:"达,通也。礼乐不失,则天降甘露,地出醴泉,是通于神明之德也。"注"降兴上下之神"云:"乐六变,天神下;八变,地祇出:是兴降上下之神也。"④类似的观点和所使用的词汇同时见于班固《汉书·礼乐志》:

> 人函天地阴阳之气,有喜怒哀乐之情。天禀其性而不能节也,圣人能为之节而不能绝也,故象天地而制礼乐,所以通神明,立人伦,正情性,节万事也。⑤

班固在讨论音乐的功能和作用时说:"是以荐之郊庙则鬼神飨,作之朝廷则群臣和,立之学官则万民协。听者无不虚己竦神,说而承流,是以海内遍知上德,被服其风,光辉日新,化上迁善,而不知所以然,至于万物不夭,天地顺而嘉应降。……鸟兽且犹感应,而况于人乎?况于鬼神乎?故乐者,圣人之所以感天地,通神明,安万民,成性类者也。"⑥《淮南子》《吕氏春秋》《白虎通》等秦汉文献多有关于音乐的讨论,与司马迁和班固的观点基本一致,都是一种带有神学色彩和伦理色彩的音乐观念。

可以看到,司马迁和班固不仅表达了基本相似的"礼乐通神"的观点,而

---

① 司马迁:《史记》,中华书局 2005 年版,第 1047 页。

② 司马迁:《史记》,第 1049 页。

③ 司马迁:《史记》,第 1056 页。

④ 司马迁:《史记》,第 1056—1057 页。

⑤ 班固:《汉书》,颜师古注本,中华书局 2005 年版,第 881 页。

⑥ 班固:《汉书》,第 889 页。

且他们所使用的词汇也基本相同——"神明"一词被反复使用,用来讨论音乐的功能等问题。因此,最起码在班固时代,虽然音乐欣赏行为已经大为扩展,上下流行,但是在理论上,正统儒家学者仍然延续了传统的观点,将音乐神化,音乐还没有作为纯粹的艺术形式而被讨论。显然,这种理论观点明显滞后于前后时期音乐创作和欣赏的实际情况。在东汉学者如傅毅、马融等人的著作中,音乐本身的艺术特点才开始被公开讨论,他们往往从音乐感人至深的效果出发,将最高的音乐看作神明创作而成的。这些观点虽然还带有神学的色彩,但是人们已经开始将之作为艺术加以讨论了。即使如此,我们也不能否定司马迁和班固等人观点的价值,他们在音乐与"神明"之间建立联系,强化了音乐的神圣性,这也是后人未将音乐娱乐化的关键所在。总之,与其他艺术形式相比,人们使用"神明"一词对艺术的起源、特点、功能等问题进行讨论,音乐是最早的艺术形式。

其次是关于诗与"神明"关系的讨论。在这些讨论中,人们也使用"神明"一词对诗的起源和功能等问题进行分析、解说。诗与神通的观点,在早期中国颇为流行,因而将诗与"神"或"神明"联系在一起论述的观点颇为常见,《毛诗序》是这方面最有代表性的文献。根据先秦文献的记载,可以知道,古代那些为君主圣王诵诗的人多为盲人("瞽""矇"等),他们是通灵、通神者,类似于巫师,诵诗就是通过音乐和诗实现神人之间的交流:"瞽、矇一类以音乐歌诗沟通人神的中介者,其原本的神职性质与以占象、预兆沟通人神的卜师并没有质的差别。"[1]按照郑玄的观点,"诗之兴也,谅不于上皇之世"[2]。诗之所以产生是因为伏羲之后人心混杂、贪欲多求,以至于无法与神灵沟通,于是人们才利用诗歌重新建立人神之间的关系。《毛诗正义》:"上皇谓伏羲,三皇之最先者,故谓之上皇。郑知于时信无诗者,上皇之时,举代淳朴,田渔而食,与物未殊。居上者设言而莫违,居下者群居而不乱,未有礼

---

[1] 叶舒宪:《诗经的文化阐释》,陕西人民出版社 2005 年版,第 323 页。
[2] 阮元校刻:《十三经注疏·毛诗正义》,第 554 页。

仪之教,刑罚之威。善则莫知其善,恶则莫知其恶。心既无所感,其志有何可言?故知尔时未有诗咏。"①这个时代其实就是神人不分、合二为一的时代,因而诗歌没有用武之地。待到神人两分,诗就成为神人交流的工具或方式,所以《毛诗序》说:"正得失,动天地,感鬼神,莫近于诗。"②落实到社会生活中,政治治理、人民生活等无不须借助诗向神明诉说之,以报神明之恩德。《毛诗序》进一步指出:

> 国史明乎得失之迹,伤人伦之废,哀刑政之苛,吟咏性情,以讽其上,达于事变而怀其旧俗也。一国之事,系一人之本,谓之风;言天下之事,形四方之风,谓之雅。……颂者,美盛德之形容,以其成功告于神明者也。是谓四始,诗之至也。③

由此可见,《诗》中风、雅、颂各篇,涵盖了社会生活的各个方面,其最终目的是借助于诗向神明报告社会生活之境况。《正义》云:"民安业就,须告神使知。虽社稷、山川、四岳、河海,皆以民为主,欲民安乐。故作诗歌其功,遍告神明,所以报神恩也。王者政有兴废,未尝不祭群神,但政未太平则神无恩力,故太平德恰,始报神功。"④可见,在毛苌、郑玄等汉代儒家学者的思想观念中,作诗而歌,是人们告知神明人民生活是否安乐、政治统治是否清明的方式;诗与"神明"之间,具有紧密的内在关联,"作诗而歌",就成为神明感知、降临的重要途径和方式,否则神人之间无法实现交流,社会生活无法获得神明的护佑,神明也无法实现其功德。在这些经典文献和观念的支撑下,后来学者也常用"神明"一词来讨论诗歌的诸种问题。只不过,后来随着抒情论的崛起,神权思想的旁落,"神明"一词的内涵也逐渐向精神性和审美性

---

① 阮元校刻:《十三经注疏·毛诗正义》,第554页。
② 阮元校刻:《十三经注疏·毛诗正义》,第564页。
③ 阮元校刻:《十三经注疏·毛诗正义》,第568页。
④ 阮元校刻:《十三经注疏·毛诗正义》,第569页。

方面发展,用以指称诗歌创作过程中那无法理清、言说的神秘的精神状态,后人以"灵感""神思"称之。

总之,在"神明"一词宗教内涵发生转移的同时,与其指称神灵之内涵一同发展的,是人们逐渐将之引入文艺审美领域加以使用,用以讨论音乐和诗这两种与国家礼制紧密相关的艺术形式。儒家学者普遍认为音乐可以"达神明之德",诗可"以其成功告于神明",从而重新确立了音乐和诗这两种艺术形式的神圣地位,同时也进一步扩大了"神明"这一词汇或概念在艺术领域的使用范围。在早期经典文献的影响下,后来学者也逐渐使用它继续讨论其他相关问题,只不过其含义在保留基本内涵的同时逐渐衍生、增殖而多样化了。可以看到,真正将"神明"一词所涵盖思想向艺术领域转化的,则是魏晋以降以顾恺之、张僧繇、荆浩、王微、刘勰等为代表的一批艺术家和理论家。

三、传神论的兴起:绘画领域的情况

相比于音乐和诗,人们运用"神"或"神明"一类词汇讨论绘画的时代,要晚很多。这与绘画在国家文化制度中的地位和作用不如音乐、诗的情况有关。在早期中国,除了诗教传统和乐教传统外,还有一个"图教传统"与之并行。从某种程度上来说,在诗教和乐教传统以前,以卦象为基础的图教传统,同样具有重要地位,只不过在二者兴起后,这个传统的地位和作用逐渐发生了转移。因此,相比于它们,关于图教传统的系统的理论建构,显然要滞后、贫乏很多。直到三国时期,我们才在曹植《画赞》中看到对这个传统的理论概括;王逸等人的著作虽有所涉及,但是颇为零散,还没有上升到理论总结的高度。两汉时期,汉武帝甘泉宫、汉成帝云台等宫殿内都绘制了很多图像,图像制作成为汉代文化的重要组成部分,但是这不仅没有催生人们对绘画问题进行深入讨论,反而在王充的著作中被加以批判,认为图像的直观性和形象性,无法表达深刻的道理,那些图像所呈现的对象(神灵、神物等)也多为虚假之物。在魏晋以前,先秦两汉的子书文献虽然有一些类似的记

述,如《庄子》《墨子》《韩非子》《淮南子》等,讨论了绘画问题,但这些讨论往往比较零散,缺乏系统性,而且由于它们往往是借讨论绘画问题来比喻某种道理,因而也不能将之作为关于绘画的批评或理论来看待。王世襄指出:"当时作者只求词意不凡,后人便误以为古代绘画之技巧,出神入化。悖于情理者,复益想象,生出种种去实事遥远之解释,吾未见其可也。"①真正系统的、符合绘画实际的理论直到顾恺之时代才开始出现,而且这一时期的理论家都在共同使用"神""神明""明神"之类的词汇讨论绘画作品及其创作等问题,由此"传神论"思想在魏晋时期成为绘画领域的核心问题被加以讨论(图5-1)。

图 5-1　晋　顾恺之《洛神赋图卷》,宋摹本,局部,绢本设色,北京故宫博物院

可以说,将神明与绘画联系起来,是必然的事情。绘画作为人类文化制度的组成部分,具有极其重要的作用。在文字产生以前,人们记载信息、知识的主要手段就是通过图像的方式进行的,这些图像是后来作为艺术形式而存在的绘画的前身。其起源甚为古老,远远早于系统化的礼制和节律感较强的音乐,它是伏羲创制八卦而建立文化制度的主要构成部分。张彦远

① 王世襄:《中国画论研究》,生活·读书·新知三联书店 2013 年版,第 7 页。

的《历代名画记》开篇即讨论了这个问题：

> 古先圣王受命应箓，则有龟字效灵，龙图呈宝。自巢、燧以来，皆有此瑞，迹映乎瑶牒，事传乎金册。庖牺氏发于荣河中，典籍图画萌矣；轩辕氏得于温洛中，史皇仓颉状焉。奎有芒角，下主辞章；颉有四目，仰观垂象。因俪乌龟之迹，遂定书字之形。造化不能藏其秘，故天雨粟；灵怪不能遁其形，故鬼夜哭。是时也，书画同体而未分，象制肇创而犹略。无以传其意，故有书；无以见其形，故有画。①

张彦远将古代绘画的起源上溯到不可稽考的神话时代。在这个时代，人们以龟甲、兽骨、蓍草所呈现的图案为依据展开占卜活动；人们还认为，那些指导人类活动展开的图像，是黄河中的神龙带给远古圣人的。因此，伏羲、仓颉等在遵循这个传统的基础上，俯仰观察，创制了系列的文字和图像，其中，文字以形象的方式"传其意"，图像则以形象的方式"见其形"，这就是中国绘画的起源。张彦远在绘画的起源与系统的文字书写和神圣的神话之间建立联系，无疑提高了绘画的历史地位，毕竟在此前的部分论著中，人们对图像和绘画的虚无性与虚假性进行过激烈的批判。张彦远的论述逻辑成为此后绘画理论家所秉持的基本立场，他们均将绘画的地位上升至宗教信仰和亘古存在的"道"的层面，以强调绘画的神圣性；而且在后来的绘画类型中，人们还经常描画上古神人和神物等宗教题材，丰富了古代绘画的内容。正是在这种情况下，诸多艺术理论家在自己的批评实践中，常使用与"神""神明"等相关的词汇和神话宗教意象进行批评。恽寿平的批评实践和理论建构，就是这一传统颇为重要的组成部分。

其实，在张彦远以前，除了在古代绘画起源与神话宗教传统之间建立内

---

① 张彦远：《历代名画记》，浙江人民美术出版社 2011 年版，第 1—2 页。

在联系的做法外,魏晋时期的理论家多次使用来自宗教领域的"神明"一词展开对绘画诸多问题的讨论,从而为"神明"概念成为古代中国绘画批评术语奠定了基础。魏晋时期,人们使用"神明"一词讨论的问题有以下两类。

其一,用"神明"一词评价人物的精神状态和气貌丰神,拥有"神明"特点的人物一般都是较为优秀的。在这种情况下,"神明"有时指神灵或神仙,有时指人的精神所达到的至高境界。《世说新语·言语》:"何平叔云:'服五石散,非唯治病,亦觉神明开朗'。"[1]"五石散"是魏晋名士普遍服用的一种药物,可以起到提神醒脑的作用,因而何晏说服用之后"亦觉神明开朗",这里的"神明"就是指人的精神状态。《世说新语·排调》:"王子猷诣谢万,林公先在坐,瞻瞩甚高。王曰:'若林公须发并全,神情当复胜此不?'谢曰:'唇齿相须,不可以偏亡。须发何关于神明!'林公意甚恶,曰:'七尺之躯,今日委二贤'。"[2]王子猷是王羲之的儿子王徽之,他去拜见谢万时,林公先在那里,见到王徽之后态度很傲慢。王徽之就说:"如果林公须发并全,那么他的神情恐怕就不会这样了吧?"谢万则说:"一个人的精神态度,与须发没有什么关系。"林公听了很生气。在这则故事中,"神明"也是指人的神情、神气、容貌等综合的精神状态。虽是简单的人物品评,但是可以从谢万的言语中窥探到顾恺之在裴楷画像颊上添三毛而传神的意味。《晋书》卷九十二《文苑》:"恺之每写起人形,妙绝于时。尝图裴楷象,颊上加三毛,观者觉神明殊胜。"[3]与《世说新语》使用"神明"一词的含义相同,这里的"神明"亦是此意,指顾恺之所画裴楷像,因在脸颊上添了三根毛,而使之个性特点立刻呈现(图5-2)。

① 余嘉锡:《世说新语笺疏》,中华书局2015年版,第80页。
② 余嘉锡:《世说新语笺疏》,第893—894页。
③ 房玄龄:《晋书》,中华书局2015年版,第1604页。

图 5-2 晋 顾恺之《洛神赋图卷》,宋摹本,局部,绢本设色,北京故宫博物院

其二,人们使用"神明"一词,讨论画家创作和作品层次等问题。"神明"在此有两层含义:作为神灵、神人、神物存在的"神明",它们一方面成为画家创作的对象,另一方面又给画家以创作灵感,因而画家创作出的作品就可以"交通神明"。顾恺之《画云台山记》:"对天师所壁以成碉,碉可甚相近,相近者,欲令双壁之内,凄怆澄清,神明之居,必有与立焉。"①《云台山图卷》今不可见,但根据顾恺之描述的内容,可以知道,此画所呈现的内容多为神仙之事、神物之形。这里所谓"神明"就是指神仙、神灵,所以陈传席引用《左传·哀公十四年》中的"爱之如父母,仰之如日月,敬之如神明,畏之如雷霆",表达了这一观点②。顾恺之此处指出:画中张天师所在岩壁应相对成碉,这样就可以形成凄清澄明的境界,适合神明居于其间。这是说,画家在创作宗教神话题材的作品时,要充分考虑到神明居住环境的特点,将之呈现于画作,营造出神秘莫测的神灵境界。在魏晋时期,这类呈现神物、神灵的图像,以顾恺之的《洛神赋图卷》为代表。现在我们所能见的这幅作品,据说是宋代人的摹本。可以看到,这幅近 6 米的长卷中,洛神宓妃凌波微步,罗袜生尘,在崇山峻岭和浩然清波间自由遨游,本身就是神灵;与之相关的神龙骏马等神物形象,成为画作的主体,它们跃然于密林清波之中,使画卷呈现出颇为

---

① 陈传席:《六朝画论研究》,中国青年出版社 2015 年版,第 78 页。

② 陈传席:《六朝画论研究》,第 85 页。

神异的迷离场景,为画卷意境之生成奠定了基础(图 5-3)。

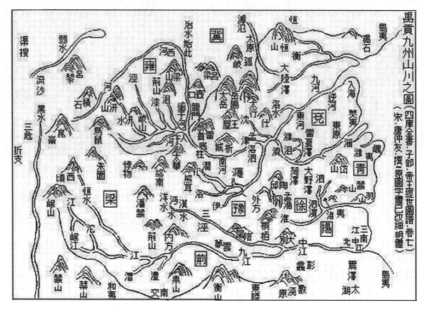

图 5-3 禹贡九州山川图,《四库全书·子部·帝王经世图谱》卷七

此外,魏晋批评家还认为,能否与"神明"交通,是画家能否创作出优秀作品的重要条件。南朝陈姚最评顾恺之云:"顾公之美,独擅往策,荀、卫、曹、张,方之蔑然,如负日月,似得神明,慨抱玉之徒勤,悲曲高而绝唱,分庭抗礼,未见其人,谢云'声过其实',可为于邑。"①姚最认为顾恺之的画之所以称为"绝唱",乃在于其人精神独绝,"似得神明",因而可以创作出优秀的作品。可以看到,在魏晋批评家的语境中,画家创作出传神之作,尤需要"明神降之",这样才能使画家所画之人、之物,实现与自然造化"同工同德",人本身的精神气质也才能跃然纸上,栩栩如生——"神明"(或"明神")同时涵盖了这样两层含义。王微《叙画》:

---

① 张彦远:《历代名画记》,第 88 页。张彦远的引文与姚最的原文有些出入:"至如长康之美,擅高往策,矫然独步,终始无双。有若神明,非庸识之所能效;如负日月,岂末学之所能窥?荀、卫、曹、张,方之蔑矣,分庭抗礼,未见其人。谢陆声过其实,良可于邑;列为下品,尤未所安。"陈传席:《六朝画论研究》,第 268 页。

　　望秋云,神飞扬,临春风,思浩荡,虽有金石之乐,珪璋之琛,岂
能仿佛之哉。披图按牒,效异山海,绿林扬风,白水激涧。呜呼。
岂独运诸指掌,亦以明神降之。此画之情也。[①]

　　在王微看来,画卷上的秋云春风,可以激荡主体的思绪情感,优美的音乐和
精致的玉器,都无法到达这种境界。这就将绘画艺术提高到音乐艺术和雕
刻艺术之上了。他同时还指出,与传统的山海图相比,后世山水图在感发人
心、纯净情感方面效果显著。这一切不仅仅是画家指掌运转的结果,更是画
家的思想、情感、想象等因素转移到画作之后而形成的。这种思想一方面保
留着灵感说的痕迹,将神灵启迪画家的意思保留下来,同时也将艺术创作由
神灵降临而成转移到画家本人的天才创作之中,因而神灵的启发与画家的
创作之间无法进行截然的区分,两者的共存共在,才是画作通神传神的根本
保证。

　　综上所述,"神明"概念原本属于宗教概念和哲学概念,后世文学艺术批
评将之借用到艺术审美领域,用以讨论艺术的功能、创作、本质等问题。魏
晋时期以顾恺之、王微等为代表的绘画理论家使用这个概念,讨论绘画的创
作和本质等问题,并赋予其独特的内涵,使这一概念从诗歌、音乐等领域转
移到绘画领域。张彦远等人在继承魏晋批评的基础上、从起源论的角度,进
一步明确了绘画与神明之间的缘构性关系,奠定了此后批评家使用这一概
念讨论绘画诸问题的话语基础。恽寿平对"神明"概念的使用,也是在这一
历史视域和逻辑基础上展开的,同时又赋予这一概念更为丰富、多样、深刻
的含义,需要我们进行深入的整理、提炼和总结,凸显其独特的理论内涵和
价值,为将"神明"概念纳入中国古代绘画美学理论体系做出初步的努力。

---

① 　陈传席:《六朝画论研究》,第 152 页。

第二节　恽寿平艺术理论中的"神明"概念

在恽寿平的画论中,"神明"一词使用了九次之多,其内涵是多重的。这一概念来自宗教术语,恽寿平在使用时首先指宗教信仰中的神灵。但他所谓神灵不是纯粹宗教意义上的,他往往将神灵(尤其是神仙境界与神仙人物)艺术化、审美化,或者说,他将艺术境界宗教化和神圣化。其次,恽寿平所谓"神明"还指隐藏在自然造化中的最高的隐秘境界,画家通过自己的作品对这种境界进行呈现,以与自然造化相呼应,恽寿平常用"焕然神明"来指称画作所达到的这种境界,因此,"神明"又可指最高的、与自然造化相通的绘画境界。复次,恽寿平结合绘画技法问题,讨论了师法古人技法("拟议神明")与自我创作之间的辩证关系;他指出能够领悟古人技法之精髓者,才能超越古人,有自己的面目。同时,恽寿平在批评中尤喜爱用"神""灵""趣""境""仙"等词汇以及由这些词汇组成的"神趣""神迹""灵境""灵会"等。这些迹象说明,在恽寿平的绘画批评中,"神明"是作为一个重要的概念加以使用的。当然,这个概念不是恽寿平独创的,同时在恽寿平的批评文本中,这个词也不是独立存在的,还有一些变体词汇存在。恽寿平以"神明"为核心,形成了较为独特、严密的批评话语体系,具有独特的理论和精神内涵。

一、"焕然神明":绘画境界的至高标准

在《周易》中,"神"乃变化莫测之意。"神无方而易有体""变化莫测之谓神",不可究竟、不可把握而自在自为的运转、变化,是"神"的原初含义。恽寿平使用"神明"一词指称那些精绝之作,无论是技法还是境界均能变化莫测,就像造化无穷的自然一样。他这样论述黄公望(子久)的作品:

> 子久《浮峦暖翠》则太繁,《沙碛图》则太简。脱繁简之迹,出畦径之外,尽神明之运,发造化之秘,极淋漓飘缈而不可知之势者,其惟京口张氏所藏《秋山图》,阳羡吴光禄《富春卷》乎! 学者规摹一

峰,何可不一见也。暇时得小卷,经营布置,略用《秋山》《富春》两
图法,似犹拘于繁简畦径之间,未能与古人相遇于精神寂寞之
表也。①

恽寿平此处提到了黄公望的《浮峦暖翠》《沙碛图》《秋山图》《富春山居图》等
四幅作品。他认为前两幅作品,要么用笔太繁,要么用笔太简,没有达到最
高的画境。但是京口张氏所藏的《秋山图》和阳羡吴氏所藏的《富春卷》,能
够超越笔法的繁简规则,不受任何法则的约束,达到了"尽神明之运,发造化
之秘"的境界。这里所谓"神明",不仅指传统意义上的神明,同时还指《周
易》语境中专指变化的神明。所谓"尽神明之运",是指这两幅作品用笔变化
莫测,繁简迹象一扫而空,给人淋漓缥缈之感,呈现了自然造化的灵响与奥
秘,因而是最高境界的体现。最后,恽寿平又结合自己的创作,说自己曾经
在闲暇时候进行创作,模拟这两幅图的技法、笔法,但是又拘泥于笔法、技
法,无法与古人的精神相融相通,因而也无法达到最高的境界(图5-4)。

图5-4 元 王蒙《关山萧寺图》,纵 161.7 厘米,横 56 厘米,北京故宫博物院

---

① 吴企明辑校:《恽寿平全集》,人民文学出版社 2015 年版,第 356 页。

因此,恽寿平用"神明"一词指称绘画境界的变化无端,在他的论述中是常见的。他用王翚的话说:"乌目山人为余言,生平所见王叔明真迹,不下廿余本。而真迹中最奇有三:吾从《秋山草堂》一帧,悟其法;于毗陵唐氏观《夏山图》,会其趣;最后见关山萧寺本,一洗凡目,焕然神明,吾穷其变焉。"①"乌目山人"是恽寿平挚友王翚的别号。这段话是王翚对恽寿平述说自己学画的过程。他所临摹的三幅作品均为元末画家王蒙(叔明)的作品,而三幅不同的作品给了王翚不同的启发:《秋山草堂图》使王翚懂得王蒙画作中的"法",《夏山图》使王翚领略了王蒙作品中的"趣",而《关山萧寺》图使王翚懂得了王蒙画作中的"变"。"焕然神明",是指王蒙画作无论是境界还是技法所带有的那种不可把捉的变化,如羚羊挂角,无迹可寻。针对王翚的陈述,恽寿平继而发表了自己的看法:"大痴《秋山》,天然秀润,《夏山》郁密沉古;《关山图》则离披零乱,飘洒尽致,殆不可以径辙求之,而王郎于是乎进矣。因知向者之所为山樵,犹在云雾中也。石谷沉思既久,暇日戏汇三图笔意于一帧,涤荡陈趋,发挥新意,徊翔恣肆,而山樵始无余蕴。"②恽寿平认为《秋山草堂》图天然秀润,体现了王蒙画作在技法方面的特点;《夏山图》郁密沉古,则是王蒙审美趣味的体现;而《关山萧寺》将技法与趣味相融合,又挣脱了技法和趣味的羁绊,不露丝毫造作之痕迹,给了王翚最大的启发。因而"焕然神明",就是指将技法、思想、情趣熔为一炉而不见痕迹的最高画境,犹如自然造化美妙无端、变化无体而不见造作之痕迹一般。恽寿平继而说到,王翚将王蒙这三幅画熔为一炉,创作了一幅新的作品,完全呈现了王蒙画作的境界,又有自己的新意。

因此,所谓"神明",是恽寿平用以指称最高画境的独特词汇。恽寿平曾记载当时画坛上的一件逸事:"观二瞻仿董源,刻意秀润,而笔力小弱。江上翁秉烛,属石谷润色,石谷以二瞻吾党风流神契,欣然勿让也。凡分擘渲澹,

---

① 吴企明辑校:《恽寿平全集》,第 340 页。
② 吴企明辑校:《恽寿平全集》,第 340 页。

点置村屋溪树,落想辄异,真所谓旌旗变色,焕若神明。使它日二瞻见之,定为叫绝也。"①"二瞻"是清初著名收藏家、画家和诗人查士标,他尤其擅长山水画的创作。恽寿平批评的是查士标仿董源画作而创作一幅山水作品。董源是南唐著名山水画家,其山水之作容纳南北,笔力雄厚而又不乏江南山水之秀美,达到很高的境界。查士标乃新安人,主要在扬州等江南一带活动,因而他模仿董源的作品,着意在秀润方面而笔力孱弱,与董源原作差距不小。在一次聚会结束后,这幅画的收藏者(江上翁)请王翚(石谷)代为润色。王翚执笔稍做点染,又加上几处村屋溪桥,构思巧妙,顿时让整幅作品生色良多。所谓"旌旗变色,焕若神明",是指经过王翚的重新创作,查士标的这幅作品得以起死回生,境界新变,可以与自然造化争胜。

正如我们在恽寿平画论中所见的,王翚的作品被恽寿平认为是山水创作的最高境界。当然,恽寿平的评述可能带有不实之处,但王翚的作品的确给了恽寿平绘画批评的灵感。他认为王翚之作虽师法古人,但有自己的特点。他往往使用"通神"来评述王翚的创作:

> 东涧老人家,藏洪谷子峭壁飞泉长卷,石谷言:曩时曾借摹,后为祝融氏所收,不可复见。顷在杨氏园亭,含毫构思,摹入册中,真所谓云峰石迹,迥出天机,古趣晶然,新意警拔,思而得之,倘亦鬼神通之者耶!②
>
> 石谷画松之次夕,北郭诸友,携酒相乐,石谷连浮数十觞,玉山将颓,余亦霑醉。兴酣狂吟,谐谑间作。剪烛索长绡,属余点墨,因扫一石,以赠千秋,驰毫如风,墨花磊磊,从空而坠。图成,戏石谷曰:"此醉星石也,凿取娲皇一片光气,欲令真宰妒我,他时客馆索

① 吴企明辑校:《恽寿平全集》,第 386 页。
② 吴企明辑校:《恽寿平全集》,第 346 页。

窦,用以贳酒何如?"①

这里提到的"东涧老人"是晚明清初士人钱谦益。恽寿平听王翚说钱谦益曾收藏有中唐画家荆浩(石谷子)的《峭壁飞泉图》,王翚曾借来临摹,后来画却毁于大火,不可复见。但是,王翚凭借记忆,加上自己的构思,重新创作了这幅作品。在恽寿平看来,这幅新作迥出天机,古趣与新意融合无间,恰到好处。他认为王翚画笔能够"通鬼神",否则是不能创作出这样精绝的作品的。在另一处的记述中,王翚与诸多友人在北郭诗酒取乐,王翚达到将醉而未醉的状态。这时,他提笔作画,乃一顽石,磊磊有从空而坠之势。尚处于醉酒状态的恽寿平似乎被这块横空出世的顽石而惊醒,因而他将之称为"醉醒石",并说这块顽石拥有女娲炼石补天之石的上古灵气,致使神灵也开始妒忌他拥有了这幅作品。在第一处论述中,恽寿平将王翚的创作与鬼神的启示联系,说明画家的创作可以达到不可思议之境界;在第二处论述中,他又对王翚在精神奔放迷离之时创作的顽石图赋予上古神话色彩,以指明其境界的难以企及。无论如何,都说明在恽寿平的观念中,"焕然神明"之作是绘画的最高境界。这种将绘画与神灵信仰建立联系的譬喻批评和思想,提升了绘画的神性。

正因如此,恽寿平对清季以降摹古风行而缺乏创新的创作倾向表示极大的忧虑。他认为:自王维、荆浩以降,董源、倪云林、黄公望诸人相继辈出,使山水画无论是在技法还是境界上均达到了最高成就;可惜后来的士大夫们,只知道"追风效慕,纵意点笔",相互之间吹捧不已,然而他们的作品,"或放于甜邪,或流为狂肆,神明既尽,古趣亦忘"②,不仅不能通造化、明鬼神,连古人的趣味也消失了,清初的绘画创作由此进入低谷。"神明既尽,古趣亦忘",某种程度上是对清初画坛的真实评价。

①　吴企明辑校:《恽寿平全集》,第380页。
②　吴企明辑校:《恽寿平全集》,第361页。

二、"拟议神明":技法与绘画境界的关系

正像前文指出的,"神明"一词本是宗教术语,它被使用到文艺审美领域有一个长期发展的过程。在这个过程中,人们不断赋予其新的内涵。在摹古思想盛行的清初时期,唐宋元明时期的画家及其经典作品,成为人们创作技法和灵感的来源。除了石涛和八大的画论与绘画实践带有鲜明的个性特征外,大多强调师法古人的重要性。在恽寿平的论述中,王维、倪瓒、王蒙、黄公望等前贤同样具有典范的地位和价值。"神明"一词多次被使用在他对这些前贤作品技法和境界方面的讨论中,而且他是借助绘画境界来讨论绘画技法问题的。恽寿平常用"拟议神明"的说法指称这个问题。所谓"拟议",就是学习、揣摩的意思(图5-5)。

图 5-5 宋 许道宁《关山密雪图》,绢本设色,纵 121.3 厘米,横 81.3 厘米,台北"故宫博物院"

　　首先,恽寿平认为,今人学画应先从古人的笔法入手,但是模仿古人笔法仅是外在的,更重要的是要揣摩古人之用心,无技法之处才是古人用心处,领悟了这层含义,才能真正学习到古人的技法,也才能形成自己的特点。他说:"今人用心,在有笔墨处;古人用心,在无笔墨处。倘能于笔墨不到处,观古人用心,庶几拟议神明,进乎技矣。"①他又举唐伯虎的例子说明这个问题:"六如居士以超逸之笔,作南宋人画法,李唐刻画之迹,为之一变,全用渲染勾斫,故焕然神明,当使南宋诸公,皆拜床下。"②恽寿平认为:李唐是南宋著名画家,曾入宋徽宗画院,其所独创画山水之"斧劈皴",苍劲有力,浑厚而有质感,形成了自己的特点;唐伯虎虽然也使用了类似的笔法,但是其情趣思想与李唐不同,因而虽然他使用了宋人的笔法、技法,但是其画作却别有一番境界,超越了前人。这里所谓"焕然神明",就是画家本人至为独特的情趣和精神境界,它决定了笔法、技法的使用。

　　因此,后人学习前人的技法,关键在于要学习到前人绘画的精髓,即前人画作的"神明"之处。恽寿平说:"毛诗《北风图》,其画雪之滥觞邪! 六代以来,无流传之迹,唐惟右丞有《江干雪意》及《雪山》,至今尚留人间。然亦似曹弗兴龙头,未易窥见。自右丞以后,能工画雪,惟营邱、华原。而许道宁,又神明李、范之法者。余从西溪观铜山雪色,以道宁笔意求之,未能如刘褒画北风,使四座凉生也。"③关于雪图,唐前作品极为少见,就像传说中曹弗兴所画龙头一样,人们很少见到。王维雪景图向来为人称赞,然王维以后,善画雪景图的当数五代画家李成(营邱),而北宋中期画家许道宁所画的雪景图引起了恽寿平的注意。他认为许道宁画雪景能够领略前人技法的精髓,达到"使四座凉生"的境界。恽寿平说,他模仿了很多次,都没有达到许道宁的境界。根据上下文的意思,恽寿平提到的《北风图》是雪景图的一种,

―――――――――

① 吴企明辑校:《恽寿平全集》,第 319 页。
② 吴企明辑校:《恽寿平全集》,第 331 页。
③ 吴企明辑校:《恽寿平全集》,第 354 页。

他讨论的许道宁的雪景图具体是哪一幅作品现在不能断定。现今保存下来而为世人熟知的,是现藏台北"故宫博物院"的《关山密雪图》。这幅作品是许道宁师法李成作品而创作的一幅新作。李成虽善画雪景且有同名作品,但现在已不可见,人们熟知的只有许道宁的这幅作品。这在某种程度上说明许道宁的作品虽然模仿了李成,但是却超越了李成,他的作品代替了李成的原作而流传于世。这就是恽寿平所谓"许道宁神明李、范之法者","神明"就是指前人作品技法的精神与精髓。恽寿平又用自己的创作经历,说自己模仿许道宁的技法创作西溪铜山雪色,但是传达不出雪景的精神,他的创作失败了。这是师法古人而不能领悟古人技法精髓所造成的。

在此基础上,恽寿平指出,绘画的技法很多,变化无穷,然而"神明"是绘画技法的根本,万变不离其宗。在恽寿平看来,不同时代的绘画技法有不同的特点,然而虽有时代之差异,但技法都是绘画之技法无疑,都是为绘画创作服务的,不同特点的技法都是为了创造最高的艺术境界服务的,无论技法如何变化,绘画通于天机的境界是不变的,因而不同时代的技法可以调和使用,为绘画的境界服务。他说:"宋法刻画而元变化,然变化本由于刻画,妙在相参而无碍。习之者视歧而二之,此世人迷境,如程、李用兵,宽严异路,然李将军何难于刁斗,程不识不妨于野战,顾神明变化何如耳。"[1]宋、元绘画在技法方面存在差异,世人往往将这种差异本质化、固定化,认为宋代绘画和元代绘画由此也存在本质差异。在恽寿平看来,这种认识是"世人迷境",混淆了技法与境界之间的区别。其实,高明的画家在技法方面是兼通、兼擅的,看起来有所不同,但并不妨碍他们同时使用其他技法,关键要看他们通过技法创造了怎样的境界("顾神明变化如何")。"李将军"即李广,与"程不识"是汉武帝时期齐名的战将,两人管理士兵的方式不同,战法不同,但是无论是巷战还是野战,两人都能用兵如神、百战不殆。恽寿平以战法比喻绘画的技法,指出绘画技法与绘画境界之间的辩证关系。

---

[1] 吴企明辑校:《恽寿平全集》,第 320 页。

　　因此,在恽寿平看来,真正的绘画创作既要师法古人技法,又要超越技法的限制,领悟古人技法背后的精神("得其灵秘"),将自我对自然造化的感悟融为一体,做到"拟议神明,通于造化",才能创作出属于自己的作品。他以王翚创作《江山图卷》为例说道:"乌目山人石谷子所制《江山图》卷,余从娄东寓斋,眈玩累日,观其画法,全师山樵《潇湘图》遗意。而石谷拟议神明,通于造化。凡岩岚泉壑,树木云烟,桥梁村舍,楼阁道路,行旅舟楫,大底略备,变态尽于是矣。至于墨华水晕,游赏无穷,盖尝三折肱于山樵,而得其灵祕。"①恽寿平反复提到的"山樵",是元代画家王蒙,其号"黄鹤山樵",其画作以包含独特的精神人格为世人称赞。可以看到,恽寿平所谓"拟议神明",是指王翚创作《江山图卷》时有其师法的渊源("全师山樵《潇湘图》遗意"),但是王翚不是机械模仿,而是有自己的独创:古人的"遗意"既在技法之内又在学者的心灵之内,不可捉摸的"遗意"只能靠自我会心去领悟、捕捉,将古人技法之精髓与自我的山川之思、林泉之致融而为一。其实,"拟议神明"与"通于造化"是相辅相成的两端:不师法古人,无法获得技法的继承和突破;不通于造化,无法获得独特的精神感悟。因此,"拟议神明,通于造化",从技法论的角度丰富了"神明"概念的内涵。

三、通体皆灵:神明境界的变体

　　在恽寿平看来,画作要体现出神韵、灵气,才是真正的画;"通体皆灵",是画作生命精神的本质规定性。恽寿平所谓"灵",就是画作所显现的表现对象的独特的生命精神,"通体皆灵",是指整幅作品都跃动着这种生命精神,给人以通灵之感。这样,画作就获得了自己的生命。他说:

　　　　画有用苔者,有无苔者,苔为草痕石迹,或亦非石非草,却似有此一片,便应有此一点。譬之人有眼,通体皆灵,究竟通体皆灵,不

---

① 　吴企明辑校:《恽寿平全集》,第347—348页。

独在眼,然而离眼不可也。①

　　古人用笔,极塞实处,愈见虚灵。今人布置一角,已见繁缛。虚处实则通体皆灵,愈多而愈不厌,玩此可想昔人惨澹经营之妙。②

　　昔人最重渲染,此卷视他本尤工,笔墨之外,别有一种灵气氤氲纸上,黯澹沉深,若数百年物也。③

　　恽寿平又评王石谷仿王叔明《溪山长卷》云:"别有一世界灵境奔会,使人神襟湛然,游赏无穷。不出案乘间,而得清晖澹忘之娱。"④南田此论颇为辩证:画中之点苔若有似无,若无似有,不能拘泥了看,正道出艺术境界的本质。正是这种有无相生、形意相合的形象运用,生成绘画本身独特的生命境界。同时,在恽寿平的论述中,魏晋"传神论"又一次出现:张僧繇"画龙点睛"的典故又一次出现。他延续了魏晋绘画理论家高度重视以眼睛传神的观点。魏晋传神论对眼睛的重视,主要是讨论人物画和动物画,认为眼睛在传达表现对象的生命精神方面作用至伟,无法替代。恽寿平在延续这一观点的同时,又将之转移到对山水画的讨论中,用"点苔"置换了"点睛";在他看来,山水画之精神须借助那似有似无的"草痕石迹"("苔")得以显现,就像人物、神物须借助眼睛显现生命精神一样。

　　可以说,恽寿平所推崇的理想的绘画境界,就是超越时空、超越感受而自由无人的神仙境界,亦即"灵境""神明之境"。恽寿平这样评价友人唐洁庵的画:"谛视斯境,一草一树,一邱一壑,皆洁庵灵想之所独辟,总非人间所有。其意象在六合之表,荣落在四时之外。"⑤在恽寿平看来,唐洁庵这幅作品是其"灵想之独辟"的结果,因而"总非人间所有";"非人间所有",就是神

---

① 　吴企明辑校:《恽寿平全集》,第 317 页。
② 　吴企明辑校:《恽寿平全集》,第 324—325 页。
③ 　吴企明辑校:《恽寿平全集》,第 348 页。
④ 　吴企明辑校:《恽寿平全集》,第 349 页。
⑤ 　吴企明辑校:《恽寿平全集》,第 131 页。

仙世界,因而其画作的意象组合"在六合之表","荣落在四时之外"。这里的画境就是仙境。优秀的画家就是要呈现这种境界,"于不可图而图之"。他说:"幽情秀骨,思在天外,使人不敢以凡笔相赠,山林畏佳,大木百围可图也。万窍怒号,激謞叱吸,叫谤突咬,调调刁刁,则不可图也。于不可图而图之,惟隐几而闻天籁。"①所以"大木百围"是人间之物,因而可以"凡笔相赠",是"可图"之物;而"幽情秀骨"、宇宙之生命显现,则是"不可图"的,画家如想将之图现,必须要"隐几而闻天籁",就是要实现与天地之灵的共感共在。恽寿平说:"寂寞无可奈何之境,最宜人想,亟宜著笔,所谓天际真人,非碌碌尘埃泥滓中人,所可与言也。"②"天际真人",就是《庄子》反复咏叹的姑射山上的仙人,恽寿平反复提到绘画中的"寂寞无可奈何之境""寂寞之境""静深之境",其实就是仙境之转化:人生活的世界是时间性的,也是空间性的,因而也是有局限的。画境的最高境界,就是要排除人的因素,过滤掉时间流转所造成的不可把捉之感,而让空间本身呈现出永恒性之价值。"境"不仅是一种境界,它还是一个所在,只不过这个所在不是由人居住的,而是由神、由仙居住的,他们超越时间的限制和局限,自由、自在而自为。恽寿平把仙人的这种存在状态,抽象化为绘画的境界。

---

① 吴企明辑校:《恽寿平全集》,第322页。
② 吴企明辑校:《恽寿平全集》,第322页。

图 5-6　清　恽寿平《乔柯急涧》,册页,纸本,纵 27.5 厘米,横 37.2 厘米,北京故宫博物院

图 5-6 是恽寿平《山水花卉册页》中的一幅,现藏于北京故宫博物院。根据作者自述,此图乃仿唐伯虎笔意而作:"京口山楼待风,观六如卷,笔墨灵逸,李唐刻画之迹为之一变;洗其勾砍,焕然神明,当使南宋诸公皆拜窗下。"(见画卷题跋)正如前文所论述的那样,"神明"一词再次被恽寿平用来指称唐伯虎画作的至高境界,给人焕然生辉之感。只不过,这种光明般的感受,不是耀眼的明亮感,而是洞彻的澄明之感,来自作者对至深至静的虚无之境的领悟。画面空无一人,远方连绵起伏的山将空间无限扩大,以至于越发让人感到这里确实没有人的迹象;山涧中急流不息,一株支离扭曲的古木占据了画面的主体部分,这是恽寿平一贯喜爱的意象;岩石上生出的几竿翠竹,给这个无人之境平添了几分盎然的生机。恽寿平说:"余画树喜作乔柯古干。爱其昂霄之姿,含霜激风,挺立不惧,可以况君子"[①],"寒林昔推营邱、

---

① 吴企明辑校:《恽寿平全集》,第 329 页。

华原,得古劲苍寒之致。曾见营邱雪山,画树多作俯枝,势则剑拔弩张,笔则印泥画沙"①。可见,在恽寿平眼中,"荒天古木",其势剑拔弩张,含霜激风,挺立不惧,是君子之高尚人格和精神的象征。此为"焕然神明"的又一内涵。南田画作中以"荒天古木""寂寞无人"为核心的意象群,凝结了他生命中的本原体验,是这种虚幻而真实的体验的物质化和形象化。正像有人所说的那样:"当我们在歌唱这些本原时,便觉得自己是热烈地爱好着某种特别喜欢的形象,实际上是忠诚于某种原初的人的情感,忠诚于某种最早的有机的实在,一种基本的梦的秉性。"②这种境界是那些身处"大地欢乐场中"的画家无法达到的。因此,在恽寿平看来,画家要创作出这种境界、观画者要进入这种境界,都要"不落畦径""不入时趋",把自己转化为"天际真人":

> 不落畦径,谓之士气。不入时趋,谓之逸格。其创制风流,昉于二米,盛于元季,泛滥明初。称其笔墨,则以逸宕为上,咀其风味,则以幽澹为工。虽离方遁圆,而极妍尽态,故荡以孤弦,和以太羹,憩于阆风之上,泳于沉寥之野,斯可想其神趣也。③

恽寿平首先对画家或观者的精神素养进行了界定,对最高的画境提出了自己的看法,尤其推崇"逸宕""幽澹"之境界。随后,他又举了几个例子和典故,对创作、进入此类画境的条件进行了说明:"孤弦"弹奏的音乐,没有五音的纷扰而纯正合一;"太羹"是没有五味的肉汤,用来表征清澈无欲的精神;"阆风"为阆风山,是昆仑山巅之处的三个角之一,处于正北方④,是仙人居住

---

① 吴企明辑校:《恽寿平全集》,第 330 页。
② 巴什拉:《水与梦:论物质的想象》,顾嘉琛译,河南大学出版社 2017 年版,第 8 页。
③ 吴企明辑校:《恽寿平全集》,第 326 页。
④ 东方朔:《海内十洲记·昆仑》:"(昆仑)上有三角,方广万里,形似偃盆,下狭上广,故名曰昆仑山三角。其一角正北,干辰之辉,名曰阆风巅;其一角正西,名曰玄圃堂;其一角正东,名曰昆仑宫;其一角有积金,为天墉城,面方千里。"《汉魏六朝笔记小说大观》,第 70 页。

的场所;而"沉寥"见载于《楚辞·九辩》:"沉寥兮天高而气清。"王逸注云:"沉寥,旷荡空虚也。或曰,沉寥犹萧条。萧条,无云貌。"①这里空虚旷荡而无一物,不会牵绊主体的思绪和情感。画家或观画者只有排除五音和五味的诱惑、干扰而像仙人一样内心纯正单一,以在空无一物的昆仑仙境自由遨游的心态,才能真正进入至高的"寂寞无可奈何"的画境。恽寿平认为娄东王奉常与王石谷作画,"运思缠绵无间,飘渺无痕,寂焉浩焉,寥焉渺焉,尘滓尽矣,灵变极矣"②,可以达到这种境界。

四、活色生香:神明境界的丽美向度

在后人的品评中,人们对恽寿平山水之作的高逸境界和写生之作的生动有趣("神明"境界),甚为推崇;除了从技法角度分析其特点之外,人们往往将恽寿平画作的此种境界归根于其独特的人生经历和人格精神,进而将南田画作不可言说的艺术境界神秘化。叶钟进的《南田画跋题识》云:"南田用笔古淡,天真烂然,乃画中逸品,与宋之米氏父子、元之倪高士、明之董思翁,皆具仙骨,超凡入圣,非学力所能到也。"③王澍的《恽南田诗画》云:"南田先生忠孝之性,出自天然,兼以仙姿秀骨,优绝一世,故每一涉笔,辄觉飘飘有仙气,非食烟火人所到。"④作者进而将恽寿平与王翚相比较,后者虽与前者齐名,但是恽寿平的画作本是天工造化之产物,非人力所能及,因而两人的作品是仙凡之别,不可同日而语。这就将恽寿平的画作从技法分析过渡到人格分析。

类似的言论颇多,例如戴熙《为陆秋叔题南田渡江图》:

近日大江南北以恽画有无为清浊矣。秋叔陆二兄出示所藏

---

① 王逸:《楚辞章句》,岳麓书社 2013 年版,第 180 页。
② 吴企明辑校:《恽寿平全集》,第 343 页。
③ 吴企明辑校:《恽寿平全集》,第 1136 页。
④ 吴企明辑校:《恽寿平全集》,第 1129 页。

《渡江图》,当是早年笔,清空洒脱,已具透纲之槩。盖其得于天者独厚,非从和墨吮笔中得来,未可以寻常书画视也。①

这种将恽寿平画作高逸境界归因于人格与天机的做法,是中国古人一贯的艺术批评方式,用以描述不可言说的最高艺术境界,否则人们无法解释这种境界何以产生的问题,因而只能将之归因于画家本人的情趣与人格精神。这种做法实际上有将艺术创作神秘化的倾向,以至于将南田画作为"第二自然"加以看待,进而使之获得如同自然的神圣境界。作者说道:"久雨初霁,秋凉袭人,啸沤出南田画册见示,笔墨之妙,不容赞叹,但觉画中光景与秋田争洁而已,合掌顶礼,敛而退之。"②这种观点无疑将南田画作神化了。

恽寿平生于崇祯六年(1633),他在内心深处将自己视为明代遗民,有一种抑郁难伸的情怀;同时,其作为画家,又具有其他画家不具有的天分,仿若神仙境界中人,不食人间烟火,因而其画作也洗净尘滓,恍若仙境。恽寿平高洁而孤寂的精神世界决定了他对"寂寞无人之境"的推崇和实践,也影响了他的绘画批评。同时也应看到,恽寿平所谓"神明"境界,还含有对鲜活的自然风俗和世俗生活的肯定。他创作的众多写生作品,显然与"寂寞无人之境"差距甚远,那种鲜活亮丽的自然风物,带有浓厚的人间情怀。这些作品深得时人的喜爱,成为当时艺术品市场上走俏的商品。恽寿平晚年一直有移居杭州的想法和愿望,因此他在杭州客居之时,奋力作画,期望能够积累更多的财富实现这一想法,但不知疲倦的劳作致使他恶疾缠身,此后他即返回常州,不久就病逝了。恽寿平的写生之作固然有市场化因素使然,但市场化并未改造其创作的基本精神底色,他保持了自己创作的独立性。我们有理由相信,恽寿平诸多写生之作的创作,是其艺术追求的重要组成部分。因此,我们应将恽寿平的写生之作纳入他的画作之中,这样才能全面认识他对

① 吴企明辑校:《恽寿平全集》,第 1121 页。
② 吴企明辑校:《恽寿平全集》,第 1120 页。

绘画境界的看法,而不能仅将他对山水之作的讨论作为其观点的全部。

实际上,作为挚友,王翚曾对恽寿平长期从事写生创作提出过直接而善意的批评。在王翚看来,这些作品皆为"涂红抹绿"之作,是俗艳的,虽然时人喜爱,但是一个画家如果长期从事这种创作,就无法沉潜内心而走向艺术的歧途。恽寿平虽然接受王翚的批评,但他对写生之作有自己的看法。在对花鸟风物的细致观摩中,恽寿平发现的是自然本然的存在状态,清新动人,独立自足,是一种生命之美的绽放,为何不能将这种美真实呈现呢?其友人杨晋说道:"南田先生,吾挚友也。此册写没骨花数种,盖用徐崇嗣折枝法,见其平日画一花,必折是花,插之瓶中,极力描摹,得其活色生香而后已。可知先生能以造化为师,不徒拘拘于古人成法也。"①在摹古盛行的清代初年,山水之作风行画坛,"古人成法"更多表现为对山水画的模拟和创作,谨严的笔法、固定化的构图和意象,已经预示着山水之作很难再超越前人。从某种程度上来说,清初画家对山水画及其境界的推崇,是一种被传统的文人趣味塑造的潮流,是文人知识分子自我标榜的一种手段,它掩盖了生活本身的美。恽寿平对画坛的这种陈腐气息是反感的。自然本身"活色生香"的美,为什么不能成为文人画的表现对象呢?

当然,对于世俗流行的、以涂红抹绿为特征的俗艳之作,恽寿平是反感的、批评的。他说:"写生家日研弄脂粉,塞花探蕊,致有绮靡习气,岂不若董、巨长皴大点,墨雨淋漓,吞吐造物之为快乎? 剑门樵客,以此傲南田宜也。"②针对王翚的善意批评,恽寿平说:"予初不以为然,已而思写生与画山水,用笔则一,蹊径不同,久于花叶,手腕必弱,一花一叶岂能通千岩万壑之趣乎!"③他把写生家的创作称为绮靡之作,认为没有山水画作那样淋漓尽致挥洒自我来得畅快,而且写生时间久了,也会影响腕力的使用。这种情况固

---

① 吴企明辑校:《恽寿平全集》,第 1118 页。
② 吴企明辑校:《恽寿平全集》,第 338 页。
③ 吴企明辑校:《恽寿平全集》,第 370 页。

然存在,但恽寿平认为写生也能得造化之机,创作出包含生机和神趣的作品。我们不能把他的自谦之词看作他对写生的否定。恽寿平在他的画跋中多次表达了他对写生的肯定态度:

> 近日写生家多宗余没骨花图,一变为秾丽俗习,以供时目,然传模既久,将为滥觞。余故亟构宋人淡雅一种,欲使脂粉华靡之态,复还本色。①

> 昔腾昌祐常于所居多种竹石杞菊,以资画趣,所作折枝花果,并拟诸生。余亦将灌花南田,玩乐苕草,抽毫研色,以吟春风,信造化之在我矣。②

恽寿平批评了世俗的写生家,但不代表写生之作本身没有价值,或仅为俗艳之作而不能得造化之功。在他看来,写生之作表达的正是自我对日常生活中的花草风物的喜爱之情,是一种积极的生活态度,而这同样是自然造化的组成部分。为此,恽寿平提出了与历史和世俗不同的诸多观点,带有鲜明的针对性和自我个性。

例如:恽寿平在强调画作“荒寒之境”“寂寞无可奈何之境”的同时,突出强调了写生之作的丽美特点;在他看来,丽美更是自然造化之美的典型体现,亦应成为画作之美的体现。被山水画家广泛批评的大红大绿,恽寿平认为:只要运用得好,也能使画作具有“神气”;“红翠相间”,也是一种美的体现。他举刘松年等人的画作说道:“刘松年画人物团扇本,三人回首看左角桃花,人物如生,夹竹叶大绿带烟雾,真有神气。王晋卿画杨柳楼阁,极精工,柳用大绿涂染,后用汁绿开细叶,极鲜丽。”③表达了他对“极精工”“极艳

① 吴企明辑校:《恽寿平全集》,第336页。
② 吴企明辑校:《恽寿平全集》,第338页。
③ 吴企明辑校:《恽寿平全集》,第339页。

丽"的丽美的推崇。又说:"画秋海棠,不难于绰约妖冶可怜之态,而难于矫拔有挺立意。惟能挺立,而绰约妖冶以为容,斯可以况美人之贞而极丽者。于是制图,窃比宋玉之赋东家子,司马相如之赋美人也。"[1]"贞而极丽",是秋海棠之美的完美体现,也是秋海棠生命精神的完美体现,写生之作就应该把这种丽美呈现出来。恽寿平屡屡表达他对丽美的喜爱之情:"江南种菊之盛,无如练川、娄东,而吾郡澄江,欲与相敌,每于深秋游赏,载丹粉以视造化之奇丽,意甚乐之。"[2]画家以造化为师,经营花叶,布置根茎,自然能够传达出自然风物的鲜丽的美,而与世俗以涂红抹绿为能事的创作分开。这说明画作俗雅与否,不在红绿本身,而在画家本人的眼光、情趣,能否真实传达出自然本身的美。

再如,对于历来理论家批评的"极似"之作,他提出了自己的看法,认为画家可"以极似达神似",要始画作"生动有趣"。他说:"沃丹、虞美人二种,昔人为之多不能似,似亦不能佳。余略仿赵松雪,然赵亦以不似为似,予则以极似师其不似耳。"[3]又说:"曾见白阳、包山写生,皆以不似为妙,余则不然,惟能极似,乃称与花传神。"[4]这种以极似传神的绘画观,与苏轼之后所形成的贬低形似的绘画思想截然不同,这是作为写生家的恽寿平对历史上人们贬低形似观点的反驳。倡导神似而贬低形似,固然是绘画境界高深悠远的手段,但是也给一些绘画技法低劣的人留下了糊弄世人的空间,一时间皆以神似自比,神似成了他们的遮羞布。恽寿平对画坛中的这种现象是熟知的,因而他提出了自己的看法。其实,神似与形似,并不是判断一幅作品的根本标准,其标准在于画作是否真实呈现了自然对象本身的生命特点;而且,画家要想画出花草蔬果等风物的生命精神特点,并非易事,似与不似,都不是上乘法门,只有在熟稔技法而又超越技法的基础上,准确呈现自然对象

---

① 吴企明辑校:《恽寿平全集》,第 358 页。
② 吴企明辑校:《恽寿平全集》,第 363 页。
③ 吴企明辑校:《恽寿平全集》,第 353 页。
④ 吴企明辑校:《恽寿平全集》,第 380 页。

的生命特点,才能取得创作的成功。对此,恽寿平说:"蔬果最不易作,甚似则太俗,不似则离,惟能通笔外之意,随笔点染,生动有韵,斯免二障矣。"①为此,恽寿平强调写生之时"随意点染"所形成的"潇洒可观""生动之趣"。

　　总之,恽寿平画论中"神明"概念的内涵是多样的。他使用这个概念,既讨论了绘画最高的境界,又讨论了画家创作时对前人作品的态度。神明境界既可以指绘画作品体现出的契合造化自然的天机,也可以指前辈画作呈现的至高神韵,后来者要达到任何一种境界,都应该"拟议神明",向自然与前代画作取法、学习,锤炼自己的技法以形成自己的特点,从而让自己的作品"焕然神明"。同时,在恽寿平的论述中,作为绘画境界的神明,还存在一些变体,绘画作品"通体皆灵"的生命境界,也是神明境界的体现;恽寿平"活色生香"的写生之作,也是神明境界的组成部分,这种美与"荒寒之境""寂寞无可奈何之境",既是自然造化本身之美的体现,也是画作之境界的体现,都应包含在神明境界之内。

第三节　画境如仙境:恽寿平的绘画批评

　　恽寿平既是画家,又是批评家和理论家。他进行绘画批评的思想来源和基础主要有四个方面:其一,他的批评是在多观摩古画和时人画作的基础上展开的。他与娄东王翚、毗陵唐匹士兄弟等人的交往,为他观摩唐宋元明以来的古画提供了机会。他的这些友人都是文化世家,家富收藏,他的有些作品就是临摹这些古画创作完成的,因而他能够较为全面地了解以前的绘画在笔法、意境、构图等方面的特点。例如,他对"寂寞无人之境"的讨论,就是借助王维、李成尤其是倪云林等人的作品而展开的。其二,恽寿平的批评实践带有鲜明的当代性,即他的批评对象不仅有古人的作品,更多的反而是与他同时代的活跃在毗陵、扬州、无锡、常州、杭州甚至北京的画家的作品,

----

① 　吴企明辑校:《恽寿平全集》,第 372 页。

其中又以其终生挚友王翚的作品为最多、最重要。他对山水画的批评和主要观点,主要是结合王翚的创作而展开的,在他眼中,王翚的山水之作是中国山水画的集大成,其境界古雅深远,既能体现出古人的境界,又有自己的特点,因而可以作为山水画的典范而加以批评。其三,恽寿平本人的创作实践,为其绘画批评的展开奠定了坚实的基础,因为他本身兼善山水和花鸟写生,因而他往往结合自己的创作,讨论绘画中的一些基本问题,这些言论往往很切实际,不是凌空蹈虚的批评。其四,恽寿平本身的知识构成和素养,形成了其绘画批评的独特价值取向。他本身是学问家,精通佛学,还有这方面的专门著作,因而他所使用的批评话语带有自身的特点。

恽寿平多次使用"神明"以及与之相关的"神气""神趣""神迹""天机"等概念或词汇讨论绘画的境界、风格等问题,赋予这一概念独特的理论内涵。因此,在恽寿平的理论体系中,"神明"不仅仅是一个概念,它还是一种境界,一种画作所能达到的艺术至境之一。实际上,在日常生活中,恽寿平时常将自己的生活与仙境等同起来,以此为自己的艺术创作提供素材和灵感,从而使现实通过画境转化为仙境。因此,他对画作的批评、评价,也具有了自己的特点:他提出画作应"通体皆灵"的观点,运用神仙境界、神话意象等,对画作之意象、境界等进行批评、评点,形成自己的绘画批评观和批评策略。这一创作和批评方式不是为了彰显灵怪,而是为了游弋神思,带有审美的意味。王翚的画作成为恽寿平批评的重要对象;恽寿平还引用了《庄子》中的诸多典故,评述画作。这为我们更好地理解恽寿平画论中的"神明"概念提供了新的角度。

一、人境如仙境:恽寿平的生活与创作

恽寿平的知识素养颇为深厚,对儒、释、道三家思想均很精通,这使他的诗、书、画的创作达到了很高的水平。除了诗文作品外,他还有创作佛学专著的计划,只不过没有完成。而通读其作品,可以发现,在这些思想中,他又特别钟情于《庄子》《淮南子》《列子》等著作和原始道家的神仙思想与境界。

这一思想不仅为他身在易代之际的矛盾心灵提供了解脱、皈依的港湾,而且为这他的艺术创作和批评提供了养分。他的绘画批评,就是在这样的背景下展开的;他所使用的批评概念、词汇等,也都沾染着这种思想的痕迹。

可以看到,在清贫的日常生活中,恽寿平时常以神仙的超脱精神自解,进而将单调乏味而艰困的日常生活神仙化、审美化;即使是从田间采得几棵野菜,他也将之形诸笔端,并将之与神仙服用的仙药媲美。诗云:"灌罢烟蔬抱瓮回,离批翠叶长春苔。仙家上药原如此,琅菜何须碧海来。"[1]在诗画的艺术创作和咏叹中,普通的蔬菜与"仙家上药"("琅药")获得了同样的属性,他的凡人生活由此转变为神仙生活。恽寿平往往将无琐事牵绊而自由遨游于自然的状态称为仙境,体现出他热爱生活、体悟生命的情怀。例如,《题友人西湖夜泛图》云:"湖中半是芙蕖,人从绿云红香中往来,时天雨后无纤埃,月光湛然,金波与绿水相涵,恍若一片碧玉琉璃世界。身御冷风,行天水间,即拍洪崖,游汗漫,未足方其快也。至于游船灯火,笙管讴歌,徒搅清思,乱耳目,皆非吾友游神所在,以喧籁付之而已。"[2]夜游西湖被作者称为游仙太玄,如仙人之御冷风。实际上,升仙逃脱现实,一直是恽寿平的梦想。根据相关记述,可以推测,他可能掌握了一些炼制丹药的方法。据记载,恽寿平客居娄东时,曾与一位名叫"顾若思"的人相识。顾若思是谁,现已不可考。根据恽寿平的记述,他是一位方士,爱游名山大川,擅长丹炉之术:"顾子若思,性磊落好古,美遨游,喜方术,能以炉鼎炼烹草木花果,皆成天露,以治疗百病,虽沉疴,投之立起,久服可以扶衰引年,盖药露之妙,去滓垢而取精华,则通灵而无滞,此用之亡所以神也。余与顾子相遇于娄东,一见契合,他时入山炼药,将呼顾子为采真之游,顾子其勿忘余言哉。"[3]在随后题赠的诗句中,恽寿平对蒸花炼草之术津津乐道,又对顾若思发出自己的邀请;他反复

———————————————

[1]　吴企明辑校:《恽寿平全集》,第 162 页。

[2]　吴企明辑校:《恽寿平全集》,第 352 页。

[3]　吴企明辑校:《恽寿平全集》,第 118 页。

叮嘱顾若思:他日两人携手进山采药,然后共赴名山修炼,并终老于此。

与这种生活与思想状态相关,在恽寿平的诗作中,有很多专门创作的游仙诗。在诗歌创作中,恽寿平更是屡屡使用神仙幻境之典故,以表达自己的生活情感状态。例如,作于1668年的《古意十六首》,充斥着大量远古神话传说中的仙山神物和神话故事,"九鼎""旱魃""灵夔""仙灵""灵祇""夸父""穷洞"等,反复出现,相互交织,呈现出诡异迷离、不可究竟的神仙幻境。只不过,在这个世界中,九鼎早已沉河,因而无人分辨神奸;我欲乘上云车远去,云车却没有车轮;神灵在夜空中哭泣,兰香在深夜中消泯;星月隐匿不见,凤鸟无声,伶伦塞耳,大地上只剩下空洞无物的山巅古木和狐狸凌乱不堪的脚印,致使作者"举世不见赏,空有太古琴"[1]。这些诗作综合借用了《山海经》《楚辞》中的神话因素,接续了楚骚的文学传统。因此,在恽寿平的诗画创作和批评中,对神话意象的使用,在前后时期的艺术家中是有其典型性的。有些诗作,虽然不是游仙诗,却大量使用神仙传说的典故,有些诗句还涉及游仙的情节和思想。

这些作品中,较具代表性的有《十四叔自七闽返吴相见狂喜兼闻近事感叹有作》《拟游仙题赠吴商志》《题山堂读易图》《祝洁菴先生诗》等。例如《拟游仙题赠吴商志》其一:

> 仙人方六博,玉女戏投壶。一笑烁电光,下土无灵区。猰貐纷摩牙,中道逢驺虞。赤凤鸣西昆,青鸟翔东隅。群灵会瑶水,窅蔼云娥趋。骖螭上五城,谒帝受三符。[2]

这首诗作几乎全部使用了神仙典故,足见恽寿平这方面的知识储备之丰厚。"仙人六博"是汉魏图像中常见的场景,人们用不断变化的棋局表示时间的

---

① 吴企明辑校:《恽寿平全集》,第46页。
② 吴企明辑校:《恽寿平全集》,第102页。

流逝,以说明仙境的永恒性。"玉女投壶"的典故,出自东方朔《神异经·东荒经》:"东荒山中有大石室,东王公居焉。长一丈,头发皓白,人形鸟面而虎尾。载一黑熊,左右顾望,恒与一玉女投壶。每投千二百矫,设有入不出者,天为之嘘嘘。矫出而脱误不接者,天为之笑。"[1]"猰貐",又名"窫窳",出自《山海经·北山经》:"有兽焉,其状如牛,而赤身、人面、马足,名曰窫窳,其音如婴儿,是食人。"[2]它原为天神,为贰负及其臣子危合谋杀害,最后变成食人的怪兽。"驺虞"则是《山海经·海内北经》中记载的日行千里的神兽:"林氏国有珍兽,大若虎,五采毕具,尾长于身,名曰驺吾,乘之日行千里。"[3]其他"拜帝受符""乘赤凤至昆仑""群仙赴西王母瑶池"等典故,都是常见的神仙故事。恽寿平对这些常见于《山海经》《楚辞》《汉武内传》等早期著作中的神话传说的使用,一方面与清初时期这方面文献的大量整理、刊刻有关,另一方面也说明他对这方面内容是深感兴趣的。

应该指出的是,恽寿平对如此众多"神明"之典故的使用,并不是为了炫耀自己的博学多识,或自己奇诡幽僻的爱好,而是为了驰骋其宏阔神思的需要,带有自觉、自为的特点。在《题稗黄晚唱诗八章》的序言中,恽寿平明确提出了他"洗发灵气,鞭策造化"的创作和批评主张,并对自己使用神话典故和意象进行艺术创作的做法进行了说明:

> 读毛公《晚唱》,有斗坛蟾蜍、乌鹊、莲花峰、老子蒙沙、恽子说秋气诸语,淫靡隐诡,窈窈焉,黝黝焉,郁訏怅荡而不可知,殆将洗发灵气,鞭策造化,抽其怨思,智骋奔霄之辔,翔乎闲(阆)风之苑,沐浴八海,晞发层城,上采琼华,下挹瑶井,珍怪极矣。盖以九州不足游,五岳不足涉,寓内皆常出入所串耳。顾非遗九州,废五岳,而

---

① 东方朔:《神异经》,《汉魏六朝笔记小说大观》,第 49 页。
② 袁珂:《山海经校注》,第 68 页。
③ 袁珂:《山海经校注》,第 274 页。

独放乎殊域,撋索颐僻以自快也。夫拘虚者刷驾篱壁,削迹鹿场,且不及问天地升降,有五岳九州也,而又焉知奔霄之辔之安所之也。然而毛公远矣,毋乃令人望海中三神山,飘渺不可见,而疑之也哉。晚唱云者,自量也,彼飞卿、长吉、玉溪生者,皆遗蜕也,何足以丽之。诗凡百篇,当其得意命藻,运类远引,凿奥险,创无象,即稺黄不得自解也。因系以诗八章,解稺黄之所不能解者云尔。①

这段文字所使用的"珍怪""殊域""九州""五岳""三神山""奔霄之辔""阆风之苑"等词汇和名称,全部来自汉晋时期的《山海经》《楚辞》《神仙传》和郭璞等人的神仙著作。文章所谓"毛公稚黄",乃是明末清初浙江文学家毛先舒(1620—1688),"稚黄"是他的字。入清后,毛先舒不求仕进,唯以诗文创作和音韵学研究为业,颇得士林称赞,与毛奇龄、毛际并称"三毛",为"西泠十子"之一,声望颇高。恽寿平晚年常到杭州,与毛先舒有过交游,他读到毛先舒的《晚唱诗八首》,但觉其诗运用了诸如斗坛、蟾蜍、乌鹊等神话传说中的典故,他认为即使是毛先舒本人也未必全部知晓,为此也创作了八首诗。他认为毛稚黄的这种创作,"洗发灵气,鞭策造化,抽其怨思",能够将天上地下、古往今来的神话历史熔为一炉,营造了一种颇为幽微奇诡的神仙幻境,从而使"九州不足游,五岳不足涉"。在恽寿平看来,与这些神仙玄幻之作相比,温庭筠、李贺、李商隐等使用神仙典故入诗的作品,都只不过是其末流而已("遗蜕")。他进而解释道:自己之所以引用如此众多奇诡难解的神仙典故和意象入诗,并不是为了"撋索颐僻以自快",而是希望能够自由舒展自己的想象和才华,而得"智骋奔霄之辔"的乐趣。

这种情况同样反映在他的绘画批评中。在批评中,他屡次将画作中的物象、人物等比喻为仙境中的人与物。例如,在《摹米敷文作霖图》一诗中,他说:"白云御泠风,知自帝乡来。俄顷已万里,横过黄金台。丽哉螭龙衣,

---

① 吴企明辑校:《恽寿平全集》,第56页。

摇曳上银浦。岱岳未肯藏,肤寸天下雨。"[1]"米敷文"即米友仁,以善画迷离空濛、变幻莫测的山水云雾著称,深得宋高宗的赏识,人称"米氏云山"。这幅作品现被收入《王南屏藏中国古代绘画》一书,图版149[2],是恽寿平模仿米友仁画作而创作的一幅作品。在诗中,他直接把米友仁的画作称为来自仙境("帝乡"),而且他所使用的"御泠风""黄金台""银浦""蟠龙衣"等意象,都与仙人或仙境有关。因此,综合恽寿平的生活、思想和诗文创作,可以看到,恽寿平使用"神明"等概念或词汇,展开自己的绘画批评,与此是紧密相关的。

二、以神评画:独特的批评术语

恽寿平对画作境界"通体皆灵"的界定,以及他的知识储备,决定了他对绘画作品的批评。所谓"通体皆灵",是指画作所能达到的最高境界,即神明境界。除"灵"字外,恽寿平还使用"神迹""神趣""神气""天机"等词来讨论绘画境界的这一特点。这些词汇都是神明概念的衍生词汇,它们与"神明"一词形成了一个以"神明"为核心的恽寿平绘画批评术语群。例如,他说:"凡观名迹,先论神气,以神气辨时代,审源流,考先匠,始能画一而无失矣。"[3]虽然词汇有别,但是它们所指称的对象基本上是一致的。正是因为恽寿平将自由而远离人世的神仙之境("灵境")作为绘画的最高境界,所以在批评中,他形成了自己独特的批评策略,同时也使用了许多与这一思想相适应的术语。这些术语带有浓厚的神话和宗教信仰成分,但由于时代久远,今人读来,往往将之作为现代一般性意义的词汇加以理解,这就将其绘画批评借鉴神明信仰的因素过滤掉了。

这里,我们以"叫"为例说明这个问题。恽寿平说:"群必求同,同群必相

---

[1]　吴企明辑校:《恽寿平全集》,第154页。

[2]　田洪编辑:《王南屏藏中国古代绘画》,天津人民美术出版社2015年版,第461页。

[3]　吴企明辑校:《恽寿平全集》,第325页。

叫,相叫必于荒天古木,此画中所谓意也。"①朱良志认为这里的"叫",是"指审美欣赏中的灵魂震荡,更指与宇宙真性照面中人的性灵震荡"②。这是将"叫"审美化的解释,因而作者进一步将恽寿平所说的境界审美化和人格化,并认为"南田毕生追求这样的境界":"'荒天古木'是南田绘画的一个象征性符号,四际无人,空山荒寂,一个人奔跑其中,对着苍天狂叫。真是前不见古人,后不见来者——一个茕独的生命在历史的荒原中踯躅。"③这种对"叫"的审美化解释,是一种理想化的向度。其实,我们还可以从"叫"的本义出发,来理解恽寿平"同群必相叫,相叫必于荒天古木"的含义。

可以看到,"群"是一个关于主客体关系称谓的词汇,"群"之关系的形成,以"求同"为基础,比如人寻找自己的朋友、知己等。但是,恽寿平所谓"群",虽然遵循了"求同"的原则,但是这种主客关系不是人与人的关系,而是人与自然的关系。恽寿平由此排除了人的活动的有限性。在将"荒天古木"作为"群"的对象的恽寿平眼中,只有这种由"荒天古木"构成的"无人之境"才是自己的真正知己,因为他可以在这个世界中"相叫",以呈现完整的自己,"荒天古木"似乎也可以容纳自己,无论自己是好还是坏。可以发现,这样一种类似于癫狂的呼喊行为,拥有某种宗教的痕迹:在《尔雅·释言》"祈,叫也"的解释中,"叫"正是举行祭祀拜神活动中主体行为的主要特征,故古人有"祈祭者叫呼而请事"的观点。郝懿行疏云:"叫者,《说文》:呼也。《诗·北山》:叫,呼。号,召也。……祈者,《释诂》云:告也。又训叫者,叫、告义同,故《一切经音义》九引孙炎曰:祈,为民求福叫告之辞也。"④叶舒宪指出:"祈祭是一种用大声呼告的方式向神明请求福祐的礼仪,所谓'叫''呼''告'等都可特指祈祭的语言特征。"⑤由此可见,"叫"本是宗教词汇,用来表

---

① 吴企明辑校:《恽寿平全集》,第 322 页。
② 朱良志:《南画十六观》,北京大学出版社 2013 年版,第 545 页。
③ 朱良志:《南画十六观》,第 545 页。
④ 郝懿行:《尔雅义疏》,上海古籍出版社 1989 年版,第 123 页。
⑤ 叶舒宪:《诗经的文化阐释》,第 48 页。

示处于祭祀信仰活动中主体的行为状态:通过呼叫,表达自己的诚心,以引起神灵的注意而降福。这种"呼""叫"不仅声音洪亮,而且伴随着肃穆的舞蹈和节律严整的咒语(诗句)。

以此观之,恽寿平所谓"相叫必于荒天古木",极类似于这种祭祀礼仪中主体呼喊的方式,既释放自己又有一定的节奏,以实现神人之间的沟通,他也以这种方式实现与"荒天古木"的共鸣共感;在他的眼中,"荒天古木"既是一种对象化的存在,又是一种本己性的存在,他与它的关系,一如神灵降临到主体身上而成为主体的一部分,无法分开。在恽寿平看来,自然本身也可以"叫"的方式表现自己:"万窍怒号,激謞叱吸,叫谤突咬,调调刁刁,则不可图也。"①恽寿平认为,呈现主体与"荒天古木"之间以"叫"而结成的关系,才是"画中所谓意也"。如果画作能够有这种境界、得这种"神趣",观者亦必"叫"绝:"倪迂画若散缓,而神趣油然,见之不觉绕屋狂叫"②,"真所谓旌旗变色,焕若神明。使它日二瞻见之,定为叫绝也"③。这种"叫"是心领神会之"叫",是蓦然发现的喜悦与疯狂,类似于神灵附身般的感觉。这个思想与恽寿平所谓画作"通体皆灵"的看法也是一致的。这种将恽寿平批语话语重新宗教化的做法,看似脱离了艺术审美领域,但是,如果我们通读其诗文题跋,则可发现他借用神仙宗教术语进行创作和批评的例子不胜枚举,因而可以断定,这里的例子并不是孤证,而是恽寿平艺术批评的基本特征之一。

总之,在恽寿平的绘画批评中,如此众多带有神话宗教信仰内涵的批评术语的使用,与他一贯的文学艺术创作思想有关。恽寿平对至高画境的评判,带有浓厚的宗教信仰色彩。他将《庄子》等著作所塑造的神仙境界精神化和艺术化,转移到对画境的描述上,使画境与仙境获得了等同。恽寿平对画作的性质进行了自己的界定,认为优秀的画作应该满蕴着灵气,体现出超

---

① 吴企明辑校:《恽寿平全集》,第 322 页。
② 吴企明辑校:《恽寿平全集》,第 348 页。
③ 吴企明辑校:《恽寿平全集》,第 386 页。

越时空而无人自在的永恒境界,以为主体情思提供自由飞翔的广阔场所。在这一思想的指导下,恽寿平选择了一系列带有宗教信仰色彩的词汇,展开自己的绘画批评,将自己对于画作本质的认识落实到了批评实践中。这些概念、词汇的使用从一个侧面丰满了其画论中神明概念的内涵。

三、批评方式:仙境与画境的同构

按照画作须达神明之境、"通体皆灵"的要求,恽寿平在展开自己的绘画批评时,还选择了颇为独特的批评方法和批评策略。可以看到,他不仅选取了大量神话、神仙中的意象、典故对绘画作品进行品评、赏析,而且还用这些意象、典故所蕴含的精神意旨对画作的境界进行规定。可以说,在恽寿平的观念中,最高的画境与最美的仙境是同形同构的,两者之间可以实现相互置换。只不过,与诗歌创作中利用神仙玄怪意象以创设奇诡莫测的境界不同,恽寿平在绘画批评时,没有利用如此众多的神话资源,而专注于《庄子》《淮南子》等著作中与绘画境界匹配的仙境典故。这些著作和典故,影响了恽寿平对画作境界和风格的评判,以及他展开绘画批评的言说方式。

在谈到他欣赏一些画作的感受时,恽寿平多次将画境与仙境等同,也把自己当作仙境中人。例如他说:"老树荒溪,茅斋宴坐,似无怀氏之民。老松危崖,淙淙瀑泉,人间有此境否?"[1]"无怀氏"是伏羲之前的圣人,在他的治理下,人们安居乐业,没有纷争,无忧无虑,恽寿平也把自己当作他们中的一员。在诸多的评论中,恽寿平以仙境比画境,评述最多的是王翚的作品。这与两人交往频繁、友谊深厚有关。例如,谈到王翚作《云山图》,他说:"石谷作此,如宗伯所云,从岳阳楼观听仙人吹笛,一时凡竟顿尽,故其下笔灵气郁蒸,与前此所图悬殊也。"[2]在《题石谷雪图》中,他又说:"风壑暗泉清,山庭晓更明。夜来松雪重,猿鹤冻无声。云海都未开,鸿濛几时破。空谷闭门人,知有袁安卧。琼楼生光芒,银海无昏暮。人从瑶岛来,手弄三珠树。仙人扫

---

① 吴企明辑校:《恽寿平全集》,第 381 页。

② 吴企明辑校:《恽寿平全集》,第 360 页。

琪华,凤团烹石鼎。独鹤立山亭,飞上峨眉顶。"①这种雪后万物潜踪、无声无息的世界,是鸿蒙未开时的沉寂;雪后的琼瑶世界,则是仙人弄珠的良好场所——恽寿平把王翚《雪图》之境完全等同于仙境了。针对王翚《桃源仙境图》,恽寿平评道:

> 求桃源如蜃楼海市,在飘渺有无之间,又如三神山,反居水底,
> 舟至辄引去,武彝山中,时闻仙乐缭绕,岩巅异香氤氲,发于林皋,
> 白云冉冉下坠,即之不可得见。观此洞壑深香,古翠照烂,落花缤
> 纷,烟雾杳然,王山人若已造其境,故能得其真。宇宙美迹,真宰所
> 祕,乃不越襟而能问津于研席间,始知刘子骥辈,真凡夫耳。②

现今所见王翚《桃源图》有多件,如南京经典拍卖公司 2016 年秋季拍卖会拍出的王翚创作于 1698 年的《桃源图》,上题"康熙戊寅九月四日,仿赵荣禄笔意于燕山旅舍,海虞石谷子王翚",最终以 460 万元人民币的价格售出。这幅《桃源图》可能不是恽寿平评鉴的作品,因为图上虽有古木深壑,然无"落花缤纷,烟雾杳然"。而且,恽寿平早在 1690 年去世,根本没见过这幅画。恽寿平所评的这幅作品可能是 2005 年西泠印社拍出的《桃源图》。这幅画创作于康熙庚戌年(1670)王翚造访恽寿平瓯香馆时,是两人友谊的见证。根据启功、谢稚柳、吴湖帆三位先生考证,这幅作品是王翚的真品,上有恽寿平所书的王翚题跋及落款,然其文字与本处所引用文字不同。虽文字不同,但其意则同:在这幅作品的评语中,恽寿平对历来画家以武陵桃源为蓝本进行创作的做法提出批评,认为这些作品太着现实痕迹,没有传达出桃源仙境的真谛,而王翚这幅作品在吸收赵孟頫和仇英作品特点的基础上又进行了创新,不仅摆脱了前人窠臼,即使真仙亦可游赏其中。根据画卷上

---

① 　吴企明辑校:《恽寿平全集》,第 52 页。
② 　吴企明辑校:《恽寿平全集》,第 387 页。

"庚戌寓白云精舍乌目山人王翚画并题",可知这段文字原为王翚所题而为恽寿平所书,而上引恽寿平对这幅画的品评之语,无疑吸收了王翚的观点,但同时也有恽寿平自己的特点(图5-7)。

图5-7　清　王翚《桃源图》及局部,绢本设色,纵178厘米,
横47厘米,西泠印社2005年冬季拍卖会

与王翚的历史性回顾不同,为了称赞王翚此作的不同凡响,恽寿平使用了历史上许多关于桃源仙境的神话典故,然后再指出王翚画作的画面内容和其独特性,及其所达到的至高境界。在这段批评中,恽寿平使用了如下典故:第一,使用了《史记·封禅书》关于海市蜃楼和海外三仙山的记载,以说明桃源仙境不可如前代画家所画的那样坐实,而以武陵桃源为真。《史记·封禅书》记载:"自威、宣、燕昭使人入海求蓬莱、方丈、瀛洲。此三神山者,其傅在勃海中,去人不远;患且至,则船风引而去。盖尝有至者,诸仙人及不死之药皆在焉。其物禽兽尽白,而黄金银为宫阙。未至,望之如云;及到,三神

山反居水下。临之，风辄引去，终莫能至云。"①恽寿平认为桃源仙境亦如三仙山，并不是一处固定的所在，因而不能用凡俗之笔去表现它。第二，使用了武夷仙境的神话传说。人们见武夷山白云缭绕，异香氤氲，常有仙乐萦绕在山巅之间，有人去山里寻找，"即之不可得见"。恽寿平运用这两个仙境传说，来说明桃源仙境具有飘忽不定、不可寻觅的特点，凡人无法真正抵达这里。第三，在此基础上，恽寿平认为南阳刘子骥按照传说去寻找桃花源，正犯了将桃源仙境坐实的毛病，因而他在本质上是一个"凡夫"，并不是真正的"高尚之士"，与王翚的境界相差很远。刘子骥是陶渊明的远房亲戚，他虽采药烧药，但并未真正去探访桃花源，因而恽寿平将他说成"凡夫"，是不对的。为了凸显王翚画作的仙境本质，他对刘子骥进行了不符合实际的批评。恽寿平使用这三个有关仙境传说的典故进行批评，强调了桃源仙境的不确定性，突出了王翚画作境界之高远："观此洞壑深杳，古翠照烂，落花缤纷，烟雾杳然，王山人若已造其境，故能得其真。"不可在人间复现的桃源仙境（"宇宙美迹，真宰所祕"），竟然被王翚在"研席间"创作出来，其画作"造其境"而"得其真"，达到"神明之境"，可为神仙提供居所。这是仙境图所能达到的最高境界，也是画作的最高境界。

恽寿平画评中的仙境意象还具有风格论的意义：他将画作中"逸品"一格的至高意味比喻为"卢敖之游太清，列子之御冷风"，"逸品，其意难言之矣。殆如卢敖之游太清，列子之御冷风也。其景，则三闾大夫之江潭也；其笔墨，如子龙之梨花枪，公孙大娘之剑器。人见其梨花龙翔，而不见其人与枪剑也"。②"卢敖之游太清"的典故出自《淮南子·道应训》："卢敖游乎北海，经乎太阴，入乎玄阙，至于蒙谷之上。"③在这里，卢敖遇到一个矮胖的人，两人展开了一番对话：卢敖以为自己来到"蒙谷之上"就已经遍游所有，没想

---

① 司马迁：《史记》，第 1171 页。
② 吴企明辑校：《恽寿平全集》，第 319—320 页。
③ 陈广忠：《淮南子译注》，第 689 页。

到这个人说他所游的地方,"北息乎沉墨之乡,西穷窅冥之党,东开鸿蒙之光,此其下无地而上无天,听焉无闻,视焉无眴",但即使如此,仍有他没有游到的地方。显然,这层含义被恽寿平所忽略,他所指的是,"逸品"之"意",在精神上乃像"卢敖之游太清,列子之御泠风"一样自由无碍,笔法上无任何牵绊凝涩的痕迹。同时,"卢敖之游太清,列子之御泠风"只是托名,他们的状态似有实无,说无而似有,有无之间而行变化莫测之功。他用"三闾大夫之江潭"来比喻"逸品"之作的景物,与他所说的"不入时趋,谓之逸格"的看法是一致的;他用"子龙之梨花枪,公孙大娘之剑器"比喻"逸品"的用笔,与他说的"有处恰是无,无处恰是有,所以为逸"的看法,也是一致的。

　　除了这种较为显著的直接运用神仙典故进行批评、譬喻外,《庄子》《淮南子》《列子》等著作言说神仙之事的方式,也影响了恽寿平绘画批评的言说方式。恽寿平运用比喻的方法,对优秀的画作和凡俗的画作进行比较,也借助了仙境与尘世的对比,这一方法无疑来自《庄子》《淮南子》:

　　　　以王郎之劲笔,乃与世俗时史并传,犹嫫母、子都,美恶较然,

　　培𪁁、方壶,钜细迥异,则凡有目者所共知也。[①]

此处所说"王郎"不知何许人,可能与他诗作中向他求教作画的"范生"一样,也是当时的青年画家。但恽寿平说这位王姓青年的画作水平很高,"与世俗时史并传",简直糟蹋了他的作品。为此,他又进一步使用了两个强烈的对比说明自己的观点:"嫫母"是相貌极为丑陋的人,而"子都"则是春秋时郑国貌美的王孙公子,两者之间没有可供比较的条件;"培𪁁"是《庄子·逍遥游》中提到的小土丘,而"方壶"则是著名的海外三仙山之一,雄伟不可计数,上面居住的仙人也不计其数,因而这二者也不具备比较的条件。恽寿平此番比喻,显然带有夸张和世俗的成分,但即使如此,他仍采用了自己擅长的方

----

① 吴企明辑校:《恽寿平全集》,第 344 页。

式,从他所熟悉的《庄子》等著作中选择了这样一种言说方式。《淮南子·道应训》写卢敖听过男子的话后感慨道:"吾比夫子,犹黄鹄与壤虫也,终日行不离咫尺,而自以为远,岂悲不哉!"作者进而得出结论说:"故《庄子》曰:'小年不及大年,小知不及大知,朝菌不知晦朔,蟪蛄不知春秋。'此言明之有所不见也。"①恽寿平所使用的神仙典故和言说方式,让我们可以直接把他的言辞与《淮南子》等文献建立联系:他对王郎画作的评述方式与《淮南子·道应训》《庄子·逍遥游》的言说方式基本上是一致的。

恽寿平的绘画批评吸收了众多神仙典故,形成了自己独特的批评言说方式。在恽寿平的批评实践中,王翚的画作占有重要地位,他多次将王翚的作品与仙境等同起来,认为其画作之境界达到了仙境的高度,以此表达自己对仙境的肯定、向往之情。同时,恽寿平还使用仙境典故对画作中的逸品等风格进行界定,并运用《庄子》《淮南子》等著作言说神话的譬喻方式对不同画作的风格进行比较。这些内容构成了恽寿平以神明思想评画的基本框架。

四、寂寞无人之境:恽寿平以《庄子》评画

在恽寿平的批评中,他屡次表达了自己对"神明境界""寂寞无人之境"等理想境界的推崇。其中,恽寿平对《庄子》中神仙、真人典故的引用,尤其值得关注。他把《庄子》所塑造的姑射山人所居所游之境界当作绘画的理想境界,以此指导画作的创作,而且还将之运用到绘画批评中。朱良志说:"南田作画,其理想在'笔笔作天际真人想'。'天际真人'这个由庄子哲学和道教中引取来的概念,成了他的艺术的理想世界。"②吴企明也说:"随着明王朝的覆亡,新王朝的建立,隐逸避世成为遗民的普遍心态,道学庄老思想很自然地被大家乐意接受,恽南田笔底的荒寒意趣,追求清幽闲逸的艺术意境,

---

① 陈广忠:《淮南子译注》,第 690 页。
② 朱良志:《南画十六观》,第 542 页。

真切地反映出'全真避祸'的庄老思想。"①只不过,恽寿平隐身庄老思想,不一定就全为避祸,其个人的审美趣味与老庄哲学境界的契合应该作用更大,是他"笔欲兼风雨,诗真悦性情"②的生活态度和审美情趣的使然。因而来自庄子哲学和原始道家仙境的理想境界,成为恽寿平绘画批评的根本准则。

如前所述,恽寿平遇到心情闲适舒畅时,往往将生活比喻为仙境,同样,他常将这样的生活环境比喻成《庄子》描写的仙境。这是一种将日常生活诗化和审美化的生活态度。《题画赠王季子》:"深林积翠中置溪馆焉,千崖瀑泉奔雷,回旋其下,常如风雨,隐隐可听,墨华蒸郁,目作五色,欲坠人衣,便当呼黄竹黄子同游于此间,掇拾青翠,招手白云,正不必藐姑汾水之阳,然后乐而忘天下也。"③"藐姑汾水之阳"出自《庄子·逍遥游》,以强调尧至仙境而天下皆忘的乐趣。在他看来,他与"黄子同游"积翠山林,得溪馆畅游之乐,"掇拾青翠,招手白云",又极惬意自然,比传说中的姑射仙境更好。正所谓"若无闲事心头挂,便是人间好时节"也。他有时还把这种自由抒怀的精神状态,与《庄子》"濠梁观鱼"的典故比较:"西溪草堂,盖周太史归隐处也。群峰奔会,带以蒲溪,茭芦激波,桠柳夹岸,散碧连翠,水烟忽生,渔网相错。予曾从太史,击楫而弄澄明,纵观鱼鸟,有濠梁之乐,真一幅惠崇《江南春图》也。"④在这样的生活场景中,西溪泛舟而纵观鱼鸟,一如传说中惠子和庄子在濠梁所见"鯈鱼出游从容"的状态,自己也感到像鸟儿鱼儿一样从容自在。秋季来临,丛菊盛开,他又横琴闲坐,神思墨写,得"卧游"之乐,从而实现画境与人境合二为一的乐趣,恽寿平把这种乐趣比喻为"庄周梦蝶"后"不知周之梦为蝴蝶与,蝴蝶之梦为周与"的物我不分的神秘感受:"横琴坐思,庶几得之,丰姿澹忘之表。深秋池馆,昼梦徘徊,风月一交,心魂再荡,抚桐盘桓,

---

① 吴企明辑校:《恽寿平全集·前言》,第6—7页。
② 吴企明辑校:《恽寿平全集》,第10页。
③ 吴企明辑校:《恽寿平全集》,第350页。
④ 吴企明辑校:《恽寿平全集》,第355页。

悠然把菊,抽毫点色,将与寒暑卧游一室,如南华真人化蝶时也。"①这个典故出自《庄子·齐物论》。在这个梦境中,梦幻与真实、人与物、真与假、时间与空间的界限都被打破了,或者说事物间的这种对立性关系根本就不存在。恽寿平改写了庄子的原意,而将之比喻自我陶醉于画境的感受,以赞扬《观花图》的高超境界。

恽寿平还用《庄子》姑射山上的仙子来比喻逸品:"昔人云:牡丹须著以翠楼金屋,玉砌雕廊,白鼻猧儿,紫丝步障,丹青团扇,绀绿鼎彝。词客书素练而飞觞,美人拭红绡而度曲,不然,措大之穷赏耳。余谓不然,西子未入吴,夜来不进魏,邢夫人衣故衣,飞燕近射鸟者,当不以穷约减其丰姿,粗服乱头,愈见妍雅,罗纨不御,何伤国色?若必踏莲华,营金屋,刻玉人,此绮艳之余波,淫靡之积习,非所拟议于藐姑之仙子,宋玉之东家也。"②恽寿平用"藐姑射之仙子"比喻画作的高逸天真之美。这种美不需要华丽的修饰而天然呈现,因而是一种大美、至美。在恽寿平的论述中,《庄子》中的"藐姑射之仙子"成为这种美的代表。同时,我们又一次看到了来自魏晋时期的典故——"粗服乱头"。《世说新语·容止》:"裴令公有俊容仪,脱冠冕,粗服乱头皆好,时人以为'玉人'。见者曰:'见裴叔则如玉山上行,光映照人。'"③"裴令公"乃是西晋时著名的名士裴楷,其人容貌俊朗,气韵娴雅而又为人宽厚,深为时人所重。因此,人们说他即使"粗服乱头",其高雅飘逸之气质也如"玉人"一般,后人遂用这个词来比喻一种天生的、内在的自然之美。在恽寿平看来,"逸格"之作也是这样:无须华丽雕饰而自然动人,一如藐姑射山之仙子一般。

恽寿平还用《庄子》里的神明典故比喻绘画的创作问题:画家应该像姑射仙子一般,心无杂念,自在从容而无世俗牵绊;情思闲雅,不着人间烟火

---

①　吴企明辑校:《恽寿平全集》,第 365 页。

②　吴企明辑校:《恽寿平全集》,第 328 页。

③　余嘉锡:《世说新语笺疏》,第 676 页。

气,"游于无何有之乡",才能创作出高逸之作:

> 笔笔有天际真人想,若纤毫尘垢之点,便无下笔处。①
>
> 烟柳芦汀,赋象荒落,其得之濠上邪?②
>
> 作画须有解衣盘礴,旁若无人意,然后化机在手,元气狼藉。不为先匠所拘,而游法度之外矣。③
>
> 图桃源者,必精思入神,独契灵异,凿鸿濛,破荒忽,游于无何有之乡。然后溪洞桃花,通于象外,可从尺幅间一问津矣。④
>
> 画有高逸一种,用笔之妙,如虫书鸟迹,无意为佳,所谓遗筌舍筏,离尘境而与天游,清晖澹忘,不可以言传矣。⑤

除了借用《庄子》"逍遥游""应帝王"诸篇中"无何有之乡"的典故外,这里还使用了其他典故:"解衣盘礴"之典出自《庄子·田子方》,用来描述宋元君画工在众人面前作画时旁若无人、心无挂碍、气定神闲的忘我状态。"凿鸿濛"出自《庄子·应帝王》中"凿破浑沌"的神话故事⑥,这里比喻画家创作时,应该摒弃五官感受而凝心专一。"破荒忽"之"荒忽"出自《楚辞·九章·哀郢》:"发郢都而去闾兮,怊荒忽其焉极",用以指称荒远辽绝之地。因而"凿鸿濛,破荒忽,游于无何有之乡",就是要求画家创作时要排除感官感受和时空条件的限制与干扰,这样才能心无挂碍而创作出可抵达仙境的画作。"遗筌"之典出自《庄子·外物》:"筌者所以在鱼,得鱼而忘筌;蹄者所以在

---

① 吴企明辑校:《恽寿平全集》,第 377 页。
② 吴企明辑校:《恽寿平全集》,第 371 页。
③ 吴企明辑校:《恽寿平全集》,第 326 页。
④ 吴企明辑校:《恽寿平全集》,第 355 页。
⑤ 吴企明辑校:《恽寿平全集》,第 378 页。
⑥ 《庄子·应帝王》:"南海之帝为倏,北海之帝为忽,中央之帝为浑沌。倏与忽时相与遇于浑沌之地,浑沌待之甚善。倏与忽谋报浑沌之德,曰:'人皆有七窍,以视听食息,此独无有,尝试凿之。'日凿一窍,七日而浑沌死。"陈鼓应:《庄子今注今译》,第 265 页。

兔,得兔而忘蹄;言者所以在意,得意而忘言。"①抓了鱼,就应该舍弃抓鱼的竹器,这就要求画家要忘记形迹笔墨才能"离尘境而与天游",无意作画而逸格乃成。所谓"舍筏"者,亦是此意。这些创作主张,是庄子思想在中国艺术创作论中的转化和延续,恽寿平承续了这个思想。他还用《庄子·列御寇》中"探龙得珠"神话比喻王翚作画一事:"石谷山人笔墨,价重一时,海内趋之,如水赴壑,凡好事家,悬金币购勿得。王子乃从吴闾邂逅,能使山人欣然呼毫,留此精墨,可谓扰骊龙而探夜光,真快事也。"②所以,在这层含义上,他把画作真迹比喻为《庄子》中的"姑射仙子":恽寿平一直想看到黄公望《富春山居图》的真迹,但是他只看过其叔叔恽道生("吾家香山翁")等人的几幅摹本,"然终不若一见姑射仙人真面目,使凡尘顿尽也"③,更引以为憾事。

可见,在恽寿平的思想中,生活、绘画与传说中的仙境,三者之间可以互相转化,以生活入画,以画境呈现仙境,生活与仙境由此同质同构,所以他乐于生活,善于生活,能够欣赏人间美景和优美画作,便如进入仙境,"以游于尘埃之外"一般。他还说:"宋人有《艳雪图》,元人有《双清图》,皆称神品,笔墨奇逸,气韵清妍,真如乘云御风,以游于尘埃之外,殆非时史所能拟议也。"④实际上,恽寿平所推崇的"寂寞无可奈何之境""荒天古木"之世界,就来自《庄子》中的仙乡幻境。秦汉时期的神仙信仰和随后道教所设计的神仙世界,带有更多世俗化的成分,他们不反对享受世俗生活,反而要将这种以美色、金钱、荣誉享受为基础的世俗乐趣无限制地延续下去。因此,恽寿平画评中的神仙境界与此根本不同,他所推崇的"仙境"是《庄子》所反复赞叹的姑射山、无何有之乡、广漠之野:

> 今子有大树,患其无用,何不树之于无何有之乡,广漠之野,彷

---

① 陈鼓应:《庄子今注今译》,第 832—833 页。
② 吴企明辑校:《恽寿平全集》,第 344 页。
③ 吴企明辑校:《恽寿平全集》,第 356 页。
④ 吴企明辑校:《恽寿平全集》,第 382 页。

徨乎无为其侧,逍遥乎寝卧其下。不夭斤斧,物无害者,无所可用,
安所困苦哉![1]

　　藐姑射之山,有神人居焉。肌肤若冰雪,绰约若处子。不食五
谷,吸风饮露。乘云气,御飞龙,而游乎四海之外。[2]

　　徐复观说:"上面所描写的,乃柔静高深之美的精神的自由活动。……
在艺术精神的境界中,是一种圆满具足,而又与宇宙相通感、相调和的状态,
所以庄子便用'不食五谷,吸风饮露'来加以形容。在此状态中,精神是大超
越、大自由;所以便用'乘云气,御飞龙,而游乎四海之外'来加以形容。"[3]这
种精神其实质也是中国艺术的精神。恽寿平评《洁菴图》之境界时,将其称
为"总非人间所有",表达的也是这个意思:"洁菴先生,以洁名菴,名其所不
能名,而以发其隐约,寓其深思,谛视斯境一草一树,一邱一壑,皆洁菴灵想
之所独辟,总非人间所有。其意象在六合之表,荣落在四时之外,将以尻轮
神马,御泠风以游无穷,真所谓藐姑射之山,汾水之阳,尘垢糠粃,绰约冰雪,
时俗龌龊,又何能知洁菴游心之所哉。"[4]在这里,我们不仅看到了《庄子》中
独特的比喻言说方式,而且"藐姑汾水之阳"的典故再次出现。他把唐洁菴
居住的场所与《庄子》里的姑射山相比,把唐洁菴本人比作御泠风而行的姑
射仙子,以说明《洁菴图》及其抒情主人公的高逸境界和人格,延续了《庄子》
的思想,这是中国艺术中至为纯粹的一种精神。

　　总之,《庄子》"藐姑射仙子""无何有之乡""御泠风而行"等神仙典故,对
恽寿平的绘画批评影响深远,是恽寿平以"神明"思想进行绘画批评的延伸。
恽寿平以极其热爱生活、生命的姿态,将生活、绘画与仙境三者合为一体,相
互置换,以仙境喻画境,以仙子喻画作,全面表达了自己关于绘画创作和批

---

[1]　陈鼓应:《庄子今注今译》,第37—38页。
[2]　陈鼓应:《庄子今注今译》,第28页。
[3]　徐复观:《中国艺术精神》,九州出版社2014年版,第78页。
[4]　吴企明辑校:《恽寿平全集》,第131页。

评的思想,丰满了其画论中"神明"概念的内涵。他用《庄子》中的神话典故讨论绘画的境界、风格和创作等问题,接续了《庄子》关于艺术创作的思想,进一步发扬了中国艺术贵在自由创作的纯真精神,具有重要的理论价值和现实意义。

| 第六章 |

神话图像与意象的艺术化

　　神话意象向文学艺术领域转化是其发展演变的主要方式之一,绘画又是艺术领域中直接呈现这种演变的最重要的艺术载体,由此形成艺术、宗教、神话和文化观念合一的早期绘画形态。神话图像是初民社会核心的叙述方式和思考方式,构成完整自足的意义和情感空间,是形象与主体之间真正的圆融和统一。神话图像是原始先民以视觉经验为核心的生命活动的结晶,蕴含着极为丰厚的精神内容。神话图像在人类的物质精神活动中具有本体性价值,影响极为深远。鲁迅认为人类的艺术、哲学乃至一切文化的更新和发展,其背后的思维基础都是神话思维,每当人类文化陷入低迷、人类精神信仰缺失时,神话及其思维方式往往成为拯救人类的利器。鲁迅说:"于是运其神思,创为理想之邦,或托之人所莫至之区,或迟之不可计年以后。自柏拉图(Platon)《邦国论》始,西方哲士,作此念者不知几何人。"①中国人虽与此不同,将理想世界设置在唐虞时代,将人兽杂居时代设想为理想之境,但其思想基础则是一致的。所以,在鲁迅看来,"尼佉(Fr. Nietzsche)不恶野人,谓中有新力,言亦确凿不可移"。为此,本章以汉代绘画和《红楼梦》为例,讨论神话意象和事件结构对中国古典绘画与文学的影响。

---

①　鲁迅《摩罗诗力说》,《鲁迅全集》第一卷,第69页。

第一节　神话图像向绘画的转化

——汉代绘画"动"的审美特征分析

汉代绘画集各种功能于一身,成为现实世界、精神世界和理想世界的物质载体,具有实用性和审美性的双重特点,形成了以"动"为核心的审美特征。汉代绘画的"动"与它所蕴含的生活真实与生命真实紧密相关,包括艺术形式的灵动与生命精神的生动两层含义:线条的使用创造了形式的灵动,颜色的使用铸就了生活和生命世界的生动,由此形成了汉代绘画形象与意蕴之间体用合一、灵肉不二的审美特征。随着时代精神的变化,后世绘画在汉代绘画这一特征的基础上不断改进、突破和发展,形象和意蕴的分离过程开始出现,并不断推动中国绘画史的发展。

一、汉代绘画:动态艺术

秦汉时代是个充满生命活力的世界,孕育了它的独特艺术,汉代绘画是其代表。汉代是绘画兴盛的时代,也是中国绘画史上承前启后的时代。张彦远《历代名画记》中"图画之妙,爰自秦汉,可得而记。降于魏晋,代不乏贤"[1],将中国真正的绘画定位于秦汉时期。陈师曾《中国绘画史》:"图画之鉴赏,实自汉始。盖汉代之绘事,于种种之点大为发达。"[2]郑午昌《中国画学全史》:"中国明确之画史,实始于汉。"[3]秦汉时期人们对自己生命价值的追求尤其强烈,人们对短暂的生命有着敏感的觉察和体悟,希望通过各种方式延长自己的生命过程,以实现对政治功业的追求,并将这种功业永恒化而被后人敬仰、缅怀。这种人生观带有宗教和世俗的双重成分:它既是一种热烈而持久的宗教情感,带有超越性特点,同时又具有鲜明的世俗化特点,功利性追求始终是其核心。无论哪种情感都指向一点:它们需要一种旺盛、热

---

① 张彦远:《历代名画记》,第4页。
② 陈师曾:《中国绘画史》,中华书局2010年版,第14页。
③ 郑午昌:《中国画学全史》,第25页。

烈、沉着的生命活力才能实现。

因此,汉代绘画可用"动态艺术"来指称。汉代绘画的"动",既指人与万物的生命活动,也指艺术形式的生动特点。可以看到,在这个形象世界中,人、神和万物都处于一种生命勃发的状态:漆画和帛画中的神灵、怪物和自然云气,都跃然欢腾、流动不居;画像石和画像砖中的日常生活细致、逼真、多样,就像它的拥有者仍在存活一样。在墓室壁画中,那些看似静止的形象也在以沉默的方式表明一种生命关系:门吏手拿仪仗,似乎在等待着从远方来访的客人;高大的墓主端坐在仪台上,似乎正向伏地而拜的来访者或他的后人叮嘱重要的事情。宇宙结构中的人与物构成了这种"动"的基础:在汉代绘画中,只要有人存在,人就处于一定的生活结构中;只要有物存在,物就显示出它作为物的生命特点;即使没有人、物和他们的活动,那些盘旋跃动的装饰纹饰也是生生不息的宇宙的象征。

以此比照,可以看到,从魏晋时期的人物画、山水图卷到明清时期的工笔绘画,虽然在表现对象方面与两汉绘画有共同之处,但它们总体上属于"静态艺术"——在这些画作中,我们无法体味到一种盎然的生机,秦汉时期青春、鲜活的生命活力转化为沉静、寂然的生命之思,就像一个活力四射的青年已成长为成熟的中年人或老年人一样。在艺术表现方面,秦汉绘画中的繁复铺张的线条使用方式也向简约、节制发展,朴拙、稚气转化为精细、典雅:它们是古人生命精神和审美趣味的不同呈现方式。刘纲纪《周易美学》将秦汉绘画与古希腊瓶画进行了比较:"一个在精确符合于数学比例的形式中显示其明晰、秩序、单纯、稳定之美,另一个则在颇难把握的错综变化中显示其气势、力量之美。而且,即使在看上去是很稳定的情况下,它也似乎要冲破这稳定而飞动起来"[①],同样指出了包括汉代绘画在内的中国早期绘画"动"的特点。

下面,我们通过对汉画像石中的一幅嫦娥奔月图像和明代画家唐寅的

---

① 　刘纲纪:《周易美学》,湖南教育出版社 1992 年版,第 296 页。

《嫦娥奔月图轴》的比较来说明这个问题。"嫦娥奔月"见载于西汉文献《淮南子》《归藏》等书,并被同一时期及其前后的图像资料所证实,其较早原型是《山海经》记载的常羲神话。图 6-1 是河南南阳西关出土的一块嫦娥奔月画像石①。在图像中,常羲是人首蛇身的样子,在她的下身还有两只脚,以显示她实际上是龙的一种。在云气缭绕的星空中,她飘然飞跃,正向前方的月亮飞去;在她的前方是一轮圆月,一只健硕丰满的蟾蜍伸展其中。这幅图像所展现的是奔月过程即将完成的瞬间。为了说明这是一个正在进行的过程,图像作者一方面将常羲的身体刻绘成向前倾斜飞动的样子——她身后长长的尾翼正在摆动当中;另一方面让周围的云气以盘旋的状态显示出星辰与圆月之间的运行关系。因此,奔月事件本身的运动过程通过图像中各种富有生动气韵的要素加以呈现。在这款图像中,嫦娥奔月的各种构成要素多已齐备,它的每一个形象和细节都处于不断流转的整体结构中。

图 6-1 河南南阳嫦娥奔月画像石

与此不同,无论是诗歌还是绘画,后世文人作品中的嫦娥均变为寂寞、孤独的美人形象,蛇身的特点不再出现。就像李商隐在《嫦娥》中所猜测的那样:嫦娥窃取仙药之后,独自生活在寂冷的月宫中,因为不能忍受寂寞,她

---

① 《中国画像石全集》第 6 卷,河南美术出版社 2000 年版,图版 205,第 168—169 页。

每夜都在为自己的鲁莽行为而懊悔。为了表明她的寂寞,人们还将神话中担负捣药任务的玉兔作为嫦娥的唯一伴侣加以咏叹。唐伯虎的《嫦娥奔月图轴》延续了这个传统(图 6-2)①。在这个寂寥的画面中,一轮金黄的圆月在云层中若隐若现,一位装扮精致的女子被命名为嫦娥,她轻拢双手静静地站在一棵古松下,天上的圆月没有引起她丝毫的兴趣,她似乎只沉浸在自己难解的思绪中。与画像石对"奔月"情节的呈现不同,在这幅作品中,唐寅改写了嫦娥与月的合体关系,圆月成为一种点缀,那位无声沉思的女性的寂寥思绪成为整幅画作的灵魂。在这幅雅致的图像中,其情境与艺术家曲微幽深的心灵正向映衬,不断将观者也引向虚无、幽远而沉寂的意境之中。

图 6-2　明　唐寅《嫦娥奔月图轴》,立轴,纸本设色,纵 46.1 厘米,横 23.3 厘米,台北"故宫博物院"

————————

① 朱良志:《南画十六观》,第 237 页。

即使是在高度写实的生活场景中,汉代绘画所呈现的时人精神状态仍与后世绘画有较大差距。在世俗生活的表现方面,北宋张择端的《清明上河图》历来堪称佳作,它真实呈现了北宋时期汴梁的繁荣景象:各种商人和农人小贩络绎不绝,人们或步行或乘车来到这里,进行各种各样的商业交易。其繁忙程度令人惊讶,从城郊而来的马匹都在急匆匆地赶往城中。但是,在这幅容纳 814 个人物的长卷中,几乎没有人对汴梁城外美丽的春色进行欣赏活动。在如此繁忙的景象背后,人们对物的追求超越了日常生活的本色之美。这实际是人与物的分离,它也属于"静态艺术":人与自身的关系被人与物的关系所取代,那种对日常生活的热情和从容态度消失不见了。相似的生活场景是汉代绘画的重要组成部分,它所反映的人们对自己生存状态的认识,与《清明上河图》有重大区别:汉代人似乎并不思考生活之外的事情,在他们眼中,日常生活的本色之美成为图像制作的根本追求,绘画形象所呈现的生活世界就是他们的生活本身。在这景观中,我们可以感受到汉代人对生命和生活的热情,这种热情让这些画面具有生气。一旦对比例、秩序和玄冥之境的追求代替了对生活与生命状态的呈现,绘画艺术也就从动态转向静态,虽然前者仍属于生活的一部分。

二、以动为美

汉代绘画"动"的审美特征,在形式上崇尚飞举灵动,在内容上注重表现生活的乐趣与生命的活力,它们都指向一点:抵抗和消解死亡,维系自我生活和生命的永恒存在。这种对待生命的态度又分两种形式:一是表现生活真实;二是表现生命真实。表现生活真实,是指主体将自我的日常生活过程美化和永恒化,让观者通过对图像的观赏,体悟到生活本身的美和价值;表现生命真实,是指主体并非孤立地生活与生存,与生活相关的每一个事物都具有独特的生命形态,正是这些生命形态让主体的生活更加真实可感。这种观念认为人的生活与天地万物之间结成互动结构,彼此之间相互影响、相互制约,鲜明体现出两汉时期人们普遍信奉的"天人合一"与"天人感应"的世界观。在后者的影响、制约、支配下,汉代绘画必然将所有对象包含其中,以体现万物之间的整体性关系。这种一体两面的真实观,决定了汉代绘画的内容构成:它必定包含万物,并将人类活动置于万物的结构之中。

在表现生活真实方面,受当时思想观念和社会现实的影响,汉代绘画对日常生活的呈现独具特点:细致、全面、多样,甚至达到事无巨细、一概呈现的地步。汉兴之初,刘邦即施行休养生息之政,鼓励人们安心农桑生产。起初的 70 年,这一政策使社会财富迅速增加,人民安居乐业。《史记·货殖列传》对此有详细记载。这在某种程度上催生了人们对自己生活重视的思想,也让"人"的观念获得了萌生的条件。《吕氏春秋》《淮南子》《春秋繁露》等著作表明:在天、地、人结成的统一结构中,人处于核心地位,"举凡一切,皆归之以奉人"。这种现实和思想建构了汉代人对自我生存与生活方式的理解,以至于后人多将汉代视为一个"视死如生"的时代:人们为了无限延续自己的世俗生活,通过各种方式消解死亡对生活的终结价值,甚至直接否定死亡的存在——它只不过是人换了一个生存的空间而已。生活真实,就这样成为汉代绘画的主体精神:"汉代墓葬图像艺术的特色在于它生动反映了时代的日常生活。时人,特别是上层人士,享受世间荣华富贵,而将这些世间快乐延伸到来世乃是他们的愿望。因此在墓葬的图像艺术中,尽现他们生前所享受的各种社会生活。"[1]

当然,汉代绘画如此注重表现生活真实,非仅汉代一世形成,它有着深厚的历史渊源。古代中国追求不朽的现实生活的观念在殷商时期就已达到令人惊讶的程度。董作宾通过对殷商甲骨记录分析发现,商代末期的三代帝王,每一年中祭祀的次数竟然达到三百六十多次[2]。各种证据表明,死去的祖先仍像生时一样,需要食物和美色以继续生活;而且,他们很害怕孤独,

---

[1]　余英时:《东汉生死观》,上海古籍出版社 2005 年版,第 92—93 页。

[2]　胡适:《中国人思想中的不朽观念》,《中研院历史语言研究所论文类编·思想与文化编(一)》,中华书局 2011 年版,第 856 页。

希望能不断地与后世子孙交流,同时伴以宴饮、娱乐、政治、伴侣等以克服孤独感。这种频繁祭祀活动的背后,所蕴含的是华夏先民对生活的执着和迷恋。而且,它还转变为礼仪制度,建构和强化人们的这种观念:在对祖先的祭祀过程中,精美的食物、精致的器具、美丽的侍女和强健的仆役,都在说明祖先需要这些生时的物品;人们往往使用"享"来指称祖先神灵对这些祭品的使用。汉代人对现实生活的执着其实是对这种思想传统的接续,并将之发展成为一种全民认同的人生观。享受人生、满足对乐趣的追求,就这样在汉代变成一种哲学观念、宗教信仰而内化为每个人的人生行为准则。只不过,与现代社会满足欲望而缺乏礼制制约不同,汉代人在满足现实生活乐趣的同时,将之发展成一整套的礼仪制度和伦理原则,将这种人生与形而上的价值追求结合在一起,形成一种以生活真实呈现生命真实的时代精神:人们既在生活真实中完成自我对功业、声望和乐趣的追求,又在这种追求中将自我生命的价值追求与社会发展结合在一起以实现人生之不朽。

在表现生命真实方面,汉代绘画有自己的特点:它善于抓住表现对象的独特生命特点,以动态的方式将之呈现,从而体现出表现对象的生命活力。因而,有些动物和神灵形象,虽是单个出现,但由于制作者能通过特定的手法将之独特的生命特点呈现出来,因而显得活灵活现,充满生命活力;有时,图像制作者为了表现对象的生命特点,还会使用各种手法改造对象在现实生活中的形态,将之转化为其他状态,以凸显其生命特点。图 6-3 是西安北郊坑底寨村出土的汉代白虎纹瓦当图像[①]。这只瓦当直径 19.4 厘米,是一只飞跃中的翼虎形象:它是静止的,却给人十足的动感。这只白虎身长双翼,气势威猛,伸展中的四肢孔武有力,向上扬起的尾翼和身上的双翼也表明它正处于快速的运动中,它张开的大口蕴含着无上神威,充分体现出它作为神物所应具有的威武而不可侵犯的特点。可以看到,在现实生活中,老虎跃动时的姿态与此并不相同。为了表现出白虎的神性,作者对现实生活中

---

① 赵力光:《中国古代瓦当图典》,文物出版社 1998 年版,第 138 页。

的虎的肢体语言进行了夸张和改写:线条运用极为自由、灵动、虚化,它的四肢和头部、颈部都被抽象化,体现出高度写意的特点,体现出生活真实向生命真实转化的痕迹。

图 6-3 西安汉代白虎瓦当

由此可以发现,为了表现生命真实,汉代绘画还可以对表现对象进行变形,以极度写意化的线条使用将对象最为独特的生命特点表现出来。如果将类似图像集中在一起,可以发现,汉代绘画中的各种图像体系多有从现实向写意发展的趋向。这种趋向就其本质来说也是生活真实向生命真实转化的过程。《西京杂记》卷二"画工弃市条",毛延寿"画人形,丑好老少必得其真。……元帝时后宫既多,不得常见,乃使画工图形,案图召幸之"①。这里的"真"应是生活真实和生命真实的统一体:因为如有"失真",其后果是极其严重的。从绘画史的角度来看,这个记载说明:在西汉元帝时期,当时以人物为表现对象的画作仍以真实为第一标准;人们仍然相信画像可以真实表现对象,以至于将图像上的人物和现实中的人物等同,人们对图像的真实性

① 郭璞:《西京杂记》,《汉魏六朝笔记小说大观》,第 86 页。

是高度肯定的。一旦支配这种技法使用的思想基础发生转变,绘画艺术也就走向新的路途。例如,从后汉开始,人神一体的宗教思想逐渐脱落,主体的生命之思越发浓厚,对表现对象生命特点的追求逐渐转化为对人物生命精神的追求。这个转变为后来绘画对"神""意""理""气"的追求奠定了基础。

三、以动为美的哲学基础

作为一种动态艺术,汉代绘画注重线条的使用和色彩的搭配,以表现各种生命形式的动态的生命特点。运用线条的多变性,将万物形象置于特定的事件和情境中,对生命体的活动瞬间加以表现,是其主要的表现方式。可以看到,线条的表现功能在汉代绘画中达到极致:无论是自然物象、神灵和人物形象,还是想象的虚幻空间,都能用线的方式完美呈现。

在汉代绘画中,为了营造特定的情境,形成流动而充满生机的宇宙境界,让万物有一个存在的场所,图像制作者往往使用各种装饰性纹饰,云雷纹在这些纹饰中占据重要位置。可以发现,花纹、水纹、夔纹、鸟纹和植物纹等,都有向云雷纹靠近或转化的倾向。这些纹饰多通过线条的方式加以表现。汉代绘画对云纹的重视和大量使用,与春秋时期即已形成、在汉代形成体系的元气自然论思想有密切关系。这一思想不仅残留着万物有灵的原始思想的成分,还将包括人在内的万物容纳到同一个宇宙模式之中,而将万物连接成一个整体的东西就是"气"。《淮南子·天文训》以系统而严谨的思维论证了万物生命与气之间的内在关联[①]。这种宇宙观将"道"作为宇宙的本源,"气"既是宇宙的产物,又证实宇宙的存在;宇宙中的万物由不同程度的"气"凝结而成。"气"不仅是万物的本体,万物也以其多样的形式证明"气"的存在。"气"充塞天地之间,流动不居、容纳万物,它可以存在于任何地方,人也以呼吸的方式直接感受到它的存在与重要,但它并无形象可见,偶尔可

---

① 刘安:《淮南子》,高诱注本,《诸子集成》第七册,第35页。

见的就是变幻莫测的"云"。"云"自然成为"气"的替代物,云纹也成为将万物统一成有机整体的重要手段——云纹不仅是一种纹饰,同时还是宇宙整体的象征。湖南马王堆汉墓出土的西汉棺椁上的云纹图饰举世瞩目。棺材四面均绘制了繁复缭绕的云纹,以此说明死者处于一个独立而完整的宇宙结构中,并成为宇宙的一员。这些相互缠绕、彼此连接的纹饰处于永恒运动的状态,既没有起点也没有终点。它表明这里是一个永恒运动、往复循环的宇宙空间,在此长眠的死者同时具有这一性质。如果再仔细观察,可以发现,在这些盘旋无止尽、象征永恒性的纹饰中间,还存在一些奇异的神物:它们的形象处于人、兽之间,有的手挥长袖,有的手持仪节,有的正在奔跑,有的翩翩起舞,它们是活跃在这个宇宙空间里的神灵,既守护着死者免受侵犯,同时也表征着这一空间的永恒(图6-4)。

图6-4 马王堆汉墓漆棺彩画纹饰

与此相关,在汉代绘画这个庞大的形象世界中,几乎不存在独立于情境之外的形象,即使表现单个神物形象,它也要将之置于特定的氛围中,在其周围绘制动感十足的云纹,以说明它并不是一个孤立的存在,而是一个处于循环往复的宇宙结构中的存在物。图6-5是1998年在扬州市邗江西湖山头2号西汉墓出土的彩绘云气几何纹漆奁底部的图像①。可以看到,在黑色而有限的奁盒底部,作者用一只圆圈将底部分为内、外两个部分。在圈内,一只昂首前行、展翅欲飞的凤鸟处于中间位置,姿态悠闲、神骏;它的身形由细而多变的线条构成,更显灵动多姿。在它的周围,是从圈壁伸展而出的云气纹饰,以说明这只凤鸟并非人间之物——云气纹饰作为宇宙空间成为凤鸟遨游的场所,有限空间由此转为无限空间,并形成一个独立自足的生命世界。可以看到,凤鸟的线条化呈现也有向云纹转化的倾向。

图6-5 扬州邗江西湖山汉墓出土漆奁底部凤鸟图像

因此,在汉代绘画中,将人物、神灵和神物形象放置在特定的情境结构中使之获得生命性特点,是汉代绘画表现对象的主要方式。同时,还可以看到,与后代画家以纸张和绢帛作画不同,这些图像的作者能够很好地利用铺设于墓室墙壁的方砖的质地和色彩,以及它们之间的相关结构关系。有时,他们直接将方砖或墙壁作为底色,来表现一些事件或场景,在此空白也具有

---

① 扬州博物馆编:《汉广陵国漆器》,文物出版社2004年版,第41页。

了提供情境和背景的功能,它与线条的使用结合在一起,使图像获得动态的
特点。图 6-6 是 1916 年至 1924 年间在河南洛阳八里窑墓出土的交谈壁画,
为西汉后期的作品,现藏美国波士顿艺术博物馆。这幅画像位于墓室迎面
隔梁横面,是五个男子交谈的场景。对于其内容,现在还不能确定。贺西林
认为这可能是孔子见老子的图像①,但他们身着的衣服和头饰很显然不是孔
子时代的东西;苏立文、高居翰等人对此不做猜测,而从形式分析的角度做
出自己的判断,苏立文认为这幅作品用"完全忽略场景"的方法来"超越真实
画面的空间延伸感",其"由右向左的读画顺序"成为"以后中国长卷画的基
本特征"②;高居翰则认为这幅画作通过自己的独特方式将人物连接成了一
个整体③。可以看到,这五位男子均身着长衫、气宇轩昂,第二、四位手中还
拿着节杖或笏板之类表明自己身份的东西。线条是呈现这五位男子的主要
工具,它不仅勾勒出人物的形貌、轮廓和他们正在进行的动作,在某些地方
还起到刻画人物形象和姿态的作用。最左边的男子双手拢在袖中;第二位
手持节杖的男子抬起下巴边说边伸出手,似乎在向最左边男子质询什么;他
身后的男子则在认真听着他的叙述;第四名男子正在向这边赶来,边走边回
首招呼第五名男子,似乎嫌他走得过慢。五位男子之间是"散漫的空白",每
一个人都是独立的,"但是画家已经找出两种统一画面的方法:经由象征性
的动作,所有人物好像共同摇晃在一阵韵律中;经由眼神的交流,一种相互
的觉察意识把人物连贯在一起"④。相互间无声而又具有内在关系的神态,
将他们结成一个生活整体,因而空白不仅不妨碍人们对这幅作品意义的直
接领悟,反而凸显了这些人物的不同个性,并使他们获得了自己的独立性,

---

① 贺西林、郑岩:《中国墓室壁画全集·汉魏晋南北朝卷·图版说明》,河北教育出版社
2011 年版,第 8 页。
② 苏立文:《中国艺术史》,徐坚译,上海人民出版社 2014 年版,第 91 页。
③ 高居翰:《图说中国绘画史》,李渝译,生活·读书·新知三联书店 2014 年版,第
4 页。
④ 高居翰:《图说中国绘画史》,第 4 页。

进而让整幅画面形成一个生活或生命的统一整体。

图 6-6　洛阳八里窑汉墓出土人物画像砖

由于极力追求和表现形象的动态特点,汉代绘画不像埃及墓室壁画那样,在刻板平直的直线上来展开活动,而是将对象独特的生命特点呈现出来,在形式表现方面体现出极大的自由度。无论是线条的使用,还是纹饰的绘制,都体现出开放自由、灵动不居的构图特点。在汉代以后,中国绘画的线条运用呈现出两个特点:一方面,一些新的时代精神和画风的出现,往往是从对线的改造开始的;另一方面,那些力求创新的画家会以各种方式改造对线的使用,同时他们还创造新画法,来代替传统绘画对线的依赖。经过佛教艺术在魏晋六朝时期的盛行,线的表现功能有逐渐减弱的趋势。尤其是水墨画和禅画,以及皴染法、泼墨法等新画法的兴起,推进了这个过程。因而与中国画作为线条艺术一同发展的,是不同时期人们对线的表现功能的压制和改造的趋势(尤其是文人画对神似和意境的追求)。

四、两种真实观

汉代绘画中的“两种真实”与其“动”的审美特征一致:生活的生动与生命的灵动浑然一体。因此,在汉代绘画中,它的形式与意蕴之间是和谐一体的,或者说是直接统一的,宗白华用“一片浑然无间、灵肉不二的大和谐、大节奏"的特点概括之①。后来,汉代绘画的"动"出现了分化,人们对绘画的"神""气""理""意"的追求有借助形象又突破形象的内在要求,由此形成了中国绘画史中形象与意蕴相分离的问题。

汉代绘画与汉后绘画的"动""静"之分,与中国绘画总体发展趋势是一致的:汉代绘画的"动"转变为不同形态的"静"在后世绘画中存在。黄宾虹《古画微·总论》对中国不同时期绘画的特点概括得很准确:"周秦汉魏画法,石刻图经,犹是象形","两晋六朝,顾恺之特重传神",唐代吴道子"尤以气胜","宋开院体,画专尚理","元人又尚意,显有不同","明初研习宋元"而"稍变旧法","清代之画,卒不及于前"②。这个过程也是中国绘画由"动"趋"静"、由"形"向"意"转化的过程。从两晋六朝传神论开始,人们已将形象与意蕴分开,无论是"传神""以气胜",还是"尚理""尚意",他们都把绘画形象本身作为工具或手段,"得鱼忘筌",中国绘画逐渐由"形"向"神""气""理""意"转化,逐渐由"实"化"虚"、由"动"趋"静":汉代绘画专注于形象塑造("犹是形象"),特别强调动态之美;后世绘画强调形象之外的神、气、理、意,它们需要主体拥有"神合体道"的精神状态方可把握,因而它力求通过形象引导主体进入冥思的精神状态中,以静态之美取胜。因此,汉代绘画中的万物形象都处于动态的结构关系中,是动态的形象,人"惟于动中得之";后世绘画强调"象外之象""象外之意",因而人"惟于由动趋静中得之"。

在秦汉等早期绘画中,"形""神""理""意""气"等原本都是一体的,最起码在汉代绘画中还是一体的。刘勰《文心雕龙·神思》:"神用象通,情变所孕。物以貌求,心以理应。"③这就是强调"神""象""理""情""物""心"之间的一体性关系,它们原本不能分开,在审美感兴的过程中,它们相互作用、彼此构成,最终形成玲珑剔透的艺术形象。但是,随着审美意识的变化,人们的

---

① 宗白华:《艺术与中国社会》,《宗白华全集》第 2 卷,第 412 页。
② 黄宾虹:《古画微》,浙江人民美术出版社 2013 年版,第 1 页。
③ 范文澜:《文心雕龙注》,第 495 页。

兴趣、关注点或着眼点发生了变化,由此也使它们从一体性关系逐渐分化而向不同方向发展,形成后世绘画或尚意、或求理、或以气胜的不同特点,一旦这些追求完结,绘画就只能在模仿之中重复前人而毫无创意了。由此似可得出结论:两汉绘画的形象、结构、技法和境界为后世绘画提供了基本蓝本,后世绘画只是它们的不同变体。宗白华说,"中国的画境、画风与画法的特点当在此种钟鼎彝器盘鉴的花纹图案及汉代壁画中求之"①,说的也是这个意思。

从艺术观念角度来看,"意在言外"的哲学思考方式在秦汉艺术中并未成为指导思想,人们在表现现实世界和想象世界时只专注于他们所表现的对象,并力求通过形象的方式将之呈现和固定下来。魏晋玄学的致思方式将"言"与"意"分离,并最终使后者凌驾于前者之上,进一步催生后世学者和艺术家对"象外之象"和"象外之境"的追求。虽然讨论言、象、意之间关系的类似哲学观点在《庄子》中即已存在,但这一思想对庄子前后的艺术实践并未产生实质性影响。魏晋玄学的言意之辨,让这个本处于思想界边缘的观念一跃而成为当时知识分子普遍思考的问题,并进而对此后的艺术实践产生了颠覆性影响:形象与意蕴的分离由此成为艺术家创作的基本准则之一,虽然他们仍然要通过形象来表达自己的思想和情感。司空图和王昌龄等人对诗歌意境的讨论既是这种观念的结果,又促进了这种观念的流传,并将之上升到理论的高度而凝结为一种艺术上的真理和准则。落实在艺术上,这种观念使艺术形象与它的思想之间形成一种既相互统一又相互对立的吊诡性关系。

汉代绘画由写实向写意、由生活真实向生命真实转化的特点蕴含着形象与意蕴分离的可能,或者说它的艺术实践为这种分离做了准备:正是对线条的灵活使用、对生命和生活真实的完美呈现,使绘画的形象与意蕴相统一的特点引起了人们的关注。直接继承、改造汉代绘画对线条使用的是魏晋

———————————

① 宗白华:《论中西画法的渊源与基础》,《宗白华全集》第 2 卷,第 100 页。

时期的人物画,并在此基础上形成了人们对人物画风神追求的观点。傅抱石说:"自汉以来,中国绘画已趋于线条变化的追求。山水画尚没有怎样的展开,虽然渐脱了陪衬的地位。而所谓'皴法',还没有人敢利用。但人物画的发展,却突飞猛进。这是因为汉代的画像日见其多,若云台,麒麟阁……都是宏大的制作。它给予人民的暗示,出于帝王意想之外,不是形式的意义能把人民有所感动,是笔迹的绵绵有致,奇异的刺激,倒深入了一般有绘画天才者的脑海。充任了魏晋六朝人物画大兴盛的引子。"[①]这个判断说明:一方面,魏晋六朝人物画的兴盛与汉代绘画密切相关;另一方面,这种新转向的出现实际上是汉代绘画对线条改造使用传统的延续。因此,汉代绘画形象与意蕴合一特征的形成本身就是通过对线条的改造得以实现的。

　　这种形象与意蕴分离的情况在东汉时尚不明显。到魏晋时期,时人的哲学观念和人生观发生了巨变,魏晋玄学的"言意之辨"推动了中国绘画形象与意蕴分离的过程——当然,绘画主体的变化对此也起到了很大的影响:秦汉画家除了东汉张衡、蔡邕等学者画家之外,大多为民间画工,他们对哲学思想的有意追求极为薄弱,他们所因循的思想多为世间大众普遍认同的思想,因而前者也很难影响到他们的创作。在每一个历史时期,在不同思想精神的影响下,在人们对生命的不同体验和理解下,两者的分离会呈现不同的方式。因此,这种分离的过程既终结了汉代绘画的基本结构和生命精神,同时也是一个新生的过程,它促进了中国绘画的多元发展和多样美的形成。总体上来看,从魏晋山水画开始,中经唐代水墨画,一直到宋元时期兴起的文人画,都是"形""意"之变的结果,同时,形象与意蕴分离的情况日益显著:形象只是一种载体、一个媒介,作者的主观情意或思想才是形象的根本。它也营造情境,但这个情境多是精神化的,与我们的生活世界有着深深的隔离;这种情境也是隔离的,它需要主体的想象加以重建。对于观者来说,如果不能进入这个私密的精神世界,即使进入了形象世界,仍不能真正理解作

---

① 　傅抱石:《中国绘画变迁史纲》,上海古籍出版社1998年版,第25页。

品。与此同时,在绘画理论方面,"重意(理)轻形"的观点铺天盖地。这种理论诉求极大促进了上述进程的发展,并使这种观念成为评价画作的基本准则,也成为画家创作必须遵守的准则。哪位画家如果不能"由形入意",则被认为仅停留在了较低的层次或境界,所以苏轼说"世之工人,或能曲尽其形,而至于其理,非高人逸才不能办"[①]。这种观点实际是将"形"与"意(理)"对立,贬"形"而贵"意(理)",在中国绘画的发展过程中成为一种传统而被多数人奉行。

五、线条与笔墨的改造

就其手段来看,这种分离是通对线条和笔墨的改造而实现的:一方面,线条仍然起到表现对象生命特点的功能,但这种功能逐渐减弱,在有些画作中仅起到勾勒物象轮廓的作用,对于一些有独特个性的画家来说,线条的使用显得相当随意;同时,晕染、皴染、泼墨等各种新的画法逐渐出现,并被广大画家认可进而落实在创作中,线条从主体地位转向了附属地位。除一些宫廷画院中的画家在他们的作品中保持着线条使用的谨严法度和规则外,以表现性灵为特点的画家几乎都在改造着线条的使用方法。另一方面,与秦汉早期画家对颜色的高度肯定和灵活使用不同,后世画家对颜色的重视逐渐减弱,有些画家除了黑、白二色之外甚至拒绝使用其他颜色,所谓"绚烂之极归于平淡"也。清人王原祁在《画史会要·六如论画》中对时人尤憎"红绿火气"的绘画设色观进行了论述,强调"气"对"色"的超越和制约:"惟不重取色,专重取气,于阴阳向背处逐渐醒出,则色由气发,不浮不滞,自然成文,非可以躁心从事也。"[②]在他们看来,真正的生命精神、真正的美,是无色之美,不需要任何绘饰。一个典型的例子是,除了在一些宫廷绘画、表现私人宴会和宗教盛境的画作中我们偶尔能看到艳丽的红色被使用外,在其他绘画中几乎不再出现它的身影。这些绘画正是通过淡薄而悠远的画面将观者

---

① 傅抱石:《中国绘画变迁史纲》,第 13 页。
② 涂光社:《原创在气》,百花洲文艺出版社 2001 年版,第 233 页。

引入渺远的时空,进而体验到自己的内心和宇宙的精神。

　　这种转变也通过其他方面体现出来:万物形象和人物形象均被改写,处于生活事件中的人物被孤独深思的孤单身影取代;跃动腾挪的万物(尤其是动物形象)也以静止的方式出现,它们或交首沉睡,或自在游弋,相互之间既没有任何关系,也没有自然界中的紧张感和秩序感。于是,汉代绘画中铺满整个画面、让人应接不暇的万物景象不再出现,那些独具精神性特点的物象在图像中占据了核心位置:萧条的远山、迷离的晚雾、幽冷的黄叶、枯败的古木、寂冷的黄昏,成为画家寄托情思和加以表现的主要对象。汉代绘画中繁复多变、色彩绚丽的画面设计在后世绘画中很少看到,即使是以靡丽著称的宫廷画作中,也几乎看不到类似的景物组合方式,更何况那些以传达神思为要的山水作品!

　　就人物来说,汉代绘画中的人物永远处于生活事件的结构中,他们或者迎来送往,或者例行自己的公事,或者在进行紧张的劳作,或者正在欣赏热闹的歌舞表演,或者在就某一个重要的事件进行商谈;即使是以静坐方式出现的墓主人,他们也正襟危坐,正在等待着自己的子孙辈人物或远方来宾的觐见;那些以单独形象出现的门吏或仆童也做好姿态,他们正手拿节杖,准备迎接远客的到来。与此不同,后世绘画中的人物在随后兴起的山水画中一下变得很小,只有经过细致辨认才能发现其影踪;即使有人的存在,这里的人也多是孤单的形象,只有一两个书童或奴仆相伴,但他们往往出现在主人公背后较远的地方,这个距离说明画面中的人物之间根本没有精神上或生活上的交流。我们看到,这些画作中的人物都具有沉默的特点:或临水沉思,或昂首远望,或低首内省,或等待一个永远不会出现的人物。图 6-7 是宋代画家马远的山水册页图卷中的一幅[①]。画中的主人公形象在同类作品中具有代表性。可以看到,画面主体是空蒙的远方,虚实交错的树和树影极为古朴,主人公背对着观者,斜坐在一块岩石上,望着空蒙渺茫的远方已不

———————

①　高居翰:《图说中国绘画史》,第 91 页。

知多长时间。书童站在他的身后,不敢打扰沉思中的主人,虽然他可能对此已感厌烦或者身上已经很冷,毕竟,他是无法进入那个不可言说的境界中的。从技法上来看,写实性的线条和笔墨显然仅具有点缀的功能,画家所要真正呈现的是以晕染的方式画出不可捉摸的空山之境,这也从侧面说明整幅画作所唤起的不是生命的活力,而是冷静的沉思。

图 6-7　宋　马远《山水册页·楼台望春》,纵 26.6 厘米,横 27.2 厘米,
2009 年首都博物馆"盛世气象·海峡两岸收藏家高端文物展"

如果说上幅作品中的人物关系因为主仆关系而造成疏离感,那么在其他人物绘画中,即使人物与人物之间具有某种亲密关系的可能,我们仍可发现这种疏离,这在其他以表现人物为主要对象的画作中也时常出现,即画面中的人物不再像汉代绘画中的人物那样,或被某一件正在发生的事情,或被某一种共同认知的观念,结成整体性的关系。图 6-8 是唐宋之间的一幅没有题款的作品《宫乐图》,据说模仿的是南唐著名画家周文矩的风格和画法①。正如它的标题所示,图中是九位衣着艳丽的宫装女子,在她们身上可以看到久违的红色。她们正在一场歌舞升平的宴会中,虽然这场宴会没有出现男主人公。可以发现,图像所呈现的是这场宴会的高潮时刻:每个人在这时都体现出了自己的特点——有的人弹起了琵琶,有的人正端着酒碗喝酒,有的人好像没有喝酒而正襟危坐在那里观看众人,有的人则已经喝醉,需要宫女的搀扶才能坐稳,但她仍端起精致的酒碗低头畅饮。值得注意的是,虽然酒已喝得很多,但她们之间并无过多的交流——坐在右边端着酒碗的女子转过身来面向场外的某个人,而对坐在她面前的女子熟视无睹,两人好像没有过多的话要说。在这样热闹的场面中,每个人都干着自己的事情,不能不令人称奇。就像前一幅图所呈现的那样,人与人之间已无可供交流的内容,无论这种交流是生活中的琐事,还是精神上的玄思。因此,这幅作品虽题名《宫乐图》,带来的却是无尽的寂寞与哀思。生活为何失去了它本应有的乐趣呢? 这在汉代绘画中是不可想象的。

图 6-8　唐　佚名《宫乐图》,绢本墨笔,纵 48.7 厘米,横 69.5 厘米,台北"故宫博物院"

　　全面解释上面这种现象的形成,是一个极为复杂的问题。这首先与人们对待自己日常生活的态度的转变有关:日常生活中的事与物不能满足人

---

① 　高居翰:《图说中国绘画史》,第 47 页。

们的精神追求,因而需要超越生活中的物象。同时,言意之辨对形象的否定,无疑为这种画作提供了哲学基础;禅宗的兴起、宋元理学和心学的新变,无疑都带有内省的倾向,张扬外向、动感十足的画面不能与此相应;几乎同一时期兴起的自由浪漫精神和对世界真实精神的领悟,也造成人们将自我泯灭于山水之间的思想倾向。此外,对绚烂之美的否定和对自然之美的追求,也让汉代极为盛行的"丽美"不再是美的标准,那种平淡无奇、冷静自然的美成为文士的最高追求,这也影响了中国后期绘画对画面的处理和形象的表现。此后,汉代绘画所呈现的"动"的审美特征,逐渐被后世绘画"静"的审美特征所取代,汉代绘画的活力和精神由此成为绝响,但它毕竟为此后绘画奠定了精神和物质的基础。这种生活与生命的真实也已融入中国艺术的血液之中而不断发展和更新,为后人创造更精致、典雅的艺术提供源源不断的动力。

第二节　神话事件向文学的转化
——《红楼梦》与神仙思想

　　曹雪芹在创作《红楼梦》的过程中,吸收了丰富的神仙思想及其象征性元素,并对之进行了想象性和艺术性的再创造,形成了相对系统的仙话体系,拓展和深化了中国传统仙话文学的审美尺度和思想内涵。同时,曹雪芹还借仙山、乐园和游仙等神仙思想及其信仰的各种文化因子,建构了全书整体的叙事框架和结构模式,形成了独特的情感氛围和价值取向。此外,在对待神仙思想及其信仰的态度上,曹雪芹既批判了神仙思想中虚幻、荒诞和偏颇的成分,也对神仙思想所倡导的独立自由的精神世界充满向往之情,成为其塑造环境和人物形象的内在动力,深化了全书的思想意蕴。因此,从整体上来看,《红楼梦》中的仙话体系既赋予了中国传统仙话文学深厚的文学色彩和思想意蕴,也提升了自身的艺术价值和审美价值。

　　关于《红楼梦》中的神话问题,已有很多研究成果,但对于《红楼梦》与中国仙话的关系,却很少有研究者注意到。就笔者所涉及的资料来看,形成专篇论文、集中研究《红楼梦》与中国仙话之间关系的仅一篇文章①;其他一些论著在论述《红楼梦》与道教之间的关系时也零星提到过②。《红楼梦》中的仙话体系被研究者忽视,似与神仙思想中具有较多荒诞、虚妄的成分有关,但中国古代仙话文学及其所蕴含的神仙思想也含有很多积极健康的思想内容,尤其是原始仙话,具有更为多样和深厚的精神向度与情感价值,对《红楼梦》有着重要影响。据笔者统计,在《红楼梦》的细节描写、人物塑造、叙事结构和精神意蕴等方面,其中的仙话成分大大超过了神话成分。因此,对《红楼梦》中所蕴含的神仙思想和仙话成分应进行独立研究,以发掘其对《红楼梦》艺术价值和精神价值所形成的重要意义。

一、《红楼梦》中的神仙元素

一直以来,《红楼梦》中的神话系统和仙话系统都没有被研究者区别开来,而是笼统地称为神话系统,这不符合《红楼梦》文本的实际情况。据笔者统计,《红楼梦》前八十回中共使用"仙"字凡 127 次,其中包括使用"神仙"一词的 17 次。在书中使用"仙"字的地方,除了用在"凤仙花""临江仙"等专门性名词上的 4 次外,其余皆与神仙有关。此外,书中诗句、情节和意境等受到神仙思想和仙话文学典故影响的例子也不胜枚举。因此,《红楼梦》中所蕴含的神仙思想和仙话成分是自成系统的,其表现形式具有多样性和综合性的特点。主要有以下方面。

首先,书中的主要人物如贾宝玉、林黛玉等皆来自仙境,而且红楼儿女死后也都要回归仙界,永享神仙乐趣。书中写贾宝玉的前身那块顽石,虽无缘补苍天,却落得逍遥自在,整日各处游玩,并与警幻仙子等仙人相交游,警

---

① 夏薇:《曹雪芹的"神仙"情结——〈红楼梦〉是怎样完成"神话"与"仙话"的承递的》,《青海师范大学学报》(哲学社会科学版)2004 年第 2 期。

② 梅新林的著作《红楼梦哲学精神》(华东师范大学出版社 2007 年版)第四章涉及这一问题。

幻仙子知它有些来历,便给了他一个"神瑛侍者"的称号。这块顽石无疑是一位在仙境自在逍遥的神仙。生于凡世的贾宝玉,风清骨俊,飘逸潇洒,也是神仙一流人物。对于林黛玉的前身绛珠仙草,作者明确用"仙子"呼之。处于凡世的林黛玉,有着似娇花照水、清丽端雅的仙姿,如弱柳扶风、轻盈飘逸的仙步,才华出众、灵动聪颖的仙才,以及高超清逸、清新脱俗的仙笔,所以贾宝玉第一次见到林黛玉就称其为"神仙似的妹妹"。可以说,林黛玉完全是一个人间仙子的角色。同时,《红楼梦》中的众女子也都是仙界中的人物,并最终复归仙界,所以作者称人间女子的卧房为"仙闺"(第五回)。林黛玉去世时,"只听得远远一阵音乐之声"(第九十八回),这与中国传统仙话写世俗之人修炼成仙飞升时的状态是一致的。曹雪芹在晴雯死后借晴雯之口说道:"我不是死,如今天上少了一位花神,玉皇敕命我去司主。……我这如今是有天上的神仙来召请。"①(第七十八回)晴雯死后被火化而成为太虚幻境的仙子,也在某种程度上体现出火葬与神仙思想之间的联系,柳湘莲等人的结局安排也可视为"隐化成仙"的例子。可见,《红楼梦》中的诸多人物形象都有被神仙思想渗透的痕迹。

其次,《红楼梦》中的诸多细节均来自传统神仙思想及其信仰中的象征性文化元素,它们成为全书的有益组成部分。《红楼梦》第二回称人死为"仙逝",秦可卿停灵之处亦名"登仙阁"(第十三回)。石头称一僧一道为"二仙师",作者也反复称二人为"二仙"(第一回),并称道人为"坡仙"(第三十八回),可知僧、道二人在《红楼梦》中被作者赋予了仙人身份。作为神仙人物的警幻仙子、僧道二仙贯穿了全书的始终,成为故事情节展开之枢纽。另外,太虚幻境本身就是仙境,其中所有物件均是仙界之物:"群芳髓"是仙香,"千红一窟"是仙茗,"万艳同杯"是仙酒,《红楼梦十二支》是仙曲。"仙香""仙茗"和"仙曲"等名称都是作者所明确使用的(第五回)。此外,《红楼梦》里写了很多丸药,如"人参养荣丸""冷香丸"等,而丸药是仙药最主要的形

---

① 曹雪芹:《红楼梦》,人民文学出版社 2008 年版,第 1097 页。

式,所以脂砚斋在第五回眉批上说:"群芳髓可对冷香丸。"(甲戌本)冷香丸的制作方法与"群芳髓""千红一窟""万艳同杯"等众仙女日常生活用品的制作方法基本上也是一致的,比如"群芳髓"是由"名山胜境内初生异卉之精,合各种宝林珠树之油所制"而成,"千红一窟"是"以仙花灵叶上所带之宿露"烹制而成,"万艳同杯"乃"以百花之蕊,万木之汁,加以麟髓之醅、凤乳之麯"酿造而成(第五回)。而且,《红楼梦》中的日常生活描写很多场合都渗透着神仙思想及其信仰的象征性细节,这在下文的论述中可以见到。脂砚斋说,"此书中异物太多,有人生之未闻未见者"(庚辰本第十七回夹批)[①],其实也与这些"异物"多来自神秘仙境有关。

尤其需要注意的是,"木石前盟"与"金玉良缘"的文化设计也有着原始神话和仙话的基础,而且"金玉良缘"极可能来自神仙观念,因为贾宝玉所佩之宝玉与薛宝钗的金项圈上所刻的"莫失莫忘,仙寿恒昌"和"不离不弃,芳龄永继"(第八回),即取"永锡难老"(《诗经·鲁颂·泮水》)之意,以祈求长生为主要目的,而"神仙之道以长生为本"(《天隐子·序》)[②]。此外,金和玉一向被认为是难得的仙药。《抱朴子·金丹篇》专门叙述了服食黄金能"炼人身体","令人不老不死"的特点,而且服食金丹成仙后,可以"畜妻子,居官秩,任意所欲,无所禁也"[③];汉武帝时的方士李少君也说用黄金器皿盛放饮食则可以益寿,达到与"海中蓬莱仙者"相媲美的程度[④]。由此可见"金"对凡人成仙的重要性,所以修仙服食的丹药被称为"金丹",《云笈七籤》以十一卷内容专门论述了仙家金丹术的各方面问题(卷六十三至卷七十三)。《红楼梦》第六十三回有"死金丹独艳理亲丧"的描写,说明当时修仙仍以服食金丹为上。"玉"同样也是仙药中的珍品。《抱朴子内篇·仙药篇》云:"玉亦仙药,但难得耳。《玉经》曰:服金者寿如金,服玉者寿如玉。又曰:服玄真者,

① 　陈庆浩:《新编石头记脂砚斋评语辑校》,中国友谊出版社 1987 年版,第 304 页。
② 　司马承祯:《天隐子序》,《诸子集成续编》第 19 册,四川人民出版社 1998 年版,第 798 页。
③ 　王明:《抱朴子内篇校释》,中华书局 1987 年版,第 83 页。
④ 　司马迁:《史记》,中华书局 1982 年版,第 455 页。

其命不及。玄真者,玉之别名也。"①这里,"金""玉"对举,突出了两者与成仙之间的密切关系。周穆王南巡,"造昆仑时","食玉树之实",与居于"群玉之山"的西王母"相与升云而去"(《列仙拾遗》),是食玉成仙的典型。曹雪芹也曾用"金门玉户"来指称神仙府第(第十八回)。我们不能在书中找到明确言论来证明"金玉良缘"的设计与作为仙药的"金玉"之间有必然联系,但如果说两者之间没有一点联系,则也是武断的,因为作为金玉良缘的金玉与作为仙药的金玉都取自金玉所具有的高贵、珍奇、长久和祥瑞等象征意义。这一点是不容否定的。

结合上述内容,可以看出《红楼梦》中所蕴含的神仙元素有以下特点:首先,在涉及全书整体情节设计的章回如第一回和第五回时,神仙元素出现的密度较大并贯穿全书始末,由此可见神仙元素在《红楼梦》结构体系中的重要性。其次,在奇幻性和想象性较强的情节设置中,神仙元素出现次数较多;而且"登仙主题"还经常出现在红楼儿女们的相关诗作中,表达着他们高洁而孤寂的心灵追求。最后,在世俗性色彩较浓厚的章回中,神仙元素出现较少,偶尔出现的神仙元素也多带有作者调侃和戏谑的成分,但这仍不妨碍神仙思想对文本的渗透,这在最后二十八回内容中有着鲜明的体现。这些特点是研究《红楼梦》仙话体系的表现形式、基本格局、艺术价值和精神意蕴的基础。

二、《红楼梦》的叙事结构与神仙思想

《红楼梦》不仅在主要人物塑造和诸多细节设计上借用了神仙思想与仙话文学的元素,形成了《红楼梦》中的神仙世界,而且在叙事结构和思想意蕴上也借鉴了中国传统仙话的成分,由此形成了全书独特的神仙氛围,体现出曹雪芹"尚古"的原始主义思想倾向。《红楼梦》中很多情节设计都来自神仙思想和仙话文学传统,主要有:①大荒山来自中国原始仙话,是全书情节展

---

① 王明:《抱朴子内篇校释》,第 204 页。

开的基础;②"金玉良缘"与"木石前盟"的结构设计既受到了神仙思想的影响,也是曹雪芹对原始神话的仙话化改造;③以警幻仙子、僧道二仙贯穿全书的叙事结构;④根据脂砚斋的批语和书中的诸多细节,可知大观园是太虚幻境在人间的投影,是红楼儿女们生活的乐园,两者之间形成了互动的结构关系;⑤第五回"贾宝玉魂游太虚幻境"的情节,借鉴了仙话中的"游仙"母题,成为全书结构之枢纽;⑥"黛玉葬花"亦有仙话基础,这有黛玉所说的"仙杖香挑芍药花"(第四十回)的诗句为证;等等。限于篇幅,这里主要讨论①、④、⑤三个方面。

　　首先,《红楼梦》继承了中国原始仙话中的仙山模式,为全书情节的展开奠定了基础,也奠定了全书的情感基调和思想意蕴。《红楼梦》开篇即说女娲在大荒山无稽崖炼石补天之事,而大荒山乃是在时间和空间上均无可稽考之山,是《红楼梦》故事发生的整体环境,作者因此亦用"荒唐言"敷衍出"荒唐事"。"大荒山"来自《山海经·大荒西经》:"大荒之中,有山名曰'大荒之山',日月所入。有人焉三面,是颛顼之子,三面一臂,三面之人不死,是谓大荒之野。"①可见,大荒山是日月所入之地,在这里居住着三面一臂的不死仙人。因此,大荒山是一座典型的仙山。正是"大荒山"这种荒远奇异、长生永存的意象世界寄寓着书中人物行事的价值观念和全书的思想意蕴,是全书情节展开的基础。接着,《红楼梦》以女娲补天有石头遗存作为全书情节展开的楔子,但作者随之又叙述顽石"自经锻炼之后,灵性已通"(第一回),这个小转折完成了《红楼梦》由神话向仙话的过渡,也完成了全书从神话世界向仙话世界的过渡。然后,作者又叙述了"骨格不凡,丰神迥别"的僧道二仙在青埂峰下"说些云山雾海、神仙玄幻之事"而引起顽石动心的事,后又叙述了空空道人"访道求仙"路经此地、又与顽石相遇的事情。在第十七回,大荒山又幻化为大观园入口处的"一带翠嶂",因此张新之对此处景点评说道:

―――――――――

①　袁珂:《山海经校注》,第 348 页。

"便是大荒山,所谓又向荒唐演大荒。"①可见,大荒山给全书笼罩上了浓厚的仙话色彩,并成为《红楼梦》全书情节展开的基础和最终归宿。闻一多也曾指出神仙的最终归宿是山②。有学者曾论述过山的神仙意义:"在中国,各大名山大川都是想象中神仙的住处和凡人隐化的最好去处。……山高云深,外人无法寻找,正是隐化者理想的栖身场所。山的巍峨挺拔、高耸入云、白云缭绕、神秘莫测,给人以升仙的丰富联想。山高,最接近天,站在山顶上,离天就不远了。而天,就是天堂,就是想象中美妙的神仙世界,是求仙者梦寐以求的地方。"③从这个角度来看,《红楼梦》开篇选择大荒山作为叙事的起点,与仙山崇拜无疑有着密切联系。

其次,《红楼梦》借鉴了原始乐园仙话作为组织结构的基本元素,创建了太虚幻境和大观园相互写照的二元转化结构,构成了全书叙事结构的基本框架。与原始仙山仙话一样,原始乐园仙话也是一种乌托邦化、理想化的世界,这个世界超越了个体生存中的种种劳苦和折磨,也超越了时间和空间的限制。这与《山海经》中"诸夭之野""沃之野"等的文化心理设计一脉相承:"此诸夭之野,鸾鸟自歌,凤鸟自舞;凤皇卵,民食之;甘露,民饮之,所欲自从也。百兽相与群居。"④此外,"沃之野,凤鸟之卵是食,甘露是饮。凡其所欲其味尽存……鸾凤自歌,凤鸟自舞,爰有百兽,相群是处,是谓沃之野"⑤。在这个世界里,有"爰有歌舞之鸟",而且百兽"爰处","百谷所聚",人民可以"不绩不经,服也;不稼不穑,食也"⑥(《山海经·大荒南经》)。《庄子》《列子》中的"列姑射山"也是典型的仙国乐园。在这个神秘的乐园内,人们的物质生活和精神生活都很丰富,与天堂类似,由此人们幻想世间定也存在这样一

① 浦安迪:《红楼梦批语偏全》,北京大学出版社 2003 年版,第 92 页。
② 闻一多:《神话与诗》,第 171 页。
③ 萧兵、周俐:《古代小说与神话宗教》,山西人民出版社 2005 年版,第 71 页。
④ 袁珂:《山海经校注》,第 202 页。
⑤ 袁珂:《山海经校注》,第 335 页。
⑥ 袁珂:《山海经校注》,第 316 页。

个地方,以作为人间天堂的映像,将现实世界与彼岸世界建构成一个可以相互交流和转化的良性关系,表现在《红楼梦》中就是大观园与太虚幻境之间的关系,生活于其中的红楼儿女由此成为仙凡两界的神仙人物,大观园由此具有了神秘性和神圣性。《红楼梦》中以贾宝玉和林黛玉为核心的一干主要人物死后都要回归太虚幻境,她们全都成为仙境中永远年轻美丽的神仙,自在逍遥,无忧无虑,永远享受着自由的乐趣。但与《山海经》中"以衣食为中心,追求生命的恒久、充实和幸福"①为目的的乐园不同,《红楼梦》所创造的乐园更侧重其精神性。

最后,《红楼梦》借鉴了中国传统神仙思想和仙话文学中的游仙模式,并以此组织情节,严密结构,深化了全书的思想意蕴。这一点突出表现在第五回和第七十八回。《红楼梦》第五回写贾宝玉梦游太虚幻境的情节来自黄帝"昼寝而梦,游于华胥之国"(《列子·黄帝篇》)的仙话传说,曹雪芹在本回的标题诗中也指明了这一点②,这个情节规定了全书故事发展的方向。所以贾宝玉在看册子时,"那仙姑知他天分高明,性情颖慧,恐把仙机泄漏,遂掩了卷册"③,"仙机"即指红楼儿女们未来的命运,统摄着全书的叙事结构和情节发展。从审美的角度来看,所谓游仙,就是要把自我的生命寄托于自然,与天地万物相亲相依,自我心灵完全复归于一个放任自在、充满自然意趣的状态,是主体精神和情感自由遨游的状态。《红楼梦》第七十八回是典型的例子。在《芙蓉女儿诔》之后,作者用一段乱词叙写了与屈原《离骚》《远游》和《淮南子·道应篇》等篇颇为相似的游仙情节:

　　天何如是之苍苍兮,乘玉虬以游乎穹窿耶? 地何如是之茫茫
兮,驾瑶象以降乎泉壤耶? 望繖盖之陆离兮,抑箕尾之光耶? 列羽

---

① 叶舒宪、萧兵、郑在书:《山海经的文化寻踪》,湖北人民出版社 2004 年版,第 591 页。
② 《红楼梦》第五回标题诗云:"春困葳蕤拥绣衾,恍随仙子别红尘。问谁幻入华胥境,千古风流造业人。"其中,"幻入华胥境"一语点出了本回情节设计的渊源。
③ 曹雪芹:《红楼梦》,第 79 页。

葆而为前导兮,卫危虚于旁耶? 驱丰隆以为比从兮,望舒月以离耶? 听车轨而伊轧兮,御鸾鹥以征耶?[①]

在苍茫无垠的宇宙中,诗人乘玉虬、驾瑶象,上下求索伊人而不见。这其中有珍禽献彩、异卉馥郁,有列仙前导、陆离星辰,但并不见所寻伊人之踪影。这一切难道都是天运变化的结果吗? 在这窈窕冥漠、恍有所闻的世界里,诗人仍心存慨然,郁郁不乐,心中的压抑和痛苦并没有因为这神奇的仙人世界而稍微减轻,反而因为伊人不见而更加怅然若失。于是作者又反复哀叹道:"余犹桎梏而悬附兮,灵格余以嗟来耶? 来兮止兮,君其来耶!"有学者曾概括《楚辞》所蕴含的游仙思想对后世文学的影响:"《楚辞》中这种回避现实、愿与神仙为侣的消极思想,是和执着追求、企求现世享乐的奔放热情混合在一起的。这种思想影响了后来的辞赋,成为中国文学浪漫思潮的主流,历代有相同遭遇或怀才不遇的文士诗人,都受其影响。"[②]这一点在《红楼梦》中有鲜明体现,第七十八回是最突出的例子。

可见,中国传统的神仙思想和仙话文学传统在《红楼梦》的叙事结构中占有极为重要的地位。中国传统的神仙思想不仅奠定了《红楼梦》全书的叙事框架,形成了独特的情感氛围和审美情境,贯穿了全书的始终,而且在关键性的情节设置方面,《红楼梦》也借神仙思想完成了具有全局性的结构设置,赋予其浓烈的文学性、精神性和审美意味。同时,曹雪芹还把许多神仙思想的象征性细节融入《红楼梦》各个微小的角落,建构了一个处处闪烁着神仙世界光彩、现实性和想象性完美结合的意象世界。因此,在《红楼梦》的叙事结构中,中国传统的神仙思想起着极为重要的作用,具有本体性地位。

三、曹雪芹对神仙思想的态度

《红楼梦》中的神仙元素如此丰富多样,并成为全书细节和结构的重要

---

① 曹雪芹:《红楼梦》,第 1112 页。

② 罗永麟:《中国仙话研究》,上海文艺出版社 1991 年版,第 29 页。

组成部分。正如神仙思想在中国古代现实生活中的多样性表现一样,《红楼梦》中神仙思想的表现形式也是多样的,体现出曹雪芹对神仙思想的辩证态度和情感指向。针对神仙思想,班固云:"神仙者,所以保性命之真,而游求于其外者也。聊以荡意平心,同死生之域,而无怵惕于胸中。然而或者专以为务,则诞欺怪迂之文弥以益多,非圣王之所以教也。"①这个评价对神仙思想"荡意平心"的精神作用和访道修仙的荒诞性有着比较辩证的看法,与曹雪芹对神仙思想的态度有些接近,但曹雪芹有自己的特点:受世俗观念和宗教观念的影响,神仙思想及其信仰体现出荒诞性、虚假性和欺骗性的特点,与现实生活形成巨大反差,人们祈求永生和享乐的理想往往以失败告终,作为具有理性思考精神的曹雪芹,对此颇为清楚,这使他在书中对神仙思想进行了一系列嘲讽和批判。此外,作为"生于繁华,终于沦落"的曹雪芹,生活境况的巨大反差及其所形成的充满矛盾和苦闷的内心世界,使他极容易与神仙思想结缘,由此形成了他对神仙世界的矛盾态度:他既对能充分享受世俗乐趣的神仙世界向往不已,其内心的折磨和苦难又易与神仙思想所形成的自由的精神世界相吻合。这两方面内容构成了曹雪芹对中国传统神仙思想的复杂态度。

一方面,曹雪芹对神仙思想及其信仰中所有蕴含的消极因素有着很鲜明的批判态度。《好了歌》中反复咏叹的"世人都晓神仙好"与人生价值的背离体现出曹雪芹对神仙思想消极方面的否定态度。曹雪芹又假借冷子兴之口说贾敬"一味好道,只爱烧丹炼汞,余者一概不在心上",并"不肯回原籍来","只在都中城外和道士们胡羼"(第二回),表达了他对修道成仙荒诞性的批判。在第六十三回,曹雪芹又借贾敬服食金丹中毒而死的描写,批判了中国传统神仙信仰中的荒谬成分。《红楼梦》第十一回写宁国府上下给贾敬过生日,贾敬不肯回家,凤姐说道:"大老爷原是好养静的,已经修炼成了,也算得是神仙了。太太们这么一说,这就叫作'心到神知'了。"凤姐的话引得

---

①　班固:《汉书》,中华书局 1982 年版,第 1780 页。

"满屋里的人都笑起来了"①。这些内容也表达了曹雪芹对修炼成仙荒谬性的嘲讽和批判。

曹雪芹不仅批判了神仙思想的虚妄和荒诞，而且还从其对社会生活影响的方面批判了一些宗教信徒借此所进行的坑蒙拐骗、谋财害命的活动。这些人不仅熟谙世事人情，而且贪财害命。为此，曹雪芹专门塑造了静虚和马道婆等形象，以揭露其虚伪和无耻。静虚在金钱的刺激下诱使王熙凤拆散、害死了一对有情人（第十五回）。马道婆在贾府上下极力腾挪，左右逢源，时刻想着诈骗钱财；为了骗取钱财，她可以谋害自己的干儿子贾宝玉（第三十六回）。《红楼梦》第二十五回还专门描写了马道婆等人骗取钱财的范围几乎遍布了当时社会的各个阶层。这一切都是借着佛道的名义来进行的。《红楼梦》写抄检大观园之后，王夫人令学戏的女孩子一概不许留在园内，芳官等人便执意要做姑子去。恰巧水月庵的智通和地藏庵的圆信在此，听得此言，就以佛道名义编造了一番话，乘机拐了几个女孩子回去使唤（第七十七回）。这是曹雪芹对当时包括神仙思想在内的宗教信仰的批判。

另一方面，作为具有独立自由精神的文学家和思想家，曹雪芹对以想象性和自由性为核心的仙人世界充满了向往之情，而且其少年时期的繁华富贵经历，又使他对充满世俗享乐精神的神仙信仰具有某种程度上的肯定。为此，曹雪芹在书中多次写到红楼儿女对神仙世界的向往之情，表现出他的价值取向和情感判断。可以说，除了对神仙思想及其信仰的荒诞性等特点进行批判外，曹雪芹对神仙世界基本持肯定态度，并表现在他的创作中。这一点可以从下面三个方面来看。

首先，曹雪芹把华丽富贵、文采风流而典雅幽静的自然环境和人文环境比作神仙的居所，体现了他的审美情趣和生命追求。《红楼梦》写贾宝玉到秦可卿卧房后，看到了秦可卿卧房的布置，很喜欢这里，秦可卿说："我这屋子大约神仙也可以住得了。"（第五回）写林黛玉的潇湘馆是"凤尾森森，龙吟

---

① 曹雪芹：《红楼梦》，第 152 页。

细细","一缕幽香从碧纱窗中暗暗透出"(第二十六回)。第五十一回写宝玉谈论"药香"道:"药气比一切的花香、果子香都雅。神仙采药烧药,再者高人逸士采药治药,是最妙的一件东西。这屋里我正想各色都齐了,就只少药香,如今恰好全了。"①《红楼梦》第十八回写大观园:

> 便见琳宫绰约,桂殿巍峨。石牌坊上明显"天仙宝境"四字。……于是进入行宫,但见庭燎烧空,香屑布地,火树琪花,金窗玉槛。说不尽帘卷虾须,毯铺鱼獭,鼎飘麝脑之香,屏列雉尾之扇。真是:金门玉户神仙府,桂殿兰宫妃子家。②

可见,大观园的自然环境和人文环境与世间常见的园林设计具有较大差别:"庭燎烧空""香屑布地""金窗玉槛"以及"麝脑之香""雉尾之扇"等景观设计,具有鲜明的神仙府邸的特点,所以作者明言大观园是"神仙府"。针对大观园的仙境品质,林黛玉直接以"世外仙源"为题,赋"仙境别红尘"之诗;李纨也写诗盛赞大观园是"风流文采胜蓬莱"的人间仙境,只供瑶台的神仙游赏玩乐,而"未许凡人到此来"(第十八回)。这是红楼儿女对大观园绝妙的自然环境和人文环境所唱的赞歌。这样一个"仙境"是太虚幻境在人世的投影,也是红楼儿女生命、情感和理想的栖息之地。《红楼梦》所写的自然人文环境,清幽而无寒酸气、富贵而无世俗气,与其中所蕴含的"仙气"有关。

　　其次,曹雪芹不仅对美丽高雅、有着奇香异趣的神仙居住环境高度向往,而且在人物设计方面,他还重视人物风清骨俊、飘逸潇洒的外在仪表,认为这样才是神仙一流人物。他也是这样来设计自己笔下的人物的。《红楼梦》第三回写凤姐打扮与众姊妹不同,"彩绣辉煌,恍若神妃仙子";写贾宝玉见到林黛玉,惊叹于黛玉的仙姿逸才、幽雅灵动,就把黛玉比作"神仙似的妹

---

① 曹雪芹:《红楼梦》,第 699 页。
② 曹雪芹:《红楼梦》,第 239 页。

妹",在第二十一回又称宝钗为"仙姿"。第四十回写刘姥姥见到惜春后说:"我的姑娘!你这么大年纪儿,又这么个好模样,还有这个能干,别是神仙托生的罢?"①可见,曹雪芹把他笔下的人物均赋予了神仙色彩,表达了他对这些人物的珍爱。这一点与《世说新语》倒颇为相似。《世说新语·容止》:"王右军见杜弘治,叹曰:'面如凝脂,眼如点漆,此神仙中人。'"②同书卷十六《企羡》又写道:"孟昶未达时,家在京口,尝见王恭乘高舆,被鹤氅裘。于时微雪,昶于篱间窥之,叹曰:'此真神仙中人。'"③这样有着脱俗飘逸的容貌和外在丰神的神仙似的人物形象一直是中国知识分子心目中的理想形象。

最后,更重要的是,曹雪芹高度赞赏了与世无争、高雅飘逸而幽远自在的神仙似的生存方式和精神世界。这一点继承了楚辞和《庄子》中的神仙思想和意蕴,与中国仙话文学传统一脉相承。曹雪芹认为自由自在、与世无争且无意于功名富贵的生存状态是最好的,这就是神仙似的生活,所以薛姨妈对此也有"世人不及神仙乐"(第四十回)的评价。在第一回中,作者写甄士隐道:"姓甄,名费,字士隐。嫡妻封氏,情性贤淑,深明礼义。家中虽不甚富贵,然本地便也推他为望族了。因这甄士隐禀性恬淡,不以功名为念,每日只以观花修竹,酌酒吟诗为乐,倒是神仙一流人品。"④此外,曹雪芹还认为神仙一流人物应有高超奇异的文思和才华,能够欣赏和创作艺术,有着高雅的精神追求。这亦可称之为"仙人"。比如:曹雪芹称妙玉为"才华阜比仙"(第五回);在第十八回中,薛宝钗称赞元春有"睿藻仙才盈彩笔"之句;等等。即使是在做灯谜这样日常生活的游戏中,她们也常引入仙话典故,林黛玉就曾在她的谜语中使用了"鳌背三山"的仙话典故(第五十回)。更值得注意的是,在凝缩着红楼儿女们高雅情趣和寂寞精神的诗作中,"羽化登仙"主题出现得最为频繁。在《咏白海棠》的诗作中,探春写道:"莫谓缟仙能羽化,多情

---

① 曹雪芹:《红楼梦》,第 531 页。
② 徐震堮:《世说新语校笺》,中华书局 1984 年版,第 340 页。
③ 徐震堮:《世说新语校笺》,第 347 页。
④ 曹雪芹:《红楼梦》,第 7 页。

伴我咏黄昏。"湘云在她的两首诗作中,甚至认为白海棠就来自仙界,而且还两次把自己无处可发的幽情向月中仙子嫦娥倾诉(第三十七回)。黛玉亦有"月窟仙人缝缟袂,秋闺怨女拭啼痕"之句;在《菊梦》的诗作中,黛玉还把自在逍遥而寂寞高傲的仙人形象与陶渊明的人格精神相提并论(第三十八回)。在咏红梅花的诗作中,邢岫烟、李纹和薛宝琴等三人都把游仙思想写入自己的诗作,以表达她们郁结心中的情感体验(第五十回):

> 绿萼添妆融宝炬,缟仙扶醉跨残虹。(邢岫烟)
> 误吞丹药移真骨,偷下瑶池脱仙胎。(李纹)
> 幽梦冷随红袖箭,游仙香泛绛河槎。(薛宝琴)

贾宝玉的《咏红梅花》也是一首借神仙事、表自我情的诗作:"酒未开樽句未裁,寻春问腊到蓬莱。不求大士瓶中露,为乞嫦娥槛外梅。入世冷挑红雪去,离尘香割紫云来。槎枒谁惜诗肩瘦,衣上犹沾佛院苔。"[1]而且宝玉在晴雯去世后写给她的诔文中还说:"仙云既散,芳趾难寻。洲迷聚窟,何来却死之香? 海失灵槎,不获回生之药。"[2](第七十八回)表达了宝玉沉痛的心情。因此,中国传统的神仙思想在《红楼梦》中有着重要的精神价值,在全书形成了一种独特的精神意蕴和情感氛围。如果抽离了其中的神仙思想,对于《红楼梦》的解读和书中人物的理解,都是不完整的。

总之,曹雪芹对神仙思想的态度是复杂的。他既对神仙思想及其信仰的荒诞性和虚伪性进行揭露与批判,又对神仙思想所倡导的富贵尊荣而与世无争的生存状态持肯定态度。更为重要的是,作为文学家和思想家,曹雪芹对神仙思想中所蕴含的独立自由精神高度赞扬,充分吸收了其中的优质成分,对之进行现实化、文学化和系统化的加工创造,形成了崭新的具有审

---

[1] 曹雪芹:《红楼梦》,第678页。
[2] 曹雪芹:《红楼梦》,第1109页。

美意味的创作思想,并将之贯穿到自己的文学实践中去。借鉴神仙思想,曹雪芹不仅创造了具有高度自然价值和人文价值的文学情境,塑造了具有高雅脱俗、自由独立思想的人物形象,而且多次以"羽化登仙"为主题,深化了她们的精神世界,丰富了她们的审美理想,形成了典型丰厚的艺术空间和思想空间,也表达了自我对这一境界的向往和追求。

四、《红楼梦》仙话体系的艺术价值

中国传统仙话文学的审美价值和精神价值,受宗教信仰和伦理道德等现实因素的影响,一直处于潜伏状态,伴有比较浓厚的宗教气息和伦理教化的色彩。曹雪芹在创作《红楼梦》的过程中,既批判了神仙思想及其信仰的不足之处,又深入发掘和提升了神仙思想与仙话文学中所蕴含的文学价值和审美价值,具有重要意义,值得深入探讨。总体来看,《红楼梦》中的神仙元素经过曹雪芹的创造性、想象性和情感性加工,形成了独立自足的结构体系。这些神仙元素既有原始神话的基础,又有曹雪芹对之所进行的创造性的仙话化改造,形成了新的仙话体系。《红楼梦》中的仙话体系使中国仙话文学脱离了浓厚的宗教气味而获得了更为深厚的审美意蕴和更高的精神价值。

首先,《红楼梦》借助中国传统仙话的元素进行结构设计,使其成为全书不可或缺的艺术因子,具有高度的叙述功能和结构功能。这一点上文已有论及。此外,中国的神仙思想来源于原始仙话中的不死观念,后来与阴阳五行、五德终始说等政治、哲学和宗教思想联系在一起,契合了人们畏死乐生的情感渴望,形成了系统的思想体系,并伴随着伦理道德观念和宗教信仰观念渗透到民众日常生活的各个方面,以至于宣传神仙思想和求仙问道的人众,在秦汉时期就已达到"不可胜数"(《史记·封禅书》)的地步。鲁迅也说:"中国本信巫,秦汉以来,神仙之说盛行。"①有人指出:"对长生的追求,势必

---

① 鲁迅:《中国小说史略》,人民文学出版社 2006 年版,第 43 页。

使道教沉浸在浓厚的生活气息中,因为求生本身意味着对世间生活的留恋。"①这样,世俗生活的乐趣和求道长生的追求就可以统一在一起,反映在人们的日常生活中,就形成了人们享受现实生活的种种价值观念和人生观念,中国仙话文学中的某些作品也着重强调了世俗生活本身所具有的乐趣。也正是因为这一点,仙话和神仙思想才为各阶层人士所接受;葛洪《神仙传》的流传使人们更加相信,"崇高的社会地位并不是成仙的必要条件,有不少仙人在成仙之前都是来自社会下层阶级,然无碍于他们的得道"②。《红楼梦》开篇就写到那块顽石听僧道二仙谈论"云山雾海、神仙玄幻之事",以及"红尘中荣华富贵"便"不觉打动凡心",因向二仙请求,想到"那富贵场中、温柔乡里享受几年"(第一回)。这一思想与神仙思想是一致的,成为《红楼梦》开篇结构之枢纽,并以多样性的形式在全书的情节发展过程中起着重要作用。而且,中国仙话文学中的叙事作品本身就具有结构巧妙、想象神奇的特点,《红楼梦》充分吸收了仙话的叙事艺术,却以世俗生活的审美性消解了仙话文学的虚幻性,在精神意蕴上具有虚实相生、美善相乐的审美价值。

其次,《红楼梦》的仙话体系改造了中国传统的神仙思想及其与文学的关系,后者的各种因子都在《红楼梦》的艺术世界里获得了前所未有的发展,呈现出多样性和复杂性的特点,体现出较浓厚的人性美、人情美和意蕴美。在文学方面,神仙思想与知识分子追求主观精神自由自在、潇洒自如的思想颇为接近,由此形成了中国游仙文学传统,神仙思想也被赋予了文学色彩和审美价值,但其往往与世俗社会的价值观念结合在一起,起着伦理道德的评判作用,并维系着既成的价值道德体系,如八仙等济世仙话。还有一些作品,如庄子、屈原所开创的游仙文学,其所蕴含的自由思想和所塑造的具有独立自由的人格精神的抒情主人公形象,影响了此后中国所有的文学样式,

① 严耀中:《中国宗教与生存哲学》,学林出版社 1991 年版,第 122 页。
② 蒲慕州:《追寻一己之福:中国古代的信仰世界》,上海古籍出版社 2007 年版,第 174 页。

一直承传不衰,游仙文学是典型代表。刘勰曾用"正始明道,诗杂仙心"①、"仙诗缓歌,雅有新声"②的话概括了神仙思想对魏晋时期诗歌创作的影响。这一点在曹氏父子、嵇康、阮籍、郭璞等人的诗作中都有着鲜明的体现。《红楼梦》的艺术构思和精神价值与这个传统一脉相承,并取得了创造性的发展。《红楼梦》写贾宝玉为写祭奠晴雯的诔文,有过一番构思:

> 我又不希罕那功名,不为世人观阅称赞,何不远师楚人之《大言》《招魂》《离骚》《九辩》《枯树》《问难》《秋水》《大人先生传》等法……辞达意尽为止,何必若世俗之拘拘于方寸之间哉。③

贾宝玉所提到的这些作品是否尽为楚人之作尚可商榷,如《大言》和《枯树赋》,但有两点是可以明确的:①春秋战国时期的楚地神仙思想兴盛,确实有很多文学作品受其影响,并在文学史上产生了深远影响;②贾宝玉所举《招魂》《离骚》《大人先生传》等作品确实是中国仙话文学中的精品,与魏晋时期的志怪小说有着密切的精神联系,而且开启了魏晋至隋唐时期游仙诗的先河。而且,《芙蓉女儿诔》确实借鉴了很多神仙思想和仙话题材,尤其是诔文后的乱词,可与屈原《离骚》《远游》等篇章相媲美,而且具有更为浓厚的人情美和意蕴美。因此,对于中国传统神仙世界中的诸多元素,曹雪芹不是机械地挪用,而是加入了更多主观性、创造性的想象和创作。比如顽石通灵、仙草化人等情节就是曹雪芹在原始神话和仙话的基础上所进行的再创造。针对这种情况,方克强说:"这些神话,有的是作者在远古神话基础上的伸发,更多的则是作者私人性的创造。它们的共同点是,活动在神话中的主角都是女性神仙人物。"④这个论断指出了《红楼梦》中神话人物与仙话人物

---

① 范文澜:《文心雕龙注》,第 67 页。
② 范文澜:《文心雕龙注》,第 66 页。
③ 曹雪芹:《红楼梦》,第 1107 页。
④ 方克强:《文学人类学批评》,上海社会科学院出版社 1992 年版,第 145 页。

之间的关系,也道出了《红楼梦》中神话系统与仙话系统之间的复杂关系。因此,《红楼梦》中的仙话体系非常丰富复杂,形成了独立而完整的系统,具有较高的艺术审美价值。

最后,《红楼梦》中的仙话体系为作者曹雪芹心灵的解放和舒展提供了一个自由而广阔的空间,以超越日常生活中伦理道德规范等各种先验理性规则的束缚,达到了现实世界与理想世界互相融合的完美境界。《红楼梦》的神仙思想多与书中日常生活细节相结合,形成了一种独特的精神氛围和美学价值。日本学者小南一郎曾这样论述神仙世界:"神仙的存在完全是从美学观点来把握的,而神仙传记中出现的神仙世界又具有过分华丽、如梦如幻的倾向,从而在感觉上它被赋予和现实全然不同的另一世界的印象。这样,神仙世界是超现实的,它只在美学观点上才与现实相重合。"①可见,神仙世界既是超现实的,又与现实生活相融合,形成了独特的审美价值。中国原始仙话以"不死"观念为核心,以"乐园"情结为纽带,往往会契合主体追求精神自由的愿望,所以曹雪芹借贾宝玉所写的乱词表达了自己对这一境界的向往:"素女约于桂岩,宓妃迎于兰渚。弄玉吹笙,寒簧击敔。征嵩岳之妃,启骊山之姥。龟呈洛浦之灵,兽作咸池之舞。潜赤水兮龙吟,集珠林兮凤翥。"②在审美意义上,神仙世界是一个自由的精神世界,这个世界能"使人精神专一,动合无形,瞻足万物"③,主体的自我精神可以顺阴阳之道,与时迁移,应物变化,逍遥自适,使日常生活中压抑不得屈伸的心胸获得释放,自我心灵得到了伸展,凡世夙愿也可在这个世界得到满足而永存。《楚辞》和《庄子》等文所描述的仙人、真人、至人等形象是这种精神境界的典型代表。红楼儿女几乎都有以仙子形象自比的诗句,这与她们"一年三百六十日,风刀霜剑严相逼"(第二十七回)的现实生活中有太多的压抑和束缚有关,也反映

---

① 小南一郎:《中国的神话传说与古小说》,孙昌武译,中华书局2006年版,第243—244页。
② 曹雪芹:《红楼梦》,第1113—1114页。
③ 司马迁:《史记》,第3289页。

了她们的精神追求。

总之,《红楼梦》中的仙话体系具有多样的价值。一方面,中国传统的神仙思想及其文化元素为《红楼梦》叙事结构和精神意蕴等方面的形成与深化提供了重要资源,形成了相对系统的仙话体系和思想空间;另一方面,《红楼梦》中的仙话体系是曹雪芹经过创造性、私人化的再加工的产物,其所具有的艺术性和审美属性也拓展了中国传统仙话的审美维度,提升了中国传统仙话的思想高度和精神意蕴。可见,对《红楼梦》中的仙话体系和神仙思想进行系统研究,对我们认识《红楼梦》以及神仙思想和仙话文学的价值都具有重要意义。

总体来看,《红楼梦》选取中国传统仙话作为全书的结构要素和思想来源有其内在必然性。首先,中国古代向来有"因鬼神机祥而为之立禁,总形推类而为之变象"①的传统,曹雪芹也曾有"志哀兮是祷,成礼兮期祥"②的创作主张,这一主张道出了个体人生际遇和精神诉求与神仙思想之间的内在联系,由此也可窥探到曹雪芹选择中国传统神仙思想进行创作的原因。其次,道家作为中国本土宗教,其精神意蕴和价值取向原本就来自中国民众的日常生活,反过来它又渗透到人们日常生活的各个方面,影响着中国人的情感判断和价值判断,并塑造了人们的行为模式和心理世界景观,曹雪芹以之为基础,进行创造性加工,也是情理之中的事。再次,中国原始仙话以及后来的神仙思想,与中国原始神话一样,具有深厚的思想意蕴、多样的审美取向和广阔的情感空间,可以为个体的精神追求提供一个乌托邦似的心灵栖息地。在这里,个体精神可以获得自由延展,自我情感也可以得到自由抒发,由此形成了颇为流行的游仙文学传统,这个传统契合了曹雪芹创作《红楼梦》时的生存状态和精神状态,即所谓"悲时俗之迫厄,愿轻举而远游"(《楚辞·远游》)也。因此,对《红楼梦》中的仙话体系进行系统研究无疑可

---

① 陈广忠:《淮南子译注》,第781页。
② 曹雪芹:《红楼梦》,第1114页。

以为我们认识和理解《红楼梦》提供一条崭新的路径，也可以为我们重新审视中国仙话的文学价值和审美价值提供崭新的视角。当然，本书把《红楼梦》中的仙话体系和神仙思想作为一个专门问题来研究，并不是说《红楼梦》中不存在神话世界。事实上，在《红楼梦》的意象世界里，神话因素和仙话因素都是存在的，两者之间交相融合，互相补充深化，形成了良性的互动关系，提升和开拓了《红楼梦》的精神意蕴与阐释空间，为全书增添了浓厚的艺术性、趣味性和情感性。

| 第七章 |

图像与中国文学叙事传统的形成

　　中国文学叙事传统的形成,与神话历史图像(人物肖像画)的制作活动之间具有相互呼应、彼此促进的内在关联。作为先民最早的知识载体和叙述方式,图像影响了"诗""赋""铭""赞"等早期叙述文体的形成,对"平话(平画)""话本(画本)""章回小说"等叙事文体及其叙事模式的形成也产生了深刻的影响。明清叙事文学中出现的图像作品具有极强的吸纳力量,将文本内部繁杂多样的个别要件凝结成带有隐喻性和思想性的事件整体,并与汉、魏、隋、唐以来的类似文本相互指涉、关联,将其组合为一个持久不衰的文学母题和传统。李贽、金圣叹、脂砚斋等人使用绘画领域中的词汇、概念,盛赞《金瓶梅》《红楼梦》等叙事作品实现了诗境与画境的同质同构并对后者有所超越,彰显了叙事艺术的优越性,形成一种对叙事作品进行图像式分析的叙事理论。明清评点家立足于传统文化建构理论体系的做法,为新时代建设具有中华文化特点的理论话语体系提供了启示。

第一节　问题的提出:图像与叙事传统

　　目前,关于中国文学叙事传统的研究成果,基本上是针对陈世骧1971年提出的"中国抒情传统"的观点而做出的补充和修正。中国叙事传统形成的原因是复杂多样的,全面解决这一问题,不仅要从中国古代各种文化形式中寻找根据,还应对中国文学叙述性特质之所以形成的文体学基础和根本性思维方式进行探索。此前成果所遵循的思维逻辑和理论资源多是西方叙事学理论,某种程度上将中国文化语境中的"叙事"概念狭隘化了①。正像人类各种文化形式均从神话与宗教演变而来一样,考察这一传统之形成的历史根源应充分重视人类早期以图像传播知识的历史语境。图像叙事的研究方法摆脱了经典叙事学偏重语言结构分析的限制,将分析对象从作为抒情文本的诗歌延伸到作为叙事文本的小说戏曲领域,中国古代非文学文本与图像的关系也开始引起研究者的注意。但也应看到,这类研究多关注文学与图像之间表层的互文关系(表现为以插图作为主要研究对象),而未能深入讨论图像对叙事文体的形成及其基本结构的影响到底何在。

实际上,作为人类早期文化知识载体的神话历史图像,其对人物、事件的呈现方式,对中国早期叙述文体的形成影响甚巨,佛道经卷对图言说的传教方式也促进了话本(画本)等叙事文体的诞生。公元 6 世纪前期,南朝梁太子萧统在为他编撰的《文选》作序时,提出了"图像则赞兴"的观点:"箴兴于补阙,戒出于弼匡,论则析理精微,铭则序事清润,美终则诔发,图像则赞兴。"②这个观点指出,汉魏以来"赞"文体的兴盛,是在此前或同时大规模盛行的图像制作的影响下而形成的。他所说的"图像",是指包括伏羲女娲在内的神话历史人物和事件的图像。这一观点提出了一个颇为重要的理论问题:图像制作与诗、赋、赞、铭等文体形成之间的互动关系问题。明清评点家在对《儒林外史》《金瓶梅》进行评点时,亦将小说叙事和人物刻画与《左传·宣公三年》记载的大禹"铸鼎象物"这一神话图像制作事件联系在一起讨论:

《儒林外史》一书,摹绘世态人情,真如铸鼎象物,魑魅魍魉,毕

---

① 谭帆:《"叙事"语义源流考——兼论中国古代小说的叙事传统》,《文学遗产》2018 年第 3 期。

② 萧统编、李善注:《文选》,上海古籍出版社 1986 年版,第 2 页。

现尺幅;而复以数贤人砥柱中流,振兴世教。其写君子也,如睹道
貌,如闻格言;其写小人也,窥其肺腑,描其声态,画图所不能到者,
笔乃足以达之。①

　　《金瓶梅》,又世所称为第一奇书也。铸鼎象物,魑魅魍魉举莫
能遁其形,然而猥亵之语,累牍连篇,诋伪导淫,诚非臆说。②

　　根据《左传》记载,禹治水成功后会盟诸侯,"远方图物,贡金九牧,铸鼎
象物,百物而为之备,使民知神奸;用能协于上下,以承天休"③。根据章炳
麟、傅斯年等人的研究,所谓"百物"即"百神"④,所谓"铸鼎象物",是指将各
部落方国崇信的神物绘制成图像使之显现出来,为人类的生产生活提供帮
助和指导。这些神物图像以铺陈排列的方式呈现于鼎彝、宗庙等器物或建
筑上,是这一时期的知识图典;巫觋阶层通过宣教这些图像将祭祀、信仰、礼
俗等教导给民众,由此形成"对图言说"的知识传播方式和"以图记事"的叙
述方式。系统性的文字出现后,这种"对图言说"转变为"依图作书",以图像
与文字并列传承知识。与此并行的是"演事"⑤。当然,原始先民所"演"之
"事"不是日常生活中的琐事,而是神圣事件,一般与宗教仪式相关。通常情
况下,"图事"是"演事"的基础。明清评点家认为大禹"铸鼎象物"是用图像
将不可见的"幽微之物"呈现出来,而文学作品对世态人情的描绘与此类似,
因而可以此为标准展开批评。灵岩山樵评《九尾狐》,"如铸鼎之象物,若照
水之犀光,惊心动目,据实定名,命名曰《九尾狐》"⑥,表达了类似的观点。忧
患余生认为《官场现形记》的描写,"如颊上之添豪,纤悉毕露;如地狱之变

①　吴敬梓著,李汉秋辑校:《儒林外史汇校汇评》,上海古籍出版社 1999 年版,第
　　692 页。
②　夏敬渠:《野叟曝言·序一》,四川大学出版社 2014 年版,第 1 页。
③　阮元校刻:《十三经注疏》(清嘉庆刊本),中华书局 1997 年版,第 4056 页。
④　章炳麟:《说物》,《太炎文录初编》,第 21 页。
⑤　傅修延:《先秦叙事研究》,东方出版中心 1999 年版,第 25 页。
⑥　丁锡根:《中国历代小说序跋集》,人民文学出版社 1996 年版,第 1234 页。

相,丑态百出"①,将作者叙事描写和顾恺之的人物画与经卷变相联系起来,指出了文学叙事与图像呈现之间的相似性。同时他还提到"铸鼎象物"事件:"神禹铸鼎,魑魅夜哭;温峤燃犀,魍魉避影。……而不意有一救世佛焉,为之放大千之光,摄世界之影,使一般之嚅嚅而动,蠢蠢以争者,咸毕现于菩提镜中。"②作者不仅在比喻意义上将禹鼎图像与官场事件相等同,而且暗含将图像制作与文学创作进行对比分析的思路。因此,明清评点家不约而同地提出了神话历史图像与《水浒传》《金瓶梅》《儒林外史》等叙事文学之间的关系问题。

　　迄今为止,这一问题尚未得到系统研究。萧统意义上的"图像",指的是神话历史语境中的人物画、肖像画或故事画,对于这些作品中国古人一般用"图像"称之。如果详细考察从神话图像到明清人物画的历史,似可发现这样一个颇为重要的图像与文学叙事之间共振互动的现象:原始神物图像的排列方式,对诗、赋、诔、铭、赞等各种带有较强描写性、叙述性的早期文体的形成具有重要推动作用,它们的叙述方式奠定了中国叙事文学形成的基础;魏晋六朝时期佛道等宗教制像活动、肖像画和人物品藻发达,而志人志怪小说兴盛;隋唐五代时期佛教经卷的宣讲方式,促进了平话(平画)、话本(画本)、讲经等长篇叙事文的出现;而随着人物画和故事画的复兴,图像作为一种思维方式为《金瓶梅》《红楼梦》《牡丹亭》等小说戏曲作品的创作提供了强大的推动力量——在这些作品中,图像对事件的展开和发展起到了不可忽视的制约作用,它仿佛是一个力气强大的凝聚器,将事件发展中的人与事吸纳在自己的画面结构之中。明清评点家借用绘画领域的语汇对这种现象所做的评点和理论总结,使具有中华文化内涵的文学叙事传统最终形成和定型。然而,一个多世纪以来人们对此类图像研究的忽视和匮乏,阻碍了我们对这一问题的认识与研究,惺园退士等人的评点正揭示了这一为人遗忘的

①　丁锡根:《中国历代小说序跋集》,第 1716 页。
②　丁锡根:《中国历代小说序跋集》,第 1716 页。

内在关联。本章通过分析图像对"诗""赋""铭""赞""平话""变文""小说""戏曲"等叙述文体的形成及其叙述方式的影响,以《金瓶梅》《红楼梦》《牡丹亭》等经典文本为对象,总结图像对叙事文学的文本构成、事件结构、文学意蕴、人物刻画等方面的重要影响及其复杂关系,对中国叙事传统之形成做出新的阐释。

第二节　神圣图像与早期叙述文的诞生

早在古希腊时期,人们就已将神话(Mythos)和逻各斯(Logic)作为两种基本的言说方式,神话在叙事学研究中占有重要位置与此是相关的。但是,论者似乎忘记:神话虽是一种言说方式,但记录、传承神话的最早的物质载体不是语言、文字,而是图像,因而"神话作为言说方式"在某种程度上可转换为"图像作为言说方式",神话及其思维方式对叙事文学的影响由此转化为图像及其思维方式对叙事文学的影响。神话是人类文化的知识图典,最早是以图像的方式记载和传播的。根据考古发掘和文献记载可知,早期图像呈现的内容主要为神话历史与宗教信仰内容①,它们是当时社会的核心知识。巫师集团则用语言文字向普通民众讲述、传播这些内容,进行政治统治和教化民众。尤其是在举行宗教仪式的过程中讲述神话,巫师会在仪式场所的中央悬挂神话图像,根据图像所示进行讲述,由此形成"对图言说"的叙述方式——神话图像对语言(文字)记述和传播具有绝对性的制约作用。这种叙述图像的语言(文字)使用方式沿着不同的路向发展:

一方面,宗教信仰领域一直沿用这种方式宣传教义、举行仪式。无论是原始宗教还是人为宗教,一般都采取这种方式。魏晋以来,随着佛典的翻译引进和大量寺院的建造,"刻木为佛"、以图传教的方式也随之传入,并与中国原有的宗教图像体系相互借用,扩大了其传播的范围。正像论者所注意

---

① 江林昌:《图与书:先秦两汉时期有关神怪类文献的分析——〈山海经〉〈楚辞〉〈淮南子〉为例》,《文学遗产》2008 年第 6 期。

到的那样,利用汉画等中国本土图像的空间表现形式描绘佛教内容是"南北朝时期(特别是 6 世纪)中国佛教艺术的一个重要现象"①。这也说明佛教艺术的"中国化"或"本土化"正是其扩大影响的重要方法。敦煌壁画和写本的发现,证明前后历史时期这类图像的大量盛行,而这与以鬼怪佛教故事为主要内容的魏晋小说的兴盛正互为表里。现今发现于河北沧州的一幅佛教水陆画卷,以"五殿阎罗王"的标题向它的观者说明图像呈现的内容是地狱之内正在发生或永恒发生的事情②。这幅水陆画的形制呈长方形,利于张贴、悬挂或携带,正中上方是黑脸威严的阎罗王,周围是他的护法,下方则是各类鬼魂在炼狱遭受折磨的种种景象。这是一幅典型的佛教用以宣扬佛法的图像作品,而教义传播者悬挂或张贴图像面对大众说法,将图像蕴含的宗教内容及其义理传播出去——他或她的言说本身就是一篇内容丰富的叙事作品。

另一方面,就文献记载的情况来看,早期文本也大量存在这种依图作书的情况。研究发现,《山海经》《天问》《淮南子·地形训》等重要早期文献,本身就是"依图而作"的产物。例如,《山海经》在叙述神灵及地理方位时经常使用"画似仙人""作画云气车""右三百里"等表示地理空间和图画的表述,这说明《山海经》"本以图为主而以文字为辅。故此标题亦从图画之顺序而曰'海外自西南陬至东南陬者'"③。有人认为《山海经》之前另外存在《山海图》,如陶潜"流观《山海图》"诗句所称的那样,而《山海图》的来源则是九鼎图,其根据是《左传·宣公三年》所记载的"铸鼎象物"神话④。可以想见,九鼎上刻制的神物形象转化为民众的知识图谱和行为指南,除了让他们直接辨认外还须有巫觋对他们进行讲解。此外,商人以烧制后的甲骨上的纹路图形为基础预测重大事件的未来发展,形成带有叙事性的文字说明,体现了

---

① 张建宇:《汉唐美术空间表现研究》,中国人民大学出版社 2018 年版,第 274 页。
② 梅维恒:《绘画与表演》,王邦维等译,中西书局 2011 年版,插页 10。
③ 袁珂:《山海经校注》,第 174 页。
④ 马昌仪:《山海经图:寻找〈山海经〉的另一半》,《文学遗产》2000 年第 6 期。

图像对叙事的制约和叙事的神圣性。《易经》文本更是依图作书创作方式的典型:阴阳二爻和卦爻辞本身就是对"观物"所取之"象"的抽象描述以及对"象"所蕴含的义理的阐发,而且《易经》本身就是对殷商时期宗教信仰内容的总结。如果将"河图洛书"传统纳入考察视野则会发现,这种依靠图像而对世界、历史、人生发展做出预测的宗教文化传统则更为悠久,也更为神圣:"它作为神赐的圣典,具有为后世一切经典立法的意义。或者说,它以它的本源性而获得本体价值",而其作为中国古典文化的"原型图像"及其循环性解释的方式"维系了中国文明的历史延续性"①。

　　而就后世所谓文学文体来说,奠基于神圣图像"对图言说"或"依图作书"的语言(文字)使用方式,对各种早期文体的形成也具有重要影响。最初的文体都是叙述文,原因在于这些文字内容多是对神圣图像和事件的叙述;这些文体的叙述方式不同程度地带有铺陈的特点,原因亦在于最初的神话历史图像是按照铺陈的方式呈现的。在对图言说的历史语境中,图像并不是图像本身,而是系列神话历史事件以及由此衍生出的道德宗教观念的载体,因而如果用语言陈述一幅单一的图像,就需要大量内容才可能对图像及其观念进行全面的描述,其内容无疑是一部规模巨大的叙事性作品,神圣图像对叙述文体形成的重要影响于此可见一斑。下面以"诗""赋""赞"三种早期文体为例说明这个问题。

　　例证一:殷周时期宫室墙壁上绘制的神圣图像,对《诗经》中诸多作品的创作产生了重要影响,同时也催生了"诗"作为一种独立文体的形成。研究发现,《诗·大雅》中的《大明》《思齐》《绵》《皇矣》《生民》《公刘》等篇章,"系西周宗庙祭典中述赞壁画的诗篇":"诗人在歌唱他的人和事时,好像正在'看着'什么。靠着想象和虚构,诗人也完全可以用语言营造出艺术的画面。但在这里,诗人并不是用想象的头脑去构造着他诗中的人物、故事,而是在用观看的眼睛去扫描、述说并赞叹着他的场景和事件。与此相伴,诗篇的画

---

①　刘成纪:《中国古典阐释学的"河图洛书"模式》,《哲学研究》2018 年第 3 期。

面是平面性的,缺少纵深度和立体感。"①正像陈世骧所指出的,"诗"字在《诗经》中仅在三首《雅》诗中使用三次,说明这一时期"诗的独立意识犹在挣扎中渐渐独立"②,因而我们可以推测:如果《大明》等诗作对图像的述赞的观点可以成立,那么我们也可以认为对图像的述赞促成"诗"作为一种独立文体的诞生。与西方古典时期"艺格敷词"(Ekphrasis)的重要作用之一是用来赞颂一样,人们还发现《诗·颂》中的篇章与《雅》中的诗作形成了某种程度的对应关系③,这从一个侧面佐证图像对《诗·颂》的重要影响。对于《雅》《颂》诗篇对图述赞及其对应关系,作者在文章的最后发问:"祭祀大典中献神与述祖的诗篇成套制作,系振古如兹,还是到某一时期才有的增创? 如果是后者,它又意味着什么?"④实际上,根据前文所述上古时期图文关系史,可以发现,这两种情况应是同时共存的:"振古如兹",说明这些述赞的诗篇来源于更为古老的神话历史传统;"某一时期的增创",说明这些诗篇是后人对前此文本加工之后而形成的新的作品与文体。朱熹对《诗经》"六义"之一"赋"的解释是"敷陈其事而直言之",这在两个层面指出了图像对《诗经》的影响:"'敷成其事'指《诗经》(特别是《雅》中的史诗片段)中表现出来的铺排式叙述;'直言'指'赋'与'比''兴'的不同之处在于它的非隐喻性。"⑤换言之,"敷陈其事"的叙述方式,来自对宫室图像陈列方式的模仿;而"直言"的非隐喻性,则对应了图像呈现的直观性和自明性。因此,《诗经》中大量铺陈事实、细致描摹的内容,实源自"对图言说"的历史事实,而由《诗》发展而来的"赋"

①　李山:《〈诗·大雅〉若干诗篇图赞说及由此发现的〈雅〉〈颂〉间部分对应》,《文学遗产》2000 年第 4 期。

②　陈世骧:《中国文学的抒情传统》,第 88 页。

③　李山:《〈诗·大雅〉若干诗篇图赞说及由此发现的〈雅〉〈颂〉间部分对应》,《文学遗产》2000 年第 4 期。

④　李山:《〈诗·大雅〉若干诗篇图赞说及由此发现的〈雅〉〈颂〉间部分对应》,《文学遗产》2000 年第 4 期。

⑤　傅修延:《赋与中国叙事的演进》,《叙事丛刊》第 1 辑,中国社会科学出版社 2008 年版,第 7 页。

"赞"两种文体,与图像的关系同样十分密切。

　　例证二:作为《诗经》"六义"之一的"赋"来源于对铺陈排列的神话历史图像的描述,后来演变为一种独立的文体,因而无论是描述方式、空间布局还是叙述的事件内容,"赋"与神圣图像之间都有密切关系。"赋"的本义即为"铺陈",是作为一种描写或叙述的方法来使用的。"赋"的铺陈所承担的是这一时期"诗以记物"[1]的功能,就像孔子要人们通过"学乎诗"而"多识于鸟兽草木之名"[2],而这种描写或叙述方法的根源则是诗人对神物图像的细致描摹。岩画、壁画、青铜器纹饰、漆画、帛画和画像砖石等早期图像中的人物、事件、场景,无论是个体图像还是相互之间构成关联的叙述性图像序列,基本上都是按照铺陈的方式呈现的,所谓"赋"者,最早就是使用语言(文字)对这种图像排列方式的描述的结果。有学者发现汉赋对神话、物品、场景的铺陈叙述方式与汉画像砖石上的图像呈现惊人的相似[3],有的学者则指出两者在空间呈现等方面的相似性可能来自这一时期相同的神话世界观或宇宙观[4]。这两种以铺陈为典型特征的艺术形式之所以带给观者如此感受,根本原因在于赋的叙述方式和内容本来就是对图像的陈述。刘勰在《文心雕龙·诠赋》中反复用"图""画""画境""画绘""雕画"等词语对"赋"的叙述方式加以说明。他说荀况、宋玉之后,赋体"爰锡名号,兴诗画境",而杂赋则"品物毕图","赋"的语言特点则是"丽词雅义,符采相胜,如组织之品朱紫,画绘之著玄黄",最后总结"赋"在叙述方面的总体特征是"写物图貌,蔚似雕画"[5]。有人认为刘勰所谓"赋""品物毕图",是指东方朔《平乐观赋》等作是其"受诏赋宫馆奇兽异物也"[6],指出"赋"是对宫殿上神圣图像的传移和摹

① 王怀义:《道境与诗艺》,商务印书馆 2019 年版,第 229 页。

② 杨伯峻:《论语译注》,中华书局 1980 年版,第 185 页。

③ 包兆会:《论汉赋、汉画像艺术成像方式的相似性》,《文艺理论研究》2011 年第 1 期。

④ 李立:《论汉赋与汉画的空间方位叙事艺术》,《文艺研究》2008 年第 2 期。

⑤ 范文澜:《文心雕龙注》,第 134—136 页。

⑥ 范文澜:《文心雕龙注》,第 140 页。

写。因此,"赋与画的构图、聚类的相同性","使赋家的描写与画师的绘饰得以具象化与系统化"①。而且,"赋"在描述时往往具有鲜明的空间性特点,或者明确指明所述对象的空间属性,这都是其脱胎于图像所带来的特征。总之,无论是作为文体的赋还是作为叙述方法的赋,均可推定它们都是在描述神圣图像的基础上发展、演变而形成的。有学者将"赋""体物图貌"的叙述特征看成促进中国叙事传统形成的重要因素之一②,无疑具有合理性,但尚未触及两者之间更为深远的以图像为基础的历史关系。

　　例证三:正像萧统指出的,汉魏以来神话历史人物图像制作的兴盛,催生了"赞"这一文体。萧统《文选序》指出"图像则赞兴"的现象,总结了"图像"与"赞"这种文体之间的关系。刘勰将"赞"文体的形成追溯到虞舜之时,认为这种文体"发源虽远,而致用盖寡",指出"赞者,明也,助也",是"事生奖叹"的结果③。事实上,虞舜时期,"赞"所承担的"明也,助也"的功能并不是为了评价、赞叹、颂扬,而是为了对神话历史图像及其蕴含的内容、意义进行说明与传播,那种"结言于四字之句,盘桓乎数韵之辞"的、与"颂"并列的"赞"已经与其图像渊源脱离,而转化为一种依附于图像创作而产生的新体"颂"。萧统所谓"图像"是指神话传说时代的女娲、伏羲等神人画像,尧舜桀纣等帝王画像和老子、孔子等圣人画像以及当时功臣列女的画像,"赞"则是对这些图像及其背后的神话历史事件、图像人物的言行品德的描述和评价,人们称为"画赞"。曹植曾经为自伏羲女娲到汉武帝、班婕妤等神话历史人物的图像作赞,凡三十三篇以及一篇序文。曹植所见图像既有神话历史人物图像,也有"赤雀""宝鼎"等神物图像,同时也有呈现"禹治水""汤祷桑林"等重要历史事件的图像,由此可见这类图像数量之大、影响之深。这些赞文是对"黄帝三鼎""禹治水""文王赤雀"等图像的记述,叙述成分较多。例如,

---

① 许结:《汉代文学与图像关系叙论》,《社会科学》2017 年第 2 期。
② 周兴泰:《古代辞赋与中国叙事传统》,《中国比较文学》2014 年第 4 期。
③ 范文澜:《文心雕龙注》,第 159 页。

他为"禹渡河"图像所作"赞"云:"禹济于河,黄龙负舟。舟人悚惧,禹叹仰天:'予受大运,勤功恤民,死亡命也。'龙乃弥身。"①曹植所作画赞与此前"赞"文侧重评价性内容不同,而更多对神话历史人物、事件的叙述及其象征意义的阐发,印证了萧统"图像则赞兴"的判断。《世说新语》记顾恺之"历画古贤,皆为之赞也"②,反映的也是这一情况。实际上,自两汉时期设麒麟阁、云台、鸿都门学,当代贤臣名相、功勋卓著之士均被以图像的方式刻绘在宫殿、祠堂等神圣之地,与伏羲、女娲、汤武等神话历史人物并列,由此被绘制成图像的人也就成为神话历史的一部分而获得至高无上的道德神性——"画赞"就是对图像所传达的神圣内涵的归纳和总结。据王充的记载,这种情况在汉宣帝时期就已经达到"图画汉烈,士或不在于画上者,子孙耻之"③的地步。由此可见,"赞"也是对图言说传统的产物,是作为叙述方式的图像向叙述文体转换的产物的重要证据之一。在讨论"赞"文体与图像之关系的同时,萧统还指出"铭则序事清润",所谓"序"即秩序、排列,"序事"即将人物生平事迹顺次排列以呈现大致生平。与"赋""赞"一样,"铭"的这种叙事方式同样源自神圣图像的排列方式。

图像影响文体形成的例子还有很多。汉魏以来士人画像、佛道等宗教图像与经卷的流行,对这一时期志人志怪小说的兴起与繁盛亦影响甚大④。魏晋南北朝时期,宗教人物画、故事画是图像制作的主体,山水画只是一个新兴的绘画门类,正走在挣脱宗教画和地理图束缚的道路上。遍布南北各地的宗教故事画和人物画,是这一时期小说发达的决定性因素。美国汉学家梅维恒通过对敦煌写本、图像和变文的研究发现,这种变文故事图像(亦称"变相")本就是故事讲述人依据的文本,"讲说'变'的人在表演时就使用'变相'作为一种解说故事的手段。因此,'转变'就意味着说故事人通过他

---

① 严可均:《全上古三代秦汉三国六朝文》第2册,中华书局1958年版,第1146页。
② 余嘉锡:《世说新语笺疏》,第794页。
③ 王充:《论衡·须颂篇》,《诸子集成》第七册,第197页。
④ 王伯敏:《中国绘画通史》,生活·读书·新知三联书店2018年版,第123—186页。

的职业上的各种手段使一幅画卷上变现的人物和场景变得真实而生动"①。
佛经变文与图像的密切关系及其宣讲方式,在宋元明时期则演变为说书人
的娱乐活动②,长篇叙事文如平话等在这一文化传统中逐渐形成。经过文人
士大夫的改造,佛经变文逐渐衰落但其宣讲方式则保留下来,同时吸收了民
间讲唱故事和社会生活中的世俗事件③,说唱表演的成分增加,图像对文本
的影响有所降低,但二者仍然并行传播。唐末诗人吉师老《看蜀女转昭君
便》,记唐代妇人从事讲唱时"并有图画随时展开,(图画)与讲唱相辅而
行"④,就是这种情况的反映。据考证,宋元"话本"的别名即为"画本",这说
明"话本"小说本就是说书人对图讲故事的结果:"当时是有图画来辅助讲说
的。故当时说'话本'为'画本',或者是'画'与'话'字同音借用。"⑤"画本"小
说的大量出现为《水浒传》《金瓶梅》等优秀著作的创作奠定了基础。因此或
可这样认为:到宋元明时期,中国文学在叙事方面的技法、架构、隐喻系统等
已基本定型,中国叙事传统亦基本形成。随着两者互动的加深,图像对叙事
文学及其文体形成的影响越来越深入:一方面,这种"对图言说"的故事讲述
方式直到明清仍在流行,明清章回小说和戏曲也多借鉴话本的各种形式,都
是图像影响叙事的显在现象;另一方面,从潜在角度说,图像则越来越转变
为一种思维方式,渗透到小说戏曲的叙事过程中,他们或用绘画的皴染、点
苔、白描等方法塑造人物形象、安排情节,或者使用图像推动故事情节向新
的阶段发展——图像对叙事发展的影响转化为一种叙事逻辑和技法而发挥
作用。在明清叙事作品中,图像影响、制约叙事并内化为叙事本体被表现出
来,图像或绘画作品成为事件展开的重要基础或依据。

———————————

① 梅维恒:《绘画与表演》,第 1—2 页。
② 梅维恒:《唐代变文》,杨继东、陈引弛译,中西书局 2011 年版,第 115 页。
③ 李小荣:《敦煌变文》,甘肃教育出版社 2013 年版,第 158 页。
④ 丁锡根:《中国历代小说序跋集》,第 699 页。
⑤ 王庆菽:《试谈"变文"的产生和影响》,周绍良、白化文主编《敦煌变义论义录》(上
册),上海古籍出版社 1982 年版,第 260—261 页。

第三节　基于图像的叙事:明清叙事文学中的画作

明清叙事作品中出现大量图像,这与明代中后期此类图像制作活动的兴盛有关,此前已有学者敏锐地注意到这个问题。清人华约渔曾用绘画作品比拟《水浒传》《红楼梦》《儒林外史》诸作:"世传小说,无有过于《水浒传》《红楼梦》者,余尝比之画家,《水浒》是倪、黄派,《红楼》则是仇十洲青绿山水也。此书(按:指《儒林外史》)于画家之外,别出机杼,其中描写人情世态,真乃笔笔生动,字字活现,盖又似龙眠山人白描手段也。"[①]浦安迪在《中国叙事学》《明代小说四大奇书》等著作中不时点出以"吴门画派"为代表的文人画与叙事文学创作发达之间的内在关联——《红楼梦》第五、四十九回分别提到唐伯虎的《海棠春睡图》和仇英的《艳雪图》两幅画作,或可为浦安迪的观点提供佐证。15 世纪后半叶开始成熟的明代文化,在思想上和艺术上都具有兼容并包的特征,而"其先锋是画坛上显赫一时的'吴门画派'",在这种文化背景中,造园艺术、珍本书籍收藏、绘画与古物鉴赏等融合在一起,形成文化鼎盛发展的局面,"绘画与书法,诗歌与戏曲,散文与小说,始终是这一文明最耐人寻味的体裁。……文人画追求高雅的艺术意境,有一套特定的章法,从题材的选择到画面的布局,从色彩的运用到意境的创造,都表现出匠心独运的时代气息,代表着文人'自我意识'的觉醒"[②],指出了图像与中国叙事传统之间的内在关系。

明代中后期商品经济发达,艺术品消费成为时尚,设色鲜丽典雅而意趣幽远的人物画尤其是美人画,受到士人、商人和市民阶层的喜爱并大量使用。余象斗刻印《类聚三台万用正宗》卷十二《画谱门》,首先列《写真容人像

---

①　丁锡根:《中国历代小说序跋集》,第 1692 页。

②　浦安迪:《中国叙事学》,北京大学出版社 2018 年版,第 247—248 页。

秘诀》,然后才列梅花、山谷等自然风物的画法[1],就是这种情况的反映。作为实用类书,这一编排方式说明在该时期的社会生活中,人们对人像写真的需求超过了对山水景物画作的需求。《金瓶梅》第七十二回写西门庆书房所悬挂的《庄子惜阴图》、第七十四回宋御史见"西门庆堂庑宽广,院中幽深,书画文物,极一时之盛。又见挂着一幅三阳捧日横批古画"[2],《水浒传》第二十回写阎婆惜房间"正面壁上挂着一幅仕女"[3],都是当时用画风俗的反映。另外一个例证也可证明当时美人画的流行:宗教女仙画像越来越向美人画转化,以至于人们一般很难对二者进行区分。郑爱月房间所挂"海潮观音像",其实也类似于美人图——宗教人物画转向了只为观赏的画作。所以《金瓶梅》第五十九回写西门庆看到郑爱月打扮出来,美貌异常,"若非道子观音画,定然延寿美人图";第七十八回写王三官妻子蓝氏美貌:"款蹙湘裙,似水月观音之态度。"作为消费品的美人画需求量较大,存在批量生产的情况。高居翰指出,这一时期的扬州等地出现了以某一位画家为核心、以家族亲友为主要成员的工作坊,专门从事此类画作的生产[4]。与此同时,此类绘画的观者群体遍布文人、官员、皇室、商人甚至仆人等各个社会阶层。正像柯律格对创作于 1734 年的《扬州雅集图》中一个片段的分析那样,在文人观画的同时,他们身后的仆人也将眼光投射到画面上并表现出心领神会的愉悦表情,这使他从一个仆人转化为一个艺术欣赏者[5]。这些迹象说明,此时人物画、肖像画和故事画,参与文学和生活建构的能力空前增强了。

人物肖像画获得了复兴,诞生了杜堇的《千秋绝艳图》、仇英的《汉宫春

---

① 余象斗:《万用正宗》,明万历己亥年(1599)刊本卷十二,页 a,东京大学东洋文化研究所藏本。

② 兰陵笑笑生:《金瓶梅词话》,陶慕宁校注,人民文学出版社 2000 年版,第 986 页。

③ 施耐庵著,金人瑞评:《水浒传》,齐鲁书社 1991 年版,第 387 页。

④ James Cahill, *The Three Zhangs*, *Yangzhou Beauties*, *and the Manchu Court*, Orientations 27:9 (October 1996), pp. 22—38.

⑤ Craig Clunas, *Chinese Painting and Its Audience*, Princeton University Press, 2017, p. 128.

晓图》《汉宫百美图》等大型作品;关于人物肖像画的理论总结的著作大量出现,《写像秘诀》《传神要论》等是这方面的代表著作,"传神论"所涵盖的内涵得到极大拓展①。而人物画家对笔墨技法的娴熟使用使其表现功能空前增强了②,这使得人物画可以更灵活地表现作者的思想和情感,从而对文学创作产生影响。同样起源于绘画的易象体系作为中华文化符号的源头,对这一时期的叙事文学也产生了相应的影响。瞿家鏊认为《西游记》"言言元妙,字字精微,其间比喻,皆取法于易象之旨而成"③,指出抽象的《周易》易象对文学创作的影响;张新之在他的评点中则屡次点明《红楼梦》中的事件、情节、人物与"易道"之间的关系。这是图像影响叙事文学的又一重要体现。作为同一社会文化母体的产物,人物肖像画的繁荣不能不影响到明清叙事文学的创作。蔬庵老人对《镜花缘》中百余名形神具备的女子形象的创造评道:"此书写百名才女,必效此法,细细白描,定是龙眠粉本。"④明清叙事文学中的图像作品并不具有独立的意义,它们本质上是语言塑造的产物,因而它们只有将自己融入叙事才能获得存在的价值;一旦将图像融入叙事,即可发现它们具有极强的吸附能力,从而以自己为中心将作品中的人物、事件、意象乃至思想意蕴吸纳到画面之上,或推动小说叙事的发展,或刻绘事件中人物形象及其相互之间错综复杂的关系,离开它,我们总会感觉作品少了些独特韵味。例如,如果我们将惜春创作《大观园行乐图》的诸多细节删除,表面上看似乎并不影响事件的完整性,甚至有些读者根本就没有注意到这幅画作的存在,但它所造成的缺憾将是无法弥补的——就像那块大荒山青埂峰下镌刻了整部《红楼梦》文字的顽石一样,《大观图》作为画卷上的《红楼梦》,

---

①　王怀义、王兴皓:《沈宗骞"形神观"新探》,《艺术评论》2019 年第 4 期。

②　高居翰:《山外山:晚明绘画》,王嘉骥译,生活·读书·新知三联书店 2009 年版,第 270 页。

③　丁锡根:《中国历代小说序跋集》,第 1369 页。

④　阿英:《近代文学丛钞》(小说戏曲研究卷),中华书局 1960 年版,第 381 页。

本身就是整个事件的图像呈现,无论如何也无法缺席①。

　　明清叙事作品中图像牵扯叙事的情况,经历了一个发展、形成和成熟的过程。在起初阶段,作品写到仕女图像时可能仅是时代习俗的反映,图像还没有对叙事产生影响,叙事与图像还是彼此外在的。例如,《水浒传》第二十回写宋江到阎婆惜房间,看到"正面壁上挂着一幅仕女",这幅仕女图仅是阎婆惜房间里的一种装饰品,反映的是当时仕女画作为消费品的情况,后续事件的展开与它无关。而在《说岳全传》中,一幅带有叙事性质的故事画,就极大影响了事件的展开和发展②,但图像凝聚叙事诸要素的能力还未完全显露出来。而《金瓶梅》等著作中,美人画不仅仅是时代消费时尚的反映,同时也是叙事的推进器:画作融入事件,并以其直观性而成为事件发展的关键节点,具有强烈的象征性意涵。例如,《金瓶梅》第七回写西门庆到孟玉楼家相亲,其客厅中悬挂着"一轴水月观音","四面挂名人山水",正是在这样的背景下,媒婆薛嫂儿"向前用手掀起妇人裙子来",让西门庆观看孟玉楼的三寸金莲③。有人指出这一场景的色情意味:"有观音的画像和名人山水在旁,这一举动的确相当无耻。"④图像与事件的相互指涉、印证,形成了可供品读的意味,从而增加了叙事的内涵和魅力。

　　所以,当我们把明清人物肖像画的兴盛情况与同时期叙事文学创作联系在一起考察时,问题就变得十分清晰。绘画领域的创作实践与理论总结,与同时期的小说戏曲创作及其评点大量借助绘画资源的情况正可形成互为表里的文化现象。许多作品在叙事过程中除了借用绘画的技法进行人物事件的描写外,还会在作品中设置重要的画作以支撑情节的展开。巫鸿指出:"中国古代文学中存在着一个持久不衰的主题,即画屏上的美女走下屏面,幻化成真——正是这种特定的背景中产生出了中国版的匹克梅林

---

① 王怀义:《论惜春的〈大观园行乐图〉创作》,《明清小说研究》2019 年第 1 期。

② 钱彩:《说岳全传》,上海古籍出版社 2010 年版,第 330 页。

③ 兰陵笑笑生:《金瓶梅词话》,陶慕宁校注,人民文学出版社 2000 年版,第 70 页。

④ 柯律格:《明代的图像与视觉性》,黄晓娟译,北京大学出版社 2011 年版,第 189 页。

(Pygmalion)神话。"①人物画或画中美人,以其美妙逼真的形象和深厚的文化积淀,影响了中国古代叙事文学的事件结构和主题意蕴的生成。可以看到,这些画中美人一旦突破画卷的限制,就获得了自己的主动性,进而影响整个事件的展开;她们一旦超越画境与现实之间的界限,事件便变得不可操持。这种带有警戒意味的故事,将中国古代叙事作品的思想意蕴提升到哲学的高度,诱发了人们对真幻虚实的思考。《聊斋志异》卷一《画壁》写一朱姓孝廉至一寺院,"两壁画绘精妙,人物如生。东壁画散花天女,内一垂髫者,拈花微笑,樱唇欲动,眼波将流。朱注目久,不觉神摇意夺,恍然凝想。身忽飘飘,如驾云雾,已到殿上"②。这一情节描写与贾瑞观看风月宝鉴里凤姐的情景极其相似:"将正面一照,只见凤姐站在里面招手叫他。贾瑞心中一喜,荡悠悠的觉得进了镜子,与凤姐云雨一番,凤姐仍送他出来。"③蒲松龄最后指出,逼真如生的画面唤起了潜藏在人们内心的欲望,所有幻境皆是观者自我心境的呈现。

全面考察明清叙事作品中所见的图像问题,是一项庞大的课题。前人已做了相关工作④,但可开拓的空间依然巨大。这里仅举一个尚未被研究者注意的例子。《红楼梦》第十九回写元妃省亲结束,宁、荣二府摆酒庆贺,贾宝玉在宁国府观演《黄伯央大摆阴魂阵》《孙行者大闹天宫》等鬼怪戏文,无趣得很:

因想:"素日这里有个小书房,内曾挂着一轴美人,极画的得

---

① 巫鸿:《时空中的美术》,生活·读书·新知三联书店 2016 年版,第 247 页。

② 蒲松龄:《聊斋志异》,第 15 页。

③ 曹雪芹:《红楼梦》,脂砚斋等评,徐少知新注,里仁书局 2018 年版,第 322 页。

④ 王立:《图画崇拜与画中人母题的佛经渊源及仙话意蕴》,《南开学报》(哲学社会科学版)2008 年第 3 期;巫鸿:《重屏:中国绘画中的媒材与再现》,文丹译,上海人民出版社 2017 年版,第 108—114 页;李桂奎:《寓"传神"于"传奇":中国古代小说"写真"叙事母题探论》,北京大学中文系主办第五届(2019)中国古代小说国际学术讨论会论文集,第 309—323 页。

神。今日这般热闹，想那里自然无人，那美人自然也是寂寞的，须
得我去望慰他一回。"想着便往书房里来。刚到窗前，闻得房内有
呻吟之韵。宝玉倒唬了一跳：敢是美人活了不成？乃乍着胆子，舔
破窗纸，向内一看——那轴美人却不曾活，却是茗烟按着一个女孩
子，也干那警幻所训之事。①

宁国府小书房里这幅精致动人的美人图是贾宝玉心理人格的投射，这种"以
假为真"的情感想象，让我们想到风月宝鉴被贾代儒放在火中炙烤时的呼
喊："你们以假为真，何苦来烧我？"贾瑞观看风月宝鉴与此处贾宝玉观美人
画可谓相互写照、表里如一：观画与观镜获得了统一性。"风月宝鉴"作为一
面镜子，观者在镜中见到的不是自己的影像，而是自我内心欲望的对象，它
的另一面则是欲望的对立面——死亡的象征形象骷髅。论者指出，贾宝玉
对画中美人的体贴，是一种"'欲'令智昏的'意淫'"："宝玉想到贾珍'小书
房'里的画中美人'极画的得神'时，是否也会记得昔日他在秦可卿的卧房中
也见过一幅画？这两幅画如果汇合再看，是否可以视为是文学再现的形式
与情欲的连环画，互有关联？"②宁国府书房中的这幅美人图，是一幅没有标
明作者的作品，可能属于市场流行的装饰性商品，这类作品一般是带有诱惑
性的画作③。宁国府里这座僻静的小书房属于私密空间，极可能装饰了这类
作品，并与茗烟所干之事相互指涉、彼此证明，形成文本与图像之间的合体
性关系。

　　实际上，正像道学评点家张新之将书中出现的《大观园行乐图》《携蝗大
嚼图》《冬闺集艳图》看作整部《红楼梦》的象征一样，他同样认为这幅美人画

---

① 曹雪芹：《红楼梦》，脂砚斋等评，徐少知新注，第 501 页。
② 余国藩：《〈红楼梦〉〈西游记〉与其他》，生活·读书·新知三联书店 2006 年版，第
156 页。
③ James Cahill, *Pictures for Use and Pleasure*, University of California Press, 2010,
p. 162.

亦是整部《红楼梦》的象征:"一部《红楼》,作如是观。"①其实,贾宝玉窥视之
景象已在第七回"贾琏戏熙凤"、第十二回"贾天祥正照风月鉴"和第十五回
"秦鲸卿得趣馒头庵"等描写中出现,而在本回以茗烟出之,又在第七十三回
以图像的方式再次正面呈现:傻大姐在大观园内掏促织,"在山石背后得了
一个五彩绣香囊,其华丽精致,固是可爱",上面绣的是"两个人赤条条的盘
踞相抱"②。敏感的评点家早已看出二者之间的内在关涉:"为嫌神鬼妖魔,
特来僻处游览,不想又遇一对妖精打架,令人绝倒。"③洪秋蕃不仅指出第十
九回起首时演出的《黄伯央大摆阴魂阵》等妖魔鬼怪戏文所蕴含的色情性隐
喻内涵,而且还使用"妖精打架"一语将此处描写与第七十三回的内容联系
起来。脂砚斋对此评道:"妙! 寓言也。大凡知此交媾之情者,真是狗畜之
说耳,非肆言恶詈,凡识此事者即狗矣。"④如果对此处语汇再加深究,则可发
现第五回"秦氏便吩咐小丫鬟们,好生在廊檐下看着猫儿狗儿打架"的描写,
亦与第七十三回的图像呈现有更为直接的意涵关涉,所以脂砚斋在此处明
确批出"细极"⑤的字样,而张新之亦使用"是'猫儿打架'"⑥与书中完全一样
的词汇来强化其象征内涵。傻大姐以类似于现象学还原的童贞之眼光将大
观园乃至贾府中的污秽之事和盘托出。她所使用的词汇带有极强的互文
性,从而将书中看似无关的情节吸纳、整合成一个整体。

　　如果将视野向前追溯,则可发现,宁国府小书房中的这幅美人画,与历
史上以美人画(或美人屏风)为核心的故事之间亦可形成某种呼应与指涉关
系——图像成为文本跨越历史而连接成一个整体的媒介。这也说明这幅一
闪而逝的"一轴美人",正是全书重要的情节关卡,其对全书叙事及其意义生

---

① 　冯其庸辑校:《重校八家评批红楼梦》,第 539 页。
② 　曹雪芹:《红楼梦》,脂砚斋等评,徐少知新注,第 1756 页。
③ 　冯其庸辑校:《重校八家评批红楼梦》,青岛出版社 2015 年版,第 560 页。
④ 　曹雪芹:《红楼梦》,脂砚斋等评,徐少知新注,第 1126 页。
⑤ 　曹雪芹:《红楼梦》,脂砚斋等评,徐少知新注,第 134 页。
⑥ 　冯其庸辑校:《重校八家评批红楼梦》,第 258 页。

成的重要性是不能忽视的。如果我们将这幅美人画与《松窗杂记》《玉环记》《绣屏缘》《十美图》《聊斋志异》等作品中的美人画放在一起考察，更可发现作品与作品之间的意蕴关联。相似的情况还见于《金瓶梅》第六十二至八十回出现的李瓶儿画像。这幅人物写真既是西门庆对李瓶儿的情感寄托，其逼真性又使之成为欲望的对象，诱发了西门庆与奶子如意之间的系列事件，具有极为强烈的反讽意义。这幅"只少了口气儿"的画像，时刻刺激着吴月娘、潘金莲等人敏感的情感神经——它的逼真性使之成为李瓶儿死后的替身，强化了西门庆对她的思念，因而它也成为诸多女性嫉恨的对象，所以西门庆一死，"月娘分付把李瓶儿灵床，连影抬出去，一把火焚之"[①]。这些事件通过李瓶儿的画像被聚拢起来，人物的情感心理也通过它而显现出来，它似乎成为一面具有魔力的镜子，吴月娘一干人等在镜中纤毫毕露。在作者的行文中，他又将这幅画像与唐代名妓崔徽的自画像和《玉环记》中的玉箫写真相对照，从而将不同时代的文本绾合成一个整体。由此可发现李瓶儿的这幅画像具有另外一种含义：西门庆给李瓶儿留影的情节设计，就不仅仅是时代习俗的反映，同时也将自我与其他文本建构成一个整体——作者以这种方式向他的前代文本致敬，同时又体现了自己的独创性。

因此，明代中后期人物肖像画的兴盛与明清叙事文学的创作形成了和谐共振的艺术频率，图像对作品叙事的推动与制约，使之成为读者进入文本世界不可忽视的存在。这些图像具有极强的吸纳力量，将叙事的各种构成要素以自己为中心而联结成一个整体，促成了叙事的周延性和事件的整一性。这些图像又与历史上其他同类作品形成相互呼应、指涉的互文性关系，不同文本通过图像的相似性跨越历史时空的局限相互对话、映衬，将不同时代文学作品中隐含的思想、主题整合成固定的传统，从而将当下文本融入历史以获得完整性。

---

① 　兰陵笑笑生：《金瓶梅词话》，第 1126 页。

第四节　"如画":明清评点家的图像批评

有论者指出张竹坡等评点家借用大量来自绘画领域的技法词汇作为批评术语,以揭示作者对事件、情节、意象的精妙设计与安排①。明清评点家经常将历史上的著名画作与作品中的相关情节对比赏析,将小说中的场景、事件以画作的方式命名——"如画"(与之相关的是"传神""画""活画""化工""画境""逼真"等系列语汇)就这样被作为一个叙事学概念而使用②。这种情况说明,无论是明清小说的创作还是批评,都与绘画创作密不可分。我们甚至可以说,这种情况的出现在某种程度上是对更为久远的神话与图像之间合体关系的复归。更可注意的是,正像在神话时代人们用图像表现诸神形象和事件一样,明清时期以仇英、唐寅、杜堇、曾鲸等人物画大家以及《汉宫春晓图》《千秋绝艳图》为代表的人物画或肖像画,在经过数百年的沉寂之后复兴③,张竹坡等评点家所使用的批评词汇更多来自人物画和肖像画,与这种情况也是紧密相关的。

就目前成果来看,对上述问题的讨论,一般会演变为对图像与文本相互模仿问题的讨论。由于受到莱辛等人观点的影响,人们还认为文学模仿绘画(如题画诗)不如绘画模仿文学(如诗意图),一般无法产生优秀的作品。为了更好地呈现作为中国文学叙事概念的"如画"一词的准确内涵,首先要澄清这个问题。综观文图之关系,可以看到两者之间存在此消彼长的变动关系:无论是图对文的制约还是文对图的制约,都处于不稳定状态,而随着人类社会发展及其需求的变化发生相应的变化。我们似乎不应使用"制约""决定"之类的词语表达、修饰两者之间的关系,因为在某一方处于主导地位

① 张世君:《明清小说评点山水画概念析》,《学术研究》2002 年第 1 期。
② 朱自清:《论逼真与如画》,《朱自清古典文学论文集》,上海古籍出版社 2009 年版,第 115—124 页。
③ 高居翰:《山外山:晚明绘画》,第 270 页。

的同时,不是说另一方就失去作用,实际上它仍以潜在方式产生着影响,将两者机械对立的线性思维模式必须打破。那种认为"图最终被词取代了"①的观点,是这种思维模式的极端化表现。随着人类文化的逐渐成熟和多样化,神话时代作为言说方式的图像,其对文本的显性制约作用逐渐降低,更多地转化为一种思维模式对文本产生作用,甚至影响主体对于文本的创造。对于明清叙事作品来说,这一点表现得更为明显。这种情况与文学史、文化史上文本模仿图像的情况类似,但又不完全相同。有学者根据模仿的相互性规律总结道:"文化史上也存在不少文本模仿图像的情况。这主要表现在两个方面:(1)某些叙事文本是直接受了图像的启发或根据图像而写成的;(2)不少有创造性的叙事文本用线性、时间性的话语去模仿图像的'共时性'特征,以使其结构或形式达到某种空间效果(尤其是在一些现代或后现代小说中)。……显然,文本模仿图像的情况在文化史上是比较少见的,艺术史上更多见的是图像模仿文本的情况。"②这几种情况是存在的,但并不完全如此:其一,图像模仿文本的情况确实多见,这也是诸多论著关注插图研究的原因,但这并不能证明"文本模仿图像的情况"是"比较少见的"。这种观点的直接理论来源是莱辛《拉奥孔》第五、六章的论述,同时也与文本模仿图像之后很难证明有关。其二,文本模仿图像的两种形式的突出表现不局限于现代或后现代小说,就中国的情况来看,传统小说戏曲存在大量这种情况。其三,这种观点还暗含了另外一种观点:画家模仿文本创造而成的图像作品往往可以成为绘画史上的经典作品,而作家模仿图像所创造的文学作品却很少能成为文学史上的经典作品③。但是,正像笔者对《红楼梦》中仇英、唐寅等人绘画作品分析所得出的结论那样:虽然《红楼梦》中的诸多场景、情境来自对前人绘画作品的模仿,但《红楼梦》仍具有自己的独创性并超越了它

---

① 史莱因:《艺术与物理学》,暴永宁、吴伯泽译,吉林人民出版社 2001 年版,第 4 页。

② 龙迪勇:《空间叙事研究》,生活·读书·新知三联书店 2014 年版,第 470 页。

③ 赵宪章:《语图互仿的顺势与逆势——文学与图像关系新论》,《中国社会科学》2011年第 3 期。

所借以获得灵感的绘画作品而成为文学史上难以逾越的经典①。

　　而且,明清评点家在借用"如画"等词汇赞扬作者对人物塑造的传神、事件安排的精妙时有着极强的自觉意识,一旦触及绘画与文本两者优劣高低之分时,他们不约而同地抬高文学而贬低画作。例如,脂砚斋将王熙凤白日宣淫的场景描写与他"素所藏"的仇英画作进行对比,由此改变了他对仇英画作的良好看法:"余素所藏仇十洲《幽窗听莺暗春图》,其心思笔墨已是无双,今见此阿凤一传,则觉画工太板。"②李贽评点《莺莺传》,认为元稹对崔莺莺的刻画"欲真",而吴道子、顾恺之等人的人物画却只能画出形象而无法画出人物的"相思情状",因而与元稹的文笔相比,"吴道子顾虎头,又退数十舍矣"③,两者间的差距是巨大的。明清评点家一致认为文学是超越绘画的。有学者隐约感受到,明清小说写人"'如画'而'胜画',达到形神逼真、活灵活现的'画境',而又超越这种'画境',直至达到了某种'离形得似''出神入化'的'化境'","强调小说在传神地写人方面要超越绘画"④。实际上,不仅写人如此,叙事方面同样如此:在脂砚斋的批评中,他将"草灰蛇线""空谷传声""云龙雾雨""烘云托月""两山对峙"等来自绘画领域的技法称为作者独创的"秘法"——这些技法在叙事中所产生的曲折感远远超过在绘画中的艺术效果。

　　李贽则通过对"化工"和"画工"两个概念内涵进行区别的讨论,跳出写人或叙事的局限,将绘画技法分析拓展到对叙事文学情感本体和自然本体的讨论上,可看作明清评点家借用绘画术语进行评点的理论总结。李贽以"《拜月》《西厢》,化工也;《琵琶》,画工也"提出了"化工论"。与传统语境使用"画工"一词的含义相同,李贽以之批评《琵琶记》等作品文词精工,作者虽"穷巧极工,不遗余力",但"语尽而意亦尽",故而其"气力限量只可达于皮肤

<hr>

① 王怀义、陈娟:《〈红楼梦〉文本的图像渊源考论》,《红楼梦学刊》2018 年第 3 期。

② 陈庆浩:《新编石头记脂砚斋评语辑校》,第 167 页。

③ 袁宏道、屠隆等评点:《虞初志》,中国书店出版社 1986 年版,第 132 页。

④ 李桂奎:《中国小说写人研究》,生活·读书·新知三联书店 2015 年版,第 96、98 页。

骨血之间"而"入人之心者不深",给人"索然"之感;而"化工"之作,根本无法看出作者"工"在何处,就像天地万物"人见而爱之矣,至觅其工,了不可得",因而那些"虚实相生""法度理道"等词语只适合用来修饰"画工"之作,却"不可以语天下之至文"①。李贽"画工""化工"说主要在三个方面反对《琵琶记》等作品:其一,这类作品太过于强调辞藻、修辞、义理;其二,这类作品的感情是雕饰的、虚假的,因而不能感动人;其三,这类作品成为礼教的传声筒而且压制纯真之本心。因而"化工说""把'童心说'拓展了一步,由作家论范畴发展到作品论"②。此说同时还将文学作品的最高境界向内外两方面延伸,实现了情感本体与自然本体的融合:向内,"化工"之作是"绝假纯真,最初一念之本心"("童心")显现的结果,这为"化工说"奠定了情感本体的基础;向外,李贽认为《西厢记》等作品的艺术审美效果可与自然万物自在显现之美相媲美,这为"化工说"奠定了自然本体的基础。在对《水浒传》的评点中,李贽将"化工"一词的理论内涵由本体论转向作品论,对叙事作品的人物和结构特点提出了要求:"《水浒传》文字既妙,转换又神,如此回文字形容刻画周谨、杨志、索超处,已胜太史公一筹;至其转换到刘唐处来,真有出神入化手段,此岂人力可到? 定是化工文字,可先天地始,后天地终也。不妄,不妄。"③所谓"形容既妙",是指《水浒传》文字刻画如画,如在目前,达到绘画般逼真,直如"画工"之作;所谓"转换又神",是指《水浒》叙事灵活变化、毫无定则,常给人出神入化之感,真是"化工"手笔,非人力所能实现者。

　　根据李贽对"画工"与"化工"的区别分析,可以看出,明清评点家认为文学超越绘画的根本原因,来自更为久远的自然哲学或道学本体论思想。虽然从东汉时期开始,人们即使用"如画"一词描述、讨论人物丰神并使之成为一个专有词汇④,但是"圣人以山水媚道"的观念一直是中国绘画创作和批评

---

① 李贽:《焚书》,李竞艳注说,河南大学出版社 2016 年版,第 321—322 页。
② 陈洪:《中国小说理论史》,天津教育出版社 2005 年版,第 64 页。
③ 施耐庵著,金人瑞评:《水浒传》,齐鲁书社 1991 年版,第 182 页。
④ 朱自清:《论逼真与如画》,《朱自清古典文学论文集》,第 116 页。

的哲学基础:自然山水以其无形式的形式美感体现出博大而丰厚的审美价值——它直接体现了道,或者本身就是道。在刘勰的语境中,他虽然多次使用"图画""锦绣""雕画"等来自图像实践的词汇修饰文学,但他仍将这种图画式的直观性美感归根于道,即使是天地山川的各种美丽景象,也是道所赋予的:"云霞雕色,有逾画工之妙;草木贲华,无待锦匠之奇。"①而在石涛的著述中,他将绘画与天地万物的道体起源联系在一起,以绘画中的线条"一画"比拟贯通自然万物的"气",将自然本体论和气化宇宙观统一在绘画中。换言之,在石涛等人的心目中,绘画与文学在本体论层面无法区分高下。明清评点家之所以贬低绘画而高扬文学,实则另有原因,那就是文学作品可以"画出无限不可画处"。

　　例如,金圣叹评《水浒传》第九回"仰面看那草屋时,四下里崩坏了,又被朔风吹撼,摇振欲动":"如画,使画也画不来。"②此处写林冲所居草屋崩坏是静态场景,故可以"如画",但是朔风吹撼茅屋、欲倒未倒的动态过程,却是画作无法呈现的。这也是顾恺之所谓"手挥五弦易,目送归鸿难"③。正像钱锺书所分析的那样,除了事件本身持续性的动态特征"画不出"之外,五官感觉甚至比喻性的颜色等,画家也是无法画出的④,而叙事文学中人物的情感心理活动和事件发展的内在逻辑关系,也是画家无法画出的。李贽在《水浒传》第二十一回回末评道:"此回文字逼真,化工肖物。摩写宋江、阎婆惜并阎婆处,不惟能画眼前,且画心上;不惟能画心上,且能画意外。顾虎头、吴道子安能到此?"⑤李贽认为作者"画眼前""画心上""画意外"三种不同的叙述方法,将从对眼前直观人事的刻画逐渐转移到对人物内心活动和事件发展的内在逻辑情理及不可预测之偶然性的描写,由表及里、峰回路转,因而

---

① 范文澜:《文心雕龙注》,第 1 页。

② 施耐庵著,金人瑞评:《水浒传》,第 211 页。

③ 余嘉锡:《世说新语笺疏》,第 796 页。

④ 钱锺书:《七缀集》,生活·读书·新知三联书店 2002 年版,第 37—47 页。

⑤ 施耐庵著,李贽评:《水浒传》,第 300 页。

是画工之作无法实现的。换言之,《水浒传》等作品的文字笔墨既可以实现图画的直观形象,又可以超越图像的直观性而表现人物独特的内心世界——语言表达的灵活性、连续性及其提供的广阔想象空间超越了图像。因此,明清评点家的上述观点首先与他们的批评对象是语言文本有关。相比于图像传达的固定性,语言表达具有更多的灵活性和包容性。李贽评《世说新语》《焦氏类林》二书:"目睛既点,则其人凛凛自有生气;益三毛,更觉有神,且与其不可传者而传之矣。"①所谓"不可传者而传之",就是对语言传达灵活性的肯定,这正是绘画所不具备的。明清评点家在使用"如画""画境""传神""逼真"等词语对故事情节和人物形象进行点评时,综合了欣赏主体的感官感受和情感想象,因而他们在借助绘画的直观性时又超越了前者而指向更为邈远的想象空间。这是叙事的最高境界。实际上,人们更希望"化工"与"画工"能够很好地融入一本著作之中,使作品既有画工之作的形象、直观、细致,又具有化工之作的玄远境界。闲斋老人在为《儒林外史》作序时指出了人们对《水浒传》《金瓶梅》的共识:"言者津津夸其章法之奇,用笔之妙,且谓其摹写人物事故,即家常日用米盐琐屑,皆各穷神尽相,画工化工合为一手,从来稗官无有出其右者。"②

总之,明清评点家将绘画技法作为批评的文法使用,与他们个人的生命体验和审美感悟结合在一起,对读者理解作品和审美感受力的培养均有重要意义。明清评点家使用绘画术语批评《水浒传》《西厢记》等作品,揭示其内在的审美意蕴,"更能体现中华民族特有的美学感受机能与境界"③;对中国古代叙事文学所做的理论阐述,是具有中华民族文化特点的叙事理论,标志着中国叙事传统的最终形成。这些术语虽来自不同文化领域,但小说本身的文体内涵和艺术特性使这些术语"具有一定的理论建构意义","是中国

---

① 李贽:《初潭集》,第 3 页。
② 丁锡根:《中国历代小说序跋集》,第 1681 页。
③ 吴子林:《经典再生产》,北京大学出版社 2009 年版,第 139 页。

古代文学叙事理论的重要组成部分"①。当然,明清评点家借用传统话语展开批评、建构理论,这些概念的独特内涵还需更细致地提炼和总结,同时也要注意将这些概念与西方相关概念进行比较,寻找其更为广泛的适应性,从而促进新时代中国特色文艺理论话语体系的建设。

---

① 谭帆等:《中国古代小说文体文法术语考释》,上海古籍出版社 2013 年版,第 28 页。

| 第八章 |

中国神话诗学建构的现象学路径

　　中国神话诗学建构首先立足于中国神话、中华民族文学和艺术本身的特点。当下学术建构已日渐国际化,中西文化也一直在相互融通中发展,因而建构中国神话诗学,同样需要吸收西方学术资源。现代意义上的中国神话研究本身就是在晚清中西交流的背景下展开的,一直持续到今天,西方各种神话学研究方法都对我们产生了深远的影响。受实证主义和心理主义思潮的影响,以解释的方式确定神话特定意义的研究方式成为过去神话研究的主流形态。这种依据先在法则将神话与某些人性特质相等同的做法将神话凝固化、实体化,严重扭曲了神话的存在形态。现象学美学方法,对于扭转这种研究倾向有一定帮助。神话作为原始先民自然意识和生命经验的最初集合体,必然成为哲学研究尤其是现象学研究的论题:人类以视听经验为基础的身体感觉经验及其本源属性是神话的本质规定性,它以叙述和行动的方式"言说"生活世界的真实性;神话意象以各种方式触动主体的感觉经验使之参与、融入这种始源经验中,形成结构复杂的唤醒机制和建构功能,以与主体当下的生命经验相统一,从而将过去、当下和未来建构为统一性、时机化的生活整体。

第一节　神话现象学:术语的使用史

　　在现象学运动日渐深入的今天,相对于较为成熟的"宗教现象学"研究[①],"神话现象学"这一提法还是崭新的。在国内学界,除笔者在相关论文中提出并使用这一术语外,迄今尚未见到相关论述[②]。2003 年,美国蒙特克莱尔州立大学人类学系教授罗伯特·吉尔(Glen Robert Gill)出版过的《诺思罗普·弗莱与神话的现象学》(*Northrop Frye and the Phenomenology of Myth* ,2003)一书,可以看作正式提出"神话现象学"这一术语的著作。此书由美国麦马士达大学(McMaster University)出版社出版;2006 年,该书被删减后收入弗莱研究丛书,由多伦多大学(University of Toronto)出版社再版。在该书中,作者将弗莱的神话理论与 20 世纪三大神话学家荣格、坎贝尔和伊利亚德等人的神话理论进行了比较,从"感觉与想象"(Perception and Imagination)、"神和语法"(God and Grammar)、"原型与启示"(Archetype and Apocalypse)等方面论证了弗莱神话理论与现象学和后现代思想之间的联系,认为弗莱的神话学著作是"真正的现象学"(a genuinely phenomenological)[③]。

　　实际上,罗伯特·吉尔将现象学与神话结合起来的研究思路可以在更早的著作中发现,其时间可上溯至卡西尔在 20 世纪四五十年代发表的相关

---

① "宗教现象学"这一术语最先出现在荷兰学者范·德·莱乌《宗教的本质及其表现形式》(1933)一书的第 109 章。1948 年,莱乌的专著《宗教现象学》(*Phanomendogie der Religion*)又出版了,此后在奥托、伊利亚德等一批著名学者的推动下,宗教现象学成为当今宗教研究中的一门显学。因而,"宗教现象学"虽是个歧义丛生的术语,但在宗教学和现象学研究者眼中,作为一门具有独立原则、研究方法和经典支撑的学科,已然获得在学术界的存在地位。

② 王怀义:《体验论视野:建立神话现象学》,《内蒙古社会科学》(汉文版)2014 年第 2 期。

③ Glen Robert Gill, *Northrop Frye and the Phenomenology of Myth* , University of Toronto Press, 2006 ,p. 2.

著作①。如果再将时间往前推进,早在 1930 年,俄罗斯古典学者阿列克谢·罗瑟夫(Aleksei Fyodorovich Losev,1893—1988)就在他的《神话的辩证法》一书中提出一种关于神话研究的独立的、实质的方法(a substantive analysis of the meaning of myth),这种被称作"独立的和首要的"(first and foremost)的关于神话的分析方法,就是现象学的分析方法(a phenomenological analysis of it taken as such and by itself)②。此后,在现象学的起源地和故乡德国,更多学者将现象学与神话联系起来,并试图用胡塞尔的"生活世界"(The World of Life)概念来建构神话研究的现象学方法和存在论原则,米尔顿·斯卡伯勒(Milton Scarborough)在《神话与现代性》(*Myth and Modernity*, 1992)一书中专列"*Myth and Phenomenology*",并通过对《创世记》和柏拉图《蒂迈乌斯》的细致分析,确立了神话与主体生活世界的内在关联③。通过作者的标题(《通过神话而思:哲学的视角》,*Thinking Through Myths: Philosophical Perspectives*)即可发现,神话作为人类自然意识和生命意识的最初集合形态,必然成为哲学研究尤其是现象学研究的论题。如果再前进一步,这一传统还可追溯到黑格尔《精神现象学》时代,这也是卡西尔从黑格尔这一著作寻找学理根据的原因所在;同样,在柏拉图的著作中,即使他否定神话可以表现至高无上的理式,但每当遇到无法言说之至理时,他仍使用神话进行论证,这也说明神话正是人类意识整体的一部分并以自己独特的方式确证后者的存在。

　　从这个历史可以看出,建立现象学与神话研究的内在关联,主要是在国

①　户晓辉:《卡西尔与神话的批判现象学》,《民族文学研究》2009 年第 3 期。

②　Aleksi Fyodorovich Losev, *The Dialectics of Myth*, Translated by Vladimir Marchenkov, London and New York: Routledge, 2003, p. 5.

③　Milton Scarborough, *Myth and Phenomenology*, in Kevin Schilbrack (ed.), *Thinking Through Myths: Philosophical Perspectives*, London and New York: Routledge,2002. 关于此问题更详细的论述,可参见户晓辉:《返回爱与自由的生活世界》第三章 "神话(德语 Mythos,英语 myth)",江苏人民出版社 2010 年版,第192—285 页。

外的哲学家中开始的,但"纯粹的"神话学者对这一转变似乎缺乏相应的反应。在中国,鲁迅在日本留学时所写的五篇涉及神话的论文与此思路有契合之处,但随后受当时引进的文化人类学神话观影响而未能更深入一步①;此后的中国学者大多延续了晚清以降的人类学、民俗学等受实证思想影响严重的神话研究思路,从而与现象学的研究方法绝缘。虽然有学者将顾颉刚称为"作为现象学者的神话学家"②,但作为科学主义的坚定拥护者,顾颉刚更多地将自己定义为启蒙主义者。顾颉刚的神话研究在对上古史进行解构的同时,也有消解自身的危险:大量考古资料已然证实顾颉刚所否定的事实的存在。因此,顾颉刚并不能算是一位真正的现象学的神话学家。将胡塞尔现象学中的"生活世界"概念引入民俗学和神话学研究领域的尝试,在高丙中、户晓辉等学者的近年论著中开始出现③,但神话学界对此还缺乏系统的探讨。叶舒宪在《中国神话哲学》(1988)一书中曾提到谢林和卡西尔所使用的"神话哲学"术语,但作者将"神话哲学"分为"神话中的哲学"和"神话的哲学"两个层次,并在第一层面意义上展开研究,"侧重探讨的是中国神话中的哲学蕴含以及中国哲学思维模式的神话基础问题"④,因而未能对此问题付出更多努力。近年来,有新锐学者尝试从身体现象学的角度对盘古等神话进行个案研究⑤,这是一个新开端。

　　毋庸置疑,将现象学的本质直观和悬置还原方法运用到神话研究,应成为神话研究的新趋势。有人说:"存在论意义下的神话概念和范畴的探讨并不是使用概念,而是通过存在来界定概念,即让神话以其外在表现的方式言说自身。概括地讲,这种视角下的神话研究一方面通过一种本质直观的方式对神话进行考察,另外一方面它又采用了现象学的描述方式对相关概念

① 王怀义:《从神思说到解释说:鲁迅神话观的逻辑进程》,《广东社会科学》2016年第3期。
② 吕微:《顾颉刚:作为现象学者的神话学家》,《民间文化论坛》2005年第2期。
③ 高丙中:《中国人的生活世界:民俗学的路径》,北京大学出版社2010年版。
④ 叶舒宪:《中国神话哲学》,陕西人民出版社2005年版,第1—2页。
⑤ 王茜:《盘古神话的现象学阐释》,《文艺理论研究》2012年第3期。

进行阐释与分析。一旦将认识论意义下的神话概念转换为存在论范畴内的神话现象,神话便越来越清晰地呈现在研究者面前。"①但无可否认,上述论著仍未对现象学与神话及其所建构的生命世界具有怎样的内在关联等问题进行系统的整理与研究,虽然卡西尔、列维-布留尔等人对此有过零星但精深的论述。将生活世界与神话在起源意义上进行接榫的中外学者,力图在神话与主体的原初生命活动间建立联系,这无疑是将现象学与神话研究融合的路径之一,但尚需对这一问题进行细化,即主体生命中的感性经验如何内化为神话的本体属性,以及二者之间具有怎样的相互构成关系和逻辑原则。这是本书所要解决的问题。

第二节　神话解释学:对立面的分析

现象学将"发生"(Becoming)归溯为"存在"(Being)(卡西尔语)的思路,必然使神话解释学与神话现象学相对立:前者纯粹客观的预设式论证淹没了神话的存在价值,无论这种价值是科学意义上的,还是生存意义上的。神话解释学是在宗教学、人类学和民俗学等学科框架下逐渐形成并蔓延到各个学科中的对神话进行合理化解释或释义的研究方法,其思想基础是孔德式的实证主义,比较神话学是在此基础上综合而成的学科,它们的共同基础是"逻各斯式"的,而不是"神话式"的:概念逻辑违背了神话所含蕴的生命事实。于是,针对同一神话,不同学科有不同解释,这形成了神话研究领域看似热闹实却冷落的局面:当神话学者阿兰·邓迪斯说"神话研究是一个国际性的跨学科的冒险事业"时②,我们应该知道这里的"冒险"不仅是指关于一则神话的任何解释都有可能是片面乃至错误的,而且还暗含着神话研究可能被如此众多不一的解释所消解的危险。泰勒指出:"将神话合理化解释的诸旧派不论多么博学和聪明,毫无疑问,他们大部分不被理会的原因,不是

---

① 土伤:《作为图像的神话——兼论神话的范畴》,《民族文学研究》2011年第2期。
② 阿兰·邓迪斯:《西方神话学读本·导言》,第2页。

他们的解释不够真实,而是神话仅靠推测来解释的可行性,如今已被看得一文不值。"①神话解释学看似重新建构了神话世界中的诸多事件及诸神谱系,并将这种建构体系化、科学化,但这种建构有多严密,它离神话的真实面目就有多远。

神话解释学力图对不同的神话材料进行同质性建构,将看似相关或相同的神话资料建立一体性关系——虽然这种关系在实际中并不存在——然后将之与主体特定的心理结构相对应并从中归纳出特定的人性特点或品质。这种情况的存在,原因在于人们无法从漫无边际、多种多样的神话资料中归纳出某种具有独立性和客观性的科学原则,这给不同的神话解释留下了空间。对此,卡西尔说:"遇到试图要解答的问题,人们总是采用发展心理学和普通心理学的方法。如果能够把神话在'人性'(human nature)的某些先在品质中的渊源说得言之成理,并能理解神话原始胚胎发展所依据的心理学法则,神话就被认为是得到了'解释'。"②卡西尔此论指出:神话解释学依据某些先在法则,将神话与某些人性的"现成质量"相对应,于是,神话研究的结果要么证明神话"毫无客观价值",要么证明神话只是"完全主观的幻相",这种研究终归会摧毁人类"有机的精神统一体"③。由此出发,卡西尔力图破除神话解释过程中的实在化倾向,将看似客观而实际上是主体强加到神话身上的外部世界或现实世界排除掉,进而让神话以自己的方式显现自身,流露出浓厚的抵抗神话解释学的意味。在其他著作中,卡西尔将这种研究归结为"理智还原":心理分析、人类学、人种学等各流派的神话研究方式,"虽然在内容上不无歧异,然而它们都向我们表明了同样的方法论态度。它们都希望以一种理智还原的过程来使我们理解神话世界。但是,如果不是为了使这种理论自圆其说而不断地强制和夸大事实的话,这些理论就没有

---

① 爱德华·泰勒:《原始文化》,连树声译,上海文艺出版社 1992 年版,第 281 页。

② 卡西尔:《神话思维》,黄龙保等译,中国社会科学出版社 1992 年版,第 2 页。

③ 卡西尔:《神话思维》,第 3 页。

一个能达到它的目的"①。这种理智还原的方法力求以一种简洁、单一而有效的结构、模式或"母题"来容纳所有神话,其容纳程度越深越能说明它在理论的意义上完成了自身的使命。这种方法仍可归因于前文所述的由柏拉图确立的哲学传统:探寻神话背后的"意义"或永恒真理。卡西尔称之为"寓言式解释技术":"它们对神话现象的'解释'归根结底成了对这些现象的全盘否定:神话的世界成了一个虚假的世界,成了其他什么东西的伪装。它并不是一种信念,而是一种十足的弄虚作假。"②结果是:这种寓言式解释技术不仅消解了神话作为情感世界和信仰世界的真实性,其自身也被否定。因为,无论这些解释是对神话进行分类,还是对神话的"主旨"进行解说,它们都违背了神话本身的情感规定性,因而是"痴人说梦"。

如前所述,列维-布留尔的《原始思维》也是神话现象学的重要思想资源,他从原始思维和集体表象以及互渗律的角度反对神话解释学对神话所做的种种分类或解释,因为"我们觉得最明显的分类原始思维却注意不到,而我们认为毫无道理的分类又恰恰是它所要求的"③。布留尔指出,神话解释学自以为是或想当然的做法与神话思维南辕北辙,是一种"嫁接的谬误":它们提供的"把神话分成种和类的分类原则""解释神话的精确方法""对神话与宗教仪式的关系作出的肯定的说明"无疑会出现"某些经常性的错误",因为它们"在措词上就预先歪曲了问题的解决"④。我们所面对并做出解释的神话可能是"一种完全伪造的东西","它们已经受到极高度地有意识地推敲了,以至弄得面目全非";"即使在最有利的条件下,我们搜集神话时神话所处的状态,也可能把它们弄得不可理解,而且根本不能对它们做出有条有理的解释",因为我们既不能弄清这些神话产生的时代,也不能肯定这些神话中的某些段落是否已经失落,更不能肯定它们是否将原来单独存在的神

---

① 卡西尔:《人论》,甘阳译,上海译文出版社 2003 年版,第 117 页。
② 卡西尔:《人论》,第 115 页。
③ 列维-布留尔:《原始思维》,丁由译,商务印书馆 1981 年版,第 438 页。
④ 列维-布留尔:《原始思维》,第 438 页。

话"混成一个不协调的整体"①。与卡西尔类似,布留尔也指出这种局限或错误的心理学根据,因为这些解释是以己度物的产物,而神话产生时期的原始先民独特的神秘互渗感应在研究者身上并不存在:"不应当相信那些'解释性'假说,它们会用一种与我们相似的心理和智力的活动来解释神话的起源,甚至会把这些活动说成是儿童似的和非理性的。"②

当然,问题并不在于神话资料本身,而在于以泰勒、弗洛伊德等人为代表的人类学家、人种学家和心理学家那里,他们被自己所收集的大量数据以及这些数据之间在某一问题及其细节方面所呈现的惊人的相似性所震撼,并力图对这种相似性进行解释。布留尔指出:"正是这种解释妨碍了他们前进。因为他们的解释早就预先准备好了。他们不是在事实本身中去找解释,而是用现成的解释去套事实。"③布留尔所反对的"解释"是那种以现成的既定事实对包括神话在内的各种数据进行对应化、实体性的解释。人类学家等对神话的各种解释颠倒了二者之间的关系。卡西尔说:"一个民族的神话不是由它的历史确定的,相反,它的历史是由它的神话决定的。……印度、希腊等民族的全部历史都暗含于他们的神明之中。"④布留尔所期望的"解释"是"在事实本身中"而获得的,这种思路无疑是现象学"面向事实本身"的思路在原始文化研究中的灵活运用。这就像海德格尔说的那样,现象学的任务"始终是从事情本身出发来清理先有、先见与先行把握,从而保障课题的科学性"⑤。需要指出的是,布留尔并非将神话置于不可解释的位置、将神话导向虚无主义的深渊以消解神话,而是将神话纳入人类整体的精神世界之中,后人与之建立呼应关系的前提是如何体验、领悟到其中所蕴含的

---

① 列维-布留尔:《原始思维》,第 439—440 页。
② 列维-布留尔:《原始思维》,第 439 页。
③ 列维-布留尔:《原始思维》,第 9 页。
④ 卡西尔:《神话思维》,第 6 页。
⑤ 海德格尔:《存在与时间》,陈嘉映、王庆杰译,生活·读书·新知三联书店 1987 年版,第 188 页。

这种整体性关系。

可以看出，卡西尔和布留尔之所以反对神话解释学，是因为后者对神话所做的各种解释根本违背神话本身：一方面，神话解释学将神话在各种资料的比对中实体化、凝固化和现实化，并将之归结为某种心理学法则，这在根本上违背了人类"文化生存的基本形式起源于神话意识"①的事实，而且破坏了人类精神意识整体的统一性和有机性；另一方面，神话解释学在脱离神话赖以产生的原始语境的情况下，以自我的思维原则和对意义的肯定性眼光对神话进行重新组合、比对、解释，失去了"对活生生的当下意义的直观与再现的重要性和可能性"②。它们都与神话现象学所遵循的以凸显神话对主体生命存在的体验、感知和真实领悟的根本精神相违背。

第三节　感觉经验：神话现象的生成基础

如前所述，神话现象学的历史——如果有历史的话——可以无限追溯并形成一个完整的历程：它在柏拉图和亚里士多德的著作中即已萌芽，黑格尔的著作也潜伏着各种迹象，卡西尔的著作将之作为确定的问题而提出；直到最近，以之作为书名的著作总算出现了。正像罗伯特·吉尔在该书第四章所使用的标题"清扫感觉之门"（Cleaning the Doors of Perception）一样，神话现象学的展开是从感觉与神话之间的必然性联系开始的。

实际上，神话现象学本身就内含于神话，只不过，自柏拉图开始的以逻辑和思辨为基础的人类知识体系带有过多的封闭性和排外性，以至于以感觉为基础的知识不能在人类知识体系中获得存在的合法性：感觉的无序混乱和流动变异不能成为逻辑把握的对象。所以，在亚历山大·鲍姆加登以人的感觉经验作为美学的研究领域后，"哲学似乎突然意识到，在它的精神飞地之外存在着一个极端拥挤的、随时可能完全摆脱其控制的领域。那个

---

① 卡西尔：《神话思维》，第 3 页。
② 户晓辉：《返回爱和自由的生活世界》，第 229 页。

领域就是我们全部的感性生活——诸如下述之类:爱慕和厌恶,外部世界如何刺激身体的感官表层,令人过目不忘、刻骨铭心的现象,源于人类最平常的生物性活动对世界影响的各种情况"①。因而,哲学家对感觉经验的轻视一定程度上暴露了他们对后者的恐惧——柏拉图就曾流露出这种恐惧。在《理想国》第十卷讨论何种诗可以在理想国中存在时,柏拉图说:"除掉颂神的和赞美好人的诗歌外,不准一切诗歌闯入国境。如果你让步,准许甘言蜜语的抒情诗或史诗进来,你的国家的皇帝是快感和痛感而不是法律和古今公认的最好的道理了。"②在《国家篇》中,柏拉图认为虽然 Muthos 可能包含真理,但总体上是虚构的。正是这种"可能"的存在,使柏拉图的论证始终离不开它,这也昭示出神话与感觉经验的同质关系。实际上,感觉经验正以其流动性和不可把握性抵抗着 Logos 的强制性化约过程。

相对于柏拉图的立场,亚里士多德的观点比他的老师开明:诗歌在表现真理方面具有重要作用,且更与人类的感觉本性相关。同样,他也在这个层面上肯定了神话作为人类最早的知识体系与人类感觉经验之间的起源关系。在《形而上学》第一章,他说:"在诸感觉中,(我们)尤其喜爱视觉。因为不仅着眼于行动,即使我们不打算进行任何活动,比之于任何事情,我们也更喜欢观看。其理由是,在所有感觉中,视觉最能帮助我们认识事物并揭示事物之间的差别。"③根据亚里士多德的论述逻辑,可以看出,以视觉为代表的感觉经验构成了形而上学的现实基础和逻辑起点。在《诗学》第四章,他把诗的产生归因于人具有模仿本能,而且人在模仿过程中"获得了最初的知识","每个人都能从摹仿的成果中得到快感"④。他还将人对音调和节奏的体验和感知与人的本性联系起来,认为最早的诗人都是"生性特别敏锐的人",被柏拉图排除理想国之外的"甜言蜜语的抒情诗和史诗"、颂神诗和赞

① 特里·伊格尔顿:《美学意识形态》,王杰等译,中央编译出版社 2013 年版,第 1 页。
② 朱光潜:《西方美学史》,人民文学出版社 1979 年版,第 55 页。
③ 亚里士多德:《形而上学》,李真译,上海人民出版社 2005 年版,第 15 页。
④ 亚里士多德:《诗学》,陈中梅译,商务印书馆 2012 年版,第 47 页。

美诗都是如此。在第九章,亚里士多德将诗与历史进行比较:"诗人的职责不在于描述已经发生的事,而在于描述可能发生的事,即根据可然或必然的原则可能发生的事。……诗是一种比历史更富哲学性、更严肃的艺术,因为诗倾向于表现普遍性的事。"①可见,亚里士多德通过将感觉经验纳入"倾向于表现带普遍性的事"的诗歌而将感觉经验与普遍性和一般性连接起来。这与他将视觉作为人类普遍性知识得以建立的基础的思路是一致的。作为人类最早的知识体系,神话对人类的视觉经验也有着系列描绘。

　　除了视觉经验,听觉经验对于神话的生成和存在也有重要作用:神话的被讲述等同于神话本身,神话世界同时也是一个"讲述的世界"。在语言形成之初,语言的表现对象或成果就是神话。卡西尔引用赫尔德的话说:"由于整个自然界都是发声的,因此,对于人这种具有感觉的造物来说,最自然之事莫过于人生活着、言说着、行动着。某蛮见一树,其盖如巨冠;冠动瑟然作响! 定是神首点动无疑! 此蛮伏地而拜。"②在这个世界里,动、植物都可以用自己独特的方式讲述自己的存在,所以袁珂说最初的神话都是"禽言兽语",比较类似于后来的童话;他称这些神话为"活物论神话"③。达代尔认为,以口头叙事和语言表达为形式的神话并不能确证语言和神话之间的本质关系,神话与语言之所以连接在一起,是因为"言语"本身就是自然万物的最初存在形式,是人与万物之间进行交流的最初的形式:"言语"成为"人从世界得到回答的凭借","是山脉、森林、月亮辉光、大海波涛、树叶沙沙声所要告诉他的。……这正是我们当站在世界面前还能感受到的原始神话所具有的意象:万物都有灵,动植物都会'说话',处处都能听到世界的声音,种种呼唤在人的心中回响,四处的精灵传来信号、命令和禁令。神话是那样一种'言语',它把每个角落里的人们召唤在一起,冲破黑暗。它既不是寓言,也

---

① 亚里士多德:《诗学》,第 81 页。
② 卡西尔:《语言与神话》,第 103 页。
③ 袁珂:《中国神话史》,上海文艺出版社 1988 年版,第 9 页。

不是小说,而是形式和声音、模式和俗谚,是呼唤,是幻象,是真谛,一言以蔽之,是'言语'"①。因而神话世界最初就是一个万物说话的世界,即"太初有言"的世界。叶秀山说:"在'神话'的世界里,所有的存在物都会说话。神话世界,实际就是'话的世界'。……'话'使'人'真正'看到'日月山川和'他人'的存在。'话'的中介性恰恰成了'存在性'的根据。'话'就是'显现'。在神话世界里,日月山川都会说'话',都在说'话',都在向'我'倾诉些什么。"②这个言说的世界,必然也要通过各种各样的言说方式将自我呈现:讲述使事件成为现实、往事成为现在、瞬间成为永恒。通过"说"与"行动"来显示真理,人类历史由此成为感觉的历史和行动的历史,神话世界也成为感觉的世界和行动的世界。

可以看出,无论如何人们都不能否认感觉经验作为人类知识重要组成部分的合理性。就像亚里士多德所认为的那样,感觉经验的知识也含有"真理"。其实,在古希腊时期,尤其是纪元前 6 世纪下半叶以前,人们在使用 Muthos 时并没有褒贬的感情色彩,在《荷马史诗》中,它既可以表示"叙说""谈论""话语"等意思,亦可以表示"想法""思考""内心独白"等意思,是米利都学派的泰勒斯、阿那克西罗德等自然哲学家将那些不可靠的、无法求证的"谈论"或"传闻"纳入该词,并使之与"离奇的""不真实的"等带有否定性色彩的界定联系起来,以至于影响了柏拉图的判断③。当然,作为古典希腊神话的删订者和诠释者,荷马以其"上层阶级文质彬彬的启蒙理想"将希腊原始诸神送往奥林匹斯山上的神庙,以使它们带有浓厚的政治和道德色彩而缺乏宗教气味,而那些在人民群众中广泛流行和信仰的"更黑暗更野蛮的成分"则被前者压抑下去;即使如此,它们"一等到衰弱或恐怖的时刻就会迸发

---

① 阿兰·邓迪斯:《西方神话学读本》,第 284 页。
② 叶秀山:《希腊"神话"——作为理解世界的一种方式》,《叶秀山文集》(哲学卷),第 594—595 页。
③ 亚里士多德:《诗学》,第 197 页。

出来","被荷马所摈弃的那些宗教迷信在整个古典时代依然继续存在"①。

虽然亚里士多德在他的著作中对此有所修复,但柏拉图奠定的哲学传统仍支配着后来者的叙述逻辑,他对神话虚假性的界定直到黑格尔时代仍然存在,以至于卡西尔——这位严格意义上的神话现象学家,在他的著作中也不得不对此进行重新说明,以为自己的论述扫平障碍。卡西尔所做的工作实际上就是建立神话现象学的感性基础。他援引黑格尔《精神现象学》对科学与感性意识之间关系的论述,并将之置换为知识与神话意识之间的关系,认为以神话直觉领域为核心的感觉领域应该成为科学的逻辑起点:"一切科学的实际起点,即科学由之出发的直接性,与其说是在感觉领域,不如说在神话直觉领域。通常所谓的感性意识,'知觉世界'(word perception)的内容——它被进一步划分成知觉的不同领域,分成色、声等感觉要素——本身就是抽象的产物,是对'预件'(the given)所做的理论加工。早在自我意识达到这种抽象之前,它就存在于神话意识的世界里,那里不是'物'与其'属性'的世界,而是神秘的潜能和力量、精灵和众神的世界。"②卡西尔将人类知识奠基在感觉经验之上,并弥补了传统哲学对神话意识和理性意识进行机械划分所造成的断裂,从而将人类意识重新建构成一个有机整体。这一思路同样贯穿在《人论》等其他著作中。

作为一位力图建立一套与传统哲学不同的哲学体系的哲学家,卡西尔对待神话的态度仍具有"哲学家的特点":在为神话确立感性原则的同时,他"欲遮还羞",保留着许多不彻底的成分。因而,建立神话与感觉经验之间理所当然的关系的工作只能由其他学者完成。米尔顿·斯卡伯勒在《神话与现代性》一书中,通过描述的方式讨论了神话的本质问题。斯卡伯勒将马林诺夫斯基的生活论神话观和梅洛-庞帝的身体现象学思想相融合,将神话的本质界定为 10 条,其中(9)神话的合适家园是人类生存其间的情境(that

---

① 罗素:《西方哲学史》(上卷),何兆武、李约瑟译,商务印书馆 2003 年版,第 33 页。
② 卡西尔:《神话思维》,第 5 页。

myth's proper home is in the background of human existence),并且(10)它是人类身体的一部分(that it is part of the body)①。斯卡伯勒反对将神话看作一整套机械原则或组织的看法,认为神话是身体的主观感觉的有效的意向性的形式(myth is a form of operative intentionality of that body-subjcet)②。他认为通过视觉、触觉或实用方式所认识到的客体有可能完全消失掉,但是身体对于自身来说永远存在。神话即是如此。它不是一时的热情,也不是暂时的或有限的目的,而是来自对自我本身的认同,是感觉经验的集合体,是永久性的存在,因而它既不是语言也不是工具,而是身体的一部分。可以看出,斯卡伯勒没有像卡西尔那样为获得名正言顺的名义而在神话与科学之间建立联系,而是直接将神话与自我身体的各种感觉经验相融合,并将这种感觉经验上升到永恒性的高度,以反对以往那种将神话作为机械结构的观点。

第四节　神话事件:通过行动显现真理

在神话研究中,将神话作为一种叙事的观点为世界各国学者所公认。叙事在神话中是不能被否定的,如果否定叙事与神话之间的关系,某种程度上也就否定了神话的存在。当然,除神话外,叙事可以各种方式存在。张光直说:"神话材料必须包含一件或一件以上的'故事'。故事中必定有个主角,主角必定要有行动。……神话的材料必须要牵涉'非常'的人物或事件或世界——所谓超自然的,神圣的,或者是神秘的。"③美国学者贝齐·鲍登(Betsy Bowden)在《民俗与文学全书》的"神话"词条中写道:"民俗学者们把神话界定为一种神圣的叙事,它起源于口头传统并关注人类与神圣世界的

---

① Milton Scarborough, *Myth and Modernity*, Albany: State University of New York press. 1994. p. 84.
② Ibid. p. 95.
③ 张光直:《青铜挥麈》,第 146 页。

互动关系。"①不必多举例即可看出:首先,神话世界是言说的世界,但口头传统只是神话言说方式之一种,可成为神话必备的构成要件,因为言说本身就是一种行动;其次,神圣事件是神话之所以成为神话的本质规定性;最后,建立人类与神圣世界的互动关系,成为神话事件的主要功能。

可以确认,神话是关于诸神和万物起源的神圣事件,而事件又是感觉经验的综合体:即使最简单的叙述也须以感觉经验为基础,同时感觉经验也应通过事件得以保存。在主体的生命过程中,任何事件均须通过五官感受而得以形成和实现,因而无论哪种学派的神话学者都一致认同神话的叙事特点;即使中国神话带有超强的抵抗叙事的成分,但这一特征仍然具备,只是存在强弱程度的不同。对神话事件属性的强调,实际上是肯定主体感觉经验的合理性和真理性。因而,在现象学的层面上讨论神话或神话事件,须对此重新界定。可以明确:无论神话以何种形式存在,它与感觉经验之间的缘构性关系都要通过"事件"呈现出来,叙述自然成为神话的独特表述方式。究其实,神话通过"事件"呈现的实际上是时间的存在状态:原始初民以神话方式呈现时间的运转过程,时间流中的"事件"只是确证时间的存在。原始初民追求永恒性的愿望太过强烈,原因在于他们对时间的流逝有着极为敏感、灵动的体验和反省,因而神话事件一方面表现时间的永恒,同时也见证时间的流逝。

当然,身体的感觉经验如此丰富、细腻甚至达到了琐屑的程度,并非所有内容都能成为神话事件的来源和基础。神话事件是对万物形成和流转过程等重大事件的追问与解答,可为每个人的生命存在提供方向(provides an orientation for existence)。处于天地间的主体并非借此为宇宙立法,而是他们首先要认识自我在宇宙中的位置;自然万物以形式、色彩、味道、流转等各种方式证明自己的存在,原始先民不能无视这些存在:在人类生命的形成时刻,有什么现象能比它们更能激起我们心中的神圣感呢? 如果将宇宙万

---

① 户晓辉:《返回爱与自由的生活世界》,第 197 页。

物看作永恒存在的现时性存在,神话则是往更前的方向追溯,以揭示这些事物形成和存在的过程,神话由此成为阿兰·巴迪欧所说的"关键性事件":这些事件既说明万物何以存在和如何存在,同时也为主体的生活奠定意义,提供庇护的场所和前进的方向。这说明,主体的生活虽面向未来,但如果没有这些业已发生的神话事件,未来生活会以其不可知性而走向虚无。

神话为宇宙体系中的每一个事物建构完整的事件结构,以解释万物何以存在的问题,因为万物具有先在性,如不了解这些先在事物,原始先民就无以展开自己的活动并获得内心的安宁。正因如此,作为事件和行动的神话获得了真理的属性:"神话过程就是真理再创从而实现自己的过程。"①此处的"真理"不是通过逻辑获得,而是通过作为感觉集合体的事件过程而获得。主体(诸神)行动所构成的事件不需要证明就可以通过事件显现自身,就像荣格所说:"大象之所以'真',是由于它存在。大象既不是一个推论也不是一个陈述,更不是某个创造者的主观判断,它是一种现象。"②因而,相对于通过逻辑而获得的真理,通过神话获得的真理更为真实:无论逻辑多么严密、客观,它都是一种猜测;无论是归纳还是演绎,它都在观念世界中展开和形成。神话真理与此不同,事件与行动是真实、具体地存在的,真理通过诸神的行动过程而得以显现。神话的本质就在于展现这些行动和过程:世界产生之前的混沌世界,万物和人类形成之后的形象世界,以及这个世界如何运转,等等。这一切既可以存在于观念世界(形而上学),也可以存在于感性世界(神话)。神话将之以事件的方式——尤其是过去的事件——呈现。神话中的过去事件在呈现的同时制约着未来事件的形成,未来事件只不过是在验证"神迹",这种"验证"证明了神话事件的真理性质:

> "神话"的"检验"标准在"过去"和"未来",而不在"现在"。对

---

① 卡西尔:《神话思维》,第 8 页。

② 荣格:《精神分析与灵魂治疗》,冯川译,译林出版社 2012 年版,第 11 页。

于"过去"发生的事,我们必须至少要有一个"见证人"(目击者,witness),而"神话"向人显示,"过去"这些"神"的"事","将来"一定可以"证实"。"神话"中一切"神"的"奇迹"(miracle),也都至少有一个"目击者",这一个"目击者"就可以使人类的理性哑口无言,就像一个"目击者""看"到黑暗中的一件谋杀案一样。一个"目击者"胜过一打"推理"。"未来"就要依据这个"目击者"的"见证"去"设计",因而"神话"通过祭司、诗人、文人这些"目击者"支配着人类的未来,就像法庭上的"目击者"支配着法院的"判决"、决定着"被告"的"命运"一样。①

见证人见证了"事件"的发生,胜过他人诸多逻辑推理。因而,与逻辑相比,事件本身或见证事件显然更具有真理性。因此,神话事件的真理性只有在行动过程中才能实现,具体、真实的事件和行动比逻辑与思辨更接近真理,或者说事件和行动本身就可显现真理。神话事件只涉及过去和未来,而且只涉及久远、不可稽考的过去和未来,具有不可究竟性和不可怀疑性。因而,对于神话事件来说,其真理性与凡人生活事件的真理性相比有其独特性:它是凡人生活事件和行为的根源或依据,凡人的生活事件只是它的证明或不同变体,也必须以它为行为的规范和准则;人只有在自己的生活中模拟了神话原则,才能证明自身行为的合法性或合理性。只不过,这些原则在当今社会几乎丧失殆尽。因而,凡人生活事件的真理性只具有实时性,而且这种实时真理只有被纳入神话真理的序列才能证明自己的正确性;或者说,它的真理性不能内在于它自身,只能通过与神话事件的连接才能实现,否则只能被实时变动性所否定。同时,由于凡人的真理性太过"具体"而只能停留在历史层面,因而它也被有限性、有效性和可控性所剥夺,这就使它远离

---

① 叶秀山:《希腊"神话"——作为理解世界的一种方式》,《叶秀山文集》(哲学卷),第605—606页。

了神秘性和神圣性。于是,建立生活事件与诸神事件的联系,使实时真理转化成神话真理,成了人类日常生活中的一项永恒课题

第五节　神话意象与生命经验:唤醒机制

神话事件的往事性质使其与意象结缘。阿甘本在《不可追忆的意象》一文中说:"每次我们和过去打交道,和过去的救赎打交道,就等于是和意象打交道,因为只有意象(eidos)允许认识与辨认那曾经的事情。"[1]神话事件是神话意象的集合体,神话事件的展开以神话意象的流动为基础,神话事件的真理性通过神话意象呈现出来:神话意象是神话事件的核心。因此,神话总是通过具体的意象形式唤醒潜藏在我们内心深处的远古记忆。神话形成自远古时代,因而也凝缩着远古时代的人类记忆。与其形成环境相关,它所力图解决、呈现的内容对人类生存来说更为本源,是生生不息、化生万物的世界始源状态,是"艺术的""直接的""活生生的",因而不同时代的人会以各种方式走进神话及其所建构的精神世界。回到神话本身,实际上也就是要通过对神话所描述、呈现的世界进行体验、感悟并领略到生命存在之价值。鲜活的生命经验是神话的本质内核,即它始终和自我的始源状态相联系,同时也可以转化为各种新的关系状态而存在,这是神话永葆青春生命力的原因所在。在人类学和种族学上,例如在泰勒的学说中,这种情况被称为"持存现象"(archaic)。确切地说,神话的生命本质可以超越时空限制而获得自身的延展性,这种意蕴关联虽延展、转化但不断裂、消耗,是一种流溢而圆满的状态,神话以这种状态成为"扭曲的时间境遇"[2]。

因此,我们可以将神话意象看作原始初民生命经验的强化形式,而不像传统观念那样做的相反。神话意象所呈现的看起来是"荒诞不经"之"世界":女娲之肠化生为各种神物、盘古在鸡蛋中生活了几万年、大禹从鲧腹中

---

① 乔吉奥·阿甘本:《潜能》,王立秋等译,漓江出版社 2014 年版,第 359 页。

② 布鲁门伯格:《神话研究》,胡继华译,上海人民出版社 2012 年版,第 167 页。

产生、夏启乃石头所生等。于是,以孔子为代表的笃实学者及其后继者(如钱穆、徐复观等)往往将之称为"怪、力、乱、神",认为不能将之作为科学研究的对象①。神话意象不仅具有"历史"和"文化"的意义,而且它们都是"活生生的"生命事件,都无损于神话世界与生活世界之间的本源性关系:神话意象乃是这样一种强化的形式——它以看似"荒诞"甚至"怪诞"的形象体系强化人类本源生命经验的神圣性并生成我们"敬畏生命"的心理文化传统,因而它不仅不是生活世界的否定形式,而是一种通过多样性和综合性将之固定的肯定形式。

　　正是在这个意义上,神话的唤醒功能才得以实现,这种唤醒打破了时间的不可逆性,从而实现主体对永恒性的追求:神话唤醒主体对以往的始源的生命经验的体验,实际上也就是重回神话本身。埃里克·达代尔这样描述神话的唤醒功能:"神话意象即使是在神话中,如果不能唤醒我们某些沉睡的潜在意识,即总是准备通过神话对世界做出反应的情感和想象的倾向,那它对于我们而言仍然是一本闭合的书。"②这里所说的"沉睡的潜在意识"就是我们内心深处的生命经验,在神话中它以"混沌"的面目出现。无论何种神话都将黑暗、混沌之物当作世界的起源,各种神话结构与此均有或近或远的联系,在神话思维转化为其他思维类型时,这种起源同时也转化为其他文化形式,它们均保持着与这种起源之间的血缘关系。施勒格尔将这个起源称为"初始的和不可模仿的东西":"这种东西绝不会消融掉,即便经过种种变形之后仍然投射出古朴的自然的力量。在那里,素朴的沉思似乎本末倒置、荒唐古怪,否则就是单调愚昧。因为,这就是诗的开端:抛弃那个理性地思维着的理性具有的格式和章法,把我们重新置于想象的美的迷惘中,置于人类自然初始的混乱中。迄今为止,除了五彩缤纷的古代神祇之外,我不知

---

① 王孝廉:《我的神话学历程》,《民俗研究》2001 年第 2 期。
② 阿兰·邓迪斯:《西方神话学读本》,第 279 页。

道有什么能够更美地象征这种混乱。"①显然,这种"初始的和不可模仿的东西"就是世界和人类的始源状态,是万物萌生时的光景。虽然不能模仿,但人们仍用各种方式呈现这种存在:在神话中人们用大母神、混沌之神、黑暗之神、爱欲之神(如卡娥斯、该亚、爱诺斯)等表示它;在哲学中,人们将这种状态抽象为化生万物的"道"(Tao)和"理念"(Ideal)等,它们所指称的是那种"初始的和不可模仿的"世界存在状态,是不可方物之美。在这种状态中,人类的一切"思谋和才智"都消融在混沌与大地之中:除了情感与想象之外,其他方式不能将这种状态完整显现。始源之物永恒存在,唤醒这种存在就成了神话的责任,也是神话获得自身规定性的唯一途径。

　　神话意象以各种方式调动人类的感觉经验使之参与、融入这种始源的经验中,并形成结构复杂的唤醒机制。实际上,各种学说都在以不同方式描述这种存在:在弗洛伊德的学说中,它被概括为潜意识;在荣格的学说中,它被概括为集体无意识;在列维-布留尔的著作中,它被概括为集体表象;等等。卡西尔将这种思维机制称为"生命一体化":"他深深地相信,有一种基本的不可磨灭的生命一体化(solidarity of life)沟通了多种多样形形色色的个别生命形式。"②这种生命一体化观念是万物有灵思想的发展,遵循一种民主主义原则:人在万物序列中并不具有特权地位,因而也不存在"他"与"它"的分别,"他"与"它"都在同一生命层面上展开自己的生命行动,并在生命一体观念的基础上结成宇宙整体。这些学说从不同角度论述了神话所蕴含的感性生命经验如何与原始初民和我们之间建立同构型关联,这种关联其实就是一种唤醒机制,它向我们说明无论社会文化环境如何变化,它始终存在,并吸引着我们对之进行不断回归:通过神话意象我们回到自身的起源之地。

---

①　施勒格尔:《关于神话的谈话》,李伯杰译,刘小枫选编《德语诗学文选》(上卷),华东师范大学出版社 2006 年版,第 257—258 页。

②　卡西尔:《人论》,第 129 页。

这种"唤醒"同神话事件的本体性质有关：讲述神话等同于神话事件的重现，"唤醒"往昔的生活经验就等同于使之复活并获得"现时性"，因此，"神话并非仅存在于过去"①。达代尔说："这种现在感表现在讲述者的讲述把自己和听众带入事件发生的当时，'在这中间'，'就在那里''离这很远很远'。他带走了故事的听众，使他们走入自己的向往。神话使它所涉及的事物现实化：它使讲述者成为这个故事的角色，使听众成为见证人，使世界成为没有过去和未来的现在。"②这种情况下，神话以讲述机制和意象体系传达了先民生活永恒性的生命体验，并将这些体验神圣化流传下来。

神话意象唤醒机制的独特性在于，通过语词和形象建构起来的神话意象所蕴含的生命经验是一种集体性存在。在神话产生的时代，人们对这种经验有着超强的感受力，他们一旦听到这类语词或相关形象，会立即将自我纳入其中，从而实现自我与神话的融合。列维-布留尔说："对原始人来说，词，特别是那些表现了神话中描写的集体的观念的词，则是神秘的实在，而其中每一个实在又决定着一个力场。从情感上看，就是听神话，对他们来说和对我们来说，也是根本不同的。他们在神话中听到的东西在他们身上唤起一种和声的全音域，但在我们这里却不存在这种现象。"③布留尔指出：原始初民通过听觉等感官感受理解神话中的集体性生命经验，自我与这种经验发生融合共生的关系并积极参与其中。在布留尔看来，这种唤醒和参与均以集体表象为载体、通过互渗原则而得以实现，由此建立自我与集体、天地万物之间的一体性关系：原始先民在神话中"获得社会集体与其自身的过去的互渗，他感到集体可说是实际上生活在那个时代，他感到他与那个使这个部族成为现在这个样子的东西有一种神秘的互渗。简而言之，对原始先人的思维来说，神话既是社会集体与它现在和过去的自身和与它周围存在

---

① 阿兰·邓迪斯：《西方神话学读本》，第 280 页。
② 阿兰·邓迪斯：《西方神话学读本》，第 281 页。
③ 列维-布留尔：《原始思维》，第 436 页。

物集体的结为一体的表现,同时又是保持和唤醒这种一体感的手段"①。原始初民并未将自我看作外在于神话的存在,它们本身就是一个整体,神话意象是它们之间的连接物。因此,神话既通过集体表象加以表现,同时又是集体表象本身;既是始源性的生命经验的集合体,同时又是唤醒这种经验的机制本身。

第六节　神话现象与生活世界:建构功能

如前所述,神话事件为"凡夫俗子"确立生活原则、礼仪制度和道德规范,这实际是神话意象的建构功能的实现。人类文化以各种方式建立与神话之间的联系,无论这种联系如何隐晦,但都以转化、变形、置换的方式,述说着它们与神话之间的联系。例如,对于盘古神话,英国学者苏立文认为它不仅影响了中国人的哲学世界观,同时还影响了中国艺术的表现形式:"人不是创造的终极成就,人在世间万物的规则中只占据了一个相对而言无关紧要的位置。事实上,这只是一个历史记忆。与壮观瑰丽的世界和作为'道'的表现形式的山川、风云、树木、花草相比,人实在是微不足道的。其他任何文明都没有如此强调自然的形态和模式,以及人类的恭顺回应。……和谐感是中国思想的基础。……随着本书逐步展开中国艺术史,我们将发现,其特性和独具之美就在于和谐感的表达。"②所以,神话事件虽然离我们很久远,因而存在距离感和陌生感,但同时又离我们很近,让我们感到很亲切。"它们传承至今,未曾中断,我们一直依附的文化传统中依然有这些生生不息的因素。"③斯卡伯勒延续马林诺夫斯基的观点,强调神话是原始人类生存情境中的产物,其功能是为人们的生活提供最具有综合性和指导性的

---

① 列维-布留尔:《原始思维》,第437—438页。
② 苏立文:《中国艺术史》,第3—4页。
③ 让-皮埃尔·维尔南:《希腊人的神话和思想》,黄艳红译,中国人民大学出版社2007年版,第6页。

文本或情境;神话与现代社会的相关性不仅仅在于其意义是否能被我们认识,而是它能让我们回忆到没有文字记载时代的一些特殊的仪式时刻①。对于其他国家或民族来说,情况也是如此,就像希腊神话与史诗塑造了西方模仿论文学传统一样。神话以其变动、多样和永恒的方式对后代人们发挥其精神建构的功能:神话在某种程度上规定、建构了人们的价值取向和发展趋向。

神话意象之所以能建构我们的生活世界,是因为它本身就是直接的、本源的生活世界。马林诺夫斯基在《神话在生活中的作用》一文中说:"存在于野蛮社会的神话,仍然保持着原始形式,并不仅是人们讲述的故事,而是活生生的现实。……人们相信,它曾在原始时代发生过,并且从那时起就一直在影响着世界和人类的命运。"②看起来,神话所呈现的世界是"不经之谈""荒诞之至",但它却以形象的方式真实呈现了生活世界本身。这个生活世界的独特性在于它既是"过去式的",同时也是"时机性的":过去世界的不可逆转性使我们在与之相遇时获得了更为广阔的参与空间,这同时使之能够不断生成新的生活世界。叶秀山说:"Myth 和 Logos 同样为'说',但 Myth'说'的乃是'活生生的世界',是一种艺术的、直接的生命的'体验';而 Logos'说'的则是'概念'的'体系','符号'的'体系'。"③神话呈现的生活世界是"艺术的""直接的""生命的",而且是以"过去式的"方式呈现,这与我们必然要在时间中生活相对应:在初始阶段,时间的瞬时性和不可逆转性要求我们以神话的方式将我们的生命经验保存下来,以使后来者能够在这样的生命经验中找寻自我并生活下去。这几乎是人类历史过程中的一种"必然":记录过去、生成未来。海德堡大学宗教学教授扬·阿斯曼(Jan

---

① Milton Scarborough, *Myth and Modernity*, State University of New York press. 1994. p.94.

② 马林诺夫斯基:《神话在生活中的作用》,阿兰·邓迪斯编:《西方神话学读本》,第 243 页。

③ 叶秀山:《从 Myth 到 Logos》,《叶秀山文集》(哲学卷),第 699 页。

Assmann)从人生活于时间的基本形式入手讨论了人类文化的建构史:"如果我们可以回顾人类的过去的话,会发现它一直生活在充满记号的世界里,它所生活的群体、组织和集体越庞大、越复杂,这个世界就越丰富、越复杂。这些记号为人类开发'世界',使之象征化并唤回它,而他的'环境'也被置于其中,这使得人类成为这样一种生物,用尼采的话说,不是像动物一样'被束缚于眼前的楔子上',而是可以在更宽广的关联中灵活地寻找方向,甚至有能力超越自己的生死来思考。"①阿斯曼所说的"记号的世界"是形象的世界和符号的世界,可与叶秀山所说的"生活世界"和"概念世界"相对应,即"Myth"说的世界和"Logos"说的世界,它们的共同功能是"为人类开发'世界'"。这个"世界"有两层含义:一方面,人们可以借助它重回其中;另一方面,人们也可在这种"重回"中留住当下世界并建构未来世界,并让后者成为前者的组成部分。

因此,神话是人类历史中最为古老、久远的记忆世界和生活世界,同时又以其古老性和久远性建构新世界。布鲁门伯格在《神话研究》中说:"其(神话)高度的持久耐力保证了它在时空之中的弥散,以及相对于任何地域和时代环境的独立性。对希腊人来说,'讲述一则神话'(mython mytheisthai)是指讲述一个没有日期,也无法确定日期,以至于根本不可能将其放置在编年史上的故事,但这么一个故事却自在地向意蕴生成,而弥补了时间的缺失。……一个故事之所以可能变得如此古老纯粹是因为它包含着真理,因而得到了记忆的特殊保护。"②神话世界是诸神的生活世界,它比"我们"的生活世界更凝缩、简洁、集中,同时也更零散、多样,并以连续性和隐喻的方式显现自身。相对于其他文化形式所建构的世界而言,神话呈现的生活世界更为本源,这个世界在时间中发生并已成为过去;虽已成为过

---

① 阿斯特莉特·埃尔、冯亚琳主编:《文化记忆理论读本》,北京大学出版社 2012 年版,第 3 页。

② 布鲁门伯格:《神话研究》,第 167 页。

去,但又不能随时间之流逝而消逝。时间越久远,人们越能认识到它的本源性。正是这种本源性使之具有无限再生的能力:唤醒人们消逝已久的生命记忆。无论这种记忆是群体的还是个体的,它都能与主体当下的生命经验吻合,从而将自我与过去和祖先结合。

　神话建构未来的生活世界,必然以意象的方式进行;神话事件实际上也以神话意象为核心。神话意象是这样一种强化的形式:它通过置换和变形的方式将原始先民的生命经验以意象化的方式无限制传递下去,它通过具体的意象或一以贯之的思维方式,重建自我与集体、现时与历史之间的同构性整体关系,自我实际上也就变成了集体的自我:"这些祭礼往往能鼓动伟大的集体的热情,个人在其中消失了自己的孤立感而觉得自己与全部族合为一体。"[1]荣格的原型概念所解决的实际是神话意象在后世文化中的重建机制。原型意象承载着曾经破碎的、片段的生命经验,并将之积淀成集体无意识而在后世文化和主体的人生情境中不断重现,一旦个体的生命情境与之发生关系,原型意象或神话情境就会在瞬间重现,进而获得一种自由感和归宿感:"一旦原型的情境发生,我们会突然获得一种不寻常的轻松感,仿佛被一种强大的力量运载或超度。在这一瞬间,我们不再是个人,而是整个族类,全部人类的声音一起在我们心中回响。……最有影响的理想永远是原型的十分明显的变体。"[2]荣格认为,"完成了的文学艺术作品"与神话原型意象之间的关系最为密切,两者之间可以实现互相重建。梅列金斯基也曾从这个角度论述过神话意象与后世艺术形式之间的关系:"原初的神话原型以种种'面貌'周而复始、循环不已,文学和神话中的英雄人物以独特的方式更迭递嬗;作家试图将世俗生活的平庸神话化,文艺批评家则热衷于揭示现实主义之潜在的神话基原。"[3]这种重建活动可以分为有意建构和无意建构:一

---

① 罗素:《西方哲学史》(上卷),第33页。
② 荣格:《论分析心理学与诗歌的关系》,伍蠡甫、胡经之主编:《西方文艺理论名著选编》(下卷),北京大学出版社2003年版,第376—377页。
③ 梅列金斯基:《神话的诗学》,第2页。

方面,诗人和艺术家可以通过对这些意象的有意找寻以建立自我精神与原始集体精神的联系;另一方面,神话意象一经形成,本身也具有演进、发展、变异、重构的倾向。在具体进程中,这两种方式往往交织在一起发挥其建构的作用。

总之,确立神话现象学的逻辑原则,首先应破除神话解释学对神话所做出的寓言式解读,将神话从某种潜在的人性特点和逻辑规则中解放出来,重新恢复神话与主体的生命感觉经验之间的一体性关系。神话是原始先民生命经验的结晶,它以独特的诸神事件和意象体系将这种经验传递下来,并通过"言说"的方式将主体带入人与自然交流的最初情境中;在合适的时机中,它对潜藏在主体内心深处的类似体验产生唤醒作用,主体从而将自己的生命经验融入人类整体,以此加深对自我生命的认同和确证。神话的事件性质将过去、现在和未来结为一个现时性整体,消解了因未来的不可预知性所可能产生的虚无性的存在,并建构主体未来的生活情境进而使之获得意义。

参考文献
（按音序排序）

一、中文文献

A

[1]阿兰·邓迪斯.西方神话学读本[M].桂林:广西师范大学出版社,2006.

[2]阿斯特莉特·埃尔,冯亚琳.文化记忆理论读本[M].北京:北京大学出版社,2012.

[3]阿英.近代文学丛钞:小说戏曲研究卷[M].北京:中华书局,1960.

[4]爱德华·泰勒.原始文化[M].连树声,译.上海:上海文艺出版社,1992.

[5]安东尼奥·阿马萨里.中国古代文明[M].刘儒庭,等译. 北京:社会科学文献出版社,1990.

B

[1]巴什拉.水与梦:论物质的想象[M].顾嘉琛,译.开封:河南大学出版社,2017.

[2]白川静.中国神话[M].王孝廉,译.台北:长安出版社,1983.

[3]班固.汉书[M].北京:中华书局,1982.

[4]包兆会.论汉赋、汉画像艺术成像方式的相似性[J].文艺理论研究,2011
　　(01):13-19.

[5]布鲁门伯格.神话研究[M].胡继华,译.上海:上海人民出版社,2012.

C

[1]曹胜高.论汉晋间"诗缘事"说的形成与消解[J].文史哲,2008(01):
　　93-99.

[2]曹雪芹.红楼梦[M].北京:人民文学出版社,2008.

[3]曹雪芹.红楼梦[M].脂砚斋,等评.徐少知,新注.台北:里仁书局,2018.

[4]陈传席.六朝画论研究[M].北京:中国青年出版社,2015.

[5]陈广忠.淮南子译注[M].北京:中华书局,2012.

[6]陈洪.中国小说理论史[M].天津:天津教育出版社,2005.

[7]陈来.古代宗教与伦理[M].北京:生活·读书·新知三联书店,2009.

[8]陈乔枞.韩诗遗说考序[M].续修四库全书:经部76册.

[9]陈庆浩.新编石头记脂砚斋评语辑校[M].北京:中国友谊出版社,1987.

[10]陈师曾.中国绘画史[M].北京:中华书局,2010.

[11]陈世骧.中国抒情传统的再发现[M].北京:生活·读书·新知三联书
　　店,2015.

[12]陈桐生.国语译注[M].北京:中华书局,2013.

[13]陈垣.日知录校注[M].合肥:安徽大学出版社,2007.

[14]陈兆复.中国岩画发现史[M].上海:上海人民出版社,2009.

D

[1]邓启耀.神话审美意识发生论[J].民族文学研究,1989(04):88-92.

[2]邓启耀.中国神话的思维结构[M].重庆:重庆出版社,2004.

[3]丁福保.历代诗话续编[M].北京:中华书局,1980.

[4]丁福保.清诗话[M].上海:上海古籍出版社,2015.

[5]丁山.中国古代宗教与神话考[M].上海:上海书店,2011.

[6]丁锡根.中国历代小说序跋集[M].北京:人民文学出版社,1996.

[7]董乃斌.中国文学叙事传统研究[M].北京:中华书局,2012.

F

[1]范文澜.文心雕龙注[M].北京:人民文学出版社,1958.

[2]方克强.文学人类学批评[M].上海:上海社会科学院出版社,1992.

[3]房玄龄.晋书[M].北京:中华书局,2015.

[4]傅抱石.中国绘画变迁史纲[M].上海:上海古籍出版社,1998.

[5]傅修延.赋与中国叙事的演进[M].叙事丛刊:第1辑.北京:中国社会科学出版社,2008.

[6]傅修延.先秦叙事研究:关于中国叙事传统的形成[M].北京:东方出版社,1999.

G

[1]盖雷.英美文学和艺术中的古典神话[M].北塔,译.上海:上海人民出版社,2005.

[2]高丙中.中国人的生活世界:民俗学的路径[M].北京:北京大学出版社,2010.

[3]高居翰.山外山:晚明绘画[M].王嘉骥,译.北京:生活·读书·新知三联书店,2009.

[4]高居翰.图说中国绘画史[M].李渝,译.北京:生活·读书·新知三联书店,2014.

[5]高友工.中国美典与文学研究论集[M].台北:台大出版中心,2009.

[6]葛路.中国绘画美学范畴体系[M].北京:北京大学出版社,2009.

[7]古风.关于当前意境研究的几个问题——答王振复兼与叶朗、王文生商榷[J].复旦学报(社会科学版),2004(05):38-45.

[8]古风.意境探微[M].南昌:百花洲文艺出版社,2001.

[9]顾颉刚.古史辨:第五册[M].上海:上海古籍出版社,1981.

[10]郭沫若.郭沫若全集:考古编[M].北京:科学出版社,2002.

H

[1]海德格尔.存在与时间[M].陈嘉映,王庆杰,译.北京:生活・读书・新知三联书店,1987.

[2]郝懿行.尔雅义疏[M].上海:上海古籍出版社,1989.

[3]何宁.淮南子集释[M].北京:中华书局,1998.

[4]何星亮.图腾与中国文化[M].南京:江苏人民出版社,2008.

[5]贺西林,郑岩.中国墓室壁画全集:汉魏晋南北朝卷[M].石家庄:河北教育出版社,2011.

[6]黑格尔.美学:第三卷(上)[M].朱光潜,译.北京:商务印书馆,1979.

[7]胡适.中国人思想中的不朽观念[M].中研院历史语言研究所论文类编:思想与文化编(一).北京:中华书局,2011.

[8]户晓辉.返回爱与自由的生活世界[M].南京:江苏人民出版社,2010.

[9]户晓辉.卡西尔与神话的批判现象学[J].民族文学研究,2009(03):64-70.

[10]桓谭.新论[M].上海:上海人民出版社,1977.

[11]黄宾虹.古画微[M].杭州:浙江人民美术出版社,2013.

[12]黄节.黄节注汉魏六朝诗六种[M].北京:人民文学出版社,2008.

[13]黄震云,孙娟.汉代神话史[M].长春:长春出版社,2010.

J

[1]吉联抗.春秋战国秦汉音乐史料译注[M].台北:源流出版社,1982.

[2]计有功.唐诗纪事[M].北京:中华书局,2007.

[3]江建文.民族创世神话的美学审视——兼论原始审美意识[J].民族艺术,1993(04):22-33.

[4]江建文.神话中的审美意识——古文化与审美(三)[J].阅读与写作,1994(06):6-7.

[5]江林昌.图与书:先秦两汉时期有关山川神怪类文献的分析——以《山海经》《楚辞》《淮南子》为例[J].文学遗产,2008(06):15-29.

K

[1]卡西尔.人论[M].甘阳,译.上海:上海译文出版社,2003.

[2]卡西尔.神话思维[M].黄龙保,等译.北京:中国社会科学出版社,1992.

[3]柯律格.明代的图像与视觉性[M].黄晓娟,译.北京:北京大学出版社,2011.

[4]柯庆明,萧驰.中国抒情传统的再发现[M].台北:台大出版中心,2009.

[5]孔颖达.毛诗正义[M].北京:北京大学出版社,1999.

L

[1]兰陵笑笑生.金瓶梅词话[M].陶慕宁,校注.北京:人民文学出版社,2000.

[2]李包靖.反思审美神话[J].外国文学,2009(02):89-96.

[3]李桂奎.中国小说写人研究[M].北京:生活·读书·新知三联书店,2015.

[4]李济.殷墟青铜器研究[M].上海:上海人民出版社,2008.

[5]李京华.再谈"一鼎三鼎和九鼎"[J].寻根,2004(03):36-41.

[6]李立.论汉赋与汉画空间方位叙事艺术[J].文艺研究,2008(02):50-59.

[7]李璞.羌族神话与审美观念[J].文史杂志,1996(02):10-12.

[8]李山.《诗·大雅》若干诗篇图赞说及由此发现的《雅》《颂》间部分对应[J].文学遗产,2000(04):24-32.

[9]李小荣.敦煌变文[M].兰州:甘肃教育出版社,2013.

[10]李学勤.走出疑古时代[M].沈阳:辽宁大学出版社,1997.

[11]李泽厚.说巫史传统[M].上海:上海译文出版社,2012.

[12]李泽厚.中国古代思想史论[M].北京:生活·读书·新知三联书店,2009.

[13]李贽.焚书[M].李竞艳,注说.开封:河南大学出版社,2016.

[14]廖平.知圣篇[M].石家庄:河北教育出版社,1996.

[15]列维-布留尔.原始思维[M].丁由,译.北京:商务印书馆,1981.

[16]刘成纪.中国古典阐释学的"河图洛书"模式[J].哲学研究,2018(03):44-51.

[17]刘成纪.重谈中国美学意境之诞生[J].求是学刊,2006(05):87-92.

[18]刘刚纪.周易美学[M].长沙:湖南教育出版社,1992.

[19]刘节.古史考存[M].北京:人民出版社,1958.

[20]刘文典.淮南鸿烈集解[M].合肥:安徽大学出版社,1998.

[21]刘小枫.德语诗学文选[M].李伯杰,译.上海:华东师范大学出版社,2006.

[22]刘熙载.艺概[M].袁津琥,标注.北京:中华书局,2009.

[23]龙迪勇.空间叙事研究[M].北京:生活·读书·新知三联书店,2014.

[24]鲁迅.汉文学史纲要[M].鲁迅全集:第九卷.北京:人民文学出版社,2005.

[25]鲁迅.鲁迅全集:第八卷[M].北京:人民文学出版社,2005.

[26]鲁迅.中国小说史略[M].鲁迅全集:第九卷.北京:人民文学出版社,2005.

[27]逯钦立.先秦汉魏晋南北朝诗[M].北京:中华书局,1983.

[28]罗素.西方哲学史[M].何兆武,李约瑟,译.北京:商务印书馆,2003.

[29]罗晓明,王良范.山崖上的图像叙事[M].贵阳:贵州人民出版社,2007.

[30]罗永麟.中国仙话研究[M].上海:上海文艺出版社,1991.

[31]吕微.顾颉刚:作为现象学者的神话学家[J].民间文化论坛,2005(02):3-4.

[32]吕振羽.史前期中国社会研究:殷周时代的中国社会[M].石家庄:河北教育出版社,2000.

M

[1]马昌仪.从战国图画中寻找失落了的山海经古图[J].民族艺术,2003(04):46-58.

[2]马昌仪.山海经图:寻找《山海经》的另一半[J].文学遗产,2000(06):19-29.

[3]马昌仪.中国神话学文论选萃[M].北京:中国广播电视出版社,1994.

[4]麦克斯·缪勒.宗教的起源与发展[M].金泽,译.上海:上海人民出版社,1989.

[5]毛宣国.中国美学诗学研究[M].长沙:湖南师范大学出版社,2003.

[6]梅列金斯基.神话的诗学[M].魏庆征,译.北京:商务印书馆,2009.

[7]梅维恒.绘画与表演[M].王邦维,等译.上海:中西书局,2011.

[8]梅维恒.唐代变文[M].杨继东,陈引弛,译.上海:中西书局 2011.

[9]梅新林.红楼梦哲学精神[M].上海:华东师范大学出版社,2007.

[10]敏泽.中国美学思想史:上卷[M].长沙:湖南教育出版社,2004.

N

[1]聂石樵.先秦两汉文学史稿[M].北京:北京师范大学出版社,1994.

P

[1]帕尔默.诠释学[M].潘德荣,译.北京:商务印书馆,2012.

[2]彭锋.诗可以兴[M].合肥:安徽教育出版社,2003.

[3]蒲慕州.追寻一己之福:中国古代的信仰世界[M].上海:上海古籍出版社,2007.

[4]浦安迪.红楼梦批语偏全[M].北京:北京大学出版社,2003.

[5]浦安迪.中国叙事学[M].北京:北京大学出版社,2018.

Q

[1]钱保塘.帝王世纪续补[M].济南:齐鲁书社,2010.

[2]钱彩.说岳全传[M].上海:上海古籍出版社,2010.

[3]钱锺书.管锥编[M].北京:生活·读书·新知三联书店,2007.

[4]钱锺书.七缀集[M].北京:生活·读书·新知三联书店,2002.

[5]乔吉奥·阿甘本.潜能[M].王立秋,等译.桂林:漓江出版社,2014.

[6]曲春景.神话思维与艺术[J].文艺研究,1993(04):130-138.

R

[1]让-皮埃尔·维尔南.希腊人的神话和思想[M].黄艳红,译.北京:中国
人民大学出版社,2007.

[2]让-皮埃尔·韦尔南,皮埃尔·维达尔-纳凯.古希腊神话与悲剧[M].张
苗,杨淑岚,译.上海:华东师范大学出版社,2016.

[3]饶宗颐.澄心论萃[M].上海:上海文艺出版社,1996.

[4]荣格.精神分析与灵魂治疗[M].冯川,译.南京:译林出版社,2012.

[5]阮元.十三经注疏:周易正义(清嘉庆刊本)[M].北京:中华书局,2009.

S

[1]上海古籍出版社编.唐五代笔记小说大观[M].上海:上海古籍出版
社,1999.

[2]施耐庵.水浒传[M].金人瑞,评.济南:齐鲁书社,1991.

[3]史莱因.艺术与物理学——时空和光的艺术观与物理观[M].暴永宁,
译.长春:吉林人民出版社,2001.

[4]司马迁.史记[M].北京:中华书局,1982.

[5]司马迁.史记[M].北京:中华书局,2005.

[6]苏立文.中国艺术史[M].徐坚,译.上海:上海人民出版社,2014.

[7]苏珊·伍德福德.古代艺术品中的神话形象[M].贾磊,译.济南:山东画
报出版社,2006.

[8]孙作云.孙作云文集(第3卷):中国古代神话传说研究[M].开封:河南
大学出版社,2003.

T

[1]谭帆."叙事"语义源流考——兼论中国古代小说的叙事传统[J].文学遗产,2018(03):83-96.

[2]谭帆.中国古代小说文体文法术语考释[M].上海:上海古籍出版社,2013.

[3]特里·伊格尔顿.美学意识形态[M].王杰,等译.北京:中央编译出版社,2013.

[4]田洪.王南屏藏中国古代绘画[M].天津:天津人民美术出版社,2015.

[5]田兆元.神话学与美学论集[M].上海:上海文艺出版社,2007.

[6]田兆元.神话意象的系统联想与论证——评闻一多先生的神话学研究[J].文艺理论研究,2005(02):38-43.

[7]涂光社.原创在气[M].南昌:百花洲文艺出版社,2001.

W

[1]汪裕雄.从神话意象到审美意象[J].社会科学家,1991(05):33-37.

[2]汪裕雄.神话意象的解体与审美意象的诞生[J].安徽大学学报,1992(02):37-42.

[3]汪裕雄.意象探源[M].合肥:安徽教育出版社,1996.

[4]王伯敏.中国绘画通史[M].北京:生活·读书·新知三联书店,2018.

[5]王国维.观堂集林[M].北京:中华书局,1959.

[6]王怀义,陈娟.《红楼梦》文本的图像渊源考论[J].红楼梦学刊,2018(03):131-153.

[7]王怀义.从神思说到解释说:鲁迅神话观的逻辑进程[J].广东社会科学,2016(03):171-177.

[8]王怀义.道境与诗艺[M].北京:商务印书馆,2019.

[9]王怀义.论惜春的《大观园行乐图》创作[J].明清小说研究,2019(01):134-153.

[10]王怀义.体验论视野:建立神话现象学[J].内蒙古社会科学(汉文版),
　　2014(02):124-129.

[11]王立.图画崇拜与画中人母题的佛经渊源及仙话意蕴[J].南开学报(哲
　　学社会科学版),2008(03):72-79.

[12]王利器.风俗通义校注[M].北京:中华书局,1981.

[13]王明.抱朴子内篇校释[M].北京:中华书局,1987.

[14]王茜.盘古神话的现象学阐释[J].文艺理论研究,2012(03):134-137.

[15]王倩.作为图像的神话——兼论神话的范畴[J].民族文学研究,2011
　　(02):129-135.

[16]王世襄.中国画论研究[M].北京:生活·读书·新知三联书店,2013.

[17]王世芸.神话意象与分类[J].上海师范大学学报(哲学社会科学版),
　　1994(02):61-65.

[18]王松.论神话及其他[M].昆明:云南民族出版社,2006.

[19]王文锦.礼记译解[M].北京:中华书局,2016.

[20]王先谦.诗三家义集疏[M].长沙:岳麓书社,2011.

[21]王先慎.韩非子集解[M].诸子集成:第五册.北京:中华书局,2006.

[22]王小盾.中国早期思想与符号研究——关于四神的起源及其体系形式
　　[M].上海:上海人民出版社,2008.

[23]王孝廉.岭云关雪——民族神话学论集[M].北京:学苑出版社,2002.

[24]王孝廉.我的神话学历程[J].民俗研究,2001(02):128-137.

[25]王逸.楚辞章句[M].长沙:岳麓书社,2013.

[26]王锺陵.论神话思维的特征[J].中国社会科学,1992(02):207-223.

[27]王锺陵.论中国神话特征[J].中国文学研究,1992(03):10-19.

[28]王锺陵.人的生成与中国早期人类自然美意识的萌芽、成长[J].苏州大
　　学学报,1990(02):88-98.

[29]王锺陵.中国前期文化—心理研究[M].上海:上海古籍出版社,2006.

[30]魏善浩.论神话的灵性思维及向人性思维与神性思维的分化[J].中国

文学研究,1995(04):13-17.

[31]闻一多.神话与诗[M].闻一多全集:第一卷.台北:里仁书局,2000.

[32]巫鸿.礼仪中的美术[M].北京:生活·读书·新知三联书店,2005.

[33]巫鸿.时空中的美术[M].北京:生活·读书·新知三联书店,2016.

[34]巫鸿.武梁祠:中国古代画像艺术的思想性[M].北京:生活·读书·新知三联书店,2006.

[35]巫鸿.中国古代艺术与建筑中的"纪念碑性"[M].上海:上海人民出版社,2009.

[36]巫鸿.重屏:中国绘画中的媒介与再现[M].文丹,译.上海:上海人民出版社,2017.

[37]吴敬梓.儒林外史汇校汇评[M].李汉秋,辑校.上海:上海古籍出版社,1999.

[38]吴童.中希神话审美特征寻异[J].重庆师院学报(哲学社会科学版),1994(01):17-23.

[39]吴育林.论审美意识在中国原始神话中的发展[J].长沙水电师院社会科学学报,1996(04):82-84.

[40]伍蠡甫,胡经之.西方文艺理论名著选编[M].北京:北京大学出版社,2003.

[41]武世珍.神话与审美[J].西北师大学报(社会科学版),1982(03):34-47.

X

[1]夏敬渠.野叟曝言[M].成都:四川大学出版社,2014.

[2]夏薇.曹雪芹的"神仙"情结——《红楼梦》是怎样完成"神话"与"仙话"的承递的[J].青海师范大学学报(哲学社会科学版),2004(02):104-107.

[3]萧兵,周俐.古代小说与神话宗教[M].太原:山西人民出版社,2005.

[4]萧统.文选[M].李善,注.上海:上海古籍出版社,1986.

[5]小南一郎.中国的神话传说与古小说[M].孙昌武,译.北京:中华书局,2006.

[6]谢选骏.空寂的神殿——中国文化之源[M].成都:四川人民出版社,1987.

[7]谢选骏.神话与民族精神——几个文化圈的比较[M].济南:山东文艺出版社,1986.

[8]徐复观.中国艺术精神[M].北京:九州出版社,2014.

[9]徐震堮.世说新语校笺[M].北京:中华书局,1984.

[10]许结.汉代文学与图像关系叙论[J].社会科学,2017(02):160-172.

[11]许维遹.韩诗外传集释[M].北京:中华书局,1980.

Y

[1]亚里士多德.诗学[M].陈中梅,译.北京:商务印书馆,2012.

[2]亚里士多德.形而上学[M].李真,译.上海:上海人民出版社,2005.

[3]严可均.全上古三代秦汉三国六朝文[M].北京:中华书局,1958.

[4]严耀中.中国宗教与生存哲学[M].上海:学林出版社,1991.

[5]严云受,刘锋杰.文学象征论[M].合肥:安徽教育出版社,1995.

[6]颜翔林.当代神话及其审美意识[J].中国社会科学,2009(03):172-185.

[7]扬州博物馆.汉广陵国漆器[M].北京:文物出版社,2004.

[8]杨伯峻.春秋左传注[M].北京:中华书局,1981.

[9]杨伯峻.论语译注[M].北京:中华书局,1980.

[10]杨乃乔.神话的本体反思——关于希腊神话和华夏神话审美形态悖立的比较研究[J].社会科学战线,1994(05):202-210.

[11]杨义.《山海经》的神话思维[J].中山大学学报(社会科学版),2003(03):1-10.

[12]叶朗.现代美学体系[M].北京:北京大学出版社,2002.

[13]叶朗.中国美学史大纲[M].上海:上海人民出版社,1985.

[14]叶舒宪,萧兵,郑在书.山海经的文化寻踪[M].武汉:湖北人民出版
社,2006.

[15]叶舒宪.高唐神女与维纳斯——中西文化中的爱与美主题[M].北京:
中国社会科学出版社,1997.

[16]叶舒宪.神话意象[M].北京:北京大学出版社,2007.

[17]叶舒宪.诗经的文化阐释[M].西安:陕西人民出版社,2005.

[18]叶舒宪.中国神话哲学[M].西安:陕西人民出版社,2005.

[19]叶维廉.中国诗学(增订版)[M].合肥:黄山书社,2016.

[20]叶秀山.叶秀山文集:哲学卷[M].重庆:重庆出版社,2000.

[21]殷学明.诗缘事辨[J].北方论丛,2013 (05):12-15.

[22]游国恩.中国文学史[M].北京:人民文学出版社,1983.

[23]余国藩.《红楼梦》《西游记》与其他[M].北京:生活·读书·新知三联
书店,2006.

[24]余嘉锡.世说新语笺疏[M].北京:中华书局,2015.

[25]余英时.东汉生死观[M].上海:上海古籍出版社,2005.

[26]宇文所安.中国早期古典诗歌的生成[M].北京:生活·读书·新知三
联书店,2012.

[27]袁宏道.虞初志[M].屠隆,等评点.北京:中国书店出版社,1986.

[28]袁珂.前万物有灵论时期的神话[J].民间文学论坛,1985 (04):33-40.

[29]袁珂.山海经校注(最终修订版)[M].北京:北京联合出版公司,2014.

[30]袁珂.神话论文集[M].上海:上海古籍出版社,1982.

[31]袁珂.原始思维与活物论神话[J].云南社会科学,1989(02):97-104.

[32]袁珂.再论广义神话[J].民间文学论坛,1984(03):58-65.

[33]袁珂.中国神话史[M].上海:上海文艺出版社,1988.

[34]袁珂.中国神话通论[M].成都:巴蜀书社,1991.

[35]袁行霈.中国文学概论[M].北京:高等教育出版社,1990.

Z

[1]张光直.青铜挥麈[M].上海:上海文艺出版社,2000.

[2]张光直.中国青铜时代[M].北京:生活·读书·新知三联书店,1999.

[3]张建军.神话、知识与人伦——中国早期图像的一种文化学考察[J].文艺研究,2005(02):102-106.

[4]张建宇.汉唐美术空间表现研究[M].北京:中国人民大学出版社,2018.

[5]张少康.先秦两汉文论选[M].北京:人民文学出版社,1996.

[6]张文智.周易集解[M].成都:巴蜀书社,2004.

[7]张彦远.历代名画记[M].杭州:浙江人民美术出版社,2011.

[8]张紫晨.中外民俗学词典[M].杭州:浙江人民出版社,1991.

[9]张佐邦.神话对西南少数民族审美心理的影响[J].广西社会科学,2008(02):128-130.

[10]章炳麟.太炎文录初编[M].上海:上海书店出版社,1988.

[11]赵力光.中国古代瓦当图典[M].北京:文物出版社,1998.

[12]赵世超.铸鼎象物说[J].社会科学战线,2004(04):139-144.

[13]赵宪章.语图互仿的顺势与逆势——文学与图像关系新论[J].中国社会科学,2011(03):170-184.

[14]郑海.从云南少数民族图腾神话看人类早期的审美活动[J].思想战线,1982(01):44-48.

[15]郑开.德礼之间——前诸子时期的思想史[M].北京:生活·读书·新知三联书店,2009.

[16]郑樵.通志[M].北京:中华书局,1987.

[17]郑午昌.中国画学全史[M].上海:上海古籍出版社,2001.

[18]郑玄.毛诗注疏[M].上海:上海古籍出版社,2013.

[19]郑毓瑜.引譬连类[M].台北:联经出版事业股份有限公司,2012.

[20]周腊生.中国上古神话审美意识的三个特点[J].江汉论坛,1986(05):47-51.

［21］周绍良,白化文.敦煌变文论文录［M］.上海:上海古籍出版社,1982.

［22］周兴泰.古代辞赋与中国叙事传统［J］.中国比较文学,2014(04):
　　44-61.

［23］朱存明."铸鼎象物"与汉画像渊源［J］.民族艺术,2002(04):150-164.

［24］朱光潜.诗论［M］.合肥:安徽教育出版社,1987.

［25］朱光潜.西方美学史［M］.北京:人民文学出版社,1979.

［26］朱良志.南画十六观［M］.北京:北京大学出版社,2013.

［27］朱熹.四书章句集注［M］.长沙:岳麓书社,1985.

［28］朱志荣.中国审美理论［M］.北京:北京大学出版社,2005.

［29］朱自清.朱自清古典文学论文集［M］.上海:上海古籍出版社,1981.

二、外文文献

［1］CLUNAS C. Chinese Painting and Its Audience. New Jersey: Princeton University Press, 2017.

［2］CAHILL J. Pictures for Use and Pleasure. Berkeley: University of California Press, 2010.

［3］GILL G R. Northrop Frye and the Phenomenology of Myth. Toronto: University of Toroto Press, 2006.

［4］LOSEV A F. The Dialectics of Myth, Translated by Vladimir Marchenkov. London and New York: Routledge, 2003.

［5］SCARBOROUGH M. Myth and Modernity. New York: State University of New York Press. 1994.

后 记

　　21世纪已过去20余年,我们此前行文中惯于使用的"新世纪"一词逐渐退出历史舞台。随着时间的推移,尤其是近年来各国科技竞争的加剧,不同文化之间的有效对话与交流变得愈加困难。向世界清晰地言说自身,变得越来越重要。对于文艺学学科建设来说,立足中国传统文化和当今实际,建构一整套言之成理且有解释力的中国式文艺学话语体系,显得尤为重要。吴子林先生主编的"中国当代文艺学话语建构丛书"第一辑,既对当下出现的新的文化、文艺现象进行了反思和回应,又对中西文艺思想的言说方式和文体变革等进行了新的探索,具有重要的学术价值,在学术界引起了较好反响。

　　在本丛书第二辑编撰之际,我受邀参与其中,备感荣幸,于是将近年来发表的关于中国神话与中华民族审美传统形成之间关系研究的系列论文,按照一定的逻辑关系进行排列,形成了这部书稿。

　　这些论文,有的是我博士论文的组成部分,有的是我主持的国家社科基金项目的前期成果,陆续在《文艺理论研究》《文艺研究》《文学评论》《民族艺术》《内蒙古社会科学》《杜甫研究学刊》《中国美术研究》《中国美学研究》《贵州文史丛刊》《人文杂志》等刊物发表,《中国社会科学文摘》《人大复印报刊资料》《中国社会科学报》等也转载过其中的相关内容。这些论文后经完善、补充,收录在分别由生活·读书·新知三联书店、商务印书馆出版的《中国史前神话意象》《道境与诗艺》等著作中。

　　当时,由于论题所限,对中国神话本身审美特征的概括与归纳,是这些论文的核心主题。神话作为后世文学艺术创新发展的不竭源泉,对后来的诗歌、绘画等艺术形式,乃至文学艺术观念、思想、理论的形成,具有重要的基础价值。为此,本次结集出版,在内容编排上进行了重新调整,意在突出中国神话的意象性特征及其事件特质,及其对中国文学艺术作品和审美观念形成的重要影响。这一点从本书的名称中也可得见。

　　本书自序部分原是廖明君先生对我的神话研究所做的学术访谈,发表于《民族艺术》2013 年第 5 期,本次出版,我对其中内容进行了微调。第五章由许艳女士在我的指导下撰写了初稿,后由我进行了修改和补充。曹焱同学通读了书稿并协助我核对了相关文献。

　　现在书稿出版在即,特向上述刊物、出版机构和浙江工商大学出版社,以及长期以来关心、支持、帮助我的各位师长、朋友、同学表示感谢。

　　这些文章写于多年前,本次出版,或可纪念那些消逝了的青春岁月。